高等农林院校学科交叉创新系列教材

农林政策学

段 伟 郑 晶 主编

中国林业出版社
China Forestry Publishing House

图书在版编目(CIP)数据

农林政策学 / 段伟，郑晶主编. —北京：中国林业出版社，2023.7
高等农林院校学科交叉创新系列教材
ISBN 978-7-5219-2022-2

Ⅰ.①农…　Ⅱ.①段…②郑…　Ⅲ.①农业政策–研究–中国②林业政策
–研究–中国　Ⅳ.①F320

中国国家版本馆 CIP 数据核字(2023)第 148885 号

策划、责任编辑：范立鹏
责任校对：苏　梅
封面设计：周周设计局

———————————————

出版发行：中国林业出版社
　　　　　（100009，北京市西城区刘海胡同 7 号，电话 83143626）
电子邮箱：jiaocaipublic@163.com
网址：https：//www.cfph.net
印刷：北京中科印刷有限公司
版次：2023 年 7 月第 1 版
印次：2023 年 7 月第 1 次
开本：787mm×1092mm　1/16
印张：18.25
字数：445 千字
定价：56.00 元

《农林政策学》
编写人员

主　　编：段　伟　郑　晶

副 主 编：洪炜杰　苏柳方

编写人员：(按姓氏笔画排序)

申津羽(华南农业大学)

苏柳方(华南农业大学)

郑　晶(华南农业大学)

张奕婧(华南农业大学)

周　伟(华南农业大学)

段　伟(华南农业大学)

洪炜杰(华南农业大学)

前　言

农业政策学和林业政策学是高等院校农林经济管理专业的核心课程。目前，国内以农业经济为主的高校主要开设农业政策学课程，而以林业经济为主的高校主要开设林业政策学课程。这使农林经济管理专业的本科生很难通过单一课程学习了解农业政策和林业政策的全貌。基于此，华南农业大学经济管理学院在2017年的本科生培养方案修订中增设了农林政策学课程，并开始规划编写本教材。

本教材共分为3篇15章。上篇为农林政策原理与方法，包括第一章至第五章，主要包括导论、农林政策分析的经济原理与方法、农林政策制定、农林政策执行、农林政策评估；中篇为中国农业政策各论，包括第六章至第十章，主要介绍农村基本经营制度、农业土地政策、农业补贴政策、粮食政策、农业转基因生物技术与产品安全管理政策等内容；下篇为中国林业政策各论，包括第十一章至第十五章，主要介绍林权制度改革、林业重点工程建设政策、森林保护管理政策、林业资源利用政策、森林资源培育政策等内容。本教材围绕农林政策学的基本概念和核心理论，力求简明扼要、通俗易懂地介绍农业和林业政策领域的主要内容。

本教材适合农林经济管理以及其他经济管理类专业的本科生和研究生学习，还可作为农林政策研究人员、政策制定和执行人员的参考资料。本教材借鉴已有的农业政策学和林业政策学教材体系，形成了自己的特色：①农林相融，结构清晰。本教材将农业政策学和林业政策学的内容整合，涵盖了农林政策学最基本、最核心的内容，以农林政策为主线，对涉及农业、林业政策的理论与方法进行阐述，梳理各项农林政策的内涵、目标、发展历程、实施过程及实施成效等内容。②注重时效，把握案例。本教材注重把握农林政策发展的最新动态，每章均设有"案例分析及讨论"和"课外阅读"版块，目的是培养读者在农林政策学课程学习中理论联系实际的能力以及文献阅读能力。③思政引领。本教材把编写人员的科研成果与政策科学体系相结合，注重将思政元素融入农林政策学各章知识点中。

本教材由华南农业大学经济管理学院段伟和郑晶担任主编，洪炜杰和苏柳方担任副主编。具体分工如下：第一章由段伟和郑晶编写，第二章至第四章由郑晶编写，第五章由段伟编写，第六章和第七章由洪炜杰编写，第八章和第九章由苏柳方编写，第十章由郑晶编写，第十一章和第十二章由段伟和张奕婧编写，第十三章和第十四章由段伟和申津羽编写，第十五章由段伟和周伟编写。全书最后由段伟统稿、定稿。华南农业大学经济管理学院的江怡成、王煜琪、张永钧、张晓彤、张盼、黄桂燕、曾沚欣和曾鑫语参与了相关资料的收集与整理工作，特此致以诚挚的感谢。

本教材在编写过程中，吸收了大量国内外专家学者的研究成果，借鉴了许多同类著作的内容，引用了许多案例，均在参考文献中列明，在此谨向相关的作者表示由衷的感谢！本教材在编写中也得到了中国林业出版社的大力支持，一并表示诚挚的谢意！

限于编写者的水平，书中难免存在疏漏和不足之处，敬请各位专家和读者批评、指正，以便及时修订。

编　者

2023 年 6 月

目　录

前　言

上篇　农林政策原理与方法

中篇　中国农业政策各论

下篇　中国林业政策各论

上篇

农林政策原理与方法

第一章

导论

【学习目标】

1. 掌握农业和林业的含义、地位与作用。
2. 理解农林政策的重要性。
3. 理解市场经济条件下农林政策的形成依据。
4. 了解新中国成立以来中国农业林业发展的主要成就、改革进展和存在的问题。

第一节　政策和政策科学

一、政策

(一) 政策的概念

政策或公共政策(public policy)是一个组织或团体为实现某种特定目标而制定并付诸实施的行为规则和行动方案。其本质作为统治阶级意志的体现，是国家政权用来实施社会管理的基本手段。例如，党的政策文件，党的领导机构和国家机关联合发布的决议、决定、通知，以及国家中央机关制定发布的有关文件、政府投资或布局的大型项目等。一项具体政策的制定、执行和检查修正，都是个人、家庭、企业、社会团体和政府机构相互活动的结果，但政府行为占据主导地位。依据政府行为影响的范围，政策一般可以分为不同类型和层次，如社会政策、技术政策、农业政策、农业市场政策等。本书将重点放在农业政策和林业政策上，具体内容于本章第二节展开论述。

早期的资本主义提倡自由放任的市场经济，反对政府在维持社会秩序以外的经济、社会、文化方面采取任何形式的干预行动。20 世纪 30 年代，美国政府奉行古典经济学原理，采取自由放任的经济政策，导致了经济大萧条。根本原因在于，新古典宏观经济学关于经济主体在经济活动中符合理性预期的假定条件十分苛刻。在此情况下，凯恩斯主张国家通过采用扩张性的经济政策，以达到增加需求促进经济增长的目的。

政策具有阶级属性，是现有阶级社会统治集团实现本阶级利益的一种工具，是为统治者服务的。封建制度国家制定的政策为地主阶级利益服务，资本主义法治国家制定的政策为资产阶级利益服务，社会主义法治国家制定的政策则是为无产阶级利益服务。社会主义基本经济制度强调政府干预。高度集中统一的计划经济制度片面强调政府的作用，基本排除了个人、家庭、企业和社会团体在制定、执行和检查修正政策过程中的作用。在经历了一定时期的发展之后，实行中央计划经济的国家都陷入资源配置效率低下和经济缺乏活力的困境。

政策在社会经济生活中逐步完善。20世纪70年代以来，各国政府对社会生活的政策干预更加全面，尤其是加强了对科学技术和社会发展以及资源的开发利用和环境保护领域的干预，以维持经济、社会的可持续发展。与此同时，个人、家庭、企业和社会团体也越来越积极地参与政策的制定、执行和检查修正过程。随着经济全球化进程的不断深入，人类面临资源、环境等全球性问题，科学技术甚至经济社会发展中的许多问题，都日益具有全球性质。因此，政府和个人、家庭、企业、社会团体之间的交流活动也逐渐超越国界，一些政策的制定、执行和检查修正必须放在全球背景下，在地区和世界范围内相互协调。

(二) 政策的内涵

政策是一种约束人们行为的规范和准则。政策具有法规性和制约性，与伦理道德、法律同为规范准则。其中，"规范"指明文规定的标准，具有合理性和明晰性；"准则"可以理解成所遵循的标准或原则。

政策主要通过引导来发挥作用。例如，粮食最低收购价政策是为保护农民利益、保障粮食市场供应实施的粮食价格调控政策。一般情况下，粮食价格受市场供求影响，但粮食价格过低会导致农民利益受损，国家在充分发挥市场机制的基础上实行宏观调控。当市场粮价低于国家确定的最低收购价时，国家委托符合一定资质的粮食企业，按国家确定的最低收购价收购农民的粮食，以此稳定粮食生产、引导市场粮价和增加农民收入。

政策是一种手段和策略。例如，为缓解我国副食品供应偏紧的矛盾，1988年农业部推出了"菜篮子"工程，到20世纪90年代中期，"菜篮子"工程已经解决了副食品在市场上供应短缺的问题，从根本上改变了我国副食品供应长期不足的状况。再如，当前我国正面临膳食结构不合理、资源趋紧和环境退化、国际环境不稳定等多重风险挑战，党的二十大报告指出，树立大食物观，发展设施农业，构建多元化食物供给体系，以应对当前挑战。

(三) 政策要素

政策范围、政策目标、政策措施共同组成政策的三大要素(图1-1)。以政策范围为起点，是一个政策涵盖的值域和影响的范围；政策目标作为终点，是政策作用于对象的目的和期望的结果；政策措施是手段和方法，政府采取一系列措施将其认为不合理的现状改变成理想的状况，是连接范围和目标的桥梁。

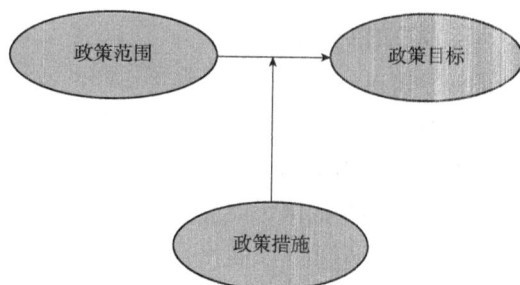

图1-1　政策要素示意

二、政策科学

政策科学是在第二次世界大战之后兴起和发展的一门新兴学科,我国学者对政策科学的定义虽有所差异,但归纳起来主要是对政策制定方法、实施测评、结果分析以及预测的研究,是人们总结政策运动规律的产物,主要研究政府行为。在经济领域,面对政府行为,需要讨论为什么需要政府干预、干预哪些以及如何干预三大问题,政府需要产生科学的决策,以政策的形式对各个社会部门的经济行为进行正向影响,产生不同绩效。

但历史的经验和教训表明,政府并非无所不能,而市场的自由调节也存在缺陷。我国正在建设和发展社会主义市场经济,政策科学处于起步阶段,为防止全盘否定政府政策和完全否认市场规律的两个极端倾向,我国需要不断发展政策科学,使社会的各项政策制定、执行和评价不断科学化。

第二节 农业、林业与农林政策

一、农业的含义、地位与作用

(一)农业的含义

广义农业指植物栽培业和动物饲养业。狭义农业指种植业,即农林牧渔业中的农业。农业生产总值和增加值的统计口径统一为《国民经济行业分类》的 A 门类,包括农业、林业、畜牧业、渔业生产活动,以及农林牧渔专业和辅助性活动。

(二)农业的地位

农业是国民经济的基础。作为第一产业,农业是最基础的物质生产部门,是经济发展的保障,在为整个国民经济的发展与进步提供保障的同时,也是其他物质生产部门、一切非物质生产部门存在与发展的必要条件,在国内外都有重要的影响。一方面,国内农业的基础地位关系社会的安定与人民的切身利益,关系整个国民经济是否能够稳定地发展;另一方面,在国际竞争中农业地位是否牢固,关系我国是否能够在这方面保持独立自主的地位。

(三)农业的作用

农业是国民经济中一个非常重要的产业部门,主要通过培育动植物产品从而生产食品及工业原料。农业是支撑国民经济建设与发展的基础产业,可以利用动植物体的生活机能,把自然界的物质和能量转化为人类需要的产品。

农业作为国家的第一产业,主要以土地为基本生产资料,支撑国民经济建设和发展。农业的发展是知识化、社会化、国际化、商业化、资本化、规模化、专业化、区域化、工厂化等积极因素交织融合在一起的产物。

农业是一切生产的必要条件,不仅可以为其他部门提供粮食、副食品、工业原料和出口物资,而且还能提高土地产出率、农业劳动生产率、农产品商品率和国际市场竞争力。

二、林业的含义、地位与作用

(一)林业的含义

林业是指保护生态环境，保持生态平衡，培育和保护森林以取得木材和其他林产品，利用林木的自然特性来发挥防护作用的行业，是国民经济的重要组成部分。林业在人类社会和生物圈中，是通过先进的科学技术和管理手段，从事培育、保护、利用森林资源，充分发挥森林的多种效能，且能持续经营森林资源，促进人口、经济、社会、环境和资源协调发展的基础性产业和社会公益事业。

(二)林业的地位

林业是集经济、社会和生态三大效益于一体的国民经济基础产业和社会公益事业，具有"四个地位"：

①在贯彻可持续发展战略中具有重要地位。木材、钢铁、水泥是世界公认的在经济建设中不可或缺的三大传统原材料。而三者之中，木材是最绿色环保且可降解的原材料。如果在建造阶段，用木材替代钢铁，可以节省27.75%的能源和39.2%的水；如果用木材代替水泥，可以节省45.24%的能源和46.17%的水，这对可持续发展，建设低碳经济、环境友好型社会意义重大，同时林业产品也是满足我国作为木材消耗大国的持续发展需要的重要保证。

②在生态建设中具有首要地位。林业巨大的生态功能在实现生态良好、维护生态安全中发挥着重要作用，森林是"地球之肺"，其生物多样性被喻为地球的"免疫系统"。

③在西部大开发中具有基础地位。良好的生态环境是衡量一个地区外在形象、投资环境和生活品质的重要标准，而林业在树立地方形象、改善投资环境中发挥着不可替代的作用。良好的森林生态系统和湿地生态系统能够增加经济发展的环境容量，吸引大量的资金、人才和技术。高度重视林业建设，能够充分发挥林业在建设和发展中的重要作用，从而带动西部省份走上生产发展、生活富裕、生态良好的文明发展道路。

④在应对气候变化中具有特殊地位。林业巨大的固碳功能在维护气候安全中发挥着特殊作用。《京都议定书》中明确规定的两种减排途径，除了工业直接减排，就是通过森林碳汇间接减排。森林通过光合作用，每立方米蓄积量约吸收1.83吨二氧化碳，释放1.62吨氧气，这就是森林强大的碳汇功能。

(三)林业的作用

林业为人类提供种类繁多的食物。林业提供的食物可以来自树木本身，如榆钱、槐花、桂花、构树嫩芽、花椒树的嫩尖、香椿等；也可以来自各类树木的果实、种子，如松子、榛子、核桃等；还有一些种类的树皮是很好的中药材，如白皮松的树皮。有些食物依赖林业环境才能产出，如松蘑、松茸等菌类大多产自林木繁茂的山区，这些菌类的生长依赖森林潮湿、庇荫、腐殖质丰富的生境，可以说，没有森林，就没有这些美味的食物。黑木耳、灵芝、猴头等产自林区，人参也是依赖森林生境才能得以生长繁衍。

林业为鸟类、兽类等野生动物提供食物和繁衍生息的场所。森林中的乔木和灌木能够为鸟类、兽类提供足够的生存空间，为物种保持和延续提供庇护。联合国的一份报告表明，地球上的物种正在以比以前快 1 000 倍的速度灭绝。而所有这些物种都与人类有千丝万缕的联系，它们与人类共同进化，它们的消失，对人类乃至整个自然生态系统来说都会产生巨大的影响。生态系统内的生物多样性越丰富，生态系统就越稳定，功能也就越多。而丧失了生物多样性的生态系统，将会变得匮乏而脆弱，甚至失去服务人类的生态功能。

林业是地球自然生态系统的骨架。森林具有防风固沙、保持水土、涵养水源的重要功能，并能调节森林区域小面积的气候，对于大气和土壤中的碳具有吐纳功能。林木在生长过程中，吸收大气中的二氧化碳，转化为生物能，在光照情况下产生氧气。

林业生态系统中的树木可以为人类提供木材，同时森林环境具有改善人类身心健康的功能，林木中某些品种能够分泌天然的杀菌剂，烈日下的树荫、森林里清新的空气，都带给人们身心愉悦的感觉。

三、农林政策及其重要性

(一) 农业政策的含义与作用

1. 农业政策的含义

农业政策是政府为了促进农业发展、农民增收和农村繁荣，并使农业与整体国民经济体系、社会和生态环境协调发展而制定和实施的一系列行动方案和行为规则的总称，属于部门政策，是政府公共政策体系的重要组成部分。通常，政府通过对农业在生产结构、组织形式、资源配置以及生产要素和产品流通等领域制定一系列相互联系的政策，以符合总体利益为标准，引导市场中各行为主体作出决策，由此实现农业生产长期稳定增长的目标。

2. 农业政策在农业经济发展中的作用

农业政策对农业发展的作用主要从指导、协调、激励、调控和约束 5 个方面来实现。

①指导。是指政府通过制定农业政策宏观引导，规范相关行为，将微观主体的行为统一到有利于农业发展的方向上来，降低从事农业生产经营的微观主体在追求利益最大化的过程中出现负外部性行为的盲目性和随意性。例如，农业农村部《关于推进稻渔综合种养产业高质量发展的指导意见》提出，以保障优质农渔产品安全有效供给为目标，优化种养结构布局，协调农业生产生态，推动科技创新引领，促进三产深度融合，稳步推进稻渔综合种养产业高质量发展。

②协调。是指通过政策手段，协调不同地区、行业和不同类型农民之间的利益关系。例如，农村最低生活保障制度是国家对农村处于低保线以下的农民给予救助性扶持，以保障他们具备一定的生活水平的一项惠民政策。再如，农村扶贫开发政策，是国家运用特殊手段，使处于国家规定的贫困线以下的农民保持一定的收入水平并具有自我发展能力的一项惠民政策。

③激励。是指通过政策提高生产积极性。例如，2004 年开始陆续实施的农业"三项补贴"政策(作物良种补贴、种粮农民直接补贴、农资综合补贴)和 2006 年全面取消农业税政策，对于提高农民的种粮积极性，稳定粮食产量，确保粮食安全，起到了很好的激励作用。

④调控。是指农业政策对农业发展的宏观调控。农业政策中的产业政策、财政政策、信贷政策、价格政策和税收政策等都对农业发展具有重要的宏观调控作用。例如，农业农村部 2021 年 9 月印发的《生猪产能调控实施方案》指出，以能繁母猪存栏量变化率为核心调控指标，坚持预警为主、调控兜底、及时介入、精准施策的原则，分级建立生猪产能调控基地，构建上下联动、响应及时的生猪生产逆周期调控机制，促进生猪产业持续健康发展，不断提升猪肉供应安全保障能力。

⑤约束。是一种限制性政策。例如，2015 年 2 月，农业部印发《到 2020 年化肥使用量零增长行动方案》，通过推进精准施肥、调整化肥使用结构、改进施肥方式、有机肥替代化肥、提高耕地质量水平等措施，力争到 2020 年，主要农作物化肥使用量实现零增长。再如，《基本农田保护条例》第十七条规定，禁止任何单位和个人在基本农田保护区内建窑、建房、建坟、挖砂、采石、取土、堆放固体废弃物或者进行其他破坏基本农田的活动。禁止任何单位和个人占用基本农田发展林果业和挖塘养鱼。约束作用是农业政策发挥其他作用的基础，没有约束作用，农业政策便会失去效力。

(二)林业政策的含义与作用

1. 林业政策的含义

林业政策是指国家和政党为保护森林资源，发展林业生产而制订的行动规范和准则的总和。林业政策是国家经济政策的组成部分，体现了政府在林业方面的施政目标。各级林业部门依据林业政策指导、干预和影响林业的发展，协调解决林业发展过程中存在的问题。有些林业政策以法律形式固定下来，成为国家的法规，在执行过程中具有强制性。

2. 林业政策在林业经济发展中的作用

林业政策对林业发展的作用主要从一般特性和行业特性两方面来研究。一般来看，林业政策具有指引、评价、预测、强制、社会管理等作用。

①指引。是指政策法规对个人行为进行引导、规范。其中，政策规范又分为授权性和义务性两种，分别界定了人们对于某种行为"可不可为"和"应不应为"的标准。"可为模式"是指政策规定人们可以这样行为或不可以这样行为；而"应为模式"规定应为违反政策规定的内容承担某种否定性的政策法律后果，其目的是防止人们作出违反政策法规指引的行为。《中华人民共和国森林法》(以下简称《森林法》)对森林年采伐量进行严格的控制，这体现了法律对人们行为的引导性影响。

②评价。是评价人们行为的一种基本标准，用于判断衡量他人行为是否合法或有效。评价在一个国家主权范围内，具有普遍的有效性：一方面，客观评判对人们可为、禁止为、必须为作出了明确的规定，不存在主观操控；另一方面，使人们的行为发生在政策法规规定的领域。例如，国家有关部门依据《森林法》《违反森林法行政处罚暂行办法》等政策法规对盗伐行为人进行相应的处罚。

③预测。是指政策法规的可预测性，通过预先估计人们相互间的行为以及行为的后果，作出合理正确的行为。例如，《森林法》第二十二条规定，在林木、林地权属争议解决以前，除因森林防火、林业有害生物防治、国家重大基础设施建设等需要外，当事人中任何一方不得砍伐有争议的林木或者改变林地现状。当处于归属不清、权责不明的情况时，

双方当事人不仅会因为避免违法承担法律责任放弃任意砍伐林木，而且会依靠政策法规预测到对方不会违法。

④强制。是指政策法规可以通过对违法犯罪行为人进行制裁、惩罚来强制要求人们遵法、守法的作用，重点是对违法行为进行应有的惩罚与制裁，因此具有一定的权威性；反之，加强政策法规的强制性，则有助于提高政策法规的权威。例如，《森林法》第七十七条规定，违反本法规定，伪造、变造、买卖、租借采伐许可证的，由县级以上人民政府林业主管部门没收证件和违法所得，并处违法所得一倍以上三倍以下的罚款；没有违法所得的，可以处二万元以下的罚款。

⑤社会管理。是指政策法规具有执行各类社会公共事务并进行管理的作用。在公共治安、人身安全、食品卫生、环境卫生、生态平衡、交通安全等方面制定相应政策法规进行高效管理并由此带来对人们生活的积极影响。在相关技术规范方面，对直接关系到人们身体健康、生命安全的产品实行严格的检查监督。例如，《中华人民共和国进出境动植物检疫法》对进出我国的动植物进行严格的检疫，以防有害动植物、林产品等贸易品进入我国境内，造成严重后果。

从行业特性来看，林业政策与林业产业建设和发展之间有着密切联系，正确的林业政策能够促使林业产业合理利用森林资源、资金和技术等有效手段，组织和提供各类产品与服务以获取最大经济利益。涉及国民经济的第一、二、三产业，即种植业、加工业、服务业，也同时具有实现林业产业调节气候、涵养水源保持水土等的附加功能。

第三节　政府、市场与农林政策

一、政策形成的基本依据

市场失灵是政策形成的基本依据和逻辑起点。市场经济是通过市场配置社会资源的经济形式，但市场在主导社会各产业发展时并非万能，会产生失灵的状态，主要分为四种类型，表现为垄断、外部性、公共产品和信息不对称。

①垄断。在垄断状态下，当市场中的产品供给被一家或多家企业垄断时，不能通过竞争机制促使企业提高生产效率，此时价格机制和竞争机制不起作用，市场价格由垄断公司决定，从而偏离最优水平。

②外部性。对于产生外部经济的生产者来说，由于其私人收益小于社会收益（因为社会收益等于私人收益与外部收益之和，而外部收益却不能被生产者通过市场价格获得），因而缺乏生产积极性，其产出水平就会低于社会最优产出水平，或是负外部性生产者受到的福利损失小于社会总福利损失，就会增加某种行为导致市场的混乱。

③公共产品。公共产品的非竞争性和非排他性导致市场上某些物品服务的供给不会由政府以外的个体提供，而此时为弥补市场缺陷，政府需要制定相应的政策加以补救，即政府政策对市场的干预，其必要性仅以市场失灵为限。

④信息不对称。信息不对称会引起逆向选择、道德风险、委托—代理等问题，如逆向选择是在买卖双方信息不对称的情况下，产生劣币驱逐良币现象；或者说拥有信息优势的

一方，在交易中总是趋向于作出尽可能地有利于自己而不利于别人的选择，这使市场价格不能真实地反映市场供求关系，导致市场资源配置的低效率。一般在商品市场上，卖者关于产品的质量、保险市场上投保人关于自身的情况等都有可能产生逆向选择问题，而消费者因不能完全掌握市场信息难以作出正确决策。

综上所述，由于市场失灵的普遍存在，政府干预具有了相对优势，市场失灵成为政府干预的基本理由，由于市场不能总是处于理想状态，需要政策的调节使之朝更加合理的方向运行。

二、政策干预的目标及其缺陷

政策干预不是完全放弃市场机制，而是以市场为基础，加之政府的宏观调控，协调整体与局部的利益矛盾，达到国家总供需基本平衡，实现经济发展的目的。然而，政策的制定和实施是一种政治和行政行为，其目标和措施都不可能与市场经济完全相吻合，使实施结果很难完全达到预期目标。并且政策的制定和实施离不开具体的人，也就是正常的人在实现美好预期的过程中不能完全做到不犯错，任何理论思想与方法的错误都可能导致政策的失败。

三、市场经济条件下的农林政策

（一）农林业必须依靠政策调节才能得到稳定发展

1. 农林业是基础性产业

农业作为国家的第一产业，也是基础性产业，是食物之源，生存之本，为全人类提供粮食等生活必需品，是国民经济中一个重要的产业部门。农业以土地为基本生产资料，为人民提供粮食和必需的食品，支撑着国民经济的建设和发展。在人类历史发展过程中，只有当农业有了必要的剩余，即人们对农产品需求得到满足，且耕地、劳动力和生产资料有剩余，其余产业才能在农业中逐渐独立出来。因此，农业承担着国民经济其他部门得以独立和进一步发展的基础性责任，影响整个社会经济的稳定。同时，我国是世界林产品生产、贸易以及消费第一大国，林业在国民经济中提供了直接、间接的物质性生产，以及文化景观类的非物质性生产，是为社会提供林产品和生态服务的特殊行业。林业涵盖了种植业、工业和服务业3种产业属性，作为人类发展不可缺少的重要自然资源的供给者，为满足市场需求，推动绿色发展和促进就业增收作出了巨大贡献，对发展中国家摆脱贫困具有重要战略意义，也是乡村振兴和可持续发展的支柱产业。

2. 农林业的风险与其他产业相比具有特征性

作为基础性产业，农林业也因其生产的特殊性，承担着相较于其他产业更大的风险。

①自然风险。因农林业需要利用的自然条件不能被人类完全控制，农林业在生产上面临着自然风险，自然条件尤其是气候条件的变化对其生产的影响是基础性的，不充足和不均衡的降水、极端的气温条件都可能导致严重减产，这不仅引起产量的周期性变动，还侵蚀着产业投资的价值。例如，暴雨冲毁梯田，致使整个产业产出受到影响；2018年9月的台风"山竹"以强台风等级袭击深圳，据调查树木受损比例高达21.4%，造成严重的经济

和社会损失。

②市场风险。农业产品具有鲜活性特点，在空间上，农产品的易损易耗特性限制了其市场范围，而时间上的易腐烂特点又决定了其上市的集中性。并且，受制于生长周期的长期性以及生长的不可逆性，农产品供给弹性较小，其产量的灵活性相比与其他产业也处于劣势；而林业也同样具有生产周期长、资金周转慢、易受气候灾害影响等弱质性特点，且相比农业的生产周期可能更长，如在经济林中生长周期较短的桉树从种下到可以采伐需要4~6年，而银杏等树种甚至长达几十年才可结果，生产的灵活性更小，供给弹性小，也使其具有较大的市场风险。

因此，国家如果不通过政策予以调节和支持，农林业就不可能持续发展，农林业的基础性地位就不可能稳固。此外，农产品价格易受投入品价格波动影响，直接冲击农民的收入，加之产业链短、产品供应链稳定性不足、缺乏具有国际影响力的大型企业和全面的市场平台等因素的影响，我国农林产品在国际上没有定价权，在全球产业链分工中处于不利地位。

3. 农林业具有很强的外部性

农林业的外部性是其发展的一大障碍，主要体现在收益外部化：农林业具有生态功能、景观功能和社会文化功能。例如，森林可调节气候、涵养水源、防风固沙、净化大气、保持水土、改善环境等，可为人类提供休闲和旅游的重要去处；覆盖着农作物的耕地也能够为人类活动提供不可或缺的生态环境。草原、森林、绿洲、湖泊、耕地等景观的无偿提供，对净化空气、保护植被、防止水土流失等都起到了积极作用。因此，世界各国的传统节日、传统文化及政策行为也与农林业具有直接或间接的关系，很多国家对林业进行支持和保护，以稳定和提高森林覆盖率，使森林所有者和经营者的生产经营行为符合社会和生态发展的需要。但是，农林业产品作为一种公共物品，社会公众能够无偿获益，农林业是收益外部化的供给方，但这种贡献却难以被计量与补偿，因此，政府必须给予一定程度的补偿以保证农林业的可持续发展。

(二) 我国农林业正处于一个新的发展阶段

"十四五"时期是我国全面建成小康社会、实现第一个百年奋斗目标之后，乘势而上开启全面建设社会主义现代化国家新征程、向第二个百年奋斗目标进军的第一个五年。"三农"工作重心历史性地转向全面推进乡村振兴，加快中国特色农业农村现代化进程的工作中来。当前和今后一个时期，我国经济发展进入新常态，农林业发展面临的国内外环境正发生深刻而复杂的变化，大力发展油茶等木本油料、林下经济、竹藤花卉、种苗牧草、森林旅游等林业特色产业，必须运用科学合理、行之有效的政策手段予以克服和发展。

1. 新中国成立以来农业发展的主要成就

(1) 农业综合生产能力显著增强

粮食生产跃上新台阶，有力保障了国家粮食安全。2021年我国粮食总产量为6.83亿吨，相比1978年3.05亿吨增长约1.24倍，年均增长约1.9%；相比2001年4.53亿吨增长0.5倍，年均增长约2%（图1-2）。经济作物产量快速增长，极大丰富了人们的物质生活。2021年，油料作物产量3 613.17万吨，棉花产量573.09万吨（图1-3）。畜产品产量快速增长，极大地满足了人们的消费需求。2021年，我国畜产品总产量8 989.99万吨，其中猪肉产量占比最高，达5 295.93万吨，相较于2002年4 051.7万吨增长超过30%；牛羊肉增长趋势较缓，2021年产量分别达697.51万吨和514.08万吨；牛奶产量增长幅度较大，自2001年1 025.50万吨增长至2021年3 682.70万吨，年均增长率接近7%；禽蛋产量与牛奶相接近，2021年达3 408.81万吨，较20年前增长约54%（图1-4）。渔业繁荣发展，水产品供应充裕，其总产量由2001年的3 795.92万吨增长至2021年6 690.29万吨，年均增长率达到3%，淡水养殖与海水养殖产量趋于接近，人工养殖占比不断加大（图1-5）。

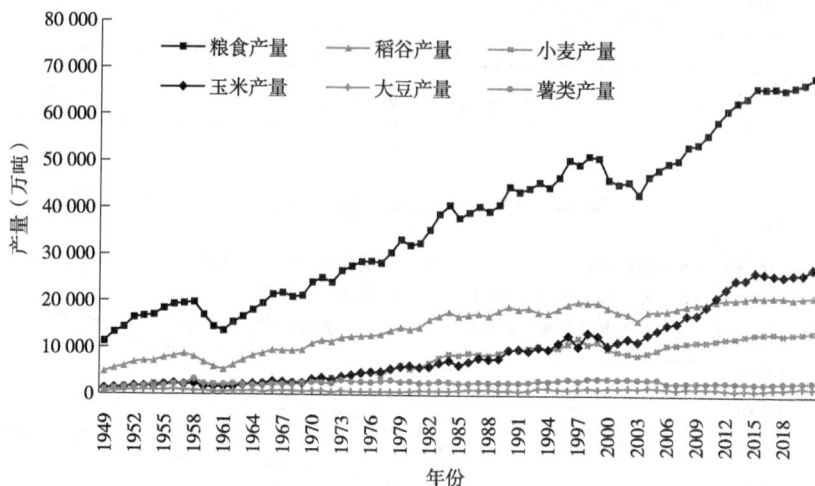

图1-2　1949—2021年我国主要粮食作物产量

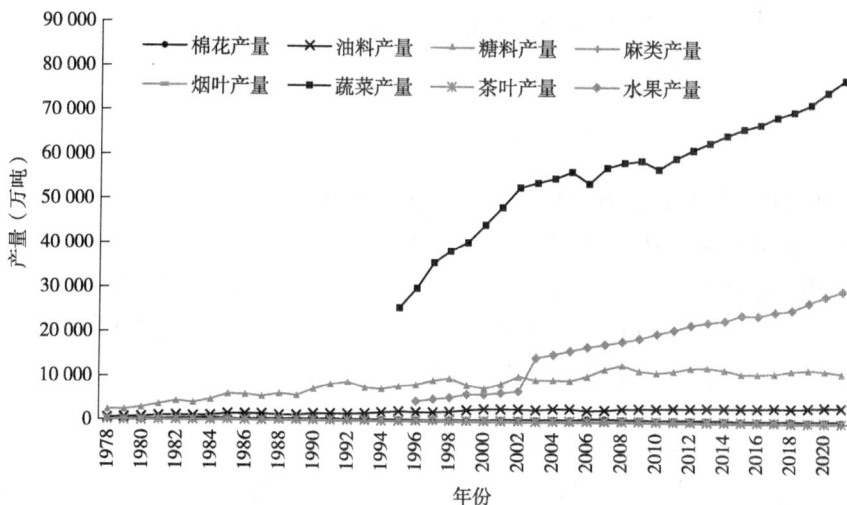

图1-3　1978—2021年我国主要经济作物产量

此外，根据联合国粮食及农业组织、经济合作与发展组织数据，2022年我国主要粮食作物（水稻、玉米和小麦）的单产分别位居世界第10位、第14位和第6位，分别占全球产量的28%、23%和17%。2021年我国马铃薯产量占全球产量的25.1%。

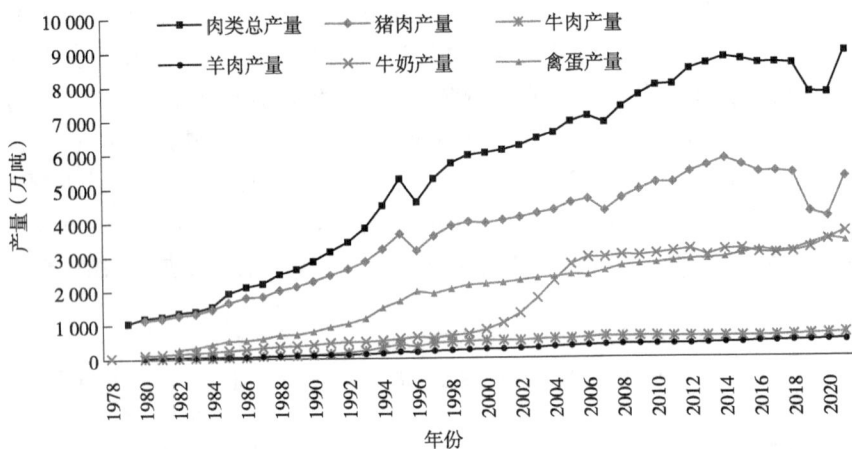

图 1-4　1978—2021 年我国畜产品产量

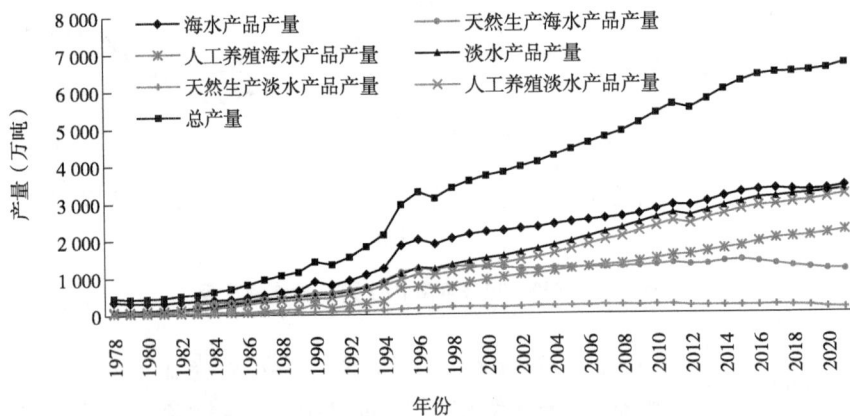

图 1-5　1978—2021 年我国水产品产量

（2）农业结构不断优化，优质农产品产业快速发展

①农业产业结构调整成效显著，协调性明显增强。如图 1-6 和图 1-7 所示，2021 年，我国农业产值占农林牧渔总产值的比重为 56%，比 1978 年下降 24%；林业占比 5%，提高 2%；牧业占比 29%，提高 14%；渔业占比 10%，提高 8%。此外，种植业生产由单一的以粮食作物种植为主向粮经饲统筹发展的三元种植结构转变。

②农产品品种结构不断提升，绿色优质农产品产业快速发展。据农业农村部数据，2018 年优质强筋弱筋小麦种植面积占比为 30%，节水小麦品种种植面积占比为 20%。主要农作物良种覆盖率持续稳定在 96% 以上。截至 2018 年年底，我国"三品一标"产品总数 12.2 万个。农业绿色发展不断推进，化肥、农药使用量零增长行动成效明显，2021 年全国农用化肥施用量 5 191 万吨（折纯）、比 2015 年减少 13.8%；2021 年农药使用量 24.8 万吨、比 2015 年减少 16.8%。截至 2020 年年底，全国畜禽粪污综合利用率达 75%，规模养殖场粪污处理设施装备配套率达 95%，比 2015 年分别提高了 15% 和 45%。秸秆综合利用工作有序开展，截至 2020 年年底，全国秸秆综合利用率达 86.7%。

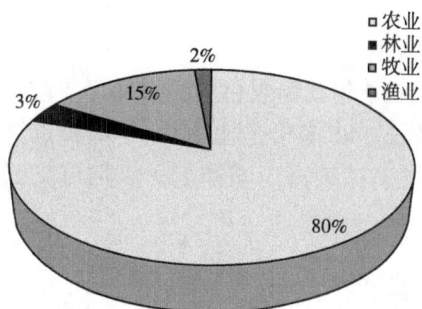

图1-6　1978年我国农林牧渔业产值占比

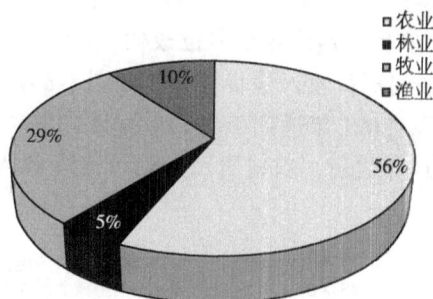

图1-7　2021年我国农林牧渔业产值占比

（3）农业基础设施明显改善，农业生产条件和科技水平显著提升

①农田水利设施条件明显改善，高标准农田建设稳步推进。据水利部统计，2021年农田有效灌溉面积达到10.37亿亩*，全年新增耕地灌溉面积46万公顷，新增高效节水灌溉面积188万公顷。农业机械拥有量快速增长，机械化水平大幅提升。当前，我国农业生产进入机械化主导的新阶段。2021年农作物耕、种、收综合机械化率达71%，其中各主要粮食作物耕、种、收综合机械化率均超80%。

②农业信息化水平稳步提升。2021年农村宽带接入用户达15 770.48万户，相比2010年2 475.70万户增长近5.4倍，占全国互联网用户数的比重由20%增长到30%。"十三五"期间，全国贫困村通光纤比例由不足70%提升至98%，深度贫困地区贫困村通宽带比例从25%提升到98%。2020年电子商务进农村综合示范项目累计支持1 338个县，实现了国家级贫困县的全覆盖。农业科技进步速度加快，科技驱动作用增强。全国农业科技进步贡献率从2012年的54.5%提高到2021年的61.5%，我国农业科技整体水平已从世界第二方阵跨入第一方阵。

（4）农业生产方式发生深刻变革，新型农业经营体系不断完善

①农村土地流转深入推进，适度规模经营快速发展。第三次全国农业普查结果显示，2016年耕地规模化（南方省份50亩以上、北方省份100亩以上）耕种面积占全部实际耕地耕种面积的比重为28.6%。2016年末规模化（年出栏生猪200头以上）养殖生猪存栏占全国生猪存栏总数的比重为62.9%，家禽规模化（肉鸡、肉鸭年出栏10 000只及以上，蛋鸡、蛋鸭存栏2 000只及以上，鹅年出栏1 000只及以上）存栏占比达73.9%。新型经营主体大量涌现，现代农业活力增强。截至2021年11月，全国依法登记的农民合作社达221.9万家，其中县级及以上示范社达16.8万家，家庭农场390万家。

②以休闲农业和乡村旅游业为代表的新兴经济悄然兴起。"旅游+""康养+""创意+""文化+"等产业日渐渗透并融入农业农村发展的各个领域，农业全产业链模式初现雏形，催生出诸多"农业+"领域的新产业、新业态和新模式。商务大数据对重点电商平台监测显示，2022年全国农产品网络零售额5 313.8亿元，同比增长9.2%，增速较2021年提升6.4个百分点。全国农村网络零售额达2.17万亿元，同比增长3.6%。其中，农村实物商

---

* 1亩=1/15公顷。

品网络零售额 1.99 万亿元, 同比增长 4.9%。

(5) 农民生活水平全方位改善

①农村居民收入稳步提升。如图 1-8 所示, 2016 年我国农村居民人均可支配收入突破 1.2 万元, 2021 年达到 18 931 元, 比 1978 年增长 140 多倍, 比 2001 年增长近 7 倍。此外, 2009 年之后, 农村居民人均可支配收入的增速持续高于城镇居民人均可支配收入的增速。

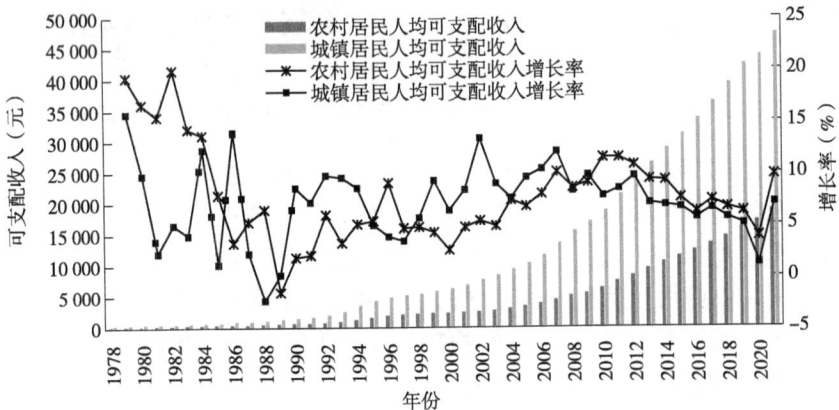

图 1-8 1978—2021 年全国城乡居民人均收入增长情况

②农村居民人均食品烟酒支出快速增长。我国农村居民食物消费支出从 1978 年的人均 78.9 元增加到 2021 年的 5 200 元, 年均增速 10.23%。同期, 农村居民恩格尔系数从 67.7% 降至 30.1%, 城乡居民恩格尔系数差距从 1978 年的 10.2% 缩减至 2021 年的 4.1% (比 2018 年 2.4% 有所扩大)。

③农村居民食物消费结构明显改善。1978—2021 年, 我国农村居民人均粮食 (原粮) 消费量从 247.8 千克降至 170.8 千克, 降幅 31.1%; 而同期, 农村居民人均肉类消费量从 5.8 千克增至 30.9 千克。

④农民享受性和发展性消费支出比例处于快速提升态势。2021 年我国农村居民人均年交通通信、教育文化娱乐、医疗保健的支出额分别达 2 132 元、1 646 元和 1 580 元, 此 3 项支出在农村居民人均生活消费支出中的占比从 1990 年的 10.1% 增至 33.7%。

2. 新时期我国农业发展面临的突出问题

(1) 农业资源环境刚性约束不断趋紧

我国人多地少、水土资源时空分布不均和资源利用效率低下, 决定了农业发展始终不可避免地承受资源环境承载的巨大压力。过去农业资源的长期过度开发与利用导致耕地质量下降、土地超垦过牧、地下水超采、土壤重金属污染等问题日益突出, 成为影响农产品质量安全的重要因素。关于农业面源污染, 截至 2021 年, 我国农作物每公顷化肥施用量达 506.11 千克, 为英国的 2.05 倍、美国的 3.69 倍, 远高于世界发达国家水平与世界平均水平。2020 年, 化肥总体利用率为 40.2%, 农药利用率为 40.6%, 造成地力下降、土壤酸化、有机质含量降低等一系列生态环境问题。2021 年《中国生态环境统计公报》数据显示, 全国农业源化学需氧量排放量为 1 676.0 万吨, 占全国废水化学需氧量排放量的

66.2%；农业源铵氮排放量为 26.9 万吨，占全国铵氮排放量的 31.0%；农业源总氮排放量为 168.5 万吨，占全国总氮排放量的 53.2%；农业源总磷排放量为 26.5 万吨，占全国总磷排放量的 78.5%。

（2）国内农产品安全受到国际市场冲击

①农业生产成本居高不下，农业降本增效压力大。2021 年，我国水稻、小麦和玉米3 种粮食的亩均生产成本为 1 157.22 元，相比 2001 年增长了 212.5%，基本逼近同期农林牧渔业增加值 9% 的年均增速，严重推高了大宗农产品价格，促使国内外农产品价格全面倒挂。此外，我国水稻、小麦和玉米的种植成本与出售价格均明显高出美国（表 1-1）。我国农产品价格面临天花板效应（进口农产品的完税价格低于国内农产品价格以及生产补贴受世界贸易组织规则限制的"下压"）和地板效应（国内农产品生产成本的"抬升"）的双重挤压。

表 1-1 2012—2017 年中美两国 3 种粮食生产成本比与售价比

年份	成本比（中/美）			售价比（中/美）		
	水稻	小麦	玉米	水稻	小麦	玉米
2012	1.24	1.20	1.33	1.35	1.23	1.32
2013	1.38	1.48	1.91	1.18	1.46	1.94
2014	1.39	1.52	2.12	1.32	1.66	2.61
2015	1.46	1.95	2.16	1.54	1.99	2.10
2016	1.40	2.54	2.23	1.69	2.34	1.79
2017	1.42	1.97	2.07	1.53	1.98	1.90

数据来源：《全国农产品成本收益资料汇编 2018》。

②农产品供给结构性失衡导致农业贸易逆差加剧扩大（图 1-9）。2004—2021 年，农产品外贸逆差规模保持 21.9% 的年均增长率，明显高于同期进出口增速。2021 年出口 843.5 亿美元，进口 2 198.2 亿美元，贸易逆差创下 1 354.7 亿美元的历史新高，较 2004 年增 42.9%。大豆、大麦、棉花、植物油等大宗农产品进口激增是造成贸易逆差的主要原因。

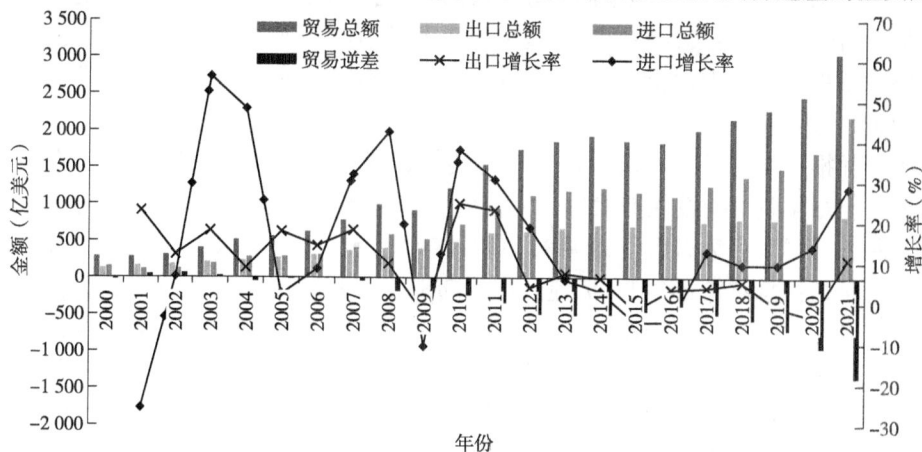

图 1-9 加入世界贸易组织以来我国农产品贸易发展情况

③多重风险叠加导致农业"走出去"举步维艰。当前，我国农业走出去企业依然普遍存在信息获取难、企业融资难、产品回运难的"三难"问题。此外，我国大部分农业走出去企业规模小、韧性不足，极易受到国际动荡局势的冲击。截至2020年年底，中国农业走出去企业中资产总额低于1 000万美元的占66.13%，200万美元以下的占36.53%，业务贯通全产业链的企业仅占6.93%。近年来，农业"走出去"还普遍受到新冠疫情暴发、美联储加息导致汇率波动频繁、部分东道国政治风险加剧、俄乌冲突导致原材料价格上涨等因素的挑战。

(3)出现人力资本匮乏危机

2020年，我国农村地区60岁以上人口比重为23.8%，比全国60岁以上人口比重高出8.8%，比城市地区60岁以上人口比重(15.55%)高出8.3%。我国农村户主的平均年龄已达到57岁，55岁以上的农业从业人员比重达到33.58%，东部地区55岁以上农业人员比重接近38%，部分地区出现无人种地的局面。农村人力资本匮乏还反映在现有农业从业人员文化素质水平明显偏低方面。据第三次全国农业普查数据显示，我国91.8%的农业从业人员仅具备初中及以下文化程度，西部和东北地区接受高中及以上教育的农业从业人员比重不足7%。

(4)农业土地适度规模经营推进难度较大

据农业农村部统计，2021年全国农村超过98%的农户(约2.1亿)经营的耕地在10亩以下，我国户均耕地面积由2010年的0.45公顷增加至2021年的0.50公顷，但仍远远低于世界银行定义"小土地经营者"标准(户均2公顷)。目前，全国家庭承包耕地流转面积5.32亿亩，占家庭承包耕地总面积的34.08%，但绝大多数是农户之间的自主流转。"大国小农"是我国的基本国情，决定了我国不可能在短期内通过流转土地搞大规模集中经营。

3. 我国林业发展的主要成就

(1)国土绿化行动取得明显成效

截至2022年9月，我国拥有森林面积34.60亿亩，居世界第五位；森林蓄积量194.93亿立方米，居世界第六位；人工林保存面积13.14亿亩，居世界第一位；草地面积39.68亿亩，居世界第二位；湿地面积8.50亿亩左右，居世界第四位。我国是世界上生物多样性最丰富的12个国家之一，是涵盖世界上几乎所有生态系统类型的国家，高等植物种数、脊椎动物种数分别占世界的10%和13.7%，均居世界前列；我国林草总碳储量达114.43亿吨，也居世界前列。

我国科学推进大规模国土绿化行动取得明显成效，森林资源不断增加，质量稳步提高。我国国土绿化事业持续快速发展，为维护生态安全、改善民生福祉、促进绿色发展奠定了坚实基础。同时，为减缓全球森林面积缩减趋势、推进全球生态治理作出了积极贡献。全国森林植被总碳储量达92亿吨，作为陆地生态系统的主体和重要资源，森林在减缓和适应气候变化中具有特殊地位，发挥着不可替代的作用。通过推进建立全国、省、县三级森林经营规划体系，实施森林质量精准提升工程，构建森林抚育、低效林改造、退化林修复等核心标准体系，全国年均完成森林抚育1.24亿亩，森林生态系统质量稳步提高。

科学开展大规模国土绿化行动，组织实施林草生态保护修复重大工程、森林质量精准提升工程和林草区域性系统治理项目。截至2022年9月，全国完成造林种草11.73亿亩，其中，累计完成造林 9.6 亿亩、森林抚育 12.4 亿亩，人工林保存面积达到 13.14 亿亩，稳居世界首位。目前，我国森林覆盖率、森林蓄积量分别达 24.02% 和 194.93 亿立方米，成为全世界森林资源增长最快最多的国家，近十年全球增加的森林面积 1/4 来自我国。扎实推进草原保护修复，我国还通过人工种草、退化草原改良和围栏封育等措施完成种草改良生态修复 5.14 亿亩。实行草原禁牧、草畜平衡及奖补政策，重点天然草原牲畜超载率大幅下降，草原面积 39.67 亿亩。全面推进湿地保护修复，湿地面积达 8.5 亿亩左右，实施湿地保护修复项目 3 400 多个，指定了 64 处国际重要湿地、29 处国家重要湿地、1 011 处省级重要湿地，设立了 901 处国家湿地公园，湿地保护率 46.76%。不断加大沙化荒漠化防治力度，累计完成防沙治沙任务 2.78 亿亩，沙化土地封禁保护面积达 2 658 万亩，圆满完成到 2020 年全国一半以上可治理沙化土地得到治理的目标任务，提前实现到 2030 年土地退化零增长目标，荒漠化和沙化土地面积持续"双缩减"。

（2）集体林权制度持续深化改革

集体林权制度改革走过的 20 多年，是我国生态面貌发生显著变化和林业产业发展最快的时期。截至 2022 年，全国林业产值从 2001 年的 4 090.48 亿元，增加到 8.12 万亿元，形成了经济林种植与采集、林产品加工、森林旅游、林下经济 4 大万亿级产业。从 2011 年起，中国已连续 11 年成为世界林产品生产量、消费量和贸易量最大的国家。随着集体林权制度改革的深入，"山定权、树定根、人定心"以及"明晰所有权、稳定承包权、放活经营权、落实处置权、保障收益权"等一系列政策的兑现，农民已经从"要我种树"转变成"我要种树"，植树造林的积极性激增，封、育、管、造多措并举，我国森林资源迎来了快速增长期，森林面积快速增长，森林蓄积大幅提升。

我国林业改革与发展取得的巨大成就，对"绿水青山就是金山银山"理念作出了生动诠释，为 8 亿农民脱贫致富奔小康和应对气候变化作出了巨大贡献。特别值得一提的是，这些成就的取得是在对造林绿化只有补助性投入、对林业二、三产业只有少量投入、主要靠党和政府的推动、农民群众和林业企业付出艰辛努力的情况下取得的，充分体现了坚持党的领导、"五级书记"抓林改的强大推动力，充分体现了坚持以人民为中心激发出的人民群众潜藏的巨大活力，充分体现了坚持"生态美、百姓富"有机统一的重大指导作用。集体林权制度改革已为我国林业发展破除旧的观念和不适应林业生产力发展的体制机制发挥了重大作用。继续深化集体林权制度改革，对于促进绿色发展、实现乡村振兴和建设生态文明具有十分重要的意义。

（3）全国重点林业生态工程改善生态环境

林业是生态文明建设的主战场，全国重点林业生态工程建设是生态治理的强有力的武器。20 世纪 70 年代开始特别是进入 21 世纪以来，我国相继启动实施一系列重点林业生态工程建设，并实行积极的财政政策，不断加大林业投入，形成了重点林业生态工程建设推动林业事业发展的新格局，林业生态建设整体步入加速发展的"快车道"。林业工作在国家的支持下，先后启动了天然林资源保护工程、"三北"和长江中下游地区等重点防护林体系建设工程、退耕还林还草工程、京津风沙源治理工程、野生动植物保护及自然保护区建设工程、重点地区以速生丰产用材林为主的林业产业建设工程等国家重点工程，同时根据自然地理区位及生态功能区划启动实施了各有侧重的重点工程，通过规范化管理、高标准建设，在持续改善生态面貌、塑造表里山河生态美好壮丽形象的历史进程中发挥了重大作用。

作为森林资源的重要组成部分，党的十八大以来，全国重点林业生态工程建设深入实施，取得显著成效。沿海防护林是沿海地区以防护为主要目的的森林、林木和灌木林，对维护沿海地区的生态环境发挥着至关重要的作用。沿海防护林工程、天然林资源保护工程、"三北"防护林工程等重点工程建设深入推进，全国重点林业生态工程累计完成5.2亿亩。同时，统筹推进山水林田湖草沙系统治理，实施重点区域生态保护修复项目300多个。在青藏高原、黄河流域、长江流域等重要生态区位，实施66个林草区域性系统治理项目和40个国土绿化试点示范项目。全面实施天然林资源保护工程，25.78亿亩天然林得以休养生息；退耕还林还草工程，两轮累计实施5.2亿亩，陕西的绿色版图向北延伸400千米；启动时间最早、历时最长的"三北"工程，集中建设了15个百万亩防护林基地。实行草原禁牧和草畜平衡制度，让广袤的草原得到了休养生息。全国重点林业生态工程建设为我国进一步筑牢生态屏障作出贡献，同时也为长江经济带、黄河流域高质量发展、京津冀一体化等国家重大战略提供了重要的生态支撑。

（4）履行国际责任，作出重要贡献

2007年，联合国大会批准《国际森林文书》，后于2015年更名为《联合国森林文书》，旨在通过各国政策协调和国际合作，推动全球森林的可持续经营与管理。其主要目的是：加强各层级的政治承诺和行动，以推动所有类型森林的可持续管理得以有效实施，实现全球森林目标；强化森林对实现各类国际发展目标的贡献，包括2030可持续发展议程和可持续发展目标；提供国家行动和国际合作平台。《联合国森林文书》是当前国际社会针对国际森林问题、有关林业发展和森林经营方面最系统、最权威的国际文书，也是影响各国林业政策、国际林业发展形势的最重要的文件，包含了国际条约的宗旨、原则、成员权利和义务等基本内容。

我国作为具有世界影响的林业大国，高度重视履行《联合国森林文书》工作。经过坚持不懈的努力，我国林业建设取得了举世瞩目的成就，成为全球森林资源增长最快的国家，我国森林资源保护和发展的成就为履行《联合国森林文书》作出了重要贡献。为切实履行国际责任和义务，国家林业和草原局在全国选定17家经营基础较好的单位，开展履行《联合国森林文书》示范活动，示范内容从传统的森林经营逐步扩展到森林文化、自然教育、森林康养、国家公园建设等领域。在国际合作方面，与德国、芬兰等国家的林业部门以及世界自然基金会等境外非政府组织合作，在推进森林可持续经营、发展林业碳汇、绿色金融等方面开展了深度合作。

（5）国家公园建设持续加快推进

建立国家公园体制是我国生态文明领域的重大制度创新，是国之大者。2022年11月5日，习近平主席在《湿地公约》第十四届缔约方大会开幕式上的致辞中宣布，中国制定了《国家公园空间布局方案》，将陆续设立一批国家公园，约占陆域国土面积的10.3%。这是继2021年习近平主席在《生物多样性公约》第十五次缔约方大会（COP15）领导人峰会上宣布正式设立第一批国家公园以来，国家公园建设工作的又一个具有里程碑意义的大事件。

国家公园建设成果成为十年林草工作的最大亮点，也成为我国生态文明建设和美丽中国最亮丽的名片。国家公园体制试点探索了中国特色国家公园发展之路。2015 年以来，我国陆续启动 10 个国家公园体制试点，中央强化了顶层设计，逐步形成了生态保护第一、国家代表性、全民公益性的国家公园理念，构建了国家主导、央地共建的管理体制。在管理体制创新、严格生态保护、社区融合发展等方面探索了做法，积累了经验。首批设立的国家公园生态保护成效显著：三江源国家公园，将长江、黄河、澜沧江源头区域全部纳入保护范围；大熊猫国家公园，将原分属 73 个自然保护地、13 个局域种群的大熊猫栖息地连成一片。全国野生大熊猫总数的 72% 得到有效保护；东北虎豹国家公园，畅通了野生动物迁徙的通道，东北虎达 50 只以上，东北豹达 60 只以上；海南热带雨林国家公园雨林生态系统功能逐步得到恢复，近年，新增了 3 只海南长臂猿，海南长臂猿野外种群数量达到 5 群 36 只；武夷山国家公园，近年新发现物种达 14 个。新的一批国家公园创建工作正在有序推进，将坚持成熟一个设立一个的原则。

近年来，我国加快构建以国家公园为主体的自然保护地体系，逐步把我国自然生态系统最重要、自然景观最独特、自然遗产最精华、生物多样性最富集的区域严格保护起来。着力推进国家公园机构设置和法治建设，建立健全财政投入机制，与相关省级人民政府建立联席会议制度和协调推进机制，共同抓好重大事项，落实、解决重点问题，扎实推进国家公园建设。谋划建设全世界最大的国家公园体系，编制形成了国家公园空间布局方案，将在全国布局建设一批国家公园，守护好我国最美国土。启动了国家植物园体系建设，在北京、广州建成了国家植物园和华南国家植物园。针对自然保护地多头管理、交叉重叠和碎片化孤岛化等问题，2020 年以来开展了全国自然保护地整合优化和生态保护红线划定（评估调整）工作，形成自然保护地整合优化方案，各类自然保护地整合优化后的自然保护区面积占陆域国土面积的 17% 以上，初步形成了以国家公园为主体、自然保护区为基础、各类自然公园为补充的自然保护地体系。

（6）着力推动生态美与百姓富相统一

林草系统统筹推进山水林田湖草沙一体化保护和系统治理，强化林草资源保护管理和科学利用，推动林草保护发展取得了重大成就。全面推行林长制，建立起属地负责、党政同责、部门协同、源头治理、全域覆盖的林草资源保护发展长效机制。加强林草法治建设，出台了《湿地保护法》，修订了《森林法》《草原法》《种子法》和《野生动物保护法》，组织开展森林督查和专项打击行动，对重点案件实行警示约谈、挂牌督办，查处整改非法毁林毁草、侵占林地草地湿地、破坏自然保护地以及违规用火等重点问题。加强野生动植物保护，全面停止犀牛角、虎骨及其制品的贸易，全面禁止象牙及其制品商业性加工、销售和进口，依法全面禁止野生动植物非法交易，坚决革除滥食野生动物陋习，调整《国家重点保护野生动物名录》和《国家重点保护野生植物名录》，开展野猪等野生动物致害防控工作，持续加强珍稀濒危野生动植物拯救保护工作，74% 的重点保护野生动植物物种得到有效保护。加强天然林保护，全面停止天然林商业性采伐，全国所有天然林得到有效保护。加强森林草原火灾预防、扑救、保障体系建设，加大森林草原火灾防控力度，森林、草原火灾受害率分别稳定在 0.9‰ 和 3‰ 以下，远低于世界平均水平。加强林草有害生物防控，开展松材线虫病防治五年攻坚行动计划，积极防控美国白蛾、红火蚁等外来有害物种入侵，有害生物蔓延趋势得到初步遏制。

统筹生态保护和产业发展，守护绿水青山，做大"金山银山"。推进城乡绿化美化，开展森林城市、森林乡村建设和乡村绿化美化、身边增绿行动，有效改善了城乡人居环境，显著提升了人民群众的生态福祉。大力发展油茶等木本油料、林下经济、竹藤花卉、种苗牧草、森林旅游等特色林业产业，2021 年林业产业总产值超过 8 万亿元，林产品进出口额达到 1 600 亿美元以上。积极推进生态扶贫和乡村振兴计划，通过国土绿化扶贫、生态补偿扶贫、生态产业扶贫三大举措，带动 2 000 多万贫困人口脱贫增收，在建档立卡贫困人口中选聘生态护林员 110.2 万名，保持生态扶贫政策持续稳定，定点帮扶 4 个县如期脱贫摘帽。全面深化集体林权制度改革，推进集体林地所有权、承包权和经营权"三权分置"改革，开展林业改革发展综合试点工作，发展活力明显增强。大力推进国有林区和国有林场改革，完善森林资源管理体制，改善生产生活条件，林区林场生态得到保护、民生得到改善。积极探索生态产品价值实现机制，生态保护补偿范围持续扩大、标准不断提高，林草产品和生态产品供给能力不断增强。积极开展林业碳汇试点工作，巩固提升林草碳汇能力。

党的十八大以来，我国践行"两山"理念，努力实现"生态美、百姓富"的目标，充分挖掘和发挥林草资源"四库"作用，助力脱贫攻坚和乡村振兴。油茶面积达 6 800 万亩，带动近 200 万人口增收致富。积极发展特色林果业，新疆阿克苏特色林果面积稳定在 450 万亩，农民人均纯收入中林果业收入所占比例较高。

4. 新时期我国林业发展面临的突出问题

(1) 山水林田湖草沙一体化有机衔接不足

山水林田湖草沙是一个生命共同体，互为基础、紧密联系，不能独立存在，应从系统工程和全局视角寻求治理之道。长期以来生态修复和保护的单一要素管理方法必须革新，必须统筹兼顾、整体施策。以现推行的林长制文件来看，其目标是实现森林资源"三保三增三防"，未将草地、草坡等自然界元素纳入管理范围，山水林田湖草沙一体化有机衔接有所欠缺。

同时，部分落后地区由于宣传教育不足，农户生态保护意识不强，导致仍然存在农业上使用的农药瓶随地丢弃、化肥过度施用、塑料薄膜过度使用等现象，这些污染源随降水和地表径流冲刷，通过坡地、地下渗漏等方式进入河、海、湖泊等引起水体污染；在生活中家禽家畜排泄物不能及时得到处理、生活垃圾等随意堆放，随降水流入沟渠进一步流入湖泊；在工业生产中，部分企业工业废水未达到排放标准而直接流入江河，影响水质、水产安全等情况。

(2) 林业从业人员不足，发展理念落后

我国林业从业人员数量逐年递减、文化素质普遍低于其他行业、工资待遇偏低、地域分布不合理等问题，在一定程度上会制约林业的发展。森林资源管护人员政策指标存在缺口，同时应注意到当前林业从业人员大多数是生态脆弱区的人口，文化素质较低，技术人员严重不足。另外，偏低的工资待遇、林业艰苦的工作条件使林业对人才吸引和激励并无优势，林业从业人员数量不足、人才流失问题严重。

长期以来，农民靠山吃山、靠水吃水的理念比较落后，且认为林产品品种具有悠久的

历史和丰富的种植经验，对自身收入也相对满足，村民对于改良的新品种接受度不高。同时，林业并非单纯的种植业，还必须将其产品进行加工才能有效地增加产业价值。例如，将木材加工成家具。此外，林业生态旅游业的发展需要高度重视经营理念，加大基础设施方面的投入，打造优良的游览环境。如果村民担心经营问题，或者是受到投资大等因素影响而不敢投入，必然阻碍林业生态旅游业的发展，最终导致停留在原始的农家乐水平，很难促进林业生态旅游得到较大的发展，限制了整体的收益。

(3) 林产品品牌意识、效益不强

对林产品而言，品牌不仅可以提高自身延伸价值，还可以提高附加值，但我国林产品缺乏知名度较高的品牌。不少林业基地产量不高，甚至达不到预期产量，如中草药、茶和食用菌等林产品，生产期间容易受到病虫害影响，大面积死亡的问题比较常见。部分林产品加工企业、林业合作社、林农合作社等发展期间，对品牌建设的必要性认识不足，因此，林产品"三品一标"申请积极性不足，导致林产品价格不高。深入分析其中的原因可知，这种现象主要与上述相关部门品牌意识不强有关，错误地认为申请和拓宽林产品品牌是一件麻烦的事情，更倾向于贴牌生产。此外，对林产品生产过程中的产品质量重视不足，农药残留等问题比较常见，对林产品品质产生相当严重的影响。

从生物特征上说，林业资源具有明显的地理标志性特征，如武夷山茶树、山西苹果、云贵樟脑等，但"地理标志"并不等同于品牌，更不会自动形成品牌溢价效应，相对应的是，通过市场化运作，国内出现了一大批模糊产地的农林产品品牌，这些品牌在零售端积累了大量用户，但所采用的农林产品并非来自知名地理区域。从市场竞争角度说，下沉在零售端的企业为了实现收益最大化，不免使用一些"名不副实"的农林产品作为原料，如一些冠名"新疆葡萄干"的产品，其原料真实产地未必是新疆，甚至很可能是供应系统中价格最低的，如此一来就会导致出现劣币驱逐良币的现象。

(4) 森林的经济效益并未完全激活

森林具有经济、社会、生态三大效益。长期以来，人们对林业的政策导向是重视森林保土蓄水、净化空气、防风固沙、旅游康养、教学科研等社会、生态效益。但一些地方仍然存在着对林业的生态属性和经济属性认识不全面、对高经济价值树种和丰富的生物资源价值利用不充分等问题。其经济属性未得到健康的发展，林业资源未得到充分开发利用，同时，林业投资周期长，短期内不能直接增加经济收益，导致林业成为低收入的产业。

林业属于典型的绿色经济体，经济效益越高的林木品种，其投资就越大、管理难度越高、收益周期越长，加上林木对于自然生态的重要意义，其价值与价格通常是不对等的。现阶段，国内尚缺乏专业的林业资源评估机构，无法从林业的综合价值层面作出合理定价，单纯地依赖市场调节，同时农村集体或农户个体缺乏议价能力，贱卖林业资源不可避免。同时，由于林业经济评估职能缺失，农村社会难以形成可持续的"投入—产出"林业生产模式。农民对于林业发展的认知理念落后，比较典型的是，在一些经济落后地区，农民将种树等同于种庄稼，自家院落、田间地头零星地育林模式，仅当成一项副业看待，加上发展林业本身就需要大量投资和较长时间，如果一开始就缺乏对林业经济价值的正确评估，农民看不到林业生态创收的价值，依托林业助力实现乡村振兴显然是一纸空谈。

（5）林业技术创新发展受限

目前，国家虽然高度重视林业发展，并采取了诸多措施助力林业发展，取得了一定的成效，但是人们尚未从根本上意识到林业技术创新的重要性和必要性，在实际工作中，习惯于沿用传统落后理念和技术，降低了林业发展动力。同时，由于缺乏创新意识，导致该项工作的影响力和吸引力不高，有的地区空有创新意识但资金匮乏，没有配置先进的技术设施设备，阻碍林业技术创新工作有序进行，不利于林业发展。

林业技术创新工作的开展，离不开优秀技术人才的支撑，当前由于林业工作环境条件和薪资福利待遇一般，导致该项工作的影响力、吸引力不高，优秀技术人才并不愿参与到该项工作中。同时人才流动性强、工作人员老龄化问题严重，无法为林业技术创新工作的开展提供充分的人才支撑，阻碍现代林业发展。林业技术创新应用是建立在科研成果转化基础上的，虽然当前林业科研成果较多，但转化率却并不高，不利于林业技术创新发展。据统计，当前中国林业科技成果转化率为30%左右，远低于欧美等发达国家的水平。

第四节　本书的框架结构

理论是对实践活动的规律归纳和概括总结，经过不断发展改进，能反作用于实践。农林政策与经济理论密不可分，因此农林政策的制定需要根据理论原则的指导，经过科学的研究，将其转化贯彻到经济实践活动中。

本教材的设计包含农林政策原理与方法、中国农业政策各论和中国林业政策各论，分3篇，共15章。

上篇为农林政策原理与方法，包括导论、农林政策分析的经济原理与方法、农林政策的制定、农林政策的执行、农林政策的评估。第一章导论，主要介绍农林政策的含义，阐明政府、市场与农林业政策的关系。第二章介绍农林政策分析的经济原理与方法，涉及公共选择理论、委托—代理理论、组织行为理论组成的经济理论；讨论农林政策与经济福利；分析相关理论模型。第三章介绍农林政策的制定过程，分析其问题、目标及程序；第四章和第五章为政策制定后的执行与评估，是对第三章设计内容的检验。这3章构成了农林政策作用于经济活动的整套流程。

中篇为中国农业政策各论，包括农村基本经营制度、农业土地政策、农业补贴政策、粮食政策、农业转基因生物技术与产品安全管理政策。第六章详细介绍了农村基本经营制度，展示其历史沿革、农村集体产权制度改革与集体经济发展；第七章为土地政策的概述与研究；第八章是农业补贴政策，涉及农业补贴政策的含义与分类、作用机制以及农业"三项补贴"与支持保护补贴政策的目标与内容、绩效与问题和农机购置补贴政策；第九章为分析粮食政策，主要对粮食安全与政策工具，政策演变与评估选择进行阐述；第十章为农业转基因生物与产品安全管理政策，分析了农业转基因生物技术的概念与特点、发展现状、技术安全管理的必要性以及国内外农业转基因生物与产品安全管理政策。

下篇为中国林业政策各论，包括林权制度改革、全国重点林业生态工程建设政策、森林保护管理政策、林业资源利用政策及森林资源培育政策。涉及林权制度改革、重点林业生态工程、森林资源培育利用、保护管理政策，从林权制度的概念、我国林权制度的演变及存在的问题，到林业资源经营方式与如何保护利用，分析了我国林业政策的重要进程。

思考题

一、名词解释

政策　政策科学　农业　林业　农业政策　林业政策　市场失灵

二、思考与论述

1. 政策的要素有哪些？
2. 什么是农业政策，它对农业发展有何作用？
3. 什么是林业政策，它对林业发展有何作用？
4. 政策形成的逻辑起点是什么？
5. 请举例说明农业和林业产业存在哪些市场失灵现象。
6. 新时期中国农业和林业发展面临哪些突出问题？

第二章

农林政策分析的经济原理与方法

【学习目标】

    1. 了解农林政策分析的经济理论。

    2. 理解农林政策与经济福利的关系。

    3. 掌握农林政策分析的理论模型。

第一节　制定农林政策的相关经济理论

农林政策分析是依据相关理论，运用多种方法对农林政策实施的过程与效果进行衡量、检查、评价和评估。运用经济理论分析农林政策，实质上是对农林政策及其决策主体行为进行经济学分析，对政策的实际效果及其他信息进行合理判断与反馈，这对于农林政策的完善和农林业的发展具有重要意义。

一、公共选择理论

公共选择理论起源于 20 世纪 50 年代，布坎南、图洛克和托里森作为该理论研究的早期开拓者，运用经济学的理论和方法分析政策决策问题，将公共决策视为以政府为主的公共机构，在一定时期为了实现特定的目标，通过决策成本与决策收益的比较而进行的配置行政性资源的活动。它关注的问题包括政治个体的行为特征以及由此引出的利益团体的行为特征对政策决策的影响等。公共选择理论的创新之处在于改变了长期以来经济学与政治学之间的割裂状况，成功地将经济交易和政治决策纳入单一的私人利益分析框架，以解释个人偏好与公共决策之间的关系。具体而言，公共选择理论认为社会由经济市场和政治市场构成，两个市场都有各自供需平衡决定的市场机制，市场上的主体均为追求个人自身利益最大化的个体。其中，消费者和厂商作为经济市场上的行为主体，通过货币来选择能满足其最大需求的私人物品，通过市场进行相互交换、相互使用的个人行为，产生了宏观经济结果。选民、利益集团、政治家、官员作为政治市场上的行为主体，通过民主选票来选择能给他们带来最大利益的政治家、政策法案和法律制度，经过各主体的有效沟通和磋商，产生一系列政策制定结果。

农林政策的形成实质上是一个公共选择的过程，各利益集团和政府部门都是追求自身最大利益的"经济人"，它们都是某项农林政策的需求者，希望某项农林政策能够满足和实现他们的利益。由于农林政策不可能公平地满足和实现所有人的利益诉求，因此在政策形成过程中，单个理性经济人可能会联合那些有共同需求的人进行利益表达和利益选择。这些利益集中于少数人而成本分散于多数人的现象将导致具有同质性利益且高度组织化的利益集团的形成。利益集团对政府的政策干预将直接影响农林业政策的取向，产生资源浪费和低效率的问题，如投票规则机制缺陷、政治权力垄断导致的寻租等。

二、委托—代理理论

委托—代理理论起源于 20 世纪 60 年代，早期的创始人有威尔森、罗斯、斯宾塞和泽克海森等。该理论关注的问题是在利益冲突和信息不对称的环境下，委托人如何设计最优契约激励代理人。委托—代理理论的创新之处在于其把源于法律中的代理概念扩展到任何一种涉及非对称信息的交易活动，其中有私人信息的一方是代理人，而另一方就是委托人。具体而言，委托—代理理论认为社会中存在具有不同利益诉求和信念的群体，人们不再以个体而是以社会主体的角色出现，个体与主体间便形成委托—代理的关系。委托人为了实现自身效益最大化，将其所拥有(控制)资源的某些决策权授予代理人，并要求代理人提供有利于委托人利益的服务或行为。而代理人在行使委托人授予的资源决策权时更关心的不是委托人能否实现财富最大化，而是自己的利益是否得到满足，因而，委托人与代理人相互之间的利益是不一致的，甚至是相互冲突的。此外，委托—代理理论还假设委托人与代理人之间信息是不对称的，即在委托代理关系中，代理人努力水平的不可观察性与代理成本的存在使"道德风险"随之产生。这就要求通过参与性约束条件与激励相容约束条件构造有效的制度安排来规范代理人的行为，以防止其最终损害委托人的利益。

三、组织行为理论

20 世纪 60~70 年代，权变理论进入管理领域标志着组织行为理论的形成。组织行为理论是将行为科学的一般原理和知识运用于各种组织管理中的必然产物。该理论关注的问题包括组织中人的心理和行为表现及其客观规律，如何提高管理人员预测、引导和控制人的行为的能力，以实现组织既定目标。该理论把社会行为分为个人行为、群体行为、组织行为等，其中组织行为作为最高层次的行为，关注整个组织层面的变革和行为方式变化。它对组织结构变革和行为方式变化趋势以及经济体制转轨时期农林政策部门的组织结构和行为特征的分析，具有重要的理论参考价值。

第二节 农林政策分析与经济福利

每一项农林政策的执行都会涉及公众利益的调整和分配，因而面临着利益选择问题，而利益的权衡取舍正是经济学的研究内容。在福利经济学中，人们希望通过社会生产资源配置最优化和收入分配的均等化达到社会福利最大化的目标，其作为经济学的前沿研究视角，为农林政策的社会保障领域问题研究提供了坚实的理论基础。

一、经济福利的内涵与理论分析

(一) 经济福利理论

经济福利理论最早是由庇古、马歇尔等人建立起来的。在庇古看来，福利是社会成员所感受到的心理满足，强调经济福利是能够用货币衡量的部分。由于后期福利经济学理论的发展，庇古的福利经济学被称为旧福利经济学，是以基数效用论为基础的理论。基数效用论假定效用可以在不同人之间进行比较，个人的效用函数是连续且边际递减的，从而使每个人的效用都可以用某个确定的基数来表示，社会福利就是社会成员个人效用的加总。20 世纪 30 年代，庇古的福利经济学理论受到了罗宾斯等人的批判，认为其最大的缺陷在于认为个人的效用也可以用于比较，但这是极不现实的，学界开始致力于将交换和生产的最优条件作为福利经济学研究的重点，形成了新福利经济学流派。

在新福利经济学理论中，序数效用论认为效用作为一种心理现象无法用基数衡量，也不能加总求和，边际效用递减也很难成立，人们的偏好顺序和效用水平只能用序数第一、第二、第三等表示。由于效用不能相加，所以一个人得到的效用总量也无从得知，故而每个人所得到的效用或满足也无法比较。新福利经济学由此认定社会福利取决于每个社会成员的福利，而非其他因素。

(二) 社会福利函数理论

以基数效用论为基础，将个人效用函数相加，并用相加所得的数字来表示一种社会效用，便产生社会福利函数理论。一个社会福利函数就是每个社会成员个人效用函数的函数 $W[u_1(x), \cdots, u_n(x)]$，且其为每个消费者效用的增函数。其中古典效用主义福利函数的形式为：

$$W = \sum_{i=1}^{n} u_i(x) \tag{2-1}$$

另一个有意义的福利函数是最小最大福利函数：

$$W = \min[u_1(x), \cdots, u_n(x)] \tag{2-2}$$

这一社会福利函数说明配置的社会福利唯一地由境况最差的消费者的福利决定。

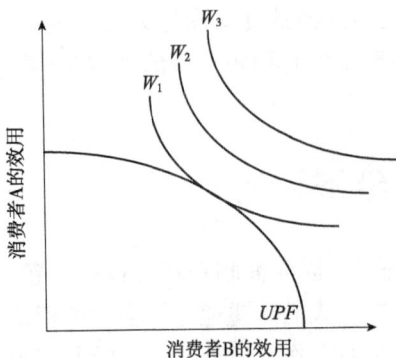

图 2-1　社会福利无差异曲线

在建立了福利函数理论后，如何在既定的资源约束和生产技术条件下实现社会福利最大化，可根据社会无差异曲线和效用可能性曲线的切点进行推断。如图 2-1 所示，其中，W_1、W_2、W_3 代表不同社会总福利水平下的社会无差异曲线，并且社会总福利水平依次递增；曲线 UPF 代表效用可能性边界。该边界之外的点都是消费者不能达到的效用组合点，而该边界之内的点都是消费者在既定约束下效用没有达到最大化的点。进一步可得，福利最大化的配置必然处于帕累托最优状态。利用反证法可知，若此种福利最大化的配置不是帕累托最优状态，则必然有另一种配置能够在保持每个人效用至少和原有效用一样大的前提下，使其中某个人获得更大的效用。由于社会福利函数是每个消费者效用的增函数，因此，新的福利配置必然有更高的福利，这与福利最大化的初始假设相矛盾。

二、帕累托最优及其实现条件

20世纪初，意大利经济学家帕累托（Pareto）提出："资源配置最有效率的情况是指任何改变都不能使一方的境况变好也不使别人的境况变坏的状态，即任何一方的境况改善都不使任何一方境况恶化。"这个理论称为帕累托最优。帕累托最优需要满足3个条件：一是任何两种商品之间的边际替代率，对于任意两个消费者都是相同的，即交换效率条件；二是任何两种投入要素之间的边际替代率，对于任意两种产品都是相同的，即生产效率条件；三是任何两种产品之间的边际转换率与它们在消费中的边际替代率相等，即产量效率条件。

与帕累托最优相关的另一个概念是帕累托改进，也称帕累托改善或帕累托优化。它指的是这样一种社会状态：如果从一种状态到另一种状态的变化中，在没有使任何人境况变坏的前提下，使至少一个人变得更好。一方面，帕累托最优是指不存在任何帕累托改进的状态；另一方面，帕累托改进是达到帕累托最优的路径和方法。有学者将我国农村包产到户政策改革视为我国近几十年来最具帕累托改进效应的典型案例。这一改革，仅仅只是把土地承包给了农民，国家没有任何其他的投入，就使农村生产力的发展出现了质的飞跃，解决了我国的粮食生产问题，城市与农村都因此获益。

三、福利变化的测度

完全竞争市场均衡能达到社会的帕累托最优状态，表明竞争决定的资源配置和产品分配是高效率的。政府任何企图改变因自由竞争而形成的消费者与生产者之间的分配，都包含经济成本，会带来效率的损失。这意味着政府对资源和收入的再分配政策可能会背离竞争决定的帕累托最优状态。帕累托最优是一种理想状态。实际上，政府政策要么包含经济效益的损失，要么包含背离竞争决定的资源配置和产品分配。至于选择何种政策，应该在既定的目标约束下，在两种或两种以上可选政策方案中比较政府所选方案的经济效益。为了实现这样的比较，对于可选择的政策手段的福利效果必须有某种量度，故引出经济剩余（economic surplus）这一概念。经济剩余是指在市场条件下，生产者和消费者在商品供给和需求不断变化中实现均衡状态时获得的市场成本节约，就是消费者剩余与生产者剩余之和。当经济剩余没有达到最大时，就存在帕累托改进。这是因为只要不减少每个消费者和生产者的剩余，只是把新增加的剩余恰当地在它们之间进行分配，就可以在不使任何一方境况恶化的情况下而使一个以上的人的境况得到改善。在经济剩余达到最大时，就没有帕累托改进的余地。

消费者剩余（consumer surplus）是指个人为物品愿意付出的最大代价与其实际付出的代价之间的差额，即消费者心理评价超出实际价格的部分，可用需求曲线以下、价格水平以上的三角形区域表示。在市场价格既定的情形下，消费者剩余仅取决于买方的意愿价格。如果消费者能够以不高于意愿价格购买商品，就可以从购买行为中获得收益。

生产者剩余（producer surplus）是指生产者实际得到的价格与其愿意接受的最低值之间

的差额，可用供给曲线以上、价格水平以下的三角形区域表示。曼昆提出生产者剩余可以通过出售一种物品得到的量减去其生产成本来表示。尼科尔森和斯奈德则将生产者剩余分为短期和长期两种，短期中由于存在固定成本，生产者根据利润最大化原则确定最优产量时，生产者剩余等于企业利润加上固定成本。而在长期生产中所需成本全部为可变成本，生产者剩余即为企业利润。

显而易见，在没有政策干预的生产均衡条件下，生产者剩余和消费者剩余是既定的，因而不存在所谓福利损失，当然也就没有福利收益。一旦干预市场均衡的农林政策发挥作用，就会存在因社会资源重新配置而使生产者或消费者获益的可能性降低的情况。政策的经济福利效果就可以用生产者剩余和消费者剩余之和来度量（图2-2）。

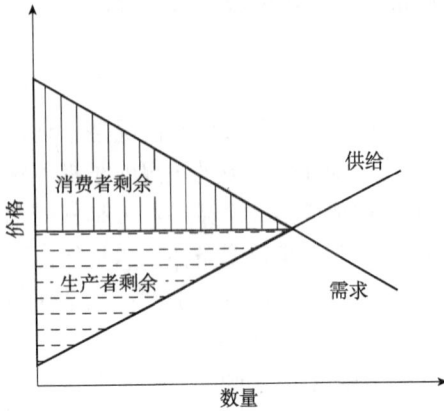

图2-2　消费者剩余与生产者剩余

四、农林政策与经济福利的关系

政府制定农林政策的目的在于推动农业和林业向满足社会需要的方向发展。政策制定者主要是通过影响农林业生产要素和农林产品价格，达到改变农村经济资源配置和收入分配的目标。所以，研究和制定农林业政策需要考虑现实社会中可能出现的各类经济状况，分成"较好"和"较坏"的等级问题。而讨论这一问题的理论大多来自经济学的分支——福利经济学。政策的出台必然涉及社会成员的利益调整，寻求满足每个成员福利最大化是政策研究的首要任务。卡尔多—希克斯改进准则指出，如果一部分人的福利状况因资源配置状态发生变化而得到改善，同时足以弥补另一部分人的福利损失后还有剩余，那么社会总福利就得到了提升。

福利经济学和农林政策的联系是明显的。以油茶补贴政策为例，分析这项政策的实施效果，需要进一步分析其对油茶生产者剩余、消费者剩余以及社会总福利的影响。如果茶油价格不变，油茶种植户可以从中受益，此时，有效地实施油茶补贴政策就属于卡尔多—希克斯改进，政府便可达到其政策目标，有利于保障食用油安全，并促进农民增收等。但政策的实施都伴随着相应的制度成本，油茶补贴政策从制定到实施再到调整等环节都将产生相应的制度成本问题，对社会总福利将起到减少作用。在考虑制度成本情况下，油茶补贴政策的执行需要跟踪农户是否使用优良种苗、进行油茶验收等，各环节都需要耗费一定的人力与物力；同时，在有效监管不足的情况下，容易出现"寻租"行为，最终到达农户手中的补贴额度将产生一定程度的缩水，这种制度性的缺陷将加大补贴政策的隐性成本，使社会总福利削减。

第三节　农林政策分析的理论模型

模型方法是现代科学方法的核心，理论模型是一种抽象的逻辑思维方法，具有直观性、近似性和假设性特征。通过不同的模型，人们可以更好地描述和解释生活中的一些现象，借助收集到的数据和信息进行政策分析。

一、理性决策模型

理性决策模型(the rational model)起源于传统经济学理论，以"经济人"假设为前提舍弃了一些次要变量，使农林政策分析简化。理性决策模型分为完全理性模型(the comprehensive rationality model)和有限理性模型(the bounded rationality model)。

完全理性模型认为，决策者应具有完全理性，以最优决策为目标追求，全面收集决策所需要的知识和信息，了解社会群体的各种价值偏好，研究各种可能的方案。通过预测每种方案的成本效益和期望值，计算方案的净期望值，并进行优先次序排列，在比较中寻找最好的方案(图 2-3)。

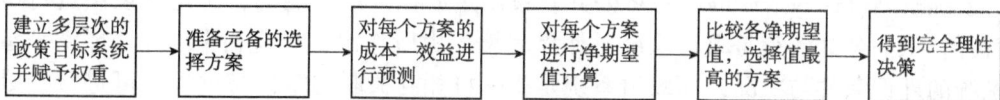

图 2-3 完全理性决策模型分析流程

其局限性在于：一是决策目标不是单一、明确和绝对的，而是多元、模糊和相对的；二是并非所有决策都能充分获得信息，有些决策只能在信息不充分的情况下作出；三是过于相信人类的理性认识，实际上任何政策分析都不可能穷尽所有备选方案；四是理性决策需要花费大量时间，成本过高；五是决策者受到价值观的影响，选择方案往往会发生价值冲突。

基于上述认识，传统完全理性模型受到多方面的质疑与批判，西蒙等人提出了有限理性模型，纠正了传统完全理性选择理论的偏激，拉近了理性选择的预设条件与现实生活的距离。有限理性模型认为，决策者因能力、时间、信息不足等原因，其决策不可能达到最佳程度，只能追求一种近似的优化途径，用"满意原则"取代了"最优化原则"。主要通过组合的排列法与方面排除法选出能让决策者感到满意的方案(图 2-4)。

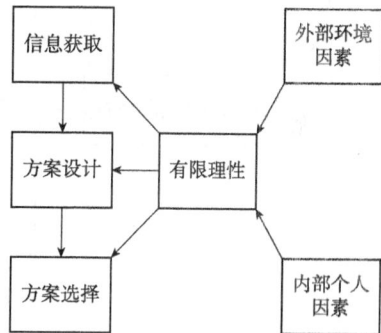

图 2-4 有限理性决策模型分析流程

二、渐进决策模型

美国学者林德布洛姆在批判理性模型的基础上进一步提出渐进决策模型(the incrementalism model)，他认为政策制定并不完全是一个理性过程，而是根据过去政策设计实施的经验教训以及环境的变化情况，不断对现有的政策进行局部调整、补充和修正，逐渐将一项旧政策转变为一项新政策(图 2-5)。渐进决策模型要求政策具有继承性，注重研究现有政策和缺陷，需要在目标与方案之间进行适时调整，与时俱进。

其局限性在于：一是作为多元利益博弈和妥协的结果，渐进决策必然反映强势群体的利益，弱势群体的利益诉求难以充分体现；二是比较保守，缺少明确的组织创新和变革方向，社会条件和环境发生巨大变化时难以推动重大的根本性改革；三是忽视了量变的积累会造成质变的道理。

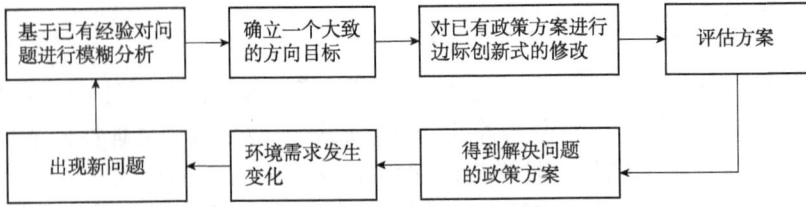

图 2-5　渐进决策模型分析流程

三、系统模型

系统模型（the system model）将公共政策制定放在政治、经济、文化环境中进行考察和解释，认为公共政策是政治系统对外界环境压力所作出的反应（图 2-6）。环境是指政治系统的外部条件与状况，而政治系统是指一群相互关联的结构与过程，可进行权威性的社会价值分配。政治系统为了维持其生存与发展，必须对环境的输入（即要求和支持）做出反应，产生政策输出，从而缓解压力、弱化公众的要求。政治系统如何反应就是个"黑箱"。应该说政治系统与环境之间的互动是个反复循环的过程，政策的输出会产生新的诉求，新的诉求和压力推动系统产生新的政策。

其局限性在于：一是只能提供一个轮廓，未能详尽阐明组织机构与执行者如何导致政策执行失败；二是没有体现一定的价值取向。

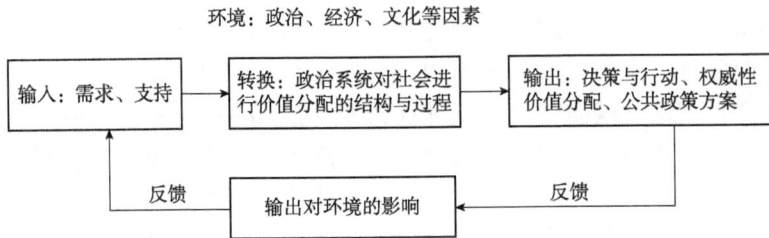

图 2-6　系统模型分析流程

四、过程模型

过程模型（the process model）把政策划分为元认知阶段、社会认识阶段和社会操作阶段。元认知过程强调从实践获得认识，提炼理论认为一切政策的制定路径和出发点都是实事求是（图 2-7）。社会认识过程强调"上""下"，政策制定阶段强调从群众中来，由民主到集中，即"上"；政策执行阶段强调到群众中去，由集中到民主，即"下"。社会操作阶段则强调"来""去"，政策制定过程强调调查研究，总结一般，即"来"；政策执行过程强调试验与推广，由一般到具体，即"去"。

其局限性在于：一是简单地把复杂的政策过程还原为若干个阶段来分别研究，并用线性的观点来看待各阶段的关系，但实际上政策的各个过程是相互作用的或是按照完全不同的顺序进行；二是没有深入探究政策过程中的因果关系；三是政策过程过于简化，实际的政策制定难以区分开端和结局。

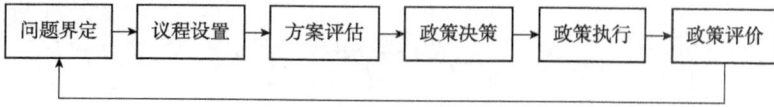

图 2-7 过程模型分析流程

五、团队理论模型

团队理论模型认为现代政治实际上是各利益集团为影响公共政策而展开的一系列竞争活动，任何一个利益集团都会对政府机构施加压力和影响，并在相互竞争中逐渐实现平衡（图 2-8）。公共政策是集团间的斗争在某一特定时期达到的平衡，故随着各利益集团力量和影响的消长，其总是反映占支配地位集团的利益。政府在其中也扮演着重要角色，通过政策手段处理集团之间的目标或利益冲突，以公共政策的形式达成妥协方案。

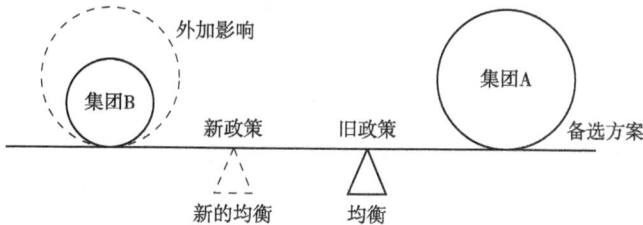

图 2-8 团队理论模型分析流程

其局限性在于：一是夸大了利益集团在政策形成过程中的重要性，低估了公共权力机构自身所起的作用，忽略了政治生活中其他重要因素对公共政策形成产生的影响；二是对多元主义政治体制以外的政治体制缺乏解释力。

六、精英模型

精英模型（the elite model）是由托马斯·戴伊和哈蒙·齐格勒于 1975 年在《民主政治的讽刺》中提出的。该模型认为国家政策由少数的政治精英制定，而非政治精英向政治精英的转化必然是一个缓慢而又持续的过程，在非政治精英中，只有那些接受了政治精英的价值观者才会被允许进入统治集团（图 2-9）。由于政治精英在决策过程中的作用也受个人精力、兴趣、信息来源、专业技能的限制，且政府部门的职能划分和中央地方分权，部门和地方政府拥有一定的自主权，使中央高层精英的决策不可能是整个过程的全部，其信息来源通常要经过行政机构的重重过滤，也会存在选择性误差和信息失真的情况。

其局限性在于：一是忽视了现代民主国家里

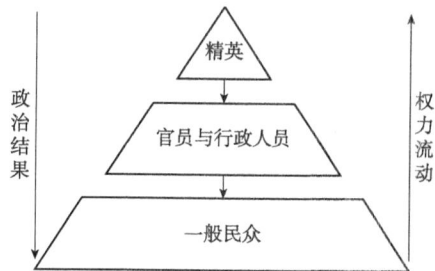

图 2-9 公共政策的精英模型

公民参与政治的要求和能力，以及这种参与对公共政策形成的影响；二是对于较为剧烈的政治政策变化不易解释。

思考题

案例分析

一、名词解释

经济福利　帕累托最优　经济剩余

二、思考与论述

1. 制定农林政策的相关经济理论有哪些，其主要内容是什么？

2. 农林政策和经济福利之间有何关系？

3. 农林政策分析的主要理论模型有哪些，其主要思想和局限性是什么？

第三章

农林政策制定

【学习目标】

1. 了解公共政策制定的含义、理论依据和原则。
2. 了解公共政策的系统构成。
3. 掌握农林政策问题的确认和农林政策议程。
4. 熟悉农林政策方案规划及合法化。

第一节　公共政策制定概述

一、公共政策制定的含义

(一)政策制定的含义

政策科学文献中对政策制定有狭义和广义两种解释。狭义上把政策制定理解为政策形成过程或政策规划，指从问题认定到方案选择及其合法化的过程。广义上把政策制定理解为整个政策过程，包括狭义的政策制定和后政策制定(政策执行、政策评估、政策调整和政策终结等环节)两个阶段。

(二)农林政策制定的含义与作用

本书从狭义上来解释农林政策制定。农林政策制定是指党和国家根据一定时期内农林和国民经济发展的需要，对农林问题进行决策的过程。农林政策制定构成了农林政策过程的起点，在全部农林政策过程中占有重要地位。农林政策制定过程包括对农林政策问题的认定、农林政策议程的建立、农林政策方案的规划和农林政策合法化等环节。

二、公共政策制定的原则

公共政策是关于公共利益的政策，主要是由以公共权威机构代表的政府为主体所制定的政策。公共政策制定的原则有以下几点：

(一) 民主化原则

公共政策是集体选择的结果，决策的民主化是现代公共政策制定的重要的价值取向之一，它追求社会公正，强调公民参与。

(二) 规范化原则

规范化是现代公共政策制定的另一项基本原则，社会中利益主体的多元化和公共政策制定过程的复杂性，都内在地要求公共政策制定和决策程序的规范化。

(三) 合法化原则

公共政策的制定也必须符合法律规定和制度程序；公共政策不得与法律法规相抵触，要把正当、合法的利益贯彻到公共政策的制定过程中。

(四) 公共性原则

公共选择即非市场的集体选择，实际上就是政府选择，而公共政策作为一种公共产品，是由公共选择决定的，是集体选择的结果。公共选择的目标是为了实现社会资源的帕累托最优配置。

第二节　农林政策问题分析

一、农林政策问题界定

(一) 农林政策问题的内涵

政策问题是指对于特定的社会公共问题，由政府列入政策议程并采取行动，通过公共行为予以解决的问题。农林政策问题则是基于特定的农林业问题，由政府列入政策议程并采取行动，通过公共行为可能得到的需求、价值或改进的机会。农林政策问题只是那些关系农林经济发展全局的关键性问题和在某一领域、某一方面起决定作用的主要问题和主要矛盾。其本质是一种客观存在的社会现象，能够被多数人觉察、认同并受其影响，依赖于政府解决且政府必须解决的现实需要。

(二) 农林政策问题的特征

认识农林政策问题的主要特征有助于对纷繁复杂的政策现象的理解，也有助于将农林政策问题从社会问题中区别开来。

1. 相互依存性

现实中的农林政策问题并不是独立存在的，这些问题极少能独立地加以明确并得到解决。某一领域的政策问题经常影响其他领域的问题，有时同时解决多个相互关联的问题比解决一个问题要来得容易。

2. 主观性

问题是客观存在的，但对问题的感知却是主观的。同样的问题不同的人用不同的方法会得出截然不同的解释(如土地的确权问题、森林的生态效益等)。农林政策问题是思想作用于政策环境的产物，是人们通过分析客观的问题情势而作出的主观判断。

3. 社会性

人是社会的主体，政策问题是人主观判断的产物，只有当人类对改变某些形势问题作出判断时，才可能产生政策问题。农林政策问题的产生、存在和改变都具有社会性，不能脱离对它们进行定义的个体和群体而存在，并非存其内部就构成农林政策问题的"自然"状态。

4. 动态性

农林问题是经常动态变化的，因此，解决农林问题的方案也需要及时调整和完善。

二、农林政策问题认定和论证

(一)农林政策问题认定

农林政策问题的认定，即相关主体达成一定的共识，认为某一问题已经到了必须解决不可的地步。政策认定受到多种因素的影响，在农林政策问题认定过程中，往往会遇到关于问题的争论。

(二)农林政策问题确认的含义和步骤

1. 农林政策问题确认的含义

农林政策问题的确认是指对农林政策问题的觉察、界定和描述的过程。对农林问题进行明确和系统的阐述是探求问题解决方案的有效途径。问题察觉是指某一农林问题被人们发现并扩散，逐渐引起社会公众和政府有关部门关注的过程；问题界定是指对农林问题进行特定分析和解释的过程，如农林问题分类(农村政治、经济、文化，全局或局部、全国或区域性)、农林问题分析诊断(现实与理想的差距，产生原因)、农林问题情景变为实质问题(复杂混沌的问题总结概括为清楚明了的实质性问题)等；问题描述是指运用可操作性语言，如数量、文字、符号、图表等表达方式，对农林问题进行明确表述的过程。

2. 农林政策问题的确认步骤

农林政策问题的确认是一个陈述议论、分析界定的复杂过程，需要按照一定的步骤并采用一定的分析方法进行。农林政策问题确认的步骤借鉴美国学者帕顿和沙维奇概括的政策问题确认的7个基本步骤，具体如下：

①思考问题。认真考察事件，在头脑中构建农林问题的构架并收集材料，分门别类地整理数据，最终尽可能对事件形成准确和完整的描述。

②勾勒问题的边界。详尽说明农林问题产生的时间、地点、存在时间和范围以及对农林问题形成有影响的历史性事件。

③寻求事实依据。农林政策问题的认定需要一些基本信息。通过多种途径查询数据并使用不同的评估方法进行核实，然后比较这些数据与原始事实有无出入。农林问题的表述将对事实的收集产生直接影响。

④列举目的和目标。不同的目的和目标决定了对农林问题解决方案的要求不同。有些目的和目标必须进行试探性表述并不断修改调整，有些目的和目标则必须加以推测。

⑤明确政策范围。农林政策范围是指一个农林问题所要考虑的变量的范围，它将影响

那些最终受到检查的备选方案。有时由当事人规定，有时取决于分析者的工作背景，有时受到时间和可利用资源的制约。

⑥显示潜在的损益。利用报告、图表等形式表示相关参与者和利益集团在农林政策问题上潜在的损益情况。如果问题得到解决，每个参与者得到什么或失去什么。

⑦重新审视问题的表述。农林问题的表述是否符合行动的需要，对农林问题的分析是否具备足够的洞察力，有无提出可供选择的备选方案的线索。

3. 农林政策问题的发现途径

政府发现农林政策问题的途径通常包括：①执政党和政府领导人凭借其领导地位所掌握的信息，从大量农村经济社会问题中发现和抓住主要问题作为政策问题；②政府公务人员在执行农林政策过程中发现一些共同的农林政策问题；③统计、计划等政府职能部门和有关科研机构的研究人员和科研人员在从事科学研究的过程中，可以确认某些重要的农林政策问题；④某些突发的重大事件、变故，也会成为政府要立即加以解决的农林政策问题。

4. 农林政策问题的认定

源于理想状态与实践现实的偏差，这种偏差本身具有广泛影响，需要由政府列入政策议程并采取行动加以解决。因此，需要根据其内涵认定农林政策问题：①现实与期望状态的偏差所属的领域；②证明偏差所依据的资料及信息；③差别的重要性、程度及影响范围；④导致偏差的可能原因与确认的依据。

(三) 农林政策问题的论证

农林政策问题论证的复杂性反映在组织层次上：政府一级论证明确是否做某事，二级论证规划优先发展的项目和需要优先考虑的目标群体；功能论证反映在具体规划上，小论证反映在特定项目中。

三、农林政策问题分析方法

农林政策问题的分析方法主要有以下 5 种：边界分析法、原因分析法、层次分析法、类比分析法和假设分析法。

(一) 边界分析法

一系列问题规划的相对完全性可以用如下 3 个步骤来加以估计：

①饱和抽样。通过多阶段的过程来获得有关利益相关者的饱和抽样(或滚雪球抽样)。

②问题陈述的启发。具体说明这些问题表述的证据可以从面谈或电话交谈中获得，并可从饱和抽样阶段中的相关者那获得所需的文件。

③边界估计。这一步是要估计元问题的边界。具体研究政策问题时，必须先划定研究对象界限，边界分析是要划定研究对象的边界，找出与其他事物严格区别的本质属性，使之与外界相对隔离，在边界内组成一个统一的整体。

(二) 原因分析法

农林政策问题的原因分析是指从问题产生的原因出发，确定问题解决方法的现实可行性。原因分析是农林政策问题确定中的一项重要内容。每项农林政策问题的产生都由必然的原因导致。找到了产生问题的原因，就等于解决了问题的一半。一些政策科学家认为，政策问题的原因分析可以采用层次分析法。层次分析法是指从可能、合理、可行3个不同层次分析探索政策问题产生的原因，并由可行原因确定问题能否解决的分析方法。

（三）层次分析法

层次分析是认定政策问题可能产生的原因的方法，目的是为精确有效地认定导致问题情景的原因提供一套有效的思维方法。层次分析可以帮助人们分析以下3种原因：

①可能原因。是事件或行为，不论其与政策认定处于何种关系状况，只要是可能促成政策问题情景发生的，都是可能原因。

②合理原因。是在科学研究和直接经验的基础上，对问题形势的出现可能会产生的重要影响的原因的分析。

③可控原因。是受政策制定者的控制和操纵的原因。

层次分析着重个人分析，而不是团体的相互影响。由于是依靠分析者个人的知识、经验、理论观点和价值观念来获取信息，难免带有浓厚的个人色彩，因此也不能保证一定能够找到问题的正确解释。

（四）类比分析法

类比分析法是在政策问题的构建中，通过对类似问题的确认，寻求政策问题的成因、性质及类别的方法。类比分析法主要是调查问题的相似性，以便帮助政策分析人员根据类比的结果，对政策问题的内涵进行分析。其特点为：①类比分析基本假设是分析人员如果能够觉察问题所存在的相同或相似的关系，将有助于提高分析人员解决问题的能力；②在缺乏可靠论证思路时，类比分析法往往能够奏效；③按照类比分析提供的思路，人们不仅能够识别那些看似新问题实为旧问题的伪装，还能够获得解决新问题的正确思路。

（五）假设分析法

假设分析法是先对政策问题相互冲突的立论进行假设，然后进行创造性综合的一种农林政策问题分析方法。假设分析法是所有构建政策问题方法中最具综合性的方法之一，常常用于比较复杂的、涉及不同利益矛盾冲突的政策问题分析。假设分析法可以由个别专家运用，也可以由团体运用，具有3个基本特征：①它是从问题可能的解决方案开始，而不是从问题的基本假设开始；②在整个分析过程中它始终使用相同的资料；③系统地提出了政策分析的主要问题，以一定的程序创造性地处理各种假设与方法之间的冲突。

此外，德尔菲法、头脑风暴法等也是常用的农林政策问题分析方法。

第三节　农林政策目标确定

一、农林政策目标的含义与特征

（一）农林政策目标的含义

农林政策目标是指农林政策所要实现的期望状态或理想结果，是农林政策设计和择优的基础，也是农林政策执行的指导方案，并为农林政策评估提供了依据。它在农林政策实施之前，就以理性的概念产生于政策制定人员的头脑之中，是可以用语言文字、数字、符号等表示的主观意志。农林政策的主要目标主要包括发展农林业生产力，确保农产品安全供应，稳定农产品价格，推进国土绿化美化，保护森林资源与生态环境，增加农民收入，实现农村经济与社会协调发展。

(二)农林政策目标的特征

农林政策目标具有以下特征：具体性、可行性、规范性、协调性和层次性等。

1. 具体性

农林政策目标应该具体明确，否则政策方案的拟订就缺乏根据。所谓农林政策方案的具体性，主要包括以下几个方面的含义：①农林政策目标的语言表达必须明确、具体、清晰，内涵不能有歧义，外延界定要清楚。②农林政策目标应包括实现目标的期限。期限规定的严格程度，可以根据农林政策问题的性质与要求而有所不同，并有一定的弹性。有些农林政策的总目标需要相当长的时间才能实现，无法事先规定出具体时限，但仍可以将长期性的总目标分成若干阶段的分目标，并为每个分目标设定时限。③农林政策目标要有明确的约束条件。约束条件是指在确定农林政策目标时，对政策目标所限定的条件，只有在符合这些条件的前提下实现目标，才算农林政策目标的真正实现。④实现农林政策目标的限制条件明确。

2. 可行性

可行性是指农林政策目标的实现条件。实现农林政策目标的直接条件包括具备人力(新型农民的不断涌现)、物力(国家财力的不断增强)、技术(农林科技成果的不断转化)、信息(农村信息化的不断发展)和权力(党和政府的大力支持)等资源。其间接条件则包括国际国内政治环境、社会心理、自然环境的变化等。

3. 规范性

农林政策目标的规范性是指：①农林政策目标不仅是可以实现的，还应该体现政策决策者所代表的社会集团的利益。例如，增加农民收入目标就是代表农民利益。②不与国家宪法、法律相冲突，符合社会道德规范。③标准适当，既要高于现有水平，又必须是经过努力可以实现的，如"确保全国粮食产量保持在1.3万亿斤以上"这个农业生产目标。

4. 协调性

农林政策目标通常都不是单一的，而是多个目标的有机结合。因此，对多项农林政策目标之间存在的相互关系，必须进行充分分析，尽量避免出现对立局面，以使整个农林政策体系更有效率。一系列的主要目标和次要目标、中间目标和最终目标所构成的整体目标体系，要具有明显的层次性。

二、确定农林政策目标的基本原则

确立农林政策目标时，会受到多种因素的影响，如前期政策的执行情况、可能争取到的资源、政策制定者本身的素质、上级政府下达的政策任务、政策运行中可能遇到的问题等。因此，农林政策目标确立应从实际需要出发，保证农林政策目标的确有经济和社会效益。同时需要考虑农林政策目标的可行性和合理性，切实调动人们的积极性、主动性和创造性，保持农林政策目标的相对稳定，不随意改变政策目标，并且保持具体农林政策目标的适当弹性。

三、确定农林政策目标的基本思路和要求

确定农林政策目标的基本思路：

①固定目标法。即根据现实需要而确定农林政策目标的方法，即以经济发展的战略目标或更高层次目标为依据演绎出农林政策目标，然后将其固定，再以此来寻求实现这一目标的政策、手段和措施。

②引申目标法。即根据实际可能来确定农林目标的方法，以可能投入的政策手段和措施为依据，分析归纳出可能实现的农林政策目标的空间，然后由此引申出具体的农林政策目标。

确定农林政策目标的基本要求：关键性与全面性相结合；可行性与挑战性相结合；具体化与定量化相结合；灵活性与一致性相结合。

第四节　农林政策制定程序

一、农林政策手段选择

"工欲善其事，必先利其器"，农林政策手段是指为实现农林政策目标所采取的方法或机制，是实现农林政策目标的工具、桥梁和纽带。没有适当的政策手段，再完好的政策目标也无法实现。农林政策目标的多元性和层次性，决定了农林政策手段的多样性、差异性和动态性。实现农林政策目标，往往需要多种政策手段的综合运用。

(一)农林政策手段体系

农林政策手段根据作用方式的不同，可以分为经济性手段、规制性手段和社会性手段。各政策手段并非孤立存在的，彼此之间相互渗透、相互配合，构成了农林政策的手段体系。

1. 经济性手段

经济性手段是根据经济规律和物质利益原则，利用经济杠杆来调整人们之间的利益关系，从而实现政策目标的方法。在市场经济条件下，经济性手段是最常使用的有效政策手段。针对农林政策目标，经常使用的经济手段有价格手段、税收手段和农林补贴手段。价格手段是通过影响农产品和林产品的供给和需求，来影响其价格的方法。税收手段是通过增加或减免税收的方式，来调整人们之间利益关系的方法。农林补贴手段是政府通过财政补贴的方式，引导资源转移到农林领域，支持农林业和农村发展，提高农民生活水平的方法。

2. 规制性手段

规制性手段是利用公权力的权威性，采用法律、行政命令、指示、规定或规章制度等强

制性手段，来实现政策目标的方法。规制性手段包括法律手段和行政手段。前者依赖的是法律法规，既包括立法机关所制定和实施的法律法规，也包括国家行政机关依据法定职权和程序所制定和实施的行为规范；后者依赖的是行政机关依法采取的行政措施和行为。

3. 社会性手段

社会性手段是政府整合和利用社会资源，通过构建参与、互动、合作的机制，充分发挥社会力量的作用，来实现政策目标的方法。运用社会性手段调动农民、社会志愿者及农村自治组织等社会力量，能降低政府耗费的成本，往往能起到意想不到的作用。在农林政策目标的实现中，通常使用的社会性手段有农村社区治理、农户家庭影响、志愿者服务及农民信息引导等。

(二) 农林政策手段选择的基本原则

农林政策手段选择要服务于农林政策目标。某项农林政策目标的实现，总是要选择与其有内在联系的、能够产生预期效果的手段。选择农林政策手段应遵循以下原则：

1. 综合性原则

一种农林政策手段总是在一定角度和一定程度上影响着一项或多项农林政策目标的实现；一项农林政策目标的实现，也往往需要多种农林政策手段的综合运用。这就要求农林政策手段的选择应具有系统性，综合考虑各种农林政策手段可能产生的作用，将不同的农林政策手段进行合理的组合与配置，产生最佳的效果。

2. 侧重性原则

农林政策手段在追求实现多重目标时，既要考虑时间的先后，又要考虑实现目标的难易程度。农林政策手段选择一定要侧重于农林政策目标中亟待解决的、核心的、薄弱的环节。

3. 动态性原则

农林政策目标的实现是一个过程，随着政治、经济、文化以及人们意识的改变，会呈现不同的发展阶段。在不同发展阶段，农林政策手段也会呈现不同的效果。当主客观条件发生变化时，农林政策手段也要随之改变。

4. 效益性原则

农林政策手段的使用伴随着不同的人力、物力、时间等操作成本。在选择农林政策手段时，一定要考虑其效益，选择采用较低的操作成本却能带来较明显效果的农林政策手段。

5. 可操作性原则

农林政策手段要能较容易地付诸实践，对政策手段的说明语言应简练明确。

二、农林政策方案设计

农林政策方案设计是指在确定农林政策目标的前提下，寻求与组合可以实现农林政策目标的措施和手段。制定农林政策的实质就是设计农林政策方案的过程，即确定农林政策目标和选择最有效的农林政策手段与组合。

（一）农林政策方案设计的参与者

农林政策方案设计的参与者通常有多个主体，可以简单归纳为政府系统内部和外部两类农林政策方案设计人员。

1. 政府系统内部的农林政策方案设计人员

政府的农林政策方案设计大多出自政府系统内部，其优点是能够掌握大量的信息，工作条件便利。缺点则是由于方案设计人员分属于政府系统的不同部门，因而在设计政策方案时往往受到所在部门利益的左右，影响政策方案的独立性、公正性和合理性。

2. 政府系统外部的农林政策方案设计人员

该部分主要是分布在大学、科研机构的教学研究人员。其相较于政府方案设计人员独立性较强，受行政或部门利益约束较少，可以根据自身的专业特长来进行农林政策方案的研究设计。缺点则是在进行政策方案设计时面临的最大制约因素是所掌握的政策信息资源不够充分全面，如果方案设计者的想法与政府相关部门的意图不一致，就更难从政府相关部门获得制定政策所必需的信息资料，不能充分考虑所有的因素去设计政策方案。

（二）农林政策方案设计的主要方法

农林政策方案设计的主要方法包含渐进式、延伸式和创新式。

1. 渐进式农林政策方案设计

其优点在于对社会产生的震动较小，能够适应有关各方的利益需求，并能稳步实现所选定的农林政策目标。不足之处在于达到最终目标所需要的时间较长，在处理较大的冲突时缺乏突破。

2. 延伸式农林政策方案设计

它一般分为两种情况：①新的农林政策方案与旧的农林政策方案属于同一政策范畴，如从城市职工的福利保障政策延伸到老年农民社会保障政策、贫困地区人口的基本生活保障政策等。②新旧两种政策方案虽然不属于同一政策范畴，但新政策基本概念可以从旧的政策方案中类推、引申、比较而得到，如农村人口控制政策的基本思想就来源于社会发展政策、经济发展政策和卫生教育政策等。

3. 创新式农林政策方案设计

运用这种方法制定的农林政策方案与已有的各种政策方案均不存在明显的关联性，它既不是对原有政策方案的修正，也不是原有政策方案的延伸，而是一种创造性的政策方案设计。它是现有观念的新组合，具有创新的特点。

（三）农林政策方案设计的步骤

农林政策方案设计分为两个阶段进行：第一阶段，初步设计农林政策方案的轮廓；第二阶段，精心设计农林政策方案。

1. 初步设计农林政策方案的轮廓

初步设计农林政策方案的轮廓主要解决两方面的问题：①大致确定可能涉及的政策方案数量；②对可能的政策方案进行初步的规划，包括行动原则、指导方针、发展阶段等内容。为了实现既定的政策目标，政策方案应尽可能多样化，应尽可能提出可行的备选方案，满足整体上的完备性和个体间的互斥性两个条件。方案的设计需要运用创造性思维，设计出实现政策目标的多种思路和轮廓方案。

2. 精心设计农林政策方案

在勾勒出方案轮廓之后还需进行细节设计以构造具有实用价值的具体方案，农林政策方案精心设计的两项主要工作是对轮廓设计阶段提出的方案进行筛选以及对初步选出的方案进行加工细化。政策方案的设计要做到实事求是，过程要遵循实用性、可操作性和细致性的原则。

（四）农林政策方案设计的可行性

农林政策方案设计需要具备一定的可行性，才能保障其有效地落实。

1. 经济可行性

经济可行性标准是可用资源的可能性。它包括两个方面的内容：①某一备选方案占有和使用经济资源，进而实现政策目标的可能性；②实施某一政策方案所需花费的成本和取得的收益。政府的财政资源是有限的，任何政策方案占有和使用的经济资源也是有限的。一般来说，公共政策的经济资源的占有量与其政策目标的期望值成正比关系。当然，这还涉及成本效益问题，如果某一方案的成本大于收益，显然这项政策是不可行的。

2. 政治可行性

政治可行性主要是指某项政策被决策机构或与决策相关的群体接受的可能性。公共政策形成于政治舞台并且必须接受政治考验。如果一项政策得不到决策者、政府官员、利益团体或者民众的支持，那么该项政策被采纳的可能性就很小。即使被采纳，执行成功的机会也很小。这就使政治可行性成为一个重要的评估标准。

3. 技术可行性

技术可行性是指从技术的角度衡量政策方案是否能够达到预期的目标，即政策方案在技术上是否具备实现预期政策目标的条件。这一标准包含两层含义：①是否具备实施某项政策方案的技术手段，使政策目标的实现成为可能；②在现有的技术水平或方法论基础上达成目标的可能性有多大，即能在多大程度上实现政策目标。

4. 文化可行性

政策方案的实施离不开特定的文化环境，尤其政治文化是影响政策可行性的重要因素。各方对特定的政策方案的认同程度，备选方案解决问题的程度都在一定程度上影响了政策方案的可行性。如果实施的政策方案具有副作用，引起巨大的社会震荡，得不到各方势力的认可和接受，那么也就意味着该政策方案最终将走向失败。

5. 行政可行性

行政可行性也称行政或管理的可操作性，作为一种基本评估标准类型；它的意义和重要性可以从这点上很好地说明：假如一项政策方案或项目在技术、经济和政治上都是可行的，但却不能加以贯彻执行或难以贯彻执行，那么这项方案或项目的优点就会大打折扣其至毫无用处。行政可行性涉及的问题主要有：行政管理系统能否将一个政策方案或项目具体化，执行者有多大的授权及控制力，目标群体的配合程度如何，是否具备足够的人力物力以保证政策的执行，是否有备选的执行方案，等等。

三、农林政策方案论证

政策方案论证是指通过对决策者和利益相关者已经提出或有可能提出的不同意见进行有理有据的抗辩，旨在推动决策者采纳自己方案而拒绝其他方案的做法，是政策决策前期的首个环节。农林政策方案论证至少应考虑以下几个方面：

①要考虑政策是否能够达到预期目标。为此要研究政策本身是否对症下药，是否能真正达到预想的作用；同时要考虑贯彻和实施政策的各级政府部门对政策的理解能力、贯彻的积极性、可能遇到的阻力等，并制定相应的对策。

②要分析在贯彻执行政策时可能会出现的副作用。政策一般是为了解决某一方面的问题，但经济和社会各方面的关系错综复杂，有许多的关联，可能出现完全相反的效果，或为解决这个问题可能会对其他方面产生不利的影响。如果在制定政策时就同时分析可能出现的副作用，并采取相应的补救措施，就可以防止或减少不良的影响。

③要预估政策从出台到见效所需的时间。包括贯彻与实施政策的各级政府部门领会政策和制定实施细则，采取措施到发挥作用直至达到政策目标所需要的时间。对政策的见效时间心中有数，一方面可以据以调整政策力度，避免出现贯彻落实的时间过长而不能及时见效；另一方面可以避免出现急于求成的思想，在一个政策还没有真正取得效果之前就不断继续出台加大力度的政策，以致出现矫枉过正的情况，导致还要出台制止"过正"的政策等情况。

④要研究政策是否有利于贯彻执行。政策贯彻执行的对象是各级政府部门和企业与民众，含糊其词的政策会使贯彻的对象产生歧义或不知所措，不利于贯彻和实施。在出台时没有明确具体确切的内容，造成政策出台后地方政府不知道应该如何贯彻，延长了政策的见效时间。

⑤要对政策实施的范围进行界定。我国幅员辽阔，各地发展情况和出现的问题有很大不同。但许多政策都没有考虑地区差异，出现"一刀切""一个人有病，大家吃药"的情况。这已是各方面多次提出的一个老问题，但至今仍没有得到完全纠正。

四、农林政策方案决策

决策是为解决目前或未来可能发生的问题，而选择最佳方案的一种过程。在决策论中，把所面临的几种不以人们意志为转移的自然情况称为自然状态，又称客观条件，简称状态或条件，这是一些不可控因素。把那些为实现目标判定的各种方案称为行动方案，简称方案或策略。抉择政策方案即通过系统的分析和评价对所设计的政策方案的优选，选择标准主要有效益效率、充分性、公平性、回应性和适当性。

农林政策方案的决策是指由农林政策的制定者根据政策规划建议和要考量的相关事项，按照一定的决策制度和程序规定，对解决有关政策问题的行动方案作出决定性选择的过程。这一过程是农林政策制定过程中最具实质意义的阶段，正是因为这一阶段十分重要，任何一个国家都会对自己的农林政策抉择问题作出一定的程序化和法治化的规定。因此，农林政策的抉择实际上就是将有关政策加以合法化并采纳的过程。尽管不同的国家会在程序化和法治化的程度上有所不同，但这并不影响人们的总判断。

政策方案的决策体制是决策权力分配和决策全过程的程序、规则、方式等的总称，其主要的构成因素有决策主体、决策权力、决策规则和方式等。决策主体包括核心主体、准公共决策主体(所有非政府的公共组织，即第三部门)和社会公众。决策权力指决策主体在决策过程中对他人的控制力、制约力和影响力。决策规则包括但不限于全体一致规则和多数同意规则。

(一) 政策方案决策的类型

政策方案的决策类型主要包括确定型决策、风险型决策和不确定型决策。

1. 确定型决策

确定型决策是指决策者对决策目标的未来发展有十分清楚的了解，其有关条件都能准确地列举，每种决策只可能有一种结果，即确定型决策是指决策环境完全确定，决策的结果也是确定的决策，主要包括盈亏平衡分析决策方法和净现值决策方法。

2. 风险型决策

风险型决策是指如果决策者在决策时面临一些随机因素。尽管这些因素不是确定的，但决策者也可以估计这些随机因素的概率分布，还可以估计不同的决策方案在不同的随机因素下的收益值。

3. 不确定型决策

不确定型决策是指决策者对各种自然状态出现的概率无法估计，但能确定几种行动方案在不同的自然状态下所获得的相应的收益值。

(二) 农林政策方案决策的主要模型

农林政策方案决策的主要模型有完全理性决策模型、有限理性决策模型、渐进决策模型和子系统决策模型等。

1. 完全理性决策模型

通过建立各种完备的运作排序目标，提出各种可能的政策方案，预测每一种方案的成本效益和期望值，计算每一方案净预期值，比较并确定具备最高净预期值的方案，输出完全理性的政策。

2. 有限理性决策模型

依靠有限的资源和信息，通过不断搜索，得出满意的政策方案的决策方法或程序。决策者得到的是有限的决策资源和决策信息，然后进行对策搜索，将搜索出的对策方案进行比较，直到找出满意的对策。

3. 渐进决策模型

该模型强调决策者的决策是从现行政策出发，只是对政策进行渐进的调整。决策者是在一系列相似的方案间进行抉择，一个政策只针对一个问题。该政策是通过不断地尝试、调整、再尝试、再调整而不断完善的。

4．子系统决策模型

该模型认为决策因议题和制度背景的差异而不同，政策合理性只有在具体的政治组织环境中才能得到判断。在政策子系统的复杂程度和限制条件的严格程度同时约束下，可采取的决策类型有：渐进调整决策模型、理性探求模型、最优化决策模型和满意模型等。

五、农林政策方案修正与完善

农林政策研究与分析人员所做的工作可以为决策者解决政策设计中需要解决的较为困难的问题创造条件，但是他们不可能完全代表决策者的想象力、经验和判断力。政策研究与分析人员只可能对自己提出的方案和分析结论负责，而不可能对政策实施后果负责。因为只有决策者才能对政策实施后果负责，所以，即便比较完善的政策草案，也必须经过决策者的修正和完善后才能实施。

另外，由于农林政策作用对象及其相关系统的复杂性以及它们发展变化的随机性，从而使站在不同角度、具有不同观察手段和不同观察能力的人，对农林政策问题作出各自不同的判断，提出不尽一致的问题解决方法和措施。但所有这些不同的看法和方案，最后都必须由决策者统一作出裁决，选择符合决策者意志的政策方案。

六、农林政策方案采纳与合法化

农林政策方案采纳是指政策制定机构和决策者决定采取某项政策方案的过程与行动。政策采纳是政策制定过程中最重要的阶段。

（一）农林政策合法化

农林政策合法化是指法定主体为使政策方案获得合法地位而依照法定权限和程序所实施的一系列审查、通过、批准、签署和颁布政策的行为过程。农林政策方案抉择之后并不一定能立即付诸实施，还必须按照规定经过法定程序提交有关机关讨论通过，并以公报、决定、决议等形式向全社会发布，才能使农林政策获得公认的合法地位。政策合法化的程序通常为，先由法制工作机构审查，决定领导决策会议通过后再由行政首长签字发布。只有合法化的农林政策才具有约束力和可执行性，并得到社会各界的普遍认可、接受和遵从。

中央和地方的所有政策都有合法化的过程，因此政策合法化是有目的的活动，是政策主体依照法定权限所实施的活动以及一系列行为过程。政策合法化既是政策制定过程的重要阶段，又是执行的前提，是依法治国和依法行政的需要，是决策民主化、科学化和法治化的重要保障。政策合法化的基本要求包括：主体合法化、程序的法定性、内容的合法性和抉择的法定性等。

政策合法化的主体具有两个显著的特征，即宏观上的广泛性和微观上的特定性。所谓宏观上的广泛性是指有权使政策方案获得合法地位的国家机关，都可以成为政策合法化的主体。它既包括国家立法机关（权力机关），也包括其他国家机关；既可以是中央国家机关，也可以是地方各级国家机关。所谓微观上的特定性是指每一项政策方案的合法化主体是特定的。尽管总体上政策合法化的主体是广泛的，但这并不意味着任何一项政策方案的合法化活动都可以由任意一个国家机关来决定。

(二) 政策法律化

政策法律化是指政策向法律的转化，具体来说，是指享有立法权的国家机关依照立法权限和程序，将成熟、稳定且有立法必要的政策转化为法律的过程。它实际上是一种立法活动，所以又称政策立法，是政策合法化的一种重要而又特殊的形式。政策法律化的前提是该政策有立法必要且是成熟稳定的政策。

思考题

案例分析

一、名词解释

政策制定　问题察觉　边界分析法　政策决策

二、思考与论述

1. 什么是农林政策问题，它有哪些基本特征？
2. 如何确认农林政策问题？
3. 我国农林政策的基本目标有哪些？
4. 农林政策的主要手段有哪些，其选择的基本原则是什么？
5. 主要的农林政策分析方法有哪些？
6. 如何设计农林政策方案？

第四章

农林政策执行

【学习目标】

1. 掌握农林政策执行的含义、特点和意义。
2. 了解政策执行理论的演变和农林政策执行的常用模型。
3. 认识农林政策执行的资源条件和影响因素。
4. 熟悉农林政策执行的具体过程。

农林政策执行是农林政策实施过程的中心环节，是实现农林政策目标的唯一途径。农林政策执行的有效与否事关政策成败。因此，农林政策执行是整个农林政策实施过程中的重要阶段。本章着重介绍农林政策执行的相关概念、主要理论、影响因素及基本环节等内容。

第一节　农林政策执行概述

农林政策制定后必须经过执行这一环节，才能实现政策目标。政策执行是否有效关系整个政策的成败。因此，农林政策的执行与制定在政策运行过程中相辅相成，同样重要。

一、农林政策执行的含义

农林政策的执行是指农林政策的执行者运用各种政策资源，通过建立各种组织机构，采取宣传、解释、实施、服务等措施将农林政策观念形态的内容转化为现实政策，从而使既定的农林政策目标得以实现的过程。具体来说，农林政策执行是指农林政策的执行者为了实现农林政策的目标，通过动员各级农林政策执行相关机构，利用各种农林政策资源，采取相应的措施和手段，使农林政策内容变为现实的行动过程。

二、农林政策执行的特点

由于受农业和林业产业性质、政策对象(主要是农民)的数量规模和我国转型期突出的地区差异等因素影响，农林政策执行不仅具有一般政策执行的特点，还呈现其若干特性，概括来说主要有以下几个方面：

(一) 专业性和具体性

农业和林业具有产业属性，因此，农林政策不仅仅是广义的公共政策，而是一种产业政策，与其他行业(如工业、服务业)的政策不同，农林政策与农业和林业的产前、产中、产后的诸多环节有着紧密的联系，因此，农林政策的执行主要在农业和林业及其相关行业内开展。而执行农林政策的人员，必须具备"三农"方面的基础专业知识和经验，否则农林政策将难以顺利推进。与此同时，在制定农林政策时，需要进行概念抽象化、目标整体化等工作。此外，在实施农林政策时，需要进行整体的了解、细化和分解，并通过执行系统，将其层层贯彻到具体的实施部门、机构，直至具体的工作人员，最后才会影响农林政策目标的实现，并根据其目标的反馈，对农林政策的效果进行评判。因此，实施农林政策既要有专业性，又要有具体性。

(二) 多样性和灵活性

我国各地区差异大，农业和林业发展极不平衡，自然资源分布、农林科技运用、市场发育等各个方面都存在着巨大的差别。这就要求农林政策执行时需要因地制宜采取不同的执行手段或方法。但这并不意味着要放弃农林政策在时间和空间上的统一性和稳定性，而是指在执行相同目标的农林政策时应拓展执行途径、创新执行手段，即完成政策目标的执行方式可以是多样化的。同时，由于当前我国正处于快速转型时期，各种利益冲突和特殊问题大量涌现，使农林政策的执行不可能完全保持步调一致。不仅执行者会因思想和资源的制约而无法按照预定方案执行，政策对象和政策环境也会随着地区差异和政策阶段的推进而出现多种变化。这就要求农林政策执行者必须因时因地制宜，灵活采取相应措施完成政策目标(但灵活并不意味着在政策执行中随意偷换概念或讨价还价)。只有做到执行途径的多样性和方式方法的灵活性，才能最大程度地发挥农林政策的作用。

(三) 阶段性和连续性

农林政策过程本身具有周期性，每个周期内又存在时间上的阶段性。这就要求农林政策从制定开始就应遵循循序渐进的原则，反映到执行上就出现了明显的阶段性特征。当然，在农林政策执行的过程中各个阶段不是独立和割裂的，而是承前启后、互相关联的连续性过程。虽然农林政策方案制定了近期目标和中远期目标，执行过程中仍需要根据每一个阶段目标实现的程度来调整后续阶段的执行措施。农林政策实施的连续性还体现在农林政策实施力度上。执行者不能只顾近期目标，而忽视最终目标，如若执行有头无尾，将大大降低政策对象对农林政策的信任程度，进而影响其在农林政策执行过程中的配合。为此，有效的农林政策执行必然呈现出阶段性和连续性相统一的特点。

(四) 综合性和复杂性

农林政策的执行是一项系统工程，需要人、财、物、技术、管理、信息等各种资源共同参与和协调配合。其中，人的因素最为关键，因此农林政策执行必然要受到人的主观因素的深刻影响；而资金、技术、环境等外部因素也是在政策执行中必不可少的，故农林政策执行还受到客观因素的影响。农林政策的执行者需要统筹各种政策资源，通盘考虑来自主观和客观两个方面的因素，将它们安排在一个有序运作的状态下，以发挥其整体效应。但是在农林政策执行过程中做到要素配置得当、结构功能合理、系统内耗最小是十分不易的。一方面，由于农林政策的执行本身是一个动态变化的过程，不同层级的执行者往往需要根据自己所处区域、部门的实际情况和特点采取相应的行动。而农林部门的决策层级、执行主体和政策对象的数量都比较多，这就使政策在执行过程中出现偏离政策目标的可能性大大增加。另一方面，由于农林政策目标往往较为宏观，而农林政策的执行又十分具体和专业，这就需要各级执行者在政策原则范围内开展一定的创造性工作，而创造性工作往往会带来更多的不确定性。因此，农林政策的执行具有综合性和复杂性的特点。

三、农林政策执行的意义

（一）农林政策执行是实现农林政策目标的核心环节

农林政策目标的实现是制定农林政策的出发点和归宿。任何农林政策必须经过执行才能发挥其作用。农林政策执行的成功与否决定了农林政策目标是否能够实现，以及实现的程度与范围，但农林政策的制定并不等于政策目标的实现。农林政策制定之后，到实现政策目标还有一定的距离，要经过繁杂的过程才能保证目标的实现。如果农林政策执行顺畅、高效，那么农林政策目标就可以充分实现，不仅所针对的农林问题可以得到顺利解决，还有可能取得其他方面的经济和社会效应。反之，如果农林政策制定后不实施，或者执行中监管不力，必然会浪费人力、物力、财力等各种资源，甚至带来其他方面的负面影响，必然导致农林政策执行的结果与政策制定的目标相去甚远。

（二）农林政策执行是检验农林政策的重要标准

好的政策执行不仅可以创造性地完成政策任务，还可以弥补政策设计中的不足。农林政策的执行具有较强的实践性，尽管在制定政策时以科学为依据，从实际出发进行合理的规划，但其正确与否仍然要经过实践的检验，以保证政策制定的正确性和科学性。农林政策执行的效果是检验农林政策正确性和科学性的重要标准。

（三）农林政策执行是完善农林政策的重要途径

通过政策执行，不仅可以检验政策，还可以不断充实和完善政策。任何农林政策都不可能一经制定就十全十美，它需要在执行的过程中不断地修正、补充与完善，才能得到进一步发展，促进政策质量的提高，实现政策问题的最终解决。在某种程度上，农林政策的执行过程就是对农林政策的不断调整、补充和完善，使之更具有可行性的过程。

（四）农林政策执行是制定新政策的重要依据

制定新的农林政策或者废止旧的农林政策，都要以政策执行后反馈的信息为依据，只有认真总结农林政策在执行过程中的经验与教训，才能调整、补充和完善农林政策的不足，淘汰过时的农林政策，科学合理地制定新的农林政策。所以，根据反馈的信息，认真总结政策执行中的经验教训，才能使修改后的政策或者新制定的政策更加科学、更为正确，以提高农林政策制定的质量。

第二节　农林政策执行的主要理论

由于自上而下的研究路径过于重视对基层人员事实层面的实证分析，强调基层人员内在感受和政策作用对象的心理反应，缺乏从实践到理论的定量分析，相应的理论模型也较少用于农林政策分析。加之我国农林政策的特殊性，本章选取第一代和第三代政策执行理论中较为常见的史密斯过程模型、麦克拉夫林互动模型、萨巴蒂尔和马兹曼尼亚综合模型、戈金府际沟通模型加以介绍。

一、史密斯过程模型

美国政策科学家史密斯（Smith）是最早构建影响政策执行因素及其过程模型的学者。他在《政策执行过程》（1973）一文中首次提出影响政策执行的"四因素"理论，以后的学者关于政策执行影响因素的研究，尽管强调的角度有所不同，但仍然围绕着政策执行过程模型进行（图 4-1）。

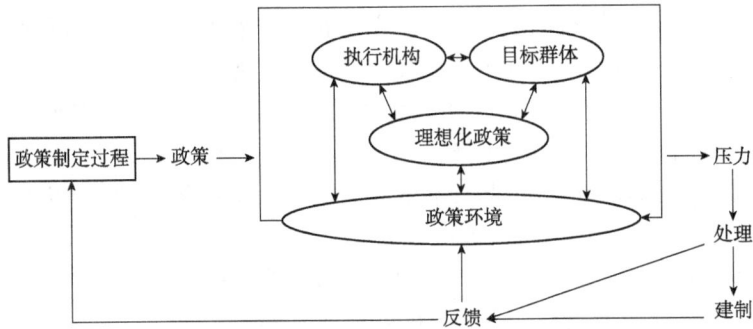

图 4-1　史密斯过程模型示意

在这个模型中，史密斯提出的"四因素"即理想化政策、目标群体、执行机构和政策环境，是政策执行过程中涉及的四大因素。

①理想化政策。是政策制定者试图实现的理想化的相互作用形式，包括政策的形式、政策的类型、政策的范围和政策的形象等。

②目标群体。即政策的作用对象，它由受政策影响而必须采取新的相互作用形式的一部分人组成，他们受到政策最直接的影响，必须作出适当的反应以符合政策要求。

③执行机构。通常是指政府机构中负责政策执行的单位，包括执行机构的组织结构与人员、领导方式与技巧、执行者的能力与信心等。

④政策环境。通常包括环境中影响政策执行或受政策执行影响的政治、经济、文化和社会因素。

史密斯过程模型对农林政策执行的启示：在农林政策执行过程中，一项理想的农林政策也同样需要目标群体、执行机构和环境的配合。因此，在农林政策执行中需要特别注意：对政策的目标群体的行为和政策意愿进行研究；对政策的执行机构工作动机以及执行资源进行分析；对政策执行的环境与政策假设的环境进行分析。只有对农林政策执行的相关目标群体、执行机构和政策环境进行认真研究，才能使政策真正落到实处。

二、麦克拉夫林互动模型

美国斯坦福大学教授麦克拉夫林（M. Mclaughlin）1976 年在其代表作《互相调适的政策执行》一文中提出了政策执行的互动模型（mutual adaptation model）。该模型认为，政策执行的过程本质上就是政策执行者与受政策影响者之间就目标或手段进行相互调适的互动过程，政策执行的有效与否从根本上取决于政策执行者与受政策影响者之间调适的程度。

麦克拉夫林互动模型对政策执行的启示：一是尽管政策执行者与政策接受者之间在需求与观点上可能存在着不一致，但是基于政策上的利益关系，双方必须作出让步和妥协，寻求一种能为双方都接受的政策执行方式；二是政策执行者的目标与手段均富有弹性，它们可以依据环境因素和政策接受者的需求与观点的改变而变化；三是政策执行者与政策接受者之间的互相调适过程是一个双向的信息交流过程，双方在相互调适过程

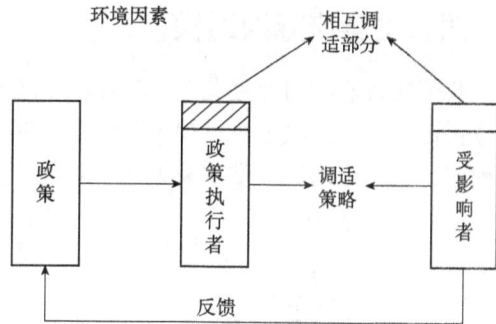

图4-2　麦克拉夫林互动模型示意

中处于平等的地位；四是政策接受者的利益、价值与观点将反馈到政策上，以左右政策执行者的利益、价值和观点。政策执行者和政策对象之间的互动关系可用图4-2表示。

三、萨巴蒂尔和马兹曼尼亚综合模型

萨巴蒂尔和马兹曼尼亚的政策执行综合模型，也称公共政策执行的变数模型。该模型是美国政策学家萨巴蒂尔（P. Sabatier）和马兹曼尼安（D. Mazmanian）于1979年在其论文《公共政策的执行：一个分析框架》中提出来的，他们是较早对政策执行过程的变量进行研究的学者。他们认为，在政策执行过程中起较大作用的主要变数可以分为3类、17种具体因子。具体模型如图4-3所示。

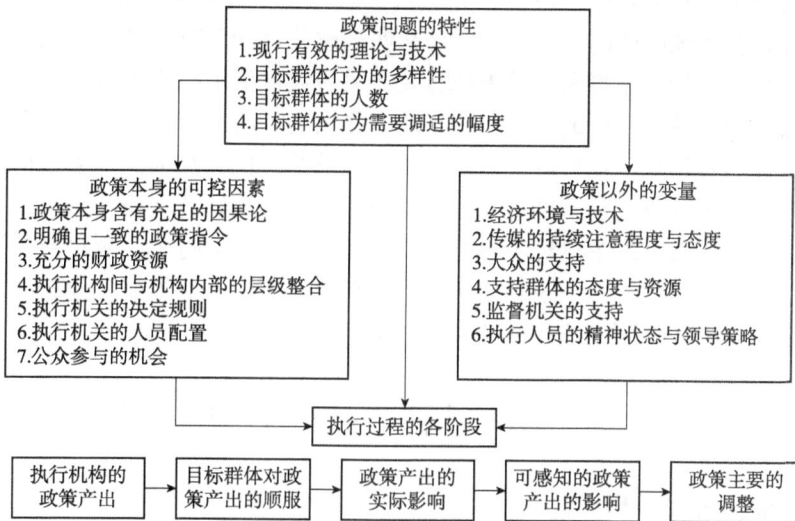

图4-3　萨巴蒂尔和马兹曼尼安综合模型示意

萨巴蒂尔和马兹曼尼安综合模型对农林政策执行的启示：需要联系政策执行的不同阶段来考察外部变量对政策执行的影响。政策执行的阶段可划分为执行机关的政策产出、目

标团体对政策产出的顺从、政策产出的实际影响、对政策产出知觉到的影响、政策的主要修正等阶段。

四、戈金府际沟通模型

政策执行府际沟通是戈金(Malcolm L. Goggin)等人1990年在其著作《政策执行理论与实务：迈向第三代政策执行模型》中提出的。政策执行府际沟通模式是一种较新的政策执行模式，其执行沟通模型示意如图4-4所示。

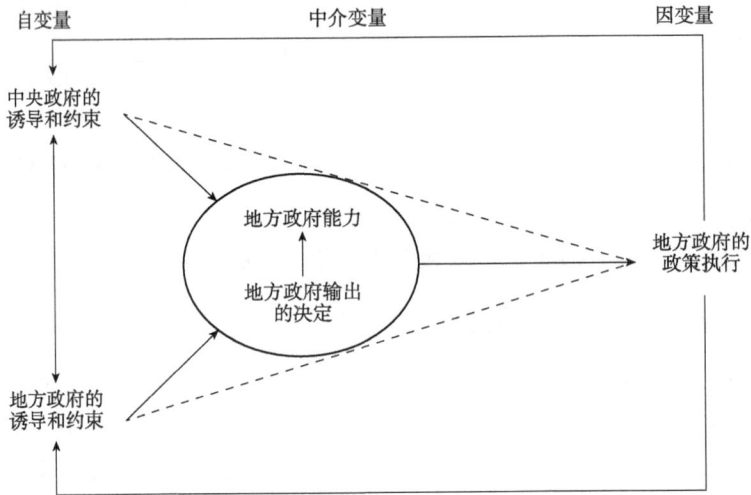

图4-4　戈金府际沟通模型示意

在戈金之后，又有学者进一步发展和丰富了这一模型，但他们的核心观点是一致的，即政策执行通过各级政府或组织之间的网络来实现政策目标，政策执行过程充满着高度的动态性和复杂性。这为日益复杂的政策执行及相关研究提供了理论参考。

府际沟通模型对政策执行的启示：中央政府作出决策启动了政策执行过程，而这一决策通过其形式和内容都会一定程度影响政策执行人员的选择和行为。地方政府回应中央政府施加的诱导和约束的方式是不同的，这取决于地方政府偏好的性质和强度以及地方政府行为的能力。而且，政府决策已经不再是一个单一的理性人的行为，更可能是团体之间相互讨价还价的结果。因此，政策执行实际上最终既取决于自上而下研究途径所关注的影响因素，又取决于自下而上研究途径所关注的影响因素。

第三节　农林政策执行的影响因素

一、农林政策自身因素

农林政策方案不仅反映了农林政策决策者的想法和决心，而且决定了农林政策执行过程及其最终结果。农林政策的执行是根据方案本身规定的内容进行的，因此，农林政策方案本身的质量是制约政策执行的重要因素。

(一)农林政策问题的特点

农林政策执行的顺利与曲折、简单与困难、成功与失败，与政策所要解决的农林政策问题的性质密切相关。农林政策问题的性质，是指农林政策所涉及的范围、问题的类别、程度和规模等。那些涉及经济行为主体经济利益分配和调整的农林政策，所需采用的政策措施较多，引起的经济利益转移较为复杂，执行起来较为困难；而对于涉及问题较简单的农林政策，执行起来就比较容易。因此，在执行一项具体的农林政策时，需要对政策问题的性质有充分的认识和了解。

(二)农林政策目标的质量

农林政策目标的正确与否是衡量政策执行好坏的标准，进而成为评估农林政策执行效率的标准。当农林政策目标错误时，农林政策执行效率越高则政策失误越大。一项农林政策要能够顺利执行，从操作和技术层面来说，它必须明确而具体，这包括：农林政策目标必须是切合实际并能够达到的；目标是能够比较和衡量的，目标应该指出所期望的结果，目标的完成必须是农林政策执行者职权范围内的事；目标要规定完成的期限。只有这样，农林政策执行者才有信心，才能获得广泛的支持。如果农林政策目标不明，方案含糊，就会使执行者感到无所适从，自然就不可能顺利地贯彻执行。

(三)农林政策理论依据的科学性

制定农林政策需要有科学的理论依据。理论要能够说明农林政策问题与政策方案之间的逻辑关系。一项农林政策的理论基础如果不科学或有重大缺陷，在执行过程中就可能被怀疑甚至抵触。农林政策的理论依据的科学性能证明政策的合理性，为农林政策执行提供认识条件。

(四)农林政策执行方案的合理性

农林政策执行方案除了要求规划者和决策者在规划时运用科学的程序、方法和手段，充分发挥专家的作用，还要求政策制定者理性办事。农林政策执行方案的合理性越强，执行的可行性和政策所获得的支持也就越多。

二、农林政策对象因素

农林政策对象就是政策直接作用影响的对象，是政策的接受者。农林政策主要表现为对政策对象的经济利益进行分配和调整，以及对他们行为的指导、制约或改变。因此，农林政策能否实现所确定的目标，不是政策制定者和执行者能够完全决定的，在很大程度上也取决于政策对象的需求。

(一)农林政策对象的接受程度

政策对象接受农林政策，农林政策执行就会成功；反之，就会失败。可见，政策对象对政策接受的程度如何，主要取决于农林政策执行对他们切身利益的影响程度。一般情况下，一项农林政策如果能使政策对象获利，则他们就容易被接受；反之，则会遭到抵制。尽管通过政策宣传，一部分人可以放弃或不顾自己的经济利益接受某项农林政策，但这不能持久，也不能从根本上解决问题。有些政策对象并非自愿接受某项农林政策，而是为了避免受到政策的惩罚或出于无奈而被动地接受。

(二) 农林政策对象的数量及行为变化

农林政策所涉及的人员数量，在一定程度上决定了农林政策执行活动的复杂程度。一般来说，农林政策涉及的政策对象人数越少，农林政策就越明确，越容易执行。农林政策对象及其行为的类型越多，政策方案中也就越难有清楚而明确的规定，容易引起矛盾，也就越难以保证政策的执行及其效果。

三、农林政策执行者与执行机构因素

(一) 从农林政策执行者的角度分析

农林政策执行者是指既定农林政策执行需要的富有能力的专业或者职业人员，主要是政府各级执行机构内的领导干部和公务人员。任何一项农林政策都要由人去贯彻落实，政策执行人员的素质、行为意向、政策水平及其对农林政策的态度等构成了制约农林政策执行的重要因素。

从政策执行者的角度看，政策执行者的认知水平和业务能力、知识储备与努力程度、动员能力等因素都会影响农林政策执行的结果。政策执行要经过"理解—解释—应用—执行"的过程，对政策执行进行策划、组织、协调以及控制，才能将政策加以落实。这个过程顺利进行的前提是执行者要具备良好的政治修养、广博的学识、精湛的专业知识、丰富的实践经验。此外，还应具有创造性思维能力、语言表达能力、人际交往能力、社会活动能力、学习能力、灵活应变能力、组织协调能力等。如果农林政策不能争取到政策执行所需的各种资源，不能做好政策实施的宣传指导工作和设计正确的实施方案，不能沟通和协调各种关系，那么农林政策目标也将难以实现。为此，农林政策执行者还应具备高度的责任感和使命感，保持工作的积极性。

(二) 从农林政策执行机构或组织体系的角度分析

农林政策的执行都是由政府的组织机构进行的。一般来说，国家行政机关就是政策执行机关。我国农林政策的执行机关是农业农村部和国家林业和草原局。国家行政机关组织机构的功能和作用是影响农林政策执行的重要因素。

1. 组织机构的权责关系

组织机构和运行机制的合理性包括组织职能设置科学、组织各部门之间运转协调、信息沟通顺畅等方面。组织机构设置要做到层级分明，分工明确，权、责、利保持一致，统一指挥，统一行动，杜绝各种形式的推诿、越权、失职、渎职行为。组织机构设置还要求组织的年龄结构、知识结构、能力结构乃至气质结构等方面的协调与互补。只有组织运转高效规范才能保证政策的有效执行。

2. 组织机构的布局

组织机构的布局就是组织机构的层级与幅度。层级是指组织机构纵向的层次划分；幅度是指组织机构横向的部门划分。纵向结构和横向结构的结合是当代组织结构的特点之一，这就要求政策执行系统必须正确处理好层级和幅度之间的关系。只有适宜的层级和幅度，才有利于农林政策目标的分解以及政策方案的具体化，从而推动农林政策的执行。

四、农林政策执行资源因素

农林政策的执行资源是客观和主观政策执行主体实际获取和实际使用的国家公共资源的种类和数量。一般来说，农林政策执行的资源主要包括人力与组织条件、资金与金融市场、物资与流通基础、信息与传播渠道、理论与权威等。

（一）人力与组织条件

农林政策需要靠人来执行，人力与组织条件是执行农林政策的原动力。但并非执行农林政策的人越多越好，如果参与农林政策执行的部门和人员过多，执行者就要花费更多的精力和时间来处理部门之间和人员之间的关系，甚至还可能由于参与执行的人员过多而导致执行组织的纠纷和内耗，从而增加执行农林政策的难度。因此，在农林政策的执行过程中，对人力资源的投入要适量。

（二）资金与金融市场

执行农林政策必须有一定的资金与开放的金融市场作为保障。如果要对农业和林业实行支持保护政策，那么这笔资金是巨大的。这既因为农林政策会造成经济利益转移，需要政府筹集或垫支资金，又因为农林政策的启动和运转需要费用。例如，农林政策执行人员的工资、办公费用等。没有相应的资金，农林政策就无法落地。大规模资金的筹集需要依托金融市场和金融机构，如农业保险政策、农业信贷政策就需要金融机构参与其中。此外，在政策执行中要注意防止出现资金过量或不足的现象。

（三）物资与流通基础

物资与流通基础是农林政策执行的另一种重要资源。一些农林政策的执行仅靠资金是不可能解决问题的，如对粮食市场价格的调控政策，就要求国家手中必须掌握足够的粮食储备。因此，与其他领域的政策不同，只有资金，没有物资，有些农林政策将无法有效执行。

（四）信息与传播渠道

现代社会是信息社会，信息是农林政策制定的重要依据，也是农林政策执行的必要条件。因此，信息是农林政策执行所必需的重要资源之一。农林政策的执行者不仅要通过各种传播渠道获得足够的信息资源，而且要确保信息传播渠道的畅通无阻。否则，政策执行者很难制定出切实可行的行动计划和策略，也无法对政策执行过程进行必要的控制。

（五）理论与权威

理论与权威资源是农林政策执行的另一种特殊资源，是农林政策执行的根本保证。农林政策的执行人员要想顺利执行农林政策，就必须具备相应的理论与权威。理论与权威是工作指派、工作指导以及工作控制的依据，而这三者正是有效执行的前提；理论与权威是奖赏或惩罚执行者行为，提高工作效率的活化剂。这些都决定了理论与权威是有助于农林政策有效执行的重要资源。

五、农林政策执行环境因素

(一)稳定的政治环境是农林政策顺利执行的根本前提

首先，国家政治体制决定了农林政策执行的阶级性质和组织形式。例如，我国《森林法》规定："森林资源属于国家所有，由法律规定属于集体所有的除外。"而美国私人及企业所有的森林占国家森林总量的55%，瑞典、芬兰、阿根廷分别为70%、80%、80%，墨西哥、巴布亚新几内亚的原住居民和社区所有的森林分别占大约80%、90%。其次，国内政治环境的稳定与否，直接关系到农林政策的制定和执行是否会受到重重阻碍。最后，国际政治环境，尤其是重大事件或问题的发生，如战争、地缘冲突、重大公共卫生事件、气候变暖、荒漠化加剧等，也会对各国政府战略决策产生影响，进而影响各国农林政策的制定和执行。

(二)繁荣的经济环境是农林政策成功执行的有力保障

经济环境是农林政策执行最深层次的环境，是农林政策执行的物质基础。主要包括生产力和科技发展状况、人口状况、国民收入水平、社会生产关系、经济体制等方面：①物质生产发展状况是农林政策执行的物质基础。生产力发展状况决定了政策执行的财力、物力、信息等资源的供给状况。②精良的物资设备和高科技的发展，为办公自动化和电子行政等的实现提供了条件，加速了信息传递和资源共享，使政策执行更为便捷。③社会进步和经济发展所带来的一系列问题，使农林政策执行的社会管理功能更为突出和复杂。④经济体制影响着政策执行的效率和运行模式。如在计划经济体制下，政策执行对象往往更多地选择被动服从，对个人利益关注度较低；而在市场经济体制下，政策目标群体参与度提高，政策执行更需要注意协调和平衡各群体利益。

(三)和谐的社会环境是农林政策有效执行的重要基础

社会环境，尤其是农村社会环境，是农林政策执行的空间载体。农林政策的执行有赖于农村社会中的相关角色参与其中。例如，某项农林政策要先得到乡贤能人等有威望的人支持，然后再由他们带动其他人员对该项政策进行配合。此外，和谐的社会环境往往和成熟健康的社会心理相对应，这将有利于农林政策的顺利推行。

第四节　农林政策执行的具体过程

执行农林政策的过程，就是把农林政策和具体实际相结合的过程。认真贯彻落实农林政策既是农林政策本身的要求，也是促进经济社会可持续发展的需要。

一、农林政策执行的原则

在政策执行的过程中，必须遵循科学的原则，才能达到预期的效果。农林政策执行包括以下几个主要原则：

(一)忠实性原则

这是任何政策执行的基本原则。农林政策执行者必须全面、准确地理解政策目标和实质内容，按照政策方案有计划、有步骤地组织执行。农林政策涉及范围广、经济社会影响大，如果不能按照政策本意去执行，不仅不能起到相应的积极作用，反而会造成严重的不良后果。"有利就执行，无利就变形；上有政策，下有对策"等行为必然导致农林政策的执行出现偏差甚至失败。

(二) 灵活性原则

灵活性是指在不违背政策原则和保持政策方向的前提下，坚持从实际出发，因地制宜采取灵活多样的方式方法，使政策目标得以实现。农林政策执行要具备灵活性的原因：①由农林政策的时效性决定。任何一项农林政策都是针对一定时空条件下的特定问题制定的。②由农林政策的层次性决定。党和政府制定农林政策是从全国总体情况出发的，具有普遍的指导意义。我国地形辽阔，各地区情况各异，这要求各地区要因时、因地制定符合当地具体情况的农林政策措施。③由于任何一项农林政策都需要逐步完善。农林政策的执行情况复杂多变，这就需要农林政策执行过程中根据实际情况不断地修正政策，力争尽善尽美。

(三) 民主性原则

政策执行必须以人为本。各种执行措施必须符合农民等相关群体的意愿，切实做到以增进政策对象福利、促进社会公正、解决经济社会问题为根本要求。为此，农林政策执行的过程中必须坚持以下两点：①维护公民知情权。农林政策执行者应公开政策执行的政策信息、执行程序、执行方式和执行效果，使农林政策对象能及时地、具体地了解农林政策执行的各种情况，加强他们对政策执行的监督。②坚持利益相关者的参与。政策执行者应依据法律所赋予政策对象的权利，通过一定的方式和途径，让相关群体或代表积极主动地介入农林政策执行过程中来，从而影响和促进农林政策执行的效果。

(四) 高效性原则

任何政策执行都是有成本的。农林政策执行者对各项具体政策目标和内容的执行，必须做到准确、及时、高效，并进行必要的成本-收益分析，尽可能降低政策执行成本，保证农林政策的顺利实施。当然，保证政策执行的高效性必须建立在法治化的基础之上。农林政策执行的权力设置、人员录用、机构配备、执行程序、执行责任等必须实现法治化，杜绝政策执行中的有法不依、执法不严、以权压法、人治代替法治等现象，从而防止政策执行权力的变质和腐败。

二、农林政策执行的主要方法

农林政策执行的方法是指农林政策执行机关及其执行者为完成一定政策任务，达到一定的政策目标，而采取的各种措施和手段。政策执行是一个复杂的过程，每个环节都必须依托具体的执行方法或手段来进行。从农林政策的现实经验来看，农林政策执行的主要方法可以归纳为行政权威法、法律约束法、市场调节法和思想诱因法等。

(一) 行政权威法

行政权威法是指依靠行政组织的权威，采用行政命令、指示、规定及规章制度等行政方式，按照行政系统、行政层次和行政区划来执行农林政策的方法。行政权威法具有权威性、强制性的特点。行政手段依靠其权威性将国家的农林政策准确、坚决有力地贯彻落实。同时，在农林政策执行的过程中要求做到令行禁止，协调一致，这是由政策的强制性决定的。但是，行政权威法的使用应该注意其范围和时机，否则会适得其反。

(二) 法律约束法

法律约束法是指通过各种法律、法令、法规、司法、仲裁工作，特别是通过行政立法和司法方式来调整农林政策执行活动中各种关系的方法。这一方法包括国家正式颁布的法律、国家各类管理机构制定和实施的具有法律效力的各种规范。运用法律进行约束，是保障农林政策执行活动得以进行的重要手段，能够消除阻碍农林政策目标实现的各种干扰，保障农林政策执行活动有法可依、有章可循，有利于农林政策的顺利执行。

(三) 市场调节法

市场调节法是指根据经济规律和市场规律，利用各种经济杠杆影响市场信号，进而协调政策执行过程中的各种不同利益主体之间的关系，以促进政策顺利实施的方法。具体表现为运用价格、工资、利润、利息、税收、资金等经济手段来组织调节和影响农林政策执行者和政策对象的活动。市场调节法与行政手段和法律手段相比，更具间接性、有偿性和关联性。因此，在市场经济环境下，农林政策的执行需遵循客观规律，运用经济手段来协调各方利益。适时地将责、权、利的关系固定下来，间接影响包括农林政策对象和执行者在内的相关利益主体的行为，增强农林政策实施的效力，加速农林政策目标的实现。

(四) 思想诱因法

思想诱因法是指通过制造舆论、说服教育、协商对话、奖功罚过等非强制性手段，诱使政策执行者和政策对象自觉自愿地去贯彻执行政策的方法。使用思想诱因法最大的好处在于通过政府的引导，使农林政策执行者和政策对象自觉地采取某种行动，不仅可以节省政策执行的成本，还能够巩固政策执行的效果。有助于提高农林政策的执行效能，保证政策目标预期的实现。

三、农林政策执行的基本程序

农林政策的执行具有一定的逻辑顺序。实践中，不同类型的农林政策其执行过程不完全相同，对一些重大的、新出台的农林政策的执行过程，总体来看应当包括以下几个基本程序：

(一) 农林政策执行的准备

农林政策执行是一个复杂的过程，一旦开始执行，将具有不可逆性。如果出现偏差甚至错误，其产生的经济社会影响将很难弥补，因此做好充分的准备工作是政策执行的第一步。

1. 农林政策理解

农林政策理解主要是指农林政策执行主体对农林政策的理解和认知，包括全面、深入地领会政策的精神实质、内在机理和外部关系。这将有利于政策执行者在执行过程中思想认识的统一。理解农林政策的精神实质，是指要理解农林政策的指导思想，最终目标和近、远期目标。理解政策的内在机理，是指要把握政策的界限、原则、对象、内容、措施等。如果政策边界或政策执行界限不明确，那么政策执行将存在问题隐患。理解农林政策的外部关系，是指要认真研究和把握政策的时效、利益群体的结构与特点、政策的一般条件和特殊条件、政策的措施与步骤、上下级的权责关系等。为此，政府部门应充分利用专门的农林政策研究或咨询机构的力量，增强执行者对农林政策的理解，为后续的政策宣传和实施做准备。

2. 制订实施计划

制订农林政策实施计划就是根据实际情况，在学习和理解政策的基础上，制定出旨在达到农林政策目标的未来行动方案。制订农林政策执行计划需要遵循以下原则：

①客观原则。制订执行计划要实事求是，有的放矢，切实可行，客观可靠，排除主观臆断。

②弹性原则。制订执行计划要有适应外部环境条件变化的弹性机制，特别是要有应对突发事件的防范机制。

③统筹原则。制订执行计划要求能够统筹方方面面，理顺各种关系，实现长期目标与近期目标相统一、上级目标与下级目标相统一、经济目标与社会目标相统一，做到计划前后衔接、全局与重点均衡、公平与效率兼顾。

3. 进行物质准备

这里所说的物质准备，是政策执行所必需的经费(财力)和必要的设备(物力)两个方面的准备。任何一项公共政策的实施总是需要一定的物力和财力作为基本保障。农林政策执行者应根据政策执行活动中的各项开支项目与数量，本着既能保证执行活动正常开展，又坚持勤俭节约的原则编制预算。预算必须上报有关部门批准后才能执行，才算落实了政策实施的活动经费。要完善必要的设施准备，如交通工具、通信联络、技术设备、办公用品等。随着现代科学技术的发展，政府管理与政策执行所使用的设施已经有了很大的发展，这些现代化设备，为政策执行活动的顺利开展提供了良好的物质保障。

4. 做好组织准备

农林政策执行，归根到底是需要由一定的人员和机构来完成的，确定农林政策执行的机构或部门是组织准备的首要任务。配备组织机构是为执行人员顺利、有序地执行政策提供一个外在的环境。农林政策作为专业化程度较高的一种公共政策，其执行效果直接影响着农业和林业的发展方向，因而对政策执行机构的主管人员和一般人员的素质能力提出了较高要求，如强烈的事业心和责任感、丰富的管理经验和广博的专业知识、高瞻远瞩的战略思维方式、良好的公关能力、灵活的协调和应变能力、积极的创新精神等。执行机构和人员不仅要有合理的个体素质结构，更要有优化的群体素质结构，以便同心同德、群策群力，通过有机的分工与合作确保政策执行任务的顺利完成。此外，在组建了政策执行机构和配备了政策执行人员以后，还要有科学合理的必要管理制度，以明确政策执行的具体准则，保证政策执行的正常秩序。必要的管理制度包括目标责任制、检查监督制度和奖励惩罚制度等。

(二) 开展政策宣传动员

开展政策宣传动员是政策执行过程的起始环节，也是政策执行活动的有机组成部分。其目的是通过各种有效渠道，向农林政策的执行者、对象和社会各方面人士解释、说明农林政策的合法性、合理性、必要性和效益性，把农林政策的意图灌输到人们的意识中去，以获得他们对农林政策的理解、接受和支持，并形成有利于农林政策执行的社会舆论环境，促使和引导人们的共同行为朝着宣传所希望的方向发展。

政策执行前的政策宣传具有以下重要作用：一方面，加强政策宣传，有助于提高政策执行者的政策认知。只有政策的执行者认真领会和深刻理解了政策精神实质，才能够从行动上正确贯彻和落实；另一方面，加强政策宣传，有助于提高政策执行对象的政策认知水平。政策执行对象只有在知晓和理解政策的基础上，才有可能自觉接受、配合和服从政策。因此，各级政府及执行机构在政策执行的过程中一般都会运用各种传播途径和媒介，积极宣传政策的意义、目标以及实施政策的具体方法和步骤。

(三) 进行农林政策试验

1. 农林政策试验的意义

农林政策试验是一个为农林政策执行进行精心准备的过程，是农林政策执行活动的重要内容。有些农林政策可以直接进行普遍实施，但有些农林政策风险性较大，为了减少损失，避免重大失误，获得农林政策实施的经验，必须进行试验，以验证农林政策运行的可靠性及效果。

2. 农林政策试验的方法与步骤

①选择试验地点。试验地点必须具有代表性，力求能够代表农林政策将要全面推行的整体。

②设计试验方案并进行试验。用于试验的农林政策方案可以是一个或多个，对于范围较广，变化较大的复杂问题，最好有几个不同方案进行同时试验，以便从比较中得出科学合理的结论。在试验时，不为试验单位设立特殊条件，如果人为地为试验单位设立特殊的条件，试验的结果就失去了真实性和代表性，也就失去了试验结果用来指导农林政策普遍实施的原本意义。

③分析和总结试验结果。分析和总结试验结果，是农林政策试验过程中最关键的阶段。对试验结果的分析和总结，要实事求是，要对试验的整个过程、结果和所有原因，进行全面系统的考察分析，目的是为农林政策的普遍实施提供依据。

(四) 农林政策的全面实施

试验阶段所取得的经验分析可行以后，根据行动方案和实施细则，全面展开农林政策的实施工作。在这一过程中，需要注意以下 4 个方面的问题：①自上而下和自下而上相结合，防止强行实施带来的不良后果；②由局部试点到整体推进，循序渐进，逐步扩展，切忌操之过急；③要把握好轻重缓急，重点解决难点问题，不能平均用力，避免政策损耗和增加执行成本；④要在注意把握政策精神的前提下，具体情况具体分析，不能盲目照搬试点经验。

(五) 农林政策执行中的协调

从系统论的观点来看，农林政策执行是由若干执行机构和执行人员等要素构成的有机整体，在这个系统中，各要素之间存在着相互依存、相互制约的关系，每一要素功能的发挥都有赖于与其他要素之间的相互配合。

1. 协调的含义与意义

协调就是引导农林政策执行组织之间、执行人员之间建立良好的相互协同、相互配合的关系，使组织内部各部门、各环节的各种活动不发生抵触、失控、重复等问题，以便有效地达到实现共同目标的行为。一些重大农林政策的执行，需要通过许多部门和工作人员的密切配合，经过多个层次、多道程序才能完成。通过协调各执行组织和人员间的不同意见和矛盾，使各个部门配合默契，使农林政策得以有效顺利执行。

2. 协调的主要方面

①执行机构内部的协调。是指每个执行机构的领导者对所属部门之间以及执行人员之间的工作所做的协调。上下级机构之间应保持密切的联系，下级行政机构有责任及时向上级汇报情况，请示工作，反映问题、意见和要求。上级执行机构对下级执行机构不仅要有工作布置，而且要有工作指导和检查，对下级行政机构提出的困难问题，要及时给予答复和解决。

②执行机构之间的协调。包括上下级执行机构之间的协调和平行执行机构之间的协调。平行执行机构之间要互通信息、主动配合、协同工作，一旦出现分歧和矛盾，上级机构就要及时回复。

(六)农林政策执行中的监督

在实际的政策执行过程中，政策执行的有效性常常受到多种因素的影响，容易出现执行活动偏离政策目标的不利现象。监督是任何政策有效执行的基本保障。加强对政策执行的监督，主要目的在于控制行政活动过程，改善行政管理，避免政策失真。

1. 政策失真的概念

政策失真的含义有广义和狭义之分。广义的政策失真是泛指政策运行过程中出现的一切与政策内容不符、偏离政策目标、违背政策精神的现象，它包括政策执行前的方案失真、政策执行中的行为失真和政策执行结束后的目标失真与评估失真等。狭义的政策失真，从表层意义上讲是指在政策实施过程中出现的政策执行及其结果与政策目标、政策内容不相符的客观社会现象。

2. 政策失真的表现

一般而言，狭义的政策失真具有以下4种表现形式：

①农林政策表面化。即农林政策在执行过程中只是被宣传一通，而未被转化为可操作的具体措施，使政策赤字增加。

②农林政策扩大化。即农林政策在执行过程中附加了不恰当的内容，使农林政策的调控对象、范围、力度、目标超越政策原定的要求。

③农林政策缺损。即一个完整的农林政策在执行时只有部分被贯彻落实，其余则被遗弃，使农林政策内容残缺不全。

④农林政策替换。即农林政策在执行过程中被换上表面上与原政策一致，而事实上背离原政策精神的内容。

3. 政策失真的原因

①农林政策执行者的认知问题。执行人员对政策目标的认同是一种心理态势、主观基

因，但这种基因往往会成为强大的力量影响着他们的政策执行行为。从理论上说，作为行政层面的政策执行人员，应该是价值中立的代表，但在实践中，政策执行者往往会不自觉地把他的政治理念，行为倾向及由此产生的对政策的认同程度带进预行工作中，从而影响着政策执行的效果。实践证明，如果执行者对该项政策的目标指向、原则要求和内容规定等没有强烈的认同感，他们往往倾向于采取马虎、不合作等消极态度来对待政策的执行，从而导致政策失真。

②政策制定者与执行者之间的利益差别。农林政策制定者和执行者之间是委托—代理关系，两者的利益函数未必一致。农林政策的制定者代表着国家的整体利益，而其执行者则可能代表着行业、部门、地区乃至小集团的利益。执行者对于国家的农林政策往往以本地区、本部门的经济利益损益值作为对策参数。出于地方保护主义考虑，下层的农林政策执行者可能会力图修正国家的农林政策。当农林政策在整体上无益于亦无损于本地区、本部门包括本人的经济利益时，下级的农林政策执行者就可能只传递农林政策的信息，而不进行具体的操作，即政策表面化。当农林政策仅能给本部门、本地区带来部分经济利益，无法满足其要求时，他们就可能在农林政策的执行中附加、增添超过国家农林政策要求的措施而出现政策扩大化。当农林政策使本地区本部门部分受益，但又部分受损时，执行者们就可能只执行对自己有益的农林政策，造成了政策缺损。当农林政策有损于本地区、本部门的经济利益，尤其有损于执行者自身的经济利益时，他们就可能通过一些所谓的变通措施，制定一些貌合神离的对策，即政策替换。

4. 实施监督的主要做法

首先，明确各个农林政策执行部门的工作计划和具体执行者的工作任务，建立起评价执行情况和执行任务完成情况的客观标准；其次，按照这一统一的监督标准，发现、收集和分析政策执行行为与标准行为之间偏差的信息；再次，准确判明问题性质和执行者应负的责任，确定主要责任人；最后，根据问题性质和程度，采取批评教育、经济处罚、行政处分甚至追究法律责任等必要措施，及时地纠正一切违反政策执行要求或有悖于政策目标的错误行为，以保证农林政策执行活动的正常进行。

思考题

案例分析

一、名词解释

农业政策执行　史密斯的过程模型　政策失真

二、思考与论述

1. 简述农林政策执行的主要理论。

2. 简述农林政策执行的影响因素。

3. 举例说明为什么会出现农林政策失真的现象。

4. 为什么会出现"上有政策，下有对策"的情形？请结合农林政策执行的具体案例谈谈你的认识。

5. 简述农林政策执行的基本程序。

第五章

农林政策评估

【学习目标】

1. 了解农林政策评估的重要性及相关标准。
2. 掌握农林政策评估的主要方法。
3. 理解农林政策调整的原因和原则。

从农林政策执行过程来说，农林政策评估与调整属于两个不同的范畴。只有通过农林政策评估，才能判断某项农林政策是否达到了预期效果，总结农林政策执行的经验教训，从而决定该项政策的延续、调整抑或终结。农林政策制定阶段方案评估也属于农林政策评估的范畴。本章着重介绍农林政策评估的原则、标准、具体内容及主要的评估方法，最后介绍农林政策调整的原则、内容和调整的形式。

第一节　农林政策评估概述

一、农林政策评估的含义与类型

(一)农林政策评估的含义

农林政策评估是指根据一定的标准，运用合适的方法，对农林政策的绩效、效率及价值进行总结、分析和优劣判断的过程和行为，目的在于取得这些方面的有关信息，作为政策变化、政策改进和制定新政策的依据。

(二)农林政策评估的类型

1. 正式评估和非正式评估

从评估组织活动形式上看，可分为正式评估和非正式评估。正式评估是指事先制订完整的评估方案，严格按规定的程序和内容执行，并由确定的评估者进行评估的评估形式。它在政策评估中占据主导地位，其结论是政府部门评价政策的主要依据。非正式评估是对评估者、评估形式、评估内容没有严格规定，对评估的最后结论也不作严格要求，人们根据自己掌握的情况对政策作出评鉴的评估形式。

2. 内部评估和外部评估

从评估机构来看，政策评估可分为内部评估和外部评估。内部评估是由行政机构内部的评估者完成的评估。外部评估则是由行政机构以外的评估者完成的评估。内部评估和外部评估的优缺点不尽相同，在具体评估过程中需要具体情况具体分析，把内部评估与外部评估结合起来，各取所长。

3. 事前评估、执行评估和事后评估

从政策评估在政策过程中所处的阶段来看，农林政策评估可分为事前评估、事中评估和事后评估。事前评估是指对某项或某几项备选的农林政策方案在实施之前对其实施后可能会产生的效果进行预测、分析和评价。事中评估是指在某项农林政策的执行过程中，对其是否作用于特定的对象、是否按照原定的政策方案执行、人财物等政策资源是否充足到位、政策环境是否发生变化、执行机构和人员的效率和灵活性等方面进行评估。事后评估是指在某项农林政策措施实施之后对其所起的实际作用及效果进行总结、分析和评价。

二、农林政策评估的主体

农林政策评估的主体是农林政策的评估者，他们是评估活动中的重要一环。但由于农林政策评估各主体在农林业生产销售和政策地位上处于不同的位置，因而他们对于农林政策的评估具有一定的差异性与局限性。因此需要对评估主体的结论进行有效整合，才能得出较为客观全面的评估结果。农林政策评估的主体包括内部评估者和外部评估者。

(一) 内部评估者

内部评估者包括某项农业政策出台的政府相关决策部门、执行部门、监督部门和绩效考评部门中的领导及具体工作人员。这类评估的优点在于评估者本身就是政策的制定者和执行者，因此对农林政策制定和执行都拥有丰富的一手资料，有利于开展评估活动。但其致命的缺陷在于由于评估的结果关系到评估者自身的政绩与前途，在评估过程中容易出现夸大效果、避免提及失误的情况，使评估走向片面。

(二) 外部评估者

外部评估者分为直接受农业政策影响的农业从业者(农民个体、企业)以及各种非政府组织、学术团体、专业性的咨询公司、大众传媒等独立的农林政策专门评估机构。农林政策对象是农林政策效果的直接体验者，他们可以通过亲身感受对政策进行评估。这类评估的优点在于结论较为朴素真切，但受限于政策对象的自身因素以及其所处的地位，其结论将难免缺少科学性与系统性。而独立的评估机构不受政府内部利益格局的制约，能够较为公正客观地进行评估。同时，由于评估者均掌握了一定的政策评估理论与知识，熟悉评估的方法与技术，并具有相关评估经验，因而能够得到高质量的评估报告，他们从事的是一种较为理想的农业评估。

三、农林政策评估的内容

(一) 指标

指标是指进行政策评估所依据的标准，指标的确立是政策评估的先决条件。政策评估指标一直存在着事实与价值之争。在 20 世纪 80 年代之前，事实评估派占据了主导地位，其强调对政策效果的客观测量，以期解释政策在执行过程中对国家、社会和个人产生了什么样的具体影响或作用，最具代表性的是"3Es+1A"标准，即效果、效率、效能和充分性标准。20 世纪 90 年代后，后实证主义政策评估逐渐兴起，政策评估开始注重价值层面的评估。这种评估方式不仅关注客观数据的分析，更重视评估主体所秉持的信念、理念及理想目标，反映社会公共利益和人们利益的实现程度。价值评估的核心理念是适当性和公平性，倾向于关注利益诉求、政策主体、政策目标、政策目标人群等层面。

对于农林政策而言，某项农林政策的投入与产出效率、直接成本和间接成本与收益的比例关系、政策目标实现的效果和范围等属于事实标准层面；各利益相关者对农林政策的公平性感知和适宜性等属于价值标准层面。政策评估既要有事实判断的过程，也要有价值判断的过程，故政策评估的指标体系也必须融合与协调事实标准与价值标准，以达到多元价值评估。

(二) 信息

信息是政策评估的基础材料，最大程度地避免信息的截留、失真方能保证政策评估结果的准确性。评估的前期工作需要努力收集有关评估对象的各种信息，掌握更多的原始材料。一般来讲，信息可以是主观印象，也可以是客观事实；可以是精确的数据，也可以是较为模糊和笼统的看法。信息的收集强调多角度、多侧面，尽可能做到全面、系统、准确、可靠。信息收集的常用方法有：现场观察、实际调查、资料查阅、个案分析、实验研究等。

(三) 分析

分析是指根据政策评估的指标和收集到的信息运用定性和定量的方法对政策执行效果进行解释。分析是思考和判断的过程，是政策评估最核心的环节。分析的内容是指根据测定的结果，运用定性和定量的方法，对政策效果进行解释和价值判断，也涉及事实判断。

(四) 建议

建议是指根据分析过程中的结论，设计提出下一步的行动方案。建议可以是针对政策本身的，也可以是面向政策过程的；可以是针对政策目标的，也可以是针对政策手段的；可以是针对政策制定部门的，也可以是针对执行部门的。

第二节　农林政策评估的功能、原则和标准

一、农林政策评估的功能

(一) 农林政策评估是衡量农林政策效果的基本途径

农林政策在执行后究竟有没有达到预期目标，产生预期效果，或是产生了哪些非预期的连带效果都不是一目了然的，表面的观察可能与实际情况相去甚远，为了避免政策实施

的盲目性，对政策及时进行评估非常有必要。在农林政策执行过程中需要密切关注它的发展状况，以便了解其执行情况。

(二) 农林政策评估是决定农林政策走向的重要依据

农林政策的实施是一个动态过程。农林政策的走向可分为 3 种情况：

①农林政策延续。农林政策的目标尚未达到，而实践证明该项农林政策又是富有成效的，这时该项农林政策就应该按原计划继续执行下去。

②对农林政策调整后继续实施。在原定政策目标没有实现、原有的问题有进一步恶化的情况下，或是原定政策目标实现了、但同时又产生了新的问题的情况，需要对原定的农林政策目标和措施进行适当调整，然后继续实施。

③农林政策的终结。农林政策的停止执行又分为两种情况：一是农林政策目标已实现，原定的农林政策措施已没有继续存在的必要；二是通过实践检验，证明原定农林政策措施无助于政策目标的实现，是一项失败的农林政策，因而必须制定新的农林政策措施来代替。

无论上述哪一种农林政策走向，都需要对农林政策执行的效果进行全面系统的分析和评估，才能作出正确的决定。

(三) 农林政策评估是合理配置政策资源的基础工作

不仅农业和林业资源是有限的，政府的政策资源也是有限的，故如何将有限的政策资源投入政策中以获得最大收益便成为一个值得思考的问题。农林政策评估引导政策资源得到合理配置，从而获得整体最佳效果。通过农林政策评估，能够确定每项农林政策的价值，进一步确定投入在每项具体农林政策的资源的优先顺序和比例。

(四) 农林政策评估是促进农林政策科学化的必由之路

随着社会的发展，农林政策的科学化已变得越来越重要，传统的无跟踪、无反馈的经验型政策已远远不能满足现在政府对农林业生产经营进行管理的实际需要，因而农林政策的决策也必须由经验决策向科学决策转变，而农林政策评估正是实现农林政策科学化的必由之路。通过对农林政策进行评估，人们不仅可以对农林政策本身的价值作出科学评判，还可以针对评估中出现的问题，提出改进政策的意见，提高政策质量。

(五) 农林政策评估是缓解社会矛盾的有效途径

中国有着复杂的国情，人地矛盾、城乡二元结构矛盾、农业家庭分散化生产与农业组织化经营需求矛盾、农民日益增长的物质文化需求与日益下降的务农收入矛盾等仍旧存在。农林政策评估则为农林政策的分析、解释和说明提供了客观的基础。建立在对农林政策科学评估基础上的农林政策评估，具有更强的说服力，更有利于缓和社会矛盾。

二、农林政策评估的原则和标准

(一) 整体性原则

农林政策由许多不同的单项政策共同组成，不同政策的性质、地位、作用方式也不尽相同。因此，政策评估过程必须符合政策总目标的要求，对各单项农林政策和各种政策要素进行前后一致的、具有内在连贯性的整体评估，以确保政策整体效能的提高。

(二)动态性原则

农林政策评估的动态性原则涉及农林政策发展的变化方向、速度与规律。不断循环累积变化的环境因素使农林政策评估方法和内容需要与时俱进，不断根据最新情况从不同角度进行分析，使政策制定和实施得以改进，不能仅仅局限于静态评估。

(三)时效性原则

农林政策效力递减规律决定了在评估过程中须遵循时效性原则。某项农林政策通常在执行初期具有较强的效用，在经过一段时间后，政策的老化过程以及政策对象的适应性会使其效力逐步降低。因此，农林政策评估需要结合政策的时效期限，在充分了解各项条件的基础上及时优化调整评估方案以正确判断政策的优劣。

(四)区域性原则

不同地区在气象条件、土壤特性、地理位置、人口分布等方面差异很大，导致同一政策的实施效果也会存在或大或小的差异。因此在评估时需要结合区域特点，进行综合分析研判，不能用相同的标准来评估不同地区的执行效果。

(五)定性分析与定量分析相统一原则

由于社会纷繁复杂，自然因素与经济因素相互交织、相互作用，在进行农林政策评估时首先要进行定性分析，主要是通过演绎归纳法明确政策的性质、特点等。在此基础上，还须进一步开展定量分析，从数理角度分析政策的成本收益。

三、农林政策评估的标准

农林政策评估实质上是一种价值判断，而要进行价值判断，就必须建立相应的价值判断标准。对同一项农林政策，评估标准不同，可能得出不同的甚至相反的结论。在实践中，农林政策涉及面广，影响人员众多，执行过程中的变量因素也很多，因此难以设定一个可以共用的标准。一般而言，农林政策评估的基本标准有3个：生产力标准、社会福利标准和回应度标准。

(一)生产力标准

农林政策作为农业与林业发展的行动指南，主要目标是提高特定时期的农林业生产力水平。因而可以将是否以及在多大程度上促进了农林业生产力的发展，作为评价农林政策优劣的基本标准。衡量农林业生产力发展水平的主要指标有农林产品综合生产能力、农林产业结构与效益、农林产业的基础设施和科技装备水平、农林产业的组织化程度、农林产业对国民生产总值的贡献率等。

(二)社会福利标准

农林政策的最终目标是提高农林业以及社会全体成员的物质文化生活水平，即实现全体人民的社会福利最大化。因而可以将农林政策是否改善以及在多大程度上改善了包括农户在内的全体人民的福利水平，作为判断一项农林政策优劣的社会福利标准。传统福利经济学用收入或效用来衡量福利，却忽视了人的差异以及选择的自由度问题。阿马蒂亚·森超越了这些局限，提出了用能力来衡量福利的标准，拓展了福利经济学的研究空间。在政策评估实践中，个人行为能力、生命的感知质量、精神福利(如生活满意度、幸福感知)以及可支配收入与消费水平等，均可反映农户个体的福利水平。

(三) 回应度标准

社会特定的阶级、阶层、集团的利益和需求，通过各种渠道列入政策制定者的议事日程。政策的回应度标准，即政策实施后满足特定群体需求的程度。农林政策对政策需求的回应是农林业维持生产乃至国家或政治系统稳定和发展的基本功能。一项农林政策无论关系农户，还是关系龙头企业、家庭农场、合作社、消费者，如果政策对象认为该政策满足了自身利益，进而积极支持政策实施，就可以说明政策的回应度高；反之，说明政策的回应度低。即使一项具体的农林政策具有较高的投入、效益和效率，但如果它的回应度不高，也不能认定为一项成功的政策。

第三节　农林政策评估的方法和程序

一、农林政策评估的方法

农林政策评估方法是农林政策评估者在进行政策评估过程中所采用的方法。评估方法对农林政策评估结果具有非常重要的意义，从某种程度上看，评估结果是否准确往往取决于方法是否正确。评估方法多种多样，按照评估对象的不同可以分为3类：政策方案评估方法、政策执行评估方法和政策效果评估方法，其中政策效果评估方法是最主要的评估方法。评估方法是农林政策体系的重要组成部分，在评估农林政策时应根据实际需求选择适当的评估方法。

(一) 农林政策方案评估方法

农林政策方案评估属于事前评估，一般采用试算分析法来进行。试算分析法，又称标准比较法，是根据有关定额和政策参数或历史资料，按事前确定的评估标准及具体指标测算政策方案的影响和效果，并与政策的预定目标进行对比，再以此为依据在政策方案中选择最优方案。在运用试算分析法进行政策评估时，先要明确政策目标、试算范围及试算期间等；再力求所采用的数据准确，并根据生产、经济条件的变化进行适当调整，以保证农林政策评估的正确性。

(二) 农林政策执行评估方法

农林政策执行评估的对象有两方面：一是政策执行过程本身，二是政策对象的受影响程度。通常采取3种方法来进行政策执行评估：

①直接观察法。该方法是指政策评估人员以多种形式直接参与执行过程，进行实地考察、调查、记录实施过程中的情况及发生的重要事件，记录实施活动的进展情况。

②资料分析法。该方法是指对已有相关农林政策执行的各种资料进行整理分析，对政策执行作出评估。

③访问调查法。该方法是指对政策执行机关及工作人员、政策的各种参与者进行调查。这种方法不仅能够评估已有的政策实施过程，而且通过分析政策执行人员对政策实施

的各种看法和倾向，可把握今后政策实施的方向，并确定政策执行的调整措施。

在对一项农林政策执行的实际评估操作过程中，这3种方法并不是割裂开来的，而是结合在一起的，需要把上述3种方法加以综合运用，相互配合，优势互补，以期得出更加全面、客观的评估结论。

(三)农林政策效果评估方法

政策效果评估涉及政策效益和政策效率的评估，评估内容复杂，所用的方法要求较为全面，主要分为定性评估法和定量评估法。在政策评估过程中要求定性分析与定量分析相结合。

1. 定性评估法

农林政策效果的定性评估方法主要是指通过不同的评估主体对政策所带来的影响和取得的效果进行评判。

(1)政策对象评定法

政策对象评定法就是由政策对象通过亲身感受对农林政策进行评定和分析。这种方法比较直接实际，政策作用对象的现身说法增强了评估结论的说服力，但由于政策对象所处的地位，决定了他们不能对政策效果进行全面、准确和客观公正的评估。

(2)政策执行者评定法

这是在农林政策实施过程中，由政策执行者自行评估政策效果的方法。这种方法能够充分利用政策执行过程中的实际情况和材料，对政策效果进行及时充分的评估。但是，由于政策执行和政策评估为同一主体，因此对政策产生的影响和效果难以作出客观全面的评价。

(3)德尔菲法

德尔菲法运用匿名和反复通信的方式，充分利用专家的知识、经验和智慧，就农林政策效果的好坏和大小，作出独自的研究判断，并进行信息交换，最后经过汇总整理得出对某项农林政策的评估结果。3种定性评估法的优缺点见表5-1。

表5-1　定性评估法的优缺点

方法	定义	优点	缺点
政策对象评定法	由政策对象通过亲身感受对农业政策进行评定和分析的方法	比较直接实际，增强了评估结论的说服力	政策对象所处的地位决定了他们不能对政策效果进行全面、准确和客观公正的评估
政策执行者评定法	由政策执行者自行评估政策效果的方法	能够充分利用政策执行过程中的实际情况和材料，对政策效果进行及时、充分的评估	政策执行和政策评估为同一主体，对政策产生的影响和效果难以作出客观全面的评价
德尔菲法	运用匿名和反复通信的方式，充分利用专家的知识、经验就农业政策效果的好坏和大小作出研究判断的方法	发挥专家的作用，集思广益，准确性高	过程复杂，花费时间长

2. 定量评估法

(1)成本收益分析法

这是一种农林政策效益货币化的评估方法。这种分析以货币为计量单位,既要确定政策收益,又要确定政策成本,对那些非货币形式的支出和收益也要转换成统一的货币单位加以计算分析。确定农林政策的成本和收益是采用这种方法进行政策评估最关键的一步。

在农林政策运行过程中,消耗的成本包括直接的实际消耗和间接的财富损失,大致有 5 种形式:政策制定费用、衔接成本、摩擦损失、操作费用和"对策"行为的损耗。农林政策的收益则表现在多方面,通常包括社会政治效益、经济效益和生态效益。怎样判断和量化这些成本和收益项目是整个评估工作至关重要的组成部分。其计算公式如下:

$$I = \sum_{i=1}^{n} \frac{B_i}{C_i} \tag{5-1}$$

式中,I 为政策效率;B_i 为第 i 年该农林政策实施所获得的收益;C_i 为第 i 年该农林政策实施所花费的成本;n 为农林政策年限。

当然,只有 I 大于 1 时,农林政策才有意义,I 值越大表明农林政策效率越高。如果考虑时间价值,公式如下:

$$I_C = \sum_{i=1}^{n} \frac{C_i}{(1+r)^i}; \quad I_B = \sum_{i=1}^{n} \frac{B_i}{(1+r)^i}; \quad I = \frac{I_B}{I_C} \tag{5-2}$$

式中,I_C 为总政策成本现值;I_B 为总政策效率现值;r 为社会贴现率。

一般来说,只有当总政策效益的现值大于总政策成本的现值时,该项农林政策才有意义。

进行成本收益分析的具体步骤如下:选择和确定衡量成本与收益的边界,通常是从国家、集体和个人 3 个角度来衡量政策的成本与收益;确定农林政策所获得的收益数量和所花费的成本数量;将确定的成本与收益的计量单位统一成货币;将统一量化的成本和收益进行比较分析,得出农林政策效率评估结论。

(2)成本效能评估法

这种方法可以用来分析、评估一项政策在实现既定目标时产生的功效以及需要投入的成本,多数情况下应用于政府非经济性的社会政策的评价。由于政策成本可以用货币来表现,但政策效能往往难以通过货币来表现。因此,成本效能分析不要求通过货币形式表现政策效能的价值,它关注的是通过可计算的政策成本与可比较的政策效果来考察政策的合理程度。如果要判断一项具体农林政策的优劣,需要把该政策的成本效能分析结果与具有相似目标的另一项农林政策的成本效能进行比较,从比较中鉴别优劣。成本收益分析法与成本效能分析法的差异见表 5-2。

表 5-2 成本收益分析法与成本效能评估法的差异

成本收益分析法	成本效能分析法
政策效果的所有成本和收益均可以货币化，操作复杂	免用货币来衡量政策收益问题，操作较为简单
强调政策的净收益，显示经济理性的特征	强调政策的功效，显示技术理性的特征
强调政策净收益的货币计价，因此依赖成本的考察	少依赖市场价格，不完全遵从利润最大化的逻辑
不重视具有外部性和无形结果的政策	适合于外部性和无形结果的政策
适合于处理成本变动与效能变动的问题	适合于处理固定成本与固定效能的问题

资料来源：张国庆，1997。

（3）加权评判法

这种方法的基本原理是先设立农林政策评价的综合指标体系，但由于在任何综合指标体系中，所设置指标承载信息的类型都有所不同，各指标子系统以及具体指标项在描述某一社会现象或社会状况中所起作用程度也不同，因此，综合指标值并不等于各具体指标简单相加，而是一种加权求和的关系，即

$$S = \sum_{i=1}^{n} W_i P_{i(V)} \qquad (i = 1, 2, \cdots, n) \tag{5-3}$$

式中，S 为综合指标值；W_i 为各具体指标组合权重值；$P_{i(V)}$ 为各具体指标实测值。

$P_{i(V)}$ 通过观察、统计可以取得，W 可以通过主观或层次分析方法（analytic hierarchy process，AHP）确定，主观确定权重方法多是依据经验进行定性分析和判断，但由于受人们主观认识和生理上的影响，直接同时分析判断多个指标的权重不但非常困难，而且也不准确。层次分析方法是美国著名运筹学家、匹兹堡大学教授 T. L. Satty 等人在 20 世纪 70 年代提出的定性与定量相结合、系统化、层次化的分析方法。这种方法设计了判断矩阵一致性检验的方差计算法，对明显矛盾的判断矩阵予以剔除，从而提高了权重确定的科学性和逻辑性。

（4）模糊评判法

在农林政策效果评估过程中，经常遇到一些问题因不宜精确描述而具有模糊性，如"实现农业经济增长方式的根本性转变""实现农业产业化经营""森林质量和生态系统功能得到明显提升""初步实现林业治理体系和治理能力现代化""努力提高农民的生活水平"等。这些目标在方向上是明确的，但在具体规定上是模糊的。作为政策评估，就产生了一个如何对这类模糊性目标进行定量评价的问题。在这种问题上，模糊理论为政策评估提供了解决办法。对于决策目标的模糊性既可以采取忽略的方法，也可以采取简化的方法。

在农林政策评估的实际工作中广泛应用的定量分析方法还有抽样法、回归分析法、投入产出法等，在此不一一介绍。

二、农林政策评估的基本程序

农林政策评估是有计划、按步骤进行的活动，一般要经历 3 个相互关联的阶段，即政策评估的组织准备、政策评估的实施和政策评估的总结。在组织准备阶段，要确定政策评估对象，制订政策评估方案，挑选和培训评估人员；在评估实施阶段，要利用各种调查方

法和手段收集评价信息，综合分析政策信息，运用科学方法进行具体评估；在最后总结阶段，要撰写书面评估报告，还要对本次评估工作进行全面系统的分析，评价工作的优缺点，总结经验，吸取教训，为以后政策评估工作奠定基础(表5-3)。

表 5-3　农林政策评估的程序

阶段	具体内容
准备阶段	1. 确立评估对象； 2. 制订评估方案：阐述评估对象，明确评估目的、意义和要求，确定评估标准和评估方法； 3. 挑选和培训评估人员
实施阶段	开展具体的评估活动，如文献查阅、实地考察、座谈访谈、问卷调查、参与式评估等，收集评估所需的各种信息、数据和资料等
结束阶段	1. 评估报告撰写、修订、反馈、完善和定稿； 2. 处理评估结果：反馈结果；决定政策的延续、调整和终止

三、农林政策评估面临的困难

农林政策评估具有重要作用，但在实践中要想对农林政策进行客观、公正的评估却是一件十分困难的事情。农林政策评估中面临的困难主要有以下几个方面：

(一) 农林政策目标的不确定性

农林政策评估本身要求有具体而明确的目标，但是由于农林问题的复杂性以及政策制定者的一些主观因素，致使农林政策的目标常常难以确定，主要表现在：农林政策目标难以量化；大多数农林政策都具有多重目标，部分目标之间存在着矛盾；农林政策制定者和执行者有意用含糊的、不太明确的语言来表达和说明政策目标，以此增加某种应变力。这些情况都会给农林政策评估造成一定的困难。

(二) 农林政策因果关系的不确定性

在农林政策评估实践中，由于农林政策涉及社会生活的许多方面，具有相当的广泛性，其中既有正面影响，又有负面影响；既有农林政策系统的内部变化，又有农林政策系统外部的环境变化。这些影响常常使人们难以充分证明某种客观情形的改变直接归因于某一项农林政策。由于在如何界定和区分影响农林政策因果关系上存在困难，使农林政策的评估就变得不那么容易了。

(三) 农林政策效果的不确定性

一项农林政策的实施所产生的效果，有些是能够估计到的，有些则是不可能估计到的。任何对农林政策实施效果的低估和高估，都不符合评估政策的科学性原则。而在实践中所面临的最大困难，就是如何才能把待估农林政策的全部直接和间接影响进行科学的量化和货币化。

(四) 评估资料不完整和经费欠缺

资料欠缺会造成农林政策评估工作无法顺利开展。例如，资料统计上存在遗漏和错误、资料管理混乱等问题，都会使农林政策评估很难获得精确资料。作为理性经济人，那些与政策评估结果有利害关系的人员，可能会拒绝提供关键性资料，或只提供对其有利的资料，增加了农林政策评估的难度，影响了评估结果的准确性。此外，农林政策评估需要耗费一定的人力、物力和财力。没有充足的评估经费，农林政策评估工作将难以开展。

四、农林政策评估报告的撰写

农林政策评估报告主要包括两部分重点内容：一是对政策的制定与实施进行总体的评价，对政策结果、政策效益作出定性与定量的说明；二是对未来政策的制定与实施提出建议。

以粮食作物完全成本保险和收入保险评估为例，其评估报告框架通常包括：①粮食作物完全成本保险和收入保险政策实施背景；②确定政策评估目标，界定评估内容，选择样本地点确定评估对象，采用适合、科学的评估方法，对具体的评估过程和进度进行说明；③粮食作物完全成本保险和收入保险政策的具体实施情况的现状描述，运用科学、合理的评估方法对该政策的效果进行评估分析；④剖析粮食作物完全成本保险和收入保险政策存在的问题，并分析制约政策发挥效益的影响因素；⑤针对政策问题，提出调整、改进和完善粮食作物完全成本保险和收入保险政策的措施和建议。

第四节　政策影响评估方法

政策评估是指评定某项社会政策或计划的具体方案的实施是否达到了预期效果。因此政策评估需要探究政策干预的因果效应。在政策评估过程中，往往需要通过比较有无采取政策措施的前后差异，来反映政策的实施是否确实带来了变化。政策评估的目的是通过科学、严谨的研究设计，判断某项政策实施先后的效果差异，只有正确分离出政策干预的因果效应，才能科学地指导后续的政策调整。

一、选择偏差与反事实数据缺失

(一)选择性偏差

选择性偏差指的是在研究过程中因样本选择的非随机性而导致得到的结论存在偏差，这是由于人为主观的选择而导致的数据偏差。在特定主体和环境情况下，虚假相关导致了选择性偏差，即当不同生理、行为、心理特点的人们选择不同类型的环境时，就有可能出现选择性偏差。

在测试中，如果选择使用的是代表性样本，而不是自我选择样本分析(national assessment for educational progress，NAEP)，这样得出的关系会呈现不同的情况。因此，应该提防选择性偏差的发生。两个变量之间仅仅存在相关，并不能保证一个变量的变化就会导致另一个变量的变化，即相关并不意味着因果关系，应避免因果推论。在第三变量问题里，两个变量之间的相关并不意味着它们之间存在直接因果路径，因为相关的产生可能是由于这两个变量或许均与未被测量的第三变量相关。事实上，如果潜在的第三变量也经过了测量，就可以用相关统计，如用偏相关来评估第三变量是否决定了这种关系。令相关统计的解释变得困难的另一个原因是方向性问题，如果两个变量有直接的因果关系，因果关系的方向就不能根据相关来判断。

在行为科学中，选择性偏差是造成诸多虚假相关的重要因素。事实上人们在一定程度上选择他们的环境，并人为创造了行为特征和环境变量之间的相关。因此，减小选择性偏差的方法是，在操纵所有变量的情况下进行真正的实验。

（二）反事实框架

为更好地处理选择性偏差问题，一种基于反事实的研究框架得以流行。评估政策实施后的效应，属于项目效应研究的一种，而项目效应也称为处理效应。项目参与者的全体构成实验组或处理组，而未参与项目者则构成控制组或对照组。

以以下问题为例：医院能够让人更健康吗？直接的想法是通过对比实验组与控制组的健康情况。美国全国健康采访调研的数据表明，没有去过医院的人健康状况更好，两者差别大且显著。根据这个结果，我们可以认为去医院会导致人的健康变差吗？显然这是不对的。值得注意的是，是否去医院是我们自我选择的结果，身体好的人并不需要去医院，而去医院的多是身体状况出问题的人。由于实验组与对照组成员的初始条件不完全相同，故存在选择偏差。因此，直接比较项目参与组与未参与组，我们没办法识别差异是由于项目还是其他因素导致。即使实验组的未来身体健康程度低于对照组，我们更感兴趣的是实验组的身体状况是否会比这些人如果没有去医院的身体状况好。

为此，Rubin(1974)提出了以下反事实框架。以虚拟变量$D_i = \{0, 1\}$表示个体i是否参与此项目，即1为参与，而0为未参与。通常称D_i为处理变量，反映个体i是否得到了处理。记其未来的收入或其他感兴趣的结果为y_i。我们想知道D_i是否对y_i有因果作用。对于个体i，其未来收入y_i可能有两种状态，取决于是否参加此项目，即

$$y_i = \begin{cases} y_{1i}, & 若 D_i = 1 \\ y_{0i}, & 若 D_i = 0 \end{cases} \tag{5-4}$$

式中，y_{1i}为个体i参加项目的未来状况；y_{0i}为个体i未参加项目的未来状况。

我们想知道$(y_{1i}-y_{0i})$，即个体i参加项目的因果效应。然而，评估影响时存在的问题是：我们不可能观测到同一个人的y_{0i}和y_{1i}。因此，我们永远不能获得同一个人在同一时间参与项目与未参与项目的结果，这称为反事实缺失数据。反事实数据是指参与项目的个体如果在没有参与时得到的结果。

我们没有办法确定观测到的变化是由项目导致的还是由其他原因导致的（如一个人去医院之后身体变好了可能一部分原因是身体自然康复）。这样的比较不能控制随时间变化（非平稳）的因素，因此不能准确得出项目的因果效应。我们需要一个控制组来比较项目导致处理组的变化。除了是否参与项目存在差别，处理组和控制组应该具有相同的特征。这就需要引入多种计量方法，对政策的效果加以实证性验证。

二、倾向得分匹配

反事实推断模型假定任何因果分析的研究对象都有两种条件下的结果：观测到的和未被观测到的结果。如果我们说"A是导致B的原因"，用的就是一种事实陈述法。匹配的理论框架是反事实推断模型，在匹配中分层后，可能出现层内只有一组数据的情形，这就是经常遇到的维度诅咒问题。

案例分析

　　为此，Rosenbaum et al.（1983）提出倾向得分匹配（propensity score matching，PSM），是使用非实验数据或观测数据进行干预效应分析的一类统计方法。倾向得分匹配是解决自选择偏误带来的内生性问题的一种方法，它是一种按照匹配的思想进行设计的方法。匹配是一种非实验方法，是对于一些没有采用或不方便采用实验方法区分实验组和控制组的数据采用的一种近似实验的方法。匹配方法假定控制协变量之后，具有相同特征的个体对政策具有相同的反应。换句话说，不可观测因素不影响个体是否接受政策干预的决策，选择仅仅发生在可观测变量上。因此，对每一个实验组个体而言，可以根据可观测特征为其选择一个控制组个体构成反事实。

　　接受某种职业技能培训会对个人收入有怎么样的影响？例如，个人的能力，个人能力强的人可能就不会选择接受技能培训，但是能力强的人又能取得比较高的收入，这可能会对处理效应产生一个偏导性的影响。为了解决上述的问题，我们可以利用匹配的思想，将控制组的个体按照各特性（协变量集中的变量）距离相近的方法与处理组中的个体进行匹配，这就使匹配过后的个体除是否接受处理并无显著差异，所以就在一定程度上缓解了自选择偏误。这就是倾向得分匹配中的匹配法思想。

　　考虑处理组的某位个体 i，我们希望找到控制组的某位个体 j，使二者的特征最为接近，即 $x_i \approx x_j$；然后，将个体 j 的结果变量 y_j 作为个体 i 若未受处理的反事实结果 y_{0i}，故个体 i 的处理效应 $\Delta i = y_{1i} - y_{0i}$，可估计为 $y_1 - y_0$（其中，y_i 为个体 i 受处理的潜在结果）。依次估计处理组每位个体的处理效应 Δi，然后进行简单算术平均，即为处理组平均处理效应（简记 ATT）。

　　1. 最简单匹配方法的假设

　　①条件独立假设（conditional independence assumption）。给定 X 后干预状态的潜在结果是独立的，换句话说，控制住 X 之后，干预分配就相当于随机分配。

　　②共同支撑条件（common support condition）。对于 X 的每一个值，存在于干预组或控制组的可能性均为正。同时，第二个要求称为覆盖条件，即匹配组变量 X 需要在干预组和控制组上有足够的覆盖，即处理组每一个体在控制组中都能找到与之匹配的 X。

　　2. 倾向得分匹配估计的基本步骤

　　①选择合适的协变量集。协变量集中的协变量一般来说应该对被解释变量和解释变量都有影响。

　　②计算倾向值。基于选定的协变量集，通过"probit"或"logit"模型来计算个体进入处理组的概率（倾向值）。

　　③选取匹配方法。近邻匹配（1对或1对多），核匹配（对照组平均权重），分层匹配（共同支持域分不同区间，各区间影响加权平均），半径匹配（卡尺内匹配）。

　　④平衡性检验。检验匹配过后的处理组和控制组是否存在显著差异，判断匹配的效果如何。

　　⑤计算处理效应。

　　3. 倾向得分匹配方法的适用条件

　　①可忽略性。给定协变量 X_i，则潜在结果（y_{0i}，y_{1i}）独立于处理变量 D_i。这意味着在给

定X_i的条件下，D_i的取值可视为随机决定，故类似于条件随机实验。本质上，该假定是一个很强的外生性条件。它意味着不存在未度量的混淆变量；即使有遗漏变量，也不与处理变量D_i相关，故没有遗漏变量偏差。遗憾的是，可忽略性假定并不可检验。退而求其次，通常要求X_i应包含较为丰富的一系列协变量，以增大依可测变量选择成立的可能性。然而，即使X_i包含很多变量，也仍可能遗漏某些关键变量，如不可观测的个体能力，而个体能力可能同时影响潜在结果(y_{0i}，y_{1i})与处理变量D_i。

②共同支撑。处理组与控制组的倾向得分取值有足够多的重叠区域。倾向评分匹配的优点在于综合了研究对象的特征，最大限度概括了所有可观察到协变量共同作用的结果，且不需要一个参数模型，而是通过非参数对比匹配得到处理效应的结果，故使用该方法能够消除由于模型函数形式设定不当而造成的偏误。当然此方法也存在许多缺陷：匹配方法依赖的重要假设是条件独立性，但是如果控制了观测变量X_i后，两组潜在结果仍存在显著差异，即存在未观测因素同时影响干预变量和潜在结果的情况，因此存在遗漏变量导致内生性问题，估计结果不再一致。匹配会损失掉很多样本，需要很大的样本产生比较组。

三、分位数回归

(一)方法介绍

分位数回归是估计一组回归变量 X 与被解释变量 Y 的分位数之间线性关系的建模方法。以往的回归模型实际上是研究被解释变量的条件期望。而人们也关心解释变量与被解释变量分布的中位数以及分位数呈何种关系。

最早关于分位数回归的研究起源于中位数回归，中位数线性回归是分位数线性回归的一个特例，在分位数线性回归中占有重要的地位，对于它的研究最早可以追溯到 18 世纪中叶 Boscovich 对地球椭圆率的研究。19 世纪，Edgeworth 对此有所发展，但之后则陷入了算法泥潭：太多的未知数、太多的超平面。直到 20 世纪 40 年代末，线性规划中单纯形法的出现，中位数回归才得以在实践中广泛使用。1978 年，Koenker 和 Bassett 提出了线性分位数回归的理论。随着计算机技术的不断突破，分位数回归软件包现已包含在主流统计软件包中，分位数回归自然也成为经济等领域常用的分析工具。

(二)模型设定

参数估计方法的思想为绝对离差和最小。若 y 的条件中位数是 x 的函数，不妨设为线性函数 $\mathrm{me}(y_i \mid x_i)=\beta$，则 y 可以写为：

$$y_i = \mathrm{me}(y_i \mid x_i) + \mu_t = x_i\beta + \mu_t \tag{5-5}$$

按照中位数的数学性质，绝对离差和最小，即

$$\sum |y_i - \mathrm{me}(y_i \mid x_i)| = \sum |\mu_i| \leqslant \sum |y_i - a| \tag{5-6}$$

式中，a 为任意实数。

则在给定的样本数据$(x_i，y_i)$前提下，对应于 $\mathrm{me}(y_i \mid x_i)=x_i\beta$ 的样本回归方程$\hat{y}_i=\hat{x}_i\beta$可以通过下面的方法估计参数：$\hat{\beta}=\mathrm{argmin}(\sum |y_i-\hat{x}_i\beta|)$。此为最小一乘法，即绝对离差

最小法。

其他各分位数的回归均由此加以延伸。使用 θ 表示所选取的分位数,则参数的估计值 β_θ 将随 θ 值的变化而有所不同,即它允许参数 θ 在被解释变量的条件分布中的不同分布点变动,相当于给定几个分位点,就有几个对应的回归方程。所以它可以对回归关系进行更详细的特征描述。因此,分位数回归模型已发展成为描述样本分布细部特征的有力工具。

(三)模型优点

在传统的回归模型中,我们主要关注的是人口占比及其控制变量对家庭消费条件期望的影响,即均值回归。实际上,均值回归模型可以看作所有分位数回归信息的汇总,样本分布的局部信息被隐藏了,边际效应的细部特征被抽象掉了。但是如果家庭消费的条件分布不是对称分布,它就很难反映分布的整体情况。而分位数回归对条件分布的刻画更为细致,能给出条件分布的整体特征描述。每个分位点回归都赋予条件分布上某些特殊点(中央或尾部)一些特征,把不同的分位点回归集中起来就能提供一个关于条件分布的更完整的统计特征描述。不同分位点下所给出的参数估计也代表了不同程度的家庭消费水平与人口老龄化水平,其本身也有值得进一步探讨的意义。

传统回归模型使用最小二乘法估计回归参数,要求较强的分布假设,但实际数据并不能满足这些条件。而分位数回归并不要求很强的分布假设,在扰动项非正态的情况下,分位数估计量可能比最小二乘法估计量更为有效。同时与最小二乘法通过使误差平方和最小得到参数的估计不同,分位数回归是通过使加权误差绝对值之和最小得到的参数的估计,因此估计量不容易受到异常值的影响,从而使估计更加稳健,适合具有异方差的模型。

经典的最小二乘回归描述了因变量的条件均值分布受自变量 X 的影响过程。此种方式属于均值回归。如果能够估计条件分布的重要条件分位数,如中位数、1/4 分位数、3/4 分位数,则可以对 $y \mid x$ 得到全面的认识。分位数回归相比普通的最小二乘回归,能够更精确地描述自变量 x 对于因变量 y 的变化范围,以及条件分布形状的影响。分位数回归能够捕捉到分布的尾部特征,当自变量对因变量分布的不同位置产生不同的影响时,它就能更加全面地刻画分布的特征。具体而言,最小二乘估计与分位数回归估计的区别见表5-4。

表5-4 最小二乘估计与分位数回归估计的比较

项目	普通最小二乘估计	分位数回归估计
基本思想	设法使所构建的方程和样本之间的距离最短	同普通最小二乘估计方法
目的	借助数学模型对客观世界所存在的事物间的不确定关系进行数量化描写	同普通最小二乘估计方法
原理	以平均数为基准,求解最短距离	以不同的分位数为基准,求解最短距离
算法	最小二乘法	加权最小一乘法
前提假设	独立、正态、同方差	独立
假设要求	强假设	弱假设
检验类型	参数检验	非参数检验
承载信息	描述平均的总体信息	充分体现整个分布的各部分信息
极端值	无法考虑极端值的影响	可以充分考虑极端值的影响

（续）

项目	普通最小二乘估计	分位数回归估计
异方差	影响大	影响小
拟合曲线	只能拟合一条曲线	可以拟合一簇曲线
计算方法	求偏导解行列式，算法完备	自助方法估计标准误差，多种算法求解目标函数

在生态保护的相关研究中，分位数回归广泛用于探究政策或相关项目对不同分布位置下的研究对象的影响。

四、工具变量法

（一）方法介绍

20 世纪 20 年代，Wright 父子组成的研究团队对下面这个相当有挑战性的因果推断问题感兴趣：当观察到的价格和数量信息是需求曲线和供给曲线相交的结果时，我们如何去估计需求曲线和供给曲线的斜率。换而言之，均衡的价格和数量是唯一可以观察的值，是两个随机方程在同一时刻的解。在联立方程组中，总体回归参数可能无法估计其中任何一个方程的斜率。最初由 Wright（1928）提出的工具变量法解决了联立方程组问题，他让只出现在一个方程中的变量变动，由此引起的该方程平移会与其他方程相交并得到一个轨迹，这个轨迹就是另外一个方程。用来实现方程移动的这个变量就被称为工具变量。

在另外的研究中，人们指出还可以用工具变量法解决回归模型中由度量误差（measure-error）带来的偏误。在线性模型的统计理论中，最重要的结论是：对回归元的度量存在随机误差时，回归系数偏向于零（为了看清个中缘由，我们想象回归元只包含随机误差，于是该回归元和被解释变量不相关，因此用这个回归元对 Y 进行回归得到的系数会是零）。工具变量法可以用来剔除这种偏误。在计量经济学发展史中，联立方程组模型（simultaneous equations model，SEM）占有极其重要的地位。如今我们更愿意用工具变量法解决度量误差问题，而不是用其估计联立方程组中的系数。不过毫无疑问的是，人们对工具变量法的广泛使用是为了解决遗漏变量偏误。工具变量法就像随机实验那样，既避免了在回归中加入过多的控制变量，又解决了控制变量被遗漏或者存在未知控制变量时带来的问题。

若处理组和控制组间的差别是由不可观测变量导致的，可考虑通过工具变量法控制遗漏变量带来的内生性偏误。某一个变量与模型中随机解释变量高度相关，但却不与随机误差项相关，那么就可以以此变量与模型中相应回归系数得到一个一致估计量，这种估计方法称为工具变量法。在模型估计过程中作为工具使用，以替代模型中与误差项相关的随机解释变量的变量，称为工具变量。

（二）工具变量条件

如果假设存在的一组因果关系为：

$$y = D\alpha + X\beta + \varepsilon \tag{5-7}$$

式中，y 为被解释变量；D 为解释变量；X 为控制变量；ε 为扰动项。

若 Z 作为工具变量，必须满足下述 4 个条件：与所替的随机解释变量高度相关；与随机误差项不相关；与模型中其他解释变量不相关；同一模型中需要引入多个工具变量时，这些工具变量之间不相关。

用公式表示为：

$$\mathrm{cov}(Z\varepsilon)=0, \ \mathrm{cov}(D, \ Z)\neq0 \tag{5-8}$$

通过计算 Y 与 Z 相关性，可以得到工具变量在回归模型中的系数：

$$\tau_{IV}=\frac{\mathrm{cov}(Y, \ Z)}{\mathrm{cov}(D, \ Z)} \tag{5-9}$$

工具变量的寻觅往往需要严密的逻辑和丰富的想象力，一般常见的工具变量来自几方面，有的是来自分析上层的集聚数据，有的是来自自然界的物候天象，有的是生理现象的生老病死，还有的是社会空间中的距离与价格。有时候，研究人员还会通过自然实验或虚拟实验寻找工具变量。这需要研究者对相关领域有深厚的了解与认识。

估计方法通常使用两阶段最小二乘法。第一阶段，利用原模型的内生解释变量对工具变量进行 OLS 回归，得到内生解释变量的拟合值；第二阶段，利用得到内生解释变量的拟合值对原模型进行最小二乘法，从而得到模型的估计值，这样就可以消除内生性的影响。

(三) 工具变量使用问题

工具变量法是一种相对简单的估计方法，但是有两个重要的缺陷：①工具变量的选择问题。在政策评估问题中，要找出满足条件的工具变量并不容易。在实践中，尤其是当纵向数据和政策实施前的数据可以获得时，研究者多使用因变量的滞后变量作为工具变量。但是，这同样会引发相关性，并不能从根本上解决问题。②如果个体对于政策的反应不同，只有当个体对政策反应的异质性并不影响参与决策时，工具变量才能识别处理组的平均处理效应(ATT)和平均处理效应(ATE)。但这是一个很强的假定，有时研究者不得不假定非理性，或者忽略研究对象的异质性。

在使用工具变量法时需要进行各种检验，以解决其中可能出现的问题。主要的检验如下：①通常使用 Hausman 检验来帮助我们判断一个变量是否为内生变量，主要通过对内生解释变量与随机误差项相关的检验，原假设为 $\mathrm{cov}(X, \ \varepsilon_i)=0$，即 X 为外生变量。若是拒绝原假设，则说明内生性问题的存在。②当遇到多个内生变量时，需要考虑工具变量和内生变量的个数，以确保所有的内生变量都能被识别(工具变量个数少于内生变量个数则不可识别，等于则恰好识别，大于则过度识别。在恰好识别或过度识别的情况下，均可进行两阶段最小二乘法(2SLS)估计；而在不可识别的情况下，则无法进行)。若出现过度识别，则需要进行过度识别检验，也称萨尔干巴斯曼检验，写作 Sargan-Basman 检验，检测所有工具变量是不是外生的。③工具变量必须与内生解释变量具有高度的相关性，否则会导致弱工具变量问题，进而使估计量出现不一致性。若是内生解释变量与工具变量只存在微弱的相关性，即存在弱工具变量问题，需要进行弱工具变量的检验。

五、双重差分法

(一) 方法介绍

20 世纪 80 年代以来，双重差分法 (DID) 逐渐兴起，它是一种专门用于政策效果评估的计量方法。该方法将制度变迁以及新政策视作为外生于经济系统的一次"自然实验"，思路简洁且发展日趋成熟，逐渐广泛应用于多个领域。在讨论双重差分法之前，先讨论一种简单的情形，在某一时刻 t，某一个体受到一项政策干预，探讨该项政策干预对该个体结果的影响。例如，2008 年世界经济危机，为了应对经济危机对我国经济的影响，中央政府在 2008 年年底出台了 4 万亿元的经济刺激计划，那么这项经济刺激计划对我国随后的经济增长有怎样的影响呢？

一种简单的办法就是假设如果没有政策干预，t 期的结果将与 $t-1$ 期结果相同，即 $Y_{0t} = Y_{0t-1} = Y_{t-1}$，由于 $t-1$ 期没有政策干预，因而 $t-1$ 期的观测结果就是 Y_{0t-1}。在上述假设下，反事实结果 $Y_{0t} = Y_{t-1}$，从而可以得到政策干预的因果效应。当然，上述假设太强了，即使没有政策干预，该个体的观测结果也会随时间变化，如果有多期的数据，如还有 $t-2$ 期的数据，也许可以引入一个更弱的假设，如果没有政策干预，t 期结果的增长率将与 $t-1$ 期的增长率相同，从而可以用 $Y_{t-1}/(Y_{t-1}/Y_{t-2})$ 作为反事实结果 Y_{0t} 的估计，可以估计政策干预的因果效应。这一假设比上一个适应性假设似乎好一些，尤其是当政策干预前时期比较长时，可以利用时间序列得到增长趋势比较好的预测。但是，如果结果变量发生了结构性变化，如 2008 年经济危机可能使中国经济发生了结构性的变化，利用 2008 年前的经济增长信息去预测 2008 年以后的经济增长就可能出现较大的偏差。因而，这一假设可能无法克服结构性变化造成的影响。如果还有其他个体，这些个体没有受到政策干预的影响，在时间序列上，它们可能受到相同因素的影响，结构性变化可能也会相似。那么，利用这些没有受到政策影响的个体作为控制组，可能得到反事实结果 Y 更好的估计，这就是双重差分方法的基本思路。

(二) 基准模型

双重差分法的基准模型如下：

$$y_{it} = a_0 + a_1 du + a_2 dt + a_3 du \cdot dt + \varepsilon_{it} \tag{5-10}$$

式中，du 为分组虚拟变量，若个体 i 受政策实施的影响，则个体 i 属于处理组，对应的 du 取值为 1，若个体 i 不受政策实施的影响，则个体 i 属于对照组，对应的 du 取值为 0；dt 为政策实施虚拟变量，政策实施之前 dt 取值为 0，政策实施之后 dt 取值为 1；$du \cdot dt$ 为分组虚拟变量与政策实施虚拟变量的交互项，其系数 a_3 反映了政策实施的净效应。

(三) 模型假设

双重差分法的基本思路是通过对政策实施前后对照组与实验组之间差异的比较，构造反映政策效果的双重差分统计量。首先强调一点，一般而言双重差分法仅适用于面板数据模型，但并没有严格意义上面板数据模型所需要的过多假设，通过引入虚拟变量并通过最小二乘法即可实现参数估计。双重差分法的基本假设为：共同趋势假设；共同区间假设；

外生性假设；政策只干涉实验组，不会对对照组产生交互影响，也不存在溢出效应。

稳健性检验对于双重差分法同样重要，必须证实所有效应确实是由政策实施所导致的。关于双重差分法的稳健性检验，主要表现在以下两个方面：

(1)共同趋势检验

这个假设是比较难验证的。例如，很多人采取双重差分法时只有政策实施前后各1年的数据，这样无法验证政策实施前的趋势问题。不过，如果是多年的面板数据，可以通过画图来检验共同趋势假设。

(2)排他性检验

即便处理组和对照组在政策实施之前的趋势相同，仍要考虑是否同时发生了其他可能影响趋势变化的政策，也就是说，政策干预时点之后处理组和对照组趋势的变化，可能并不真正是由该政策导致的，而是同时期其他的政策导致的。这一问题可以概括为处理变量对产出变量作用机制的排他性，对此可以进行如下检验：

①安慰剂检验。即通过虚构处理组进行回归，具体可以：选取政策实施之前的年份进行处理，如原来的政策发生在2008年，研究区间为2007—2009年，这时可以将研究区间前移至2005—2007年，并假定政策实施年份为2006年，然后进行回归；选取已知的并不受政策实施影响的群组作为处理组进行回归；如果不同虚构方式下的双重差分法估计量的回归结果依然显著，说明原来的估计结果很有可能出现了偏误。

②可以利用不同的对照组进行回归，比较研究结论是否依然一致。

③可以选取一个完全不受政策干预影响的因素作为被解释变量进行回归，如果双重差分法估计量的回归结果依然显著，说明原来的估计结果很有可能出现了偏误。

(四)模型优点与局限性

1.模型优点

双重差分法具有以下优点：①可以很大程度上避免内生性问题的困扰。政策相对于微观经济主体而言一般是外生的，因而不存在逆向因果问题。此外，使用固定效应估计，一定程度上也缓解了遗漏变量偏误问题。②传统方法下评估政策效应，主要是通过设置一个政策发生与否的虚拟变量然后进行回归，相较而言，双重差分法的模型设置更加科学，能更加准确地估计政策效应。③双重差分法允许不可观测因素的存在，而且允许不可观测因素对个体是否接受干预的决策产生影响，从而放松了政策评估的条件，使政策评估的应用更接近经济现实，因而应用更广。

2.模型局限性

研究者在应用中也应该充分认识到双重差分法的局限性：①数据要求更加苛刻。双重差分法以面板数据模型为基础，不仅需要横截面单位的数据，还需要研究个体的时间序列数据，特别是政策实施前的数据。因此，相较于匹配法，双重差分法要求更多的数据。②个体时点效应ε_{it}未得到控制。双重差分法要求很强的识别假设，要求在政策未实施时，实验组和控制组的结果变量随时间变化的路径平行。这一假设并没有考虑个体时点效应ε_{it}的影响。由于ε_{it}的影响，在项目实施前后，实验组和控制组个体行为的结果变量并不平行，此时应用传统的双重差分法就会出现系统性误差。③未考虑个体所处的环境对不同个体的影响。

第五节　农林政策监控和调整

农林政策从制定、实施、评价进而到调整，是政策运行过程的一般规律。而在农林政策实施过程中，政策失误或执行过程中的偏差都是难免的，关键是要及时发现、迅速查清原因及造成的后果，并迅速采取有效的补救措施。农林政策调整是指根据实际需要，修改、补充或重新制定政策的过程。

一、农林政策监控

公共政策监控是政策监督与政策控制的合称，是为实现政策的合法性与保证政策的贯彻实施而对政策的制定、执行、评估和终结等活动进行监督与控制的过程(表5-5)。

表5-5　政策监控类型

划分标准	类型
政策监控过程	政策制定监控、政策执行监控、政策评估监控、政策终结监控
政策监控时态	事前监控、事中监控、事后监控
政策监控层次	自我监控、逐级监控、越级监控
政策监控内容	目标监控、关键点监控
政策监控主体	立法、行政、司法机关、政党监控，利益集团的政策监控，公众和大众传媒的政策监控

政策监控的目的在于保证政策的合法性，保证政策的顺利贯彻实施，提高政策制定的质量，实现政策的调整和完善，促进既定政策目标的实现，提高政策效率。

控制，原本是指改变或保持一个系统的运动方向、目标和状态，使之与预期目的相符而不致越轨脱序的行为措施。在管理科学中，控制作为管理的一项职能，多与执行活动相关联。政策控制是指政策控制主体在政策过程尤其是政策执行过程中，为了保证政策的权威性、合法性和政策的有效执行，为达成特定的政策目标而对政策过程中尤其是执行过程中的偏差察觉与纠正的行为。

政策控制按性质可以分为反馈控制和前馈控制；按控制人员与控制对象的关系可以分为间接控制和直接控制。

公共政策控制程序一般包括确立衡量标准、衡量政策绩效、找出政策执行效果与政策目的之间的偏差、采取措施纠正偏差等阶段。政策控制不是一个单向不可逆转的过程，而是一个永无止境的循环过程。政策控制程序及循环可以用图5-1表示。

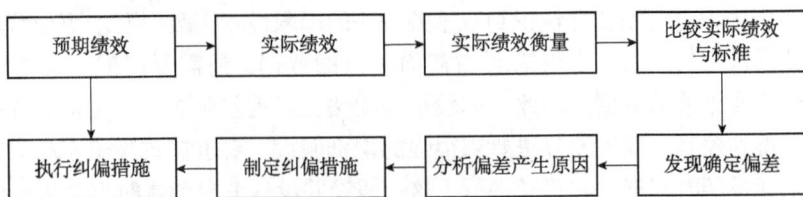

图5-1　政策控制程序及循环

　　一项农林政策活动包括制定、执行、评估和终结。从定义上看，政策评估、政策监控和政策控制出现在不同的政策实施环节上，并且发挥的作用略有差异。政策评估是政策活动中的一个重要环节，是在一项政策执行后，对政策的执行效果的评价；政策监控贯穿一项农业政策制定、执行、评估和终结活动的始终，有利于对政策及时进行调整和完善，促进政策的顺利实施，保证政策利益相关者从政策实施中获取最大收益；政策控制是政策监控主体在政策执行过程中出现政策实施与政策目的偏差时，及时采取措施纠正偏差，调整和完善政策的行为过程。

　　政策评估、政策监控和政策控制三者相辅相成，有利于确保农林政策的调整、完善及顺利实施。在一项政策活动中，通过政策监控对政策实施的各项环节予以监督，通过政策控制及时发现政策实施过程中与政策目的之间存在偏差的行为，并予以纠正；通过政策评估对一项政策执行效果的好坏进行评估。如果不符合预期，还需要进一步调整、完善该农林政策，并且全过程监控政策。

二、农林政策调整

(一)农林政策调整的原因

　　农林政策调整是指依据农林政策评估结论，对实施中的农林政策作某些必要的补充、修正和终止的动态过程。农林政策调整是政策执行过程的有机组成部分，是完善农林政策的重要环节。农林政策调整实际上是执行过程的暂时中断，是农林政策实施过程恢复到农林政策制定阶段的延续。农林政策的稳定性是相对的，而调整是永恒的。农林政策的稳定性指的是政策的原则、方向和精神不变；但体现这些原则、方向和精神的政策内容、实施范围和任务是经常变化和更新的。农林政策调整的原因如下：

　　1. 决策者价值取向的变化

　　在农林政策执行的过程中，政府部门决策者的价值观对农林政策调整起着关键作用。一旦他们的价值取向发生变化，农林政策中的相关内容也必然随之发生变化。

　　2. 政策环境的变化

　　农林政策的执行必然处在一定的时间、空间等客观环境中，受多重因素的影响和制约。政策环境受到政策影响的同时又反作用于农林政策。互动作用的结果，决定了彼此之间的适应性。一旦政策环境改变，必定引起农林政策的变化和调整。

　　3. 人们认识的深化

　　随着实践的发展和认识的深化，人们会发现原定的农林政策在某些方面、某一环节、某段过程中对于政策对象的反映不够全面和深入，某些关系调节得不够理想，需要改进和完善。因此，需要在坚持原来农林政策基本方向的前提下，作出某些必要的修改，使政策的内容和形式更切合实际、更科学。

(二)农林政策调整的目标和原则

　　农林政策调整的目标是及时纠正政策制定和执行过程中的偏差，使政策能够更好地符合客观实际，更好地实现农林政策的目标。农林政策调整的原则是调整农林政策所依据的准则。因此，在进行农林政策调整时，需要遵循以下几项原则：

1. "大稳定、小调整"原则

农林政策调整的基本原则是"大稳定、小调整"，为此所出台的政策一定要严谨、全面、系统，必须在政策制定时把握好政策的方向，政策目标必须明确具体，不允许含糊其词，避免具体执行过程中"弹性"过大，影响实施效果。

2. 慎重与协调原则

对全局性农林政策的调整，必须估计整个农林活动的各个方面的因素，以及受全局性农林政策影响的方方面面，尤其要注意其中的协调关系。在具体调整时，需要对原来的农林政策进行全面、深刻的分析与评估，然后在此基础上慎重确定调整范围和幅度。就农林政策的局部调整而言，还要顾及这一政策适用范围以及系统内的事物与外界的相互联系和影响。

3. 适时推出与适度规范原则

指令性农林政策在调整过程中，关键性问题得到解决后，就要自然解除农林政策的强制性；而指导性农林政策调整强调适度规范原则是指不断对执行时的灵活程度和变通范围给予明确界定，使事物的发展有回旋余地，执行者有章可循。

(三) 农林政策调整的内容和形式

农林政策调整的步骤是否科学、恰当，将直接影响调整的实际效果。由于调整的风险性，一般要求农林政策进行强制性和命令性禁锢。至于在什么时间、什么范围和解除到什么程度，要由发布指令性农林政策的主体根据发展变化了的情况和禁锢的条件具体、及时地加以调整。另外，由于指导性农林政策的调整具有较强灵活性和变通性，在调整时应强调适度规范原则，也就是要不断地对灵活程度和变通范围给予明确的界定，使事物的发展有较大的回旋余地，又使执行者有章可循。

1. 农林政策调整的内容

农林政策的调整是对政策的全面调整，包括对政策本身各种要素的调整和对农林政策实施各个环节的调整。其主要内容包括：

①农林政策目标调整。随着农林政策的环境与条件的改变，其所面临的问题也会发生变化，因此，针对某一具体问题所设定的政策目标也必须作出相应的调整。目标调整时，应把握好 3 个方面的要求：制定新的目标，要符合客观现实；注重与原来发展目标的连贯性与统一性，做好与政策对象的交流与协调；注意留有余地。

②农林政策方案调整。政策方案是政策执行的基础，许多情况下，由于农林政策方案的不完备，决定了要进行政策调整。原来制定的农林政策在实施时出现了偏差，或不具备实现的可能，或产生了太多的消极作用时，就有必要对政策方案进行调整。政策方案要根据具体情况进行适当的调整，如果原来的方案完全切实可行，就只需进行较小的改动；如果原来的方案与现实有较大出入，就需要进行系统地调整。

③农林政策执行措施调整。农林政策的执行是农林政策实施的中心环节之一。若在实施过程中出现问题，可能是措施不当，也可能是方案不合理，或者细节没有考虑周全，以上都需要对执行措施和执行方案进行调整。

④农林政策主体和作用对象调整。如果政策主体和作用对象自身存在缺陷(如机构不健全、职责不清、抵制政策),就会在执行政策的主体或作用对象内部产生矛盾,或者与政策作用对象抵触而产生副作用,从而导致农林政策在制定和执行过程中出现较大的偏差。在这种情况下,就需要对政策主体和政策作用对象进行调整,重新制定策略,来消除负面影响。

2. 农林政策调整的形式

出于情况的不同,农林政策调整的幅度要求也不一致,有的需要局部调整,即当政策偏差只是由部分原因引起的,这时只需要对政策系统和实施过程作出少量、缓慢的修改或补充;有的则需要系统调整,即当政策问题较大时,就需要对政策的各个环节作出调整,通常有两种方式:一是在不同层次上进行纵向政策调整,可以自上而下,也可以自下而上;二是对于需要调整的政策内容,先挑选具有代表性、起关键作用的政策内容加以调整,再对其余政策内容逐步进行调整。

①农林政策的修正。是指对原有农林政策中被认为十分不科学、不合理的部分内容,根据新的需要进行修改、订正和更新,涉及农林政策的内容、具体适用范围、具体要求以及技术问题的改动和变动。

②农林政策的增删。是指对原有农林政策的具体条文作出某些必要的补充和删减,或者扩大(缩小)其内容、适用范围和延长(或缩短)其适用期限。

③农林政策的更新。这是对实施中的现行农林政策所做的变革,即对原政策部分内容进行修改。原来的政策整体保持不变,但是其主要的政策内容、政策目标、政策适用范围、政策执行主体、政策目标都发生了一定的改变,这些都是政策制定者以农林政策实施过程中产生的新问题和新情况作为依据,对其进行总结和深入分析,从而在原政策基础上进行的革新。

④农林政策的终结。由于原有的农林政策失去了科学性与合理性而被取消或终结,是对原有政策的整体性调整。农林政策的终结包括两种情况:一是该项农林政策目标已实现,已没有继续执行的必要;二是通过评估证明农林政策原来就存在决策失误或是政策环境发生了突变,而农林政策的调整已无可能,只能选择终止原政策,制定新政策来代替原有的农林政策。无论选择哪一种农林政策,都要对其实施效果进行全面、系统的分析和评估,以作出正确的选择。

思考题

一、名词解释

政策评估 价值评估 事实评估 事前评估

二、思考与论述

1. 讨论如何能够获得政策评估所需要的真实信息。
2. 如何理解农林政策评估的意义?
3. 农林政策评估遵循的原则是什么?
4. 简述农林政策效果的主要评估方法。
5. 如何理解农林政策调整?

案例分析

中篇

中国农业政策各论

第六章

农村基本经营制度

【学习目标】

1. 掌握农村基本经营制度的含义。
2. 理解农村基本经营制度演变的基本事实与逻辑。
3. 理解稳定和完善基本经营制度的必要性和实施路径。
4. 了解农村集体产权制度改革的内容。
5. 了解新型农村集体经济的内涵和发展模式。

第一节　农村基本经营制度的演变和确立

一、农村基本经营制度的内涵

　　"基本制度"一词首次出现在1991年党的十三届八中全会通过的《中共中央关于进一步加强农业和农村工作的决定》。其中指出，要把以家庭联产承包为主的责任制、统分结合的双层经营体制，作为我国乡村集体经济组织的一项基本制度长期稳定下来，并不断充实完善。1993年，八届全国人大对《中华人民共和国宪法》(简称《宪法》)进行修正时修改为"农村中的家庭联产承包为主的责任制和生产、供销、信用、消费等各种形式的合作经济，是社会主义劳动群众集体所有制经济。"1998年10月，党的十五届三中全会将这一经营制度更改表述为"以家庭承包经营为基础、统分结合的双层经营体制"。2018年，《中华人民共和国宪法》(2018年修正)第一章第八条修正为："农村集体经济组织实行家庭承包经营为基础、统分结合的双层经营体制。"党的十九大报告进一步明确提出，巩固和完善农村基本经营制度，深化农村土地制度改革，完善承包地"三权"分置制度，保持土地承包关系稳定并长久不变，第二轮土地承包到期后再延长三十年。党的二十大报告提出，巩固和完善农村基本经营制度，发展新型农村集体经济，发展新型农业经营主体和社会化服务，发展农业适度规模经营。农村基本经营制度是党的农村政策的基石，必须始终坚持，毫不动摇。

　　新中国成立70多年以来，我国农村土地基本经营制度经历了不断演变和发展。从主线看，先后经历了"农民所有，自主经营"的个体经营体制、"三级所有，队为基础"的集体经营体制、"家庭承包，统分结合"的双层经营体制，以及完善基本经营制度、构建新型农业经营体系等阶段。

二、农村基本经营制度的演变

（一）"农民所有，自主经营"的个体经营体制

在农村，土地一直是最重要的生产资料之一。土地的权属和分配问题关系古时历代王朝的兴衰。在土地改革之前，我国农村土地分配极不均衡，集中表现为：占人口比重4.75%的地主，土地占比近40%；而占人口超过一半的贫雇农，土地占比仅14.28%（表6-1）。新中国成立前，为彻底完成新民主主义革命的任务，并为社会主义革命和建设创造条件。1946年5月，中共中央发出《关于清算、减租及土地问题的指示》，明确提出了将地主土地分配给农民的原则。1947年9月，通过了《中国土地法大纲》，在各解放区拉开以没收地主土地为主的土地改革。

表6-1　土地改革前后各阶层人口和土地占比情况

阶层	土地改革前		土地改革后	
	人口比重（%）	耕地占比（%）	人口比重（%）	耕地占比（%）
贫雇农	52.37	14.28	52.2	47.1
中农	33.13	30.94	39.9	44.3
富农	4.66	13.66	5.3	6.4
地主	4.75	38.26	2.6	2.2
其他	5.09	2.86	—	—

资料来源：黄道霞等，1992。

新中国成立后，土地改革在全国范围内继续展开。1950年，《中华人民共和国土地改革法》提出，废除地主阶级封建剥削的土地所有制，实行农民的土地所有制，借以解放农村生产力，发展农业生产，为新中国工业化奠定基础。1953年春，土地改革基本完成。由人民政府发给土地所有证，并承认一切土地所有者自由经营，买卖及出租其土地的权利。土地改革后，土地分布均等化程度较高。占人口比例2.6%的地主阶层，耕地面积占比降到2.2%，贫雇农的土地占比上升到47.1%。广大底层劳动者成为土地的所有者，拥有自己的耕地。这极大提高了农民的生产积极性，农业生产得到快速恢复。根据《新中国六十年资料汇编》的数据显示，粮食生产总量从1949年的11 318万吨增加到1952年的16 391万吨，粮食总产量增加了44.82%。

土地改革极大地平均了地权。然而，由于超过一半的农户是中农或贫农，生产资料比较匮乏。土地改革之后不久，部分农户由于劳动力、农业生产资料不足，或受到天灾人祸的影响而变卖土地。土地的买卖使农村土地又开始向少数农户手中集中。农户间土地的分布极度不均的趋势又开始显现。如何防止土地向少数农户集中成为政府面临的难题。

（二）"三级所有，队为基础"的集体经营体制

随着国民经济逐步恢复，土地改革逐步完成，国家开始着手对农业进行社会主义改

造。由于农村土地重现分布不均的状况在一定程度上是由生产资料不足引起的，党中央由此发出开展互助合作的号召。1951年，《关于一九五一年农林生产的决定》提出，各地要加强对互助合作运动的领导，要加强互助组的发展与巩固工作，并以此来达到进一步提高生产的目的。

不同于工业，农业具有如下几个特点：第一，农业生产是一项极度耗费体力的劳动；第二，农业生产是季节性明显的生产活动，这要求农户必须在短时间内快速完成农业的某一个阶段的生产；第三，农业生产在某些情况下涉及大量的团队协作，如大型水利设施的修建需要多个农户之间的配合。在农业机械化落后的年代，以上的特点决定了农业生产对劳动力产生大量的需求并产生了两个影响；其一，激励农户生育更多的后代；其二，对农户之间的合作产生了需求。因此，农民之间相互换工解决农业生产中的用工不足问题是常见的事情。

最初由农民自发组建的生产互助小组，主要由4~5户农户自主联合，在农忙的时候将各自的劳动力、农具和牲畜集中起来，互相帮忙进行农业生产（这种合作并没有严格的时间限制和组织形式，有时是临时的，有时是长期的）。生产互助小组的推广速度非常快，1951年生产互助小组达467.5万个，占比19.2%，包含了全国2 100户农户。此时，生产互助小组更多地按照生产的需要进行生产资料上的合作，而土地农产品产出属于各农户所有。1951年12月，中共中央出台《关于农业生产互助合作的决议（草案）》，农村的合作化运动进一步加快，同年，全国新增农业生产互助小组335.1万个，农户占比达39.9%。

生产互助小组的成立快速推动了农业的发展，凸显了合作在农业生产中的重要作用。因此，在生产互助小组开展一段时间之后，农村的合作化运动开始向合作社推进。从1951年第三次互助合作会议开始提出从互助组向农业合作社发展。1953年12月，中共中央通过了《关于发展农业生产合作社的决议》，在总结农业合作社发展优势的基础上，提出了发展合作社的具体目标。

林毅夫在《制度、技术与中国农业发展》中对相关资料进行了整理，数据显示，1950年中国农村就存在少量的初级社。初级社相对于互助组，在规模上更大。一个初级社，一般由20~30个相邻的农户组成。此时，尽管土地的性质没有发生变化。但农户对于生产资料的决策权大大降低。农民的土地按照入股的形式归入合作社，由社里对生产资料进行统一的经营。换句话说，农户拥有土地的所有权，但是经营决策归合作社所有，所有权和经营权出现了分离。收入分配方面，这个时期农民的收入来源分为两部分：一是按照入股的农业生产资料，包括土地、牲畜和农具进行分红；二是根据提供的劳动获得报酬。

随后合作化运动持续推进，1955年夏全国范围内开始掀起以普遍建立高级社为目标的农村社会主义高潮。全国高级社的数量由1955年的500个，仅仅经过不到一年的时间，增加到540 000个。到了1957年，高级社的数量达753 000个，占合作社数量的95%。高级社时期，生产资料高度集体化，具体表现为：在经营方式上，由合作社统一经营，所有集体成员共同劳动；在分配方式上，取消了以往按生产资料分配的做法，主要是采用基于劳动贡献为基础的工分制方式。具体流程为：根据农民投入劳动力的情况，进行工分登记，年底根据工分总量和农产品产出总量计算相对收入。农户家庭年总收入情况取决于所有家庭成员获得的总工分。随着高级社规模不断壮大，从最初由 30 多个农户组成，到 1956 年之后，最高达 150~200 户（表 6-2）。

表 6-2　1950—1958 年中国合作化运动各种组织的情况

组织形式		1950	1951	1952	1953	1954	1955	1956	1957	1958
互助组	组数	2 724 000	4 675 000	8 026 000	7 450 000	9 931 000	7 147 000	850 000		
	每组农户数	4.2	4.5	5.7	6.1	6.9	8.4	12.2		
初级社	社数	18	129	4 000	15 000	114 000	633 000	216 000	36 000	
	每社农户数	10.4	12.3	15.7	18.1	20.0	26.7	48.2	44.5	
高级社	社数	1	1	10	150	200	500	540 000	753 000	
	每社农户数	32.0	30.0	184.0	137.3	58.6	75.8	198.9	158.6	
公社	公社数									24 000
	每社农户数									5 000

资料来源：林毅夫，2014。

合作化运动对中国农村农业早期的发展起到了积极作用。1958 年粮食总产量达 19 765 万吨，比 1952 年粮食产量增加了 20.58%，人口增加 14.8%，人均国内生产总值增加 68.07%。农业合作化在农业生产资料缺乏的情况下存在的合理性是比较高的。农户间通过互助的方式，能够最大程度地集中劳动力进行农业生产，解决生产资料不足的问题。在提供农业生产公共产品，如修建大型农业基础设施——灌溉渠道、水坝等方面，初级社和高级社也更加具有优势，完成了很多单个农户没法完成的工程。

1958 年 8 月 9 日，毛泽东在济南历城县北园农业社视察时说："还是办人民公社好，它的好处是可以把工农商学兵合在一起，便于领导。"20 日，历城县北园乡办起山东第一个人民公社——北园人民公社。随后，全国农村迅速开展了大规模人民公社化运动。1958 年 8 月，《关于在农村建立人民公社问题的决议》确定人民公社实行政社合一，工农兵学商相结合的生产经营方式，强调小社并大社的方法。首先由原来的各小社联合选出大社的管理委员会，把人民公社的架子搭起来；在并社过程中，要以"共产主义精神"去对待各个小社的公共财产和债务方面的差别；指出人民公社目前是集体所有制，以后可以变为全民所有制，并为向共产主义过渡作准备。1958 年 9 月 29 日，全国建立人民公社23 384个，农户有 112 174 651 户，占全部农户的 90.4%，每社农户达4 797户。

人民公社的特征是"一大二公"和政社合一。所谓"大"就是规模大，通常是一乡（相当于现在的镇）一社，涉及几千农户，甚至几万农户。生产队成为经济核算的基本单位。劳动上也是由公社统一调配，统一安排。所谓"公"就是生产资料的公有化程度高。在人民公社时期，除了必要的生活资料，其他所有的生产资料都归人民公社集体所有。农户自身劳动力、农具、牲畜等都由公社统一分配，按照劳动力记工分，分配所得。在管理上，由乡政府行使管理农村经营活动的权利，即实行政社合一的组织方式。

相较于高级社，人民公社的公有化程度更加彻底。如果说在高级社时期农户可能还保有一点点自营经济，到了公社化时期这些自营经济彻底消失了。农户在农业生产上基本不存在自主权。在农村生产资料的高度公有化之后，所有的生产资料都由公社统一安排，统一调动，在分配方式上也呈现极大的平均化。在短短的时间内，人民公社在全国范围内快速铺开，几乎所有的农户都加入了人民公社。然而，粮食产量从 1958 年的 19 765 万吨，下降到 1959 年的 16 968 万吨，一年之间，粮食产量锐减了 14.17%。

　　1960 年，中共中央发出《关于农村人民公社当前政策问题的紧急指示信》，针对当时人民公社内部存在的对生产资料平调问题，强调三级所有，队为基础，是现阶段人民公社的根本制度。不过，值得注意的是，所谓"队为基础"的"队"指的是生产大队，即生产大队是农村生产资料的所有者和农村经济核算的基本单位。生产小队向生产大队包产，生产大队将部分劳动力、土地、牲畜、农具固定分配给生产小队使用，并对小队实行包产、包干、包成本和超产奖励的"三包一奖"制度。"队为基础"的制度设计杜绝了生产资料和劳动力在公社内部大队与大队之间的平调。不过，经济核算单位和生产单位依旧存在偏差，农户的劳动与其经济结果依旧难以形成直接的联系。生产小队吃大锅饭，平均主义问题仍旧没有解决，依旧难以调动生产小队的积极性，农户生产监督性和积极性不高的问题依旧没有得到彻底解决。从粮食生产数据看，粮食的产量在持续下降，1960 年下降到 14 384.5 万吨，并持续下降到 1961 年的 13 650 万吨。

　　1962 年 2 月，中共中央发出《关于改变农村人民公社基本核算单位问题的指示》，把基本的核算单位从大队下放到生产小队。土地、耕畜、农具等都由生产小队管理。自此之后，生产小队既有生产管理权，又有分配决定权。生产和分配处于同一个层级，无疑有利于作出更加有效的生产决策。至此，人民公社内部形成了社、大队和生产队三级组织的形式。实现队为基础的核算单位后，大多数地方，土地从生产大队所有改为生产队集体所有。耕畜、农具等生产资料也明确规定归属生产队所有。经过这次调整，作为核算单位的生产队规模和 1956 年以前的初级农业生产合作社比较接近。1962 年的这次调整，农村经营制度进行了相应改变。"三级所有，队为基础"的农村经济体制，一直延续到了农村改革之前。此外，自留地的存在也是被允许的。1962 年《农村人民公社工作条例（修正草案）》规定，自留地一般占生产队耕地面积的百分之五到百分之七。自留地的存在有助于社员得到部分补充的生活资料，可以说在当时是十分必要的。

　　从实施"队为基础"模式到 1978 年，粮食产量在 16 年间增加了 97.37%，平均每年粮食产量增加了 6.09%，棉花产量从 1962 年的 75 万吨到 1978 年的 216.7 万吨，增长了 188.93%，将近 2 倍，年均增长率达 11.81%。油料产量从 200.3 万吨增加到 521.8 万吨，年均增长率达 10.03%。糖料从 1962 年的 378.2 万吨到 1978 年增长为 2 381.9 万吨，增长超过 5 倍，年均增长率达 33.11%。茶叶增长了 2.6 倍左右，年均增长率达 16.39%，水果年均增长率为 8.89%（表 6-3）。在实施"队为基础"的政策之后，包括粮食在内的各类重要农产品相对于 1957—1962 年有了明显的增长。劳动单位和核算单位统一之后，劳动和分配之间的关系更加密切，这有利于经营单位作出更加正确的决策。劳动单位的缩小也有利于对成员信息的识别以及成员之间相互监督。不过，更深入地分析，劳动的最基本单位是农户，甚至是个体劳动力，以生产队为核算层次，依然无法解决农户农业生产的自我激励和自我监督问题。从农户的层级看，劳动力仍然不具有生产的剩余索取权，这无疑加大了劳动力生产监督的难度，以量为标准的工分制容易演变出：无论是预期到别人是认真工作还是不认真工作,偷懒对于个人都是最优的选择。因此,从理论上难以完全杜绝搭便车的情况。因此,这个时期的农业生产水平实际上是较低的,容易受到外来负面影响(如气候冲击)而破坏制度的均衡。

表 6-3 "队为基础"下的农村经济

年份	粮食	棉花	油料	糖料	茶叶	水果
1961(万吨)	13 650	80	181.4	506.5	7.9	284.1
1962(万吨)	15 441	75	200.3	378.2	7.4	271.2
1978(万吨)	30 476.5	216.7	521.8	2 381.9	26.8	657.0
增长率(%)	97.37	188.93	160.5	529.80	262.16	142.26
年增长率(%)	6.09	11.81	10.03	33.11	16.39	8.89

资料来源:国家统计局国民经济综合统计司,2010。

(三)"家庭承包,统分结合"的双层经营体制

1978 年秋,安徽省遭遇历史罕见的特大旱灾,秋种无法进行,农民的生活异常困难。9 月,安徽省委研究决定,集体借给每个农民三分地种菜;对能够播种小麦的旱地,只要种上了就不计征购;利用荒岗湖滩种植粮油作物,谁种归谁。"包产到户"在农村迅速铺开。1978 年,实行包产到户的生产队达 1 200 个,次年又增加到了 38 000 个,约占全省生产队总数的 10%。全国范围内,生产队解散的速度也是非常迅速,1979 年,全国有 0.36% 的生产队解散,1980 年达 14.72%,1981 年增加了近 3 倍,达 42.47%,1982 年达 83.33%,1983 年达 93.91%,1984 年达 97.48%。在短短 5 年期间,除了部分地方,全国范围内基本实施了双包到户,即"包产到户"和"包干到户"。

1978 年,当各地开始陆续出现"包产到户"的现象之后,中央认为,当时农村集体经济是存在问题的,应当通过加强经营管理和落实按劳分配的原则进行解决。党的十一届三中全会通过了《中共中央关于加快发展若干问题的决定(草案)》,明确提出人民公社各级经济组织必须认真执行各尽所能,按劳分配,多劳多得,少劳少得,男女同工同酬的原则,加强定额管理,按照劳动力的数量和质量付给报酬,建立必要的奖励制度,坚决纠正平均主义。可以按定额记工分,可以按时长记工分加评议,也可以在生产队统一核算和分配的前提下,包工到作业组,联系产量计算劳动报酬,实行超产奖励。不许包产到户,不许分田单干。1979 年 4 月 3 日,中共文件提出,包产到户是指把主要作物生产的全部农活由个人承担,产量多少完全由个人负责。它失去了集体劳动和统一经营的好处,即使还承认集体对生产资料的所有权,承认集体统一核算和分配的必要性,但在统一经营方面与分田单干并无实质区别。搞了包产到户、分田单干的地方,要积极引导农民重新组织起来。可见,从政策文件看,1978 年,对于能否"包产到户"仍然是存在很大争议的。1979 年 9 月 28 日,《中共中央关于加快农业发展若干问题的决定(草案)》将"不许包产到户"的表述删除,只剩下"不许分田单干"。对于"包产到户"至少没有在政策上明确禁止。

1980 年 9 月 27 日,中共中央 75 号文件提出,在不同的地方、不同的社队,以至在同

一个生产队，都应该从实际需要和实际情况出发，允许有多种经营形式、多种劳动组织、多种计酬办法同时存在。75 号文件还指出，就全国而言，在社会主义工业、社会主义商业和集体农业占绝对优势的情况下，在生产队领导下实行的包产到户是依存于社会主义经济，而不是脱离社会主义轨道的，没有什么复辟资本主义的危险，因而并不可怕。"包产到户"不仅得到了政策的认可，还被正式命名为"家庭联产承包责任制"。

"包产到户"，顾名思义，即将农业生产责任落实到了农户层面，突破了以往的落实在生产队作业的局限性。"包产到户"虽然承包到农户，但是产品仍然由生产队统一支配，本质上是农户分户劳动，产品统一支配，集体统一核算、收入统一分配，生产队仍然是农业和农村的基本核算单位，农民并没有成为真正的经营主体。显然，"包产到户"解决了生产单位内部的"监督"问题，但是尚未解决上一级对下一级的"监督"问题，也未能很好地解决"激励"问题。

与"包产到户"不同，小岗村生产队开始了"大包干"，即"包干到户"。与全国大多数地方开始的"包产到户"不同，"包干到户"简单来说就是"交够国家的，留足集体的，剩下都是自己的"，即在土地为集体所有的情况下，农民拥有承包地的经营管理权，自主决定安排各项农业生产经营活动，农产品除向国家缴纳农业税、向集体缴纳积累和其他提留外，完全归承包者所有。按照后续学界的说法，"包干到户"赋予了农民"剩余索取权"，解决了集体对农民的监督以及农民的自我激励问题，且在完成国家或者集体的生产任务之后，农民也具有更大的生产决策权，无疑也更能调动农民的生产积极性。生产决策和劳动的农户内部化，又极好地解决了监督和搭便车的问题，且对于生产经营信息的获取也更加及时。

1982 年 1 月，《全国农村工作会议纪要》中明确指出，联产就需要承包，联产承包制的运用，可以适当地协调集体利益和个人利益，并使集体统一经营和劳动者自主经营两个积极性同时得到发挥，所以能普遍应用并受到群众的热烈欢迎；承包到组、到户、到劳力，只是体现劳动组织的规模大小，并不一定标志生产的进步与落后；包工、包产、包干，主要是体现劳动成果分配的不同方法；包干大多是"包交提留"，取消了工分分配，方便简单，群众欢迎。至此，"包干到户"在很多地方取代了"包产到户"成为农村主要的经营方式。

1982 年 12 月 4 日，第五届全国人民代表大会通过的《中华人民共和国宪法修正案》中，规定了城市的土地归国家所有，农村的土地归集体所有。1983 年中央一号文件明确提出，联产承包责任制是在党的领导下我国农民的伟大创造，是马克思主义农业合作社理论在我国实践中的新发展。1983 年 10 月 12 日，《关于实行政社分开建立乡政府的通知》废除了长达 25 年的人民公社政社合一的体制。中国农村"撤社建乡"，即撤销人民公社，建立由当地人民代表大会选举产生的乡级人民政府，并基本上以原人民公社时期的生产大队为规模，设立村民委员会，实行村民自治制度。

政策效果方面。1978—1984 年中国农村经济有了大幅发展，以粮食产量为例，除了1980 年，其他年份，粮食产量相对于前一年都是净增长的。1978 年粮食产量相对于 1977年增长了 7.8%，1979 年、1982 年和 1983 年粮食产量更是相对于前一年增长幅度在 9%以上。从粮食总产量看，粮食产量由 1978 年的 3.05 亿吨跃增到 1984 年的 4.07 亿吨，增长幅度超过 30%。

从人民公社生产队的统一经营、统一核算和统一分配到"包产到户"的农户分户经营，集体统一核算和分配，再到"包干到户"的农户分户经营，自负盈亏。这就是农村集体土地经营体制的变革过程。"包干到户"确立之后，以家庭承包经营为基础、统分结合的双层经营体制成为中国整个农村政策的基石。1991 年，《中共中央关于进一步加强农业和农村工作的决定》提出，把以家庭联产承包为主的责任制、统分结合的双层经营体制，作为我国乡村集体经济组织的一项基本制度长期稳定下来，并不断完善。1999 年 3 月，九届全国人大二次会议修订《宪法》规定，以家庭承包经营为基础、统分结合的双层经营体制是我国农村集体经济组织的基本经营体制，从而把农村基本经营制度写入我国的根本大法。《宪法》（2018 年修正）第一章第八条将上述内容修正为："农村集体经济组织实行家庭承包经营为基础、统分结合的双层经营体制。"

第二节　稳定和完善农村基本经营制度

一、现阶段中国农村基本经营制度面临的问题与挑战

农村改革之后，家庭经营过于分散、集体经济组织"统"的职能发挥不足等导致农民增收、农业增效的难度加大。21 世纪以来，工业化和城镇化引发农村劳动力持续流失的问题，加剧了农业兼业化、农民老龄化和农村空心化程度，影响了农业综合生产力的提高。

（一）农村土地制度限制了粮食生产和农业发展

①农村基本经营制度所隐含的公平基因，促使农地调整，进而导致了农地经营细碎化问题。2006 年第二次农业普查结果显示，我国农地经营面积不足 1 公顷的农户数量比重高达 92%。根据《全国农村固定观察点》的数据显示，2015 年全国户均经营地块数为 3.27 块，而年末户均经营耕地面积为 7.07 亩，这意味着每块地均面积约 3 亩，实际上，不足 1 亩的地块占比高达 56.57%。

②农村土地所有权界定不清，影响了土地利用效率，并诱发土地侵权问题。宪法规定，农村的土地除法律规定的，均属农民集体所有。而《中华人民共和国土地管理法》（简称《土地管理法》）规定，农村土地除了村集体和乡集体所有，其他土地由村内各农村集体经济组织或村民小组经营管理。因此，土地的所有权问题需要进一步明确。

（二）集体经济组织"统"的职能发挥不够

在"大包干"之后，农村的农业生产经营由各农户完成，集体在农业生产中所扮演的角色越来越单薄：①农村集体经济组织退出了生产环节，为农户提供的服务种类普遍较少。②在提供社会化服务方面，主要是以产前、产中为主，产后服务比较薄弱，难以满足农户的生产要求。③提供的社会化服务大多是自发性的，服务稳定性和市场化程度不够。④有计划向农户提供服务的集体经济组织不多。

（三）工业化城镇化加速给"三农"带来挑战

《中国农村政策与改革统计年报》数据显示：2020 年中国农村劳动力数量为57 489.9万人，其中从事第一产业的劳动力占比仅为 36.10%。早在 2018 年，第三次农业普查的数据

已经显示，在农业生产经营人员中，1980 年之前出生的人口占比达到 79.9%，其中，55 岁及以上人口占比为 33.6%。由此催生的农地抛荒的问题急需解决。有研究表明，南方丘陵地带的农地撂荒面积占比超过 15%，甚至 20%，也有研究者利用多个全球性和全国性卫星数据库 2000 年以来的时间序列数据分析发现，在中国所有农业区域中，约有 60% 的地区农地撂荒呈现上升趋势，其中包括华北平原、长江中下游平原等部分重要粮食主产区。农地撂荒现象的不断加剧越来越受到政府和社会各界的关注。因此，"谁来种地"以及农业的可持续经营成为各界不得不面对的问题。

(四) 土地承包经营权"长久不变"产生新问题

面对越来越复杂的农村社会环境，尤其是城镇化中非农转移的加剧，农村土地承包经营权的属性问题，成为一个亟须回答的问题。2008 年，党的十七届三中全会提出土地承包经营权"长久不变"。但是，由于种种原因，"长久不变"的提出又引发了一系列需要回答的问题：①第二轮承包时放弃承包土地的农户是否仍拥有相关的权利？②如何在已实行规模化经营的大城市郊区落实长久不变？③如何在工业化程度较高的村庄落实长久不变？④如何在长久不变的基础上解决"有地无人耕"和"有人无地耕"的现实矛盾？

(五) 农民土地流转需求旺盛引发新情况

20 世纪末，土地流转迅速兴起，尤其是在发达地区，农民的土地流转参与率不断提高。例如，2001 年年底，广东全省耕地流转面积占总耕地面积的 7.9%，其中，珠三角占比 18.74%。随着农地流转面积的逐渐增加，农民流转的究竟是何种权利成为讨论的焦点。流转的究竟是承包权、经营权还是承包经营权，流转后究竟会不会影响到自己在农村"分地"的权利？

上述问题给农村基本经营制度带来了多种阶段性挑战，意味着农村土地制度仍然需要不断进行完善。

二、稳定和完善农村基本经营制度

(一) 稳定和完善农村基本经营制度的重要意义

1991 年，《中共中央关于进一步加强农业和农村工作的决定》指出："以家庭联产承包为主的责任制、统分结合的双层经营体制，……是我国农民在党的领导下的伟大创造，是集体经济的自我完善和发展，绝不是解决温饱问题的权宜之计，一定要长期坚持，不能有任何的犹豫和动摇。"农村基本经营制度是党的农村政策的基石，坚持党的农村政策，首要的就是坚持农村基本经营制度。

稳定和完善农村基本经营制度，必须做到"三个坚持"，即坚持农村土地农民集体所有，坚持家庭经营基础性地位，坚持稳定土地承包关系。农村土地归农民集体所有，讲的是所有权的权属问题，是农村基本经营制度的"魂"，是农村最大的制度；家庭经营讲的是承包经营权的权属问题，是实施主体问题、实现方式问题，是农村基本经营制度的"根"；稳定承包关系从发展的角度，讲的是未来、是预期，是对农民权益的承诺和保障，是农村基本经营制度能否稳定的关键。

(二) 如何坚持和完善农村基本经营制度

完善土地"三权分置"制度——在依法保护集体土地所有权和农户承包权前提下，平等保护土地经营权，理顺"三权"关系；探索宅基地所有权、资格权、使用权"三权分置"，落实宅基地集体所有权、保障宅基地农户资格权和农民房屋财产权。

加快构建新型农业经营体系——推动家庭经营、集体经营、合作经营、企业经营共同发展。"三个适应"即土地经营权流转、集中、规模经营的度要与城镇化进程和农村劳动力转移规模相适应，要与农业科技进步和生产手段改进程度相适应，要与农业社会化服务水平提高相适应。

1. 保持土地承包关系稳定并长久不变

2008年10月12日，《中共中央关于推进农村改革若干重大问题的决定》指出，赋予农民更加充分而有保障的土地承包权，现有土地承包关系要保持稳定并长久不变，并提出加强农村土地承包规范管理，加快建立土地承包经营权登记制度。不过，对于"长久不变"的含义，究竟"长久"是多久，仍旧存在一定的模糊空间。2017年10月，党的十九大报告补充指出，巩固和完善农村基本经营制度，深化农村土地制度改革，完善承包地三权分置制度。保持土地承包关系稳定并长久不变，第二轮土地承包到期后再延长30年。

所谓"长久不变"有两个内涵。从字面意思理解，就是在第二轮承包"30年不变"，到期以后再延长30年，农民与集体之间的土地承包关系长期延续，相应的面积、地块除法律另有规定外仍然保持不变，农民对承包经营的耕地拥有的权利和承担的义务长久不变。长久不变的另外一层意思是我国农村基本制度的核心——家庭承包经营制度长久不变。

①进行农地确权，稳定农村土地承包关系。2009年中央一号文件提出，稳步开展土地承包经营权登记试点，把承包地块的面积、空间位置和权属证书落实到农户，即对农户的承包经营权进行四至确权。经过3~4年的试点，2013年中央一号文件对在全国范围开展农村土地确权登记颁证工作作出具体部署，要求用5年的时间完成该项工作。从2014年开始整省试点并逐步全面推开，历时5年在全国2 838个县（市、区）、3.4万个乡镇、55万多个行政村基本完成承包地确权登记颁证工作。2019年组织开展"回头看"，进一步巩固成果，将15亿亩承包地确权给2亿农户，并颁发土地承包经营权证书，取得显著成效。农地确权对于稳定承包经营关系起到了基础性的作用。

②赋予农民更加充分且有保障的土地承包经营权（"三权分置"）。2013年，习近平总书记明确提出，深化农村改革，完善农村基本经营制度，要好好研究农村土地所有权、承包权、经营权三者之间的关系。2014年1月，《关于全面深化农村改革加快推进农业现代化的若干意见》提出，稳定农村土地承包关系并保持长久不变，在坚持和完善最严格的耕地保护制度前提下，赋予农民对承包地占有、使用、收益、流转及承包经营权抵押担保权能。在落实农村土地集体所有权的基础上，稳定农户承包权、放活土地经营权，允许承包土地的经营权向金融机构抵押融资。2015年11月，《深化农村改革综合性实施方案》阐明，坚持和完善农村基本经营制度。把握好土地集体所有制和家庭承包经营的关系，现有农村土地承包关系保持稳定并长久不变，落实集体所有权，稳定农户承包权，放活土地经营权，实行"三权分置"。

2016年10月，《关于完善农村土地所有权承包权经营权分置办法的意见》要求，始终坚持农村土地集体所有制的根本地位，严格保护农户承包权，任何组织和个人都不能取代农民家庭的土地承包地位，都不能非法剥夺和限制农户的土地承包权，加快放活土地经营权，土地经营权人对流转土地依法享有在一定期限内占有、耕作并取得相应收益的权利。党的十九大报告进一步明确提出，"巩固和完善农村基本经营制度，深化农村土地制度改革，完善承包地'三权'分置制度，保持土地承包关系稳定并长久不变，第二轮土地承包到期后再延长三十年"。"三权分置"的提出实际上是为了应对城镇化背景下农地流转加快，流转对象逐渐复杂化以及经营主体多样化的新挑战。能够有效地保障农村集体经济组织和承包农户的合法权益，同时也更有利于现代农业发展。

2. 推进农村经营体制机制创新

党的十七届三中全会把推进农业经营体制机制创新，加快农业经营方式转变作为稳定和完善农村基本经营制度的重要内容，从"统"和"分"两个层次提出了"两个转变"：一是家庭经营要向采用先进科技和生产手段的方式转变，增加技术、资本等生产要素投入，着力提高集约化水平；二是统一经营要向发展农户联合与合作，形成多元化、多层次、多形式经营服务体系的方向转变。

①提高适度规模化经营水平，解决农地细碎化问题。通过鼓励农村土地，尤其是已经撂荒或者低效率的农村土地向种田能手集中，进一步连片经营，从而达到规模经营的目的。在部分细碎化较为严重的地方，村集体采用土地整合的方式将农户分散在不同地方的土地进行了合并，从而提高土地经营的规模。

②培育新型农业经营主体，解决"谁来种地"的问题。随着农村劳动力不断流失和老年化情况的加剧，受限于农户经营的"小农"特性，意味着需要培养各类专业的经营主体进入农业领域，重新组织农村的经营模式。

③建设农业社会化服务体系，解决统一经营程度不足问题。农业社会化服务体系是指与农业相关的经济组织，为满足农业生产发展的需要，为农业生产经营主体提供产前、产中、产后全过程综合配套服务而形成的网络体系。其中，与农业相关的社会经济组织包括政府公共服务体系、农村自发形成的农业合作经济组织、涉农企业，以及农业院校和科研院所等。构建有中国特色的农业社会化服务体系是加快推进农业农村现代化，实现小农户与现代农业有机衔接的必然要求。

3. 建立健全符合市场经济要求的集体经济运行机制

发展壮大新型农村集体经济，是引领农民实现共同富裕的重要途径。一方面，适应新时代健全社会主义市场经济体制新要求，从构建独立完善的法人治理结构出发，加快创新农村经济发展模式，真正确立新型农村集体经济组织的市场主体地位，保障集体经济的持续、稳定、健康发展；另一方面，深化农村产权交易市场改革，建立健全城乡统一的农村产权流转交易市场，充分挖掘和整合利用闲置和低效的集体资源资产，并吸纳社会资本、人才、技术等要素注入其中，鼓励与农户及农民合作组织、农业企业等进行股份合作，提高集体经济发展的内生动力。

三、农村基本经营制度与新型农业经营体系

面对新局势，如何不断完善土地经营制度仍然任重道远。近年来，相关政策进行了一些尝试。党的十八大提出了工业化、信息化、城镇化、农业现代化同步发展的要求，强调

发展多种形式规模经营，构建集约化、专业化、组织化、社会化相结合的新型农业经营体系。2013 年中央一号文件提出，充分发挥农村基本经营制度的优越性，着力构建集约化、专业化、组织化、社会化相结合的新型农业经营体系。这意味着，农村经济体制改革进入全面深化改革阶段。

2022 年中央一号文件提出，培育壮大新型农业经营主体，提升发展质量。实施新型农业经营主体提升行动，支持有条件的小农户成长为家庭农场，引导以家庭农场为成员组建农民合作社，引导推动农民合作社办公司发展。开展农民合作社质量提升整县推进试点，加强示范社和示范家庭农场建设。新型农业经营体系是在坚持农村基本经营制度的基础上，顺应农业农村发展形势的变化，通过自发或政府引导，形成的各类农产品生产、加工、销售和生产性服务主体及其关系的总和，是各种利益关系下的传统农户与新型农业经营主体的总称。新型农业经营体系是对以家庭承包经营为基础、统分结合的双层经营体制的继承和发展，是对"两个转变"的提炼和深化，是创新我国农业经营体制机制的最新理论成果（赵海，2013）。扶持新型经营主体与建立新型农业社会化服务体系是构建新型经营体系的两个方面，是对农村基本经营制度的完善。具体来说，新型经营主体包括新型职业农民、家庭农场、农民专业合作社、农业企业、农业社会化服务组织、农业产业化联合体等。

第三节 农村集体产权制度改革与集体经济发展

一、农村集体产权制度改革

"三权分置"的推进和新型经营体系的构建，是有效解决"谁来种地"问题的重要举措，且为农村集体经济的发展和壮大提供契机。然而，城乡人口互动频繁造成集体经济组织和农民集体不统一，导致集体所有权的成员集合发生变化（曲颂等，2022）。因此，部分地区村集体经济组织成员的构成日趋复杂，使成员产权虚置的弊端更加突出，导致了农民的收益边界模糊、分配标准缺乏，农民的合法权益容易受到侵犯（宋洪远等，2015）。推进农村集体产权制度改革，是完善农村基本经营制度的一个重要方面，同时也是壮大农村集体经济，增加农民财产性收益，保障农民权益，实现城乡共同富裕的重要抓手。

（一）相关概念

农村集体经济是集体成员利用集体所有的资源要素，通过合作与联合，实现共同发展的经济形态，是社会主义公有制经济的重要形式。农村集体经济产权是指农村集体经济组织对其所有的资产的占有、支配和收益的权利、义务和责任。

《中华人民共和国物权法》对集体的所有权性质做了新的概括，即集体经济组织成员——农民集体所有。要点：第一，不是这个组织所有，是组织的成员所有，所以集体产权制度改革要把产权明确到成员。第二，不是村里干部、少数人所有，尽管他们有些支配权和管理权，但从产权关系上讲，他们没有所有权。法律规定集体经济组织是行使集体产权关系的代表，集体经济组织代表成员对集体资产进行管理。

农村集体经济组织是指原人民公社、生产大队、生产队建制经过改革、改造、改组形成的经济组织(或经营实体)，包括公司、经济联合总社、经济联合社、经济合作社和股份合作经济联合总社、股份合作经济联合社、股份合作经济社等。农村集体经济组织在人民公社解体后，生产队一级组织仍按原规模延续下来，在改革开放后演变为村民委员会和村民小组。

农村集体资产是归农村集体经济组织所有的资产，是发展农村经济、凝聚组织成员、促进乡村振兴的重要物质基础。从组成看，我国农村集体经济组织资产主要包括 3 部分，分别是资源型资产、公益性资产和经营性资产。

(二)农村集体产权制度改革的背景与内容

目前，农村集体经济组织面临着诸多问题。一是大多数的集体经济组织缺乏经济实力。《农村政策与改革统计数据》显示，2019 年全国村集体经济组织有 554 376 个，而其中没有任何经营收益的村庄为 159 596 个，占比达 28.8%。另外，有经营收入但年经营性收入在 5 万元以下的村庄占比达 28.9%。两者加总为 57.7%。二是增强农村集体经济发展活力的迫切需要：各类账面资产数额庞大，但集体资产产权归属不清晰、权责不明确、保护不严格、流转不顺畅等问题越来越突出。最突出的问题在于社会人口快速流动下，农村本地人口大规模减少，另外部分存在外来人口越来越复杂的问题。因此，有必要厘清农村经济资产的权属问题。三是部分集体村改居之后，集体经济组织资产也面临着管理和收益的分配问题。

农村集体产权制度改革的目标在于：逐步构建归属清晰、权能完整、流转顺畅、保护严格的中国特色社会主义农村集体产权制度，保护和发展农民作为农村集体经济组织成员的合法权益。一是清产核资。进行农村集体经济改革的前提必须是把集体资产的基本状况搞清楚，各个村庄究竟有多少集体资产。2016 年 12 月，《中共中央 国务院关于稳步推进农村集体产权制度改革的意见》明确提出，要全面加强农村资产管理，一是对现有的资产进行清产核资。二是核定组织成员身份。厘清集体资产的权属关系，关键在于界定谁有权利拥有和支配农村的集体资产，能够在集体资产中享益，才能够把集体资产的收益分配权落实到每一个成员的头上。三是确认权利结构，逐步构建归属清晰、权能完整、流转顺畅、保护严格的中国特色社会主义农村集体产权制度，保护和发展农民作为农村集体经济组织成员的合法权益。四是确认成员的权利，落实农民的土地承包权、宅基地使用权、集体收益分配权和对集体经济活动的民主管理权利，形成有效维护农村集体经济组织成员权利的治理体系。五是制定对"三资"管理的监管规则和章程(陈锡文等，2018)。

具体操作上，根据资产的不同，采取不同的操作方法。

①经营性资产。股份量化、确权到户，积极发展多种形式的股份合作，明确集体经济组织的市场地位，加强集体资产运行管理监督，落实集体收益分配机制。

②非经营性资产。在清产核资基础上，建立健全台账管理制度，探索实行集体统一运行的管护机制，确保其更好地为集体经济组织成员提供公益性服务。

③资源性资产。落实法律法规政策，健全完善登记制度，巩固已有确权成果。对于未承包到户的集体资源性资产，要摸清底数，明确权属，按已有部署继续开展相关确权登记颁证工作。

二、农村新型集体经济发展的典型模式

中共中央、国务院印发的《乡村振兴战略规划(2018—2022年)》把发展新型农村集体经济作为建立现代农业经营体系的重要环节。各地经过实践,探索出发展农村集体经济的不同模式。

①成立新型经营主体为农业服务,发展壮大集体经济。即以农业为核心,集体通过整合资源,成立农业服务主体,通过为农民服务的方式,获得集体收入。山西省长治市屯留区驼坊村村集体通过入股农机专业合作社,为周边农户提供生产托管服务,据统计,2020年为4 000多户农民提供生产托管服务,负责1.3万多亩玉米、6 000多亩蔬菜生产,为村集体增收近5万元。

②集体经济联合,资金入股,借助企业实现集体经济发展。2017年,重庆市梁平区福和社区以村集体经济发展资金100万元入股,与重庆某农业开发有限公司合作经营生姜产业、修建深加工基地和标准冷冻保鲜库,年利润达20万元,社区每年分红6万元,农民收入增加100万元。

③盘活闲置资产,发展集体经济。将农村闲置的集体资产,尤其是宅基地和闲置的建设用地盘活,进行租赁或者发展农村特色产业,实现集体经济增收。四川省资阳市雁江区晏家坝村通过效盘活废旧房屋和闲置宅基地100余户116宗,引进56家业主,发展18家民宿、13家餐饮、9家电子商务,促使集体经济发展壮大。

④农村集体经济"抱团发展",通过将薄弱的集体经济联合起来发展带动村集体的经济发展。例如,平湖·青田山海协作"飞地"产业园,一期项目由青田265个经济薄弱村共同出资成立青田县强村联合投资发展股份有限公司,抱团到平湖投资建设3幢高标准厂房。2018年以来,产业园一期项目青田县有265个经济薄弱村集资入股,每年返固定收益回报1 620万元,截至目前已累计返还3 100万元,村年均增收7.4万元,1万余户低收入家庭户均年增收1 600多元。

思考题

一、名词解释

中国农村基本经营制度　新型经营体系　农村集体经济

二、思考与论述

1. 简述中国农村基本经营制度的演进历程。

2. 为什么要继续稳定和完善中国农村基本经营制度?如何完善?

3. 什么是新型经营体系?它涵盖哪些新型经营主体?

4. 农村集体产权制度改革的目标是什么?

案例分析

第七章

农业土地政策

【学习目标】

1. 了解农业土地政策的概念和目标。
2. 理解中国农业土地制度的变迁历程。
3. 熟悉中国农业土地流转政策的主要内容。
4. 熟悉中国农业土地保护的必要性和相关政策。

第一节　农业土地政策概述

一、农业土地政策及其相关概念

从广义上看，农用地是指直接用于农业生产的土地，包括耕地、林地、草地、农田水利用地、养殖水面等。根据《土地利用现状分类》(GB/T 21010—2017)可以将全国农用地分为耕地、园地、林地、草地、其他农业用地(如设施农用地、田坎和晒谷场、畜禽饲养地、坑塘水面、养殖水面等)等。狭义的农业土地特指耕地。本章探讨的农业土地政策主要针对狭义的农业土地，即耕地。

农业土地政策是指农业土地政策主体(主要是政府)为了实现农业土地利用目标，完成农业土地管理任务而制定、实施的协调人与土地之间关系的一系列准则、计划或规定。土地政策主要包括土地权属政策和土地利用政策两种类型。其中，土地权属政策是基础，主要为了界定谁具有使用土地的权利，即农业土地使用权的所属问题，基本目的在于保证农村集体成员具有公平使用集体土地的权利。土地利用政策的基本作用在于：保证农户对土地稳定的使用权，形成产权预期，激励农户对土地的长期投资，提高土地的生产力；界定土地使用法则，降低交易费用，保证土地市场的顺利运行和其他分配机制的推行，包括有效的土地产权制度和有效的土地流转市场体系，如土地产权登记、产权证发放、土地所有权和使用权交易的确定等。

二、农业土地政策的目标

土地政策的出台主要是为了达到以下两个目标：

①社会公正与扶贫。以公平为原则，保证集体每个成员都平等地享有土地的承包经营权，使农民能获得足以维持最低生活水平的土地面积。

②经济效率。鼓励把土地分配给目前能获得最大经济效益的用途，同时鼓励土地资源进行适当的经营和投资，以长期保持和提高生产力。形成农地流转市场，以使农地使用权发挥最大的效率。

第二节　中国农业土地制度的变迁历程

一、家庭联产承包责任制的确立

新中国成立以来我国农村土地制度经历了几种不同的形态。其中，1949—1955年，农户拥有土地的所有权。1956—1978年是集体所有权，即所谓的三级所有（郑淋仪等，2019）。而从改革开放之后，我国农村土地实行的农业土地政策是家庭承包经营制，即在坚持农村土地集体所有的前提下，按人口、劳动力或人劳结合将集体土地所有权和使用权分离，把土地平均分包给农户独立经营。农户作为农业生产的基本单位，拥有经营自主权，同时实行包干分配。

家庭联产承包制的确立是不断探索的结果。实际上，《中共中央关于加快农业发展若干问题的决定（草案）》和《农村人民公社工作条例（试行草案）》都明确规定了不许包产到户，不许分田单干。1979年9月28日，《关于加快农业发展若干问题的决定》规定，不许分田单干，除某些副业生产的特殊需要和边远山区、交通不便的单家独户，也不要包产到户。

1980年初，《全国农村人民公社经营管理会议纪要》提出，至于极少数集体经济长期办得很不好、群众生活很困难，自发包产到户的，应当热情帮助搞好生产，积极引导他们努力保持、并且逐渐增加统一经营的因素，不要硬性扭转，与群众对立，搞得既没有社会主义积极性，也没有个体积极性，生产反而下降。更不可搞批判斗争。

1980年9月27日，《关于进一步加强和完善农业生产责任制的几个问题》提出，对于包产到户应当区别不同地区、不同社队采取不同的方针；在那些边远山区和贫困落后的地区，要求包产到户的，应当支持群众的要求，可以包产到户，也可以包干到户，并在一个较长的时间内保持稳定；已经实行包产到户的，如果群众不要求改变，就应允许继续实行。短短几年后，两个"不许"就被彻底废除了，并以此为序幕掀开了举世瞩目的农村改革。

1982年1月1日，《全国农村工作会议纪要》指出，目前实行的各种责任制，包括小段包工定额计酬，专业承包联产计酬，联产到劳，包产到户、到组，包干到户、到组，等等，都是社会主义集体经济的生产责任制。不论采取什么形式，只要群众不要求改变，就不要变动，并宣布责任制"长期不变"。从1983年到1986年，中共中央又接连发出4个一号文件，一再肯定包产到户政策长期不变。到 1983 年年底，全国 1.75 亿农户实行了包干到户，占农户总数的 94.5%。1983 年中央一号文件明确提出，联产承包责任制。这是在党的领导下我国农民的伟大创造，是马克思主义农业合作社理论在我国实践中的新发展。以家庭承包经营为基础、统分结合的双层经营体制成为中国整个农村政策的基石。

随着家庭联产承包责任制的确立，农村土地制度改革也取得了显著的成效。人均粮食产量以平均每年增长 25.7 斤的速度上升，结束了 1956 年集体化以后 22 年徘徊在亩产 600 斤左右的状况，在 1984 年接近 800 斤。从粮食总产量看，粮食产量从 1978 年的 3.05 亿吨一跃增长到 1984 年的 4.07 亿吨。增长幅度超过 30%。奠定了解决温饱、走向小康的重要基础。

实际上，1962—1978 年，中国农业年均增长率为 2%，并不落后于同时期的其他发展中国家。但是，这一期间粮食的增长主要源于要素投入的增加。1953—1978 年，每亩水稻生产的劳动投入平均天数从 250 天上升到 421 天。而 1978—1985 年，劳动的投入实际上是下降的，平均每亩水稻生产的劳动投入天数下降到 328 天，但粮食产量却有了大幅提高，这说明此间粮食产量增长可能源自制度的变化（Naughton，2007）。通过对中国农业在改革初期的超常规增长的分解可以发现，家庭承包制度改革对农业增长的贡献为 42%，农产品提价的贡献为 15%，常规趋势 30%，其他因素的贡献 13%，因此，从生产队体制向家庭责任制的转变，是 1978—1984 年农业产出增长的主要源泉（蔡昉等，2003）。

二、强化土地权属：从承包权到用益物权

在稳定农民对于制度预期方面，1998 年，《中华人民共和国土地管理法》规定从 1999 年开始，发包方和承包方应当订立承包合同，约定双方的权利和义务。承包经营土地的农民有保护和按照承包合同约定的用途合理利用土地的义务。农民的土地承包经营权受法律保护。

不过，到目前为止，农户的土地承包经营权究竟属于何种权利仍然存在争议。在"包干到户"之前，农村集体经济组织实行统一核算、统一分配下的家庭经营，农户并不是独立的经营个体，只是组织中一个劳动个体。即使到了"包产到户"，农户也只是完成集体任务中的一个作业层次。但是，在"包干到户"之后，农户属于一个单独的核算个体，农户从集体中获得承包经营权究竟是属于什么性质就非常重要，否则不利于后续法律的制定。在家庭联产承包制初期，普遍认为承包经营权属于农户对自己租赁土地的经营权利，是一种租赁行为。而当时也把这种行为称为发包，土地承包关系需要发包方和承包方通过签订合同的方式确定。

为了完善和保护农民的承包经营权，2003 年 11 月，《中华人民共和国农村土地承包经营权证管理办法》明确规定，承包方依法取得农村土地承包经营权后，应颁发农村土地承包经营权证予以确认，强调农村土地承包经营权证只限承包方使用，承包期内不得调整承包地。从承包合同再到承包经营权证书的颁发，从法律层面上，更加明确农户的承包经营权并不是和集体的租赁关系。《中华人民共和国农村土地承包法》（简称《农村土地承包法》）明确对关于土地的承包主体、承包期限、发包方和承包方的权利和义务，承包的原则和程序、承包合同一般应包括的条款等，都有明确的法律规定。不过，承包经营权究竟是属于何种权利，此时尚未有法律明确规定。2006 年取消农业税之后，农户对于集体不存在

"包产"也不存在"包干"的义务，也就是各承包户既不需要向国家交纳农业税，不需要交售合同定购产品以及向集体上交公积金、公益金等公共提留，也不需要完成集体交给自己的生产任务。因此，对于农户所拥有的承包经营权需要进一步解读。2007 年 3 月，《中华人民共和国物权法》(简称《物权法》)明确将土地承包经营权界定为用益物权。《物权法》还规定，农民集体所有的不动产和动产，属于本集体成员集体所有。根据《农村土地承包法》和《物权法》的规定，显然承包经营权并不是发包方和承包方之间通过市场原则协商谈判而获得的租赁关系，而是由国家法律规定的权利。因此，农民的承包经营权是受到国家法律保护的。

从《土地管理法》和《农村土地承包法》开始，政策层面便要求给予农民承包法法律凭证，包括土地承包合同和土地经营权证书。但是在实际操作中，并没有得到贯彻。叶剑平等人的调研发现，2008 年约有 56.4% 的农户并没有得到土地承包合同，约有 52.3% 的农户没有得到土地经营权证书。并且有超过三分之一农户对 30 年不变政策并不了解。2009 年中央一号文件提出，稳步开展土地承包经营权登记试点，把承包地块的面积、空间位置和权属证书落实到农户。2013 年中央一号文件对在全国范围开展农村土地确权登记颁证工作出具体部署，要求用 5 年的时间完成该项工作。到 2020 年，全国县基本完成承包地确权登记颁证工作。

三、稳定预期：承包期的不断延长

家庭联产承包制成立之初，农村土地往往 2~3 年就要重新分配，这严重影响了农户对于农业耕作的长期规划，也影响了农民对政策的信心，不利于农户进行长期的农地投资。

1984 年中央一号文件明确规定，土地承包制一般应在 15 年以上。在延长承包期以前群众有调整土地要求的，可以本着"大稳定、小调整"的原则，经过充分商量，由集体统一调整。对于承包期 15 年不变存在以下几个作用：①这是第一次以中央的身份规定了农村土地承包的承包期限，相当于中央从政策上承认了家庭联产承包制，在政策上将这一制度稳定下来，也能够强化农民对政策的信心，稳定农民对制度的预期。②通过"大稳定，小调整"的强调，有利于提高农民对于产权的长期预期，从而有利于提高农民对土地进行投资的积极性。1987 年《把农村改革引向深入》强调，要进一步稳定土地承包关系。只要承包户按合同经营，在规定的承包期内不要变动，合同期满后，农户仍可连续承包。已经形成一定规模、实现了集约经营并切实增产的，可以根据承包者的要求，签订更长期的承包合同。

考虑到 20 世纪 90 年代中期部分率先实行"15 年不变"的地区承包期马上就要到期。在承包期到期之后怎么办？成为一个现实的问题。因此，1993 年 11 月《关于当前农业和农村经济发展若干政策措施》针对承包期即将到期的情况，要求为了稳定土地承包关系，鼓励农民增加收入，提高土地的生产率，在原定的承包期到期后，再延长 30 年不变；开垦荒地、营造林地、治沙改土等从事开放性生产的，承包期可以更长。为避免承包耕地的频繁变动，防止耕地经营规模不断被细分，提倡在承包期内实行"增人不增地，减人不减地"的办法。同时，由于到了 90 年代，农村劳动力开始大量流向城市，针对劳动力流动之后农村土地的问题，文件规定在坚持土地集体所有和不改变土地用途的前提下，经过发包方同意，允许土地使用权依法有偿转让。

稳定家庭承包经营，核心是稳定土地承包关系。但是中国农村土地调整的情况是时有发生的，对全国的抽样调查发现，从分户到田到 2008 年，经历过农地调整次数的中位数为 2 次，有 14.8% 是超过 4 次的(叶剑平等，2006)。因此，在《农村土地承包法》起草之时，关于农地调整的问题再一次被提出来，并在 2002 年被写进了《农村土地承包法》。2002 年 8 月 29 日，《农村土地承包法》总则第一则规定，为稳定和完善以家庭承包经营为基础、统分结合的双层经营体制，赋予农民长期而有保障的土地使用权，维护农村土地承包当事人合法权益，促进农业、农村经济发展和农村社会稳定，根据宪法，制定本法；并作了耕地承包期为 30 年，承包期内发包方不得收回承包地等明确的规定。

2008 年 10 月 12 日，《中共中央关于推进农村改革若干重大问题的决定》指出，赋予农民更加充分而有保障的土地承包权，现有土地承包关系要保持稳定并长久不变。2017 年 10 月，党的十九大报告明确提出，巩固和完善农村基本经营制度，深化农村土地制度改革，完善承包地三权分置制度。保持土地承包关系稳定并长久不变，第二轮土地承包到期后再延长 30 年。

四、拓宽权利：农地自主经营

分田到户初期，由于农户还需要完成集体交给的生产任务，因此，农民农地自主经营决策权较小。1982 年中央一号文件规定，为了保证土地所有权和经营权的协调与统一，社员承包的土地，必须依照合同规定，在集体统一计划安排下，从事生产；集体所有的耕地、园地、林地、草地、水面、滩涂以及荒山、荒地等的使用，必须服从集体的统一规划和安排，任何单位和个人一律不准私自占有。1983 年中央一号文件进一步规定，人民公社原来的基本核算单位(即生产队或大队)，在实行联产承包以后，有的以统一经营为主，有的以分户经营为主。它们仍然是劳动群众集体所有制的合作经济。它们的管理机构必须按照国家计划指导安排某些生产项目，保证完成交售任务，管理集体的土地等基本生产资料和其他公共财产，为社员提供各种服务。1984 年中央一号文件规定，为了引导农民有计划地进行生产，农副产品统派购任务必须落实到生产单位，一定几年不变；大宗的三类产品和其他计划外产品，也要在安排生产之前与农民签订合同。1985 年中央一号文件规定，任何单位都不得再向农民下达指令性生产计划。1985 年之后逐步取消统购统销制度。2002 年，《农村土地承包法》特别强调，尊重承包方的生产经营自主权，不得干涉承包方依法进行正常的生产经营活动。因此，在家庭联产承包制确立之初，农民是没有自主的生产计划权利的，直到 80 年代中期以后，农民才逐步获得了独立的生产经营自主权(黄季焜等，2012)。

第三节　农业土地流转政策

在家庭联产承包责任制确立之初，农地流转是被严格限制的。如 1982 年一号文件明确指出，社员承包的土地，不准买卖，不准出租，不准转让，不准荒废，否则，集体有权收回；社员无力经营或转营他业时应退还集体。1982 年我国宪法修订版本规定，任何组织和个人不得侵占、买卖、出租或者以其他形式非法转让土地。

随着经济社会的发展，人口流动加快使耕地流转成为必然的需求。1984—1992年，政府开始鼓励土地使用权的流转。1984年中央一号文件提出，鼓励耕地逐步向种田能手集中，社员在承包期内，因无力耕种或转营他业而要求不包或少包土地的，可以将土地交给集体统一安排，也可以经集体同意，由社员自找对象协商转包，但不能擅自改变向集体承包合同的内容。转包条件可以根据当地情况，由双方商定。但同时规定，自留地、承包地均不准买卖，不准出租，不准转作宅基地和其他非农业用地。1986年《关于一九八六年农村工作的部署》强调，鼓励耕地向种田能手集中，发展适度规模的种植专业户。1988年，《宪法》第十条第四款修正为："任何组织或者个人不得侵占、买卖或以其他形式非法转让土地。土地使用权可以依照法律的规定转让。"

1993—2001年，允许农民依法、自愿、有偿流转土地使用权，但只进行了原则性的规定。1993年11月，《关于当前农业和农村经济发展的若干政策措施》规定，在坚持土地集体所有和不改变土地用途的前提下，经发包方同意，允许土地的使用权依法有偿流转。1998年，《土地管理法》规定，土地使用权可以依法转让，但是对农地使用权转让的范围进行了一定的规定，如在转让给村集体以外的单位或者个体的，必须经村民会议三分之二以上成员或者三分之二以上村民代表同意，并报乡（镇）人民政府批准。2001年，《关于做好农户承包地使用权流转工作的通知》规定，在承包期内，农户对承包地的土地有自主的使用权、收益权和流转权，有权依法自主决定承包地是否流转和流转的形式。

2002年之后，国家对于农地流转的具体内容进行了详细的规定，包括权利义务、流转方式和流转收益的归属等。2002年，《农村土地承包法》明确允许通过家庭承包取得的土地承包经营权可以依法采取转包、出租、互换、转让或者其他方式流转，平等协商、自愿、有偿，任何组织和个人不得强迫或者阻止承包方进行土地承包经营权流转。2003年，《关于完善社会主义市场经济体制若干问题的决定》再次强调，农户在承包期内可依法、自愿、有偿流转土地承包经营权，完善流转办法，逐步发展适度规模经营。2005年，农业部专门出台《农村土地承包经营权流转管理办法》。2007年，《物权法》规定，土地承包经营权人依照农村土地承包法的规定，有权将土地承包经营权采取转包、互换、转让等方式流转。流转的期限不得超过承包期的剩余期限。未经依法批准，不得将承包地用于非农建设。2008年，《关于切实加强农业基础建设进一步促进农业发展农民增收若干意见》强调，按照依法自愿有偿原则，健全土地承包经营权流转市场。农村土地承包合同管理部门要加强土地流转中介服务，完善土地流转合同登记、备案等制度，在有条件的地方培育发展多种形式适度规模经营的市场环境。

随后，多年的中央一号文件对农地流转相关政策不断进行完善，并强调了通过农地流转促进农业的规模化经营（罗必良等，2018）。如2010年中央一号文件强调，健全流转市场，在依法自愿有偿流转的基础上发展多种形式的适度规模经营。着力提高农业生产经营组织化程度。2012年中央一号文件指出，引导土地承包经营权流转，发展多种形式的适度规模经营，促进农业生产经营模式创新。培育和支持新型农业社会化服务组织。2013年中央一号文件指出，引导农村土地承包经营权有序流转，鼓励和支持承包土地向专业大户、家庭农场、农民合作社流转，发展多种形式的适度规模经营。2014年中央一号文件提出，创新土地流转和规模经营方式，积极发展多种形式适度规模经营，提高农民组织化程度。

2017 年中央一号文件指出，加快发展土地流转型、服务带动型等多种形式规模经营。

经过多年政策努力，农地流转市场有了进一步的发育。农地流转率从 2006 年的 4.57% 增长到 2019 年的 35.9%。其中，出租和转包的占大多数，2019 年通过出租和转包的方式流转占比超过 80%，其中，有接近 10% 的比例是流转给本乡（镇）以外的人，农地流转半径在逐渐扩大。在流转去向方面，2019 年有 56.18% 是流转给普通农户，剩余部分则是流转给专业合作社、农业企业以及其他经营主体，说明在流转对象选择方面更加多样化，尤其是不少土地向新型经营主体集中，这无疑有利于农业适度规模经营目标的实现，且有 65.61% 的农地流转面积是签订了流转合同，说明农地流转越来越正式化。但是在农地流转加快的同时，也存在一些不可忽视的情况。例如，农地流转后用于粮食种植的面积为 295 045 386 亩，约占全部流转面积（554 980 363 亩）的 53.16%，这意味着有超过一半的农地流转并不是用于粮食种植，农地流转存在非粮化的风险。另外，农地流转的增加也导致了农地流转所产生的纠纷随之增加，2006 年农地纠纷的数量为 203 779 宗，到了 2019 年则增加到了 277 299 宗。

第四节　耕地保护政策

耕地是人们赖以生存的基本资源，是保障我国粮食安全的基础。我国国土面积辽阔，但是可耕地面积较少。同时，我国人口众多，是一个人地关系极度紧张的国家。我国以不足全球 9% 的耕地，生产了世界 1/4 的粮食，养活了全球约 1/5 的人口。按照《第三次全国国土调查主要数据公报》的数据计算，2021 年全国耕地面积为 191 792.79 万亩，人均耕地面积仅为 1.37 亩。其中，水田占比仅为 24.55%，水浇地面积占比为 25.12%，旱地占比超过一半，达 50.33%。位于一年三熟地区的耕地占比为 14.73%，位于一年两熟地区的耕地占比为 37.40%，位于一年一熟地区的耕地面积占比为 47.87%。《2016 中国国土资源公报》数据显示，2015 年通过土地整治、农业结构调整等增加耕地面积 24.23 万公顷，但是同年，因建设占用、灾毁、生态退耕、农业结构调整等原因减少耕地面积 30.17 万公顷。按照从优到差将耕地分为 15 个等级，2015 年优等地（得分在 1~4 的耕地）面积为 397.38 万公顷，仅占比 2.9%，高等地占比为 26.5%，中等地及以下耕地的占比超过 70%。全国集中连片、具有一定规模的耕地后备资源现仅有约 8 000 万亩。我国耕地存在耕地资源少，优质资源少以及后备耕地资源少的特点。耕地保护的压力依旧非常大。实际上，自新中国成立以来，保护耕地一直是我国农业政策的重点。

一、改革开放前的耕地保护政策

新中国成立之后，我国非常注重对耕地的保护。例如，1958 年 12 月，《关于人民公社若干问题的决议》第三部分就明确提出，应当争取在若干年内，根据地方条件，把现有农作物的耕地面积逐步缩减到 1/3 左右，而其余的一部分土地实行轮休，种牧草、肥田草，另一部分土地植树造林，挖湖蓄水。这样做，可在农田上大大省水，省肥，省人力，而且将大大增加土壤的肥力。1962 年 9 月，《农村人民公社工作条例修正草案》对于基本建设占用耕地的情况进行了明确的规定，生产队所有的土地，不经过县级以上人民委员会的审查和批准，任何单位和个人都不得占用。要爱惜耕地。基本建设必须尽可能地不占用或者少占用耕地。

二、改革开放以来的耕地保护政策

改革开放以来，随着城市化的发展，对于非农用地的需求剧增；随着居民收入水平的提高，对于住宅的需求也在增加。此外，化肥农药的大量使用在提高产量的同时也不可避免地降低了土地的质量。保护耕地所面临的挑战更加严峻，仅 1985 年耕地减少的面积就达到 100.8 万公顷，相当于 22 个中等县的耕地面积。

（一）耕地保护概念的提出

1978 年，随着家庭联产承包制的确立，农民的收入有了一定的提高。此时，耕地保护面临的主要挑战是农民建房需求的显著增长，导致耕地被侵占的现象日益突出。1981 年，《关于制止农村建房侵占耕地的紧急通知》强调搞好建房规划，尽量不占耕地。1982 年政府工作报告将滥占耕地建房看作农村"两股歪风"之一。不过，在 1981 年之前，并没有出台新的耕地保护专门措施，但由于此时农业生产的增长速度较快，占用耕地的问题所导致的后果并没有表现得特别突出。1982 年，农业部成立土地管理局，专门负责农村土地管理。

（二）土地用途管制

改革开放以来，随着非农产业的发展，对于建设用地的需求剧增，土地出让收益成为各地政府财政收入的重要部分，乡镇企业的"以地兴企"和地方政府的"以地生财"带来了全国第二轮征地高峰（刘丹等，2018）。因此，有必要探索和完善土地使用的制度，建立保护耕地的法律法规。1986 年，《土地管理法》出台意味着我国耕地保护进入了法治化、体系化阶段。《土地管理法》将土地细分为农用地、建设用地和未利用地三类，并制定了土地用途管制制度。《土地管理法》对各级政府使用耕地的行为都进行了明确的规定，如第三条（各级人民政府必须贯彻执行十分珍惜和合理利用每寸土地，切实保护耕地的方针，全面规划，加强管理，保护、开发土地资源，制止乱占耕地和滥用土地的行为）和第二十条[国家建设和乡（镇）村建设必须节约使用土地，可以利用荒地，不得占用耕地；可以利用劣地的，不得占用好地]。对于农民自建住宅的，如果使用耕地，需要经过县级政府审批，农村居民建住宅，应当使用原有的宅基地和村内空闲地。使用耕地的，经乡级人民政府审核后，报县级人民政府批准；使用原有的宅基地、村内空闲地和其他土地的，由乡级人民政府批准。农用地转为建设用地，我国实行两级审批制度，也就是国务院和省级人民政府审批制度。国家建设征用土地，建设单位必须持国务院主管部门或者县级以上地方人民政府按照国家基本建设程序批准的设计任务书或者其他批准文件，向县级以上地方人民政府土地管理部门提出申请，经县级以上人民政府审查批准后，由土地管理部门划拨土地。

（三）基本农田保护

1994 年 7 月，《基本农田保护条例》对基本农田进行定义，基本农田是指根据一定时期人口和国民经济对农产品的需求以及对建设用地的预测而确定的长期不得占用和基本农田保护区规划期内不得占用的耕地。该条例对于如何划定基本农田保护区进行了规定，主要包括国务院有关主管部门和县级以上地方人民政府批准确定的粮、棉、油和名、优、特新农产品生产基地；高产、稳产田和有良好的水利与水土保持设施的耕地以及经过治理、改造和正在实施改造计划的中低产田；大中城市蔬菜生产基地；农业科研、教学试验田。该条例严禁对基本农田进行占用，明确规定基本农田保护区一经划定，任何单位和个人不得擅自改变或者占用。如国家重点项目确实绕不开基本农田的，则必须依照《土地管理法》规定的审批程序和审批权限向县级以上人民政府土地管理部门提出申请，经同级农业行政主管部门签署意见后，报县级以上人民政府批准。设立开发区，不得占用基本农田保护区内的耕地。该条例还规定，一切单位和个人都有保护基本农田的义务，并有权对侵占、破坏基本农田以及其他违反本条例的行为进行检举、控告。该条例还强调了政府的监督责任，规定县级以上地方各级人民政府应当将基本农田保护工作纳入国民经济和社会发展计划，作为政府领导任期目标责任制的重要内容，由上一级人民政府监督实施。为了更好地从法律层面保护耕地，1997 年 3 月，对刑法进行修订时增设了破坏耕地罪、非法批地罪和非法转让土地罪 3 项罪名。

2008 年，党的十七届三中全会提出"永久基本农田"相关概念。永久基本农田即无论什么情况下都不能改变其用途，不得以任何方式挪作它用的基本农田。2019 年，《关于加强和改进永久基本农田保护工作的通知》规定，坚守土地公有制性质不改变、耕地红线不突破、粮食生产能力不降低、农民利益不受损四条底线，永久基本农田一经划定，要纳入国土空间规划，任何单位和个人不得擅自占用或改变用途。2019 年，《土地管理法》明确指出，国家实行永久基本农田保护制度。

(四) 耕地占补平衡

自 1999 年开始实行的《土地管理法》规定，国家实行占用耕地补偿制度。耕地占补平衡是指非农业建设经批准占用耕地的，按照"占多少，垦多少"的原则，由占用耕地的单位负责开垦与所占用耕地的数量和质量相当的耕地；如果没有条件开垦或者开垦的耕地不符合要求，则应当按照省、自治区、直辖市的规定缴纳耕地开垦费，专款用于开垦新的耕地。《土地管理法》还规定辖区内的耕地数量应当不变，自治区、直辖市人民政府应当严格执行土地利用总体规划和土地利用年度计划，采取措施，确保本行政区域内耕地总量不减少；耕地总量减少的，由国务院责令在规定期限内组织开垦与所减少耕地的数量与质量相当的耕地，并由国务院土地行政主管部门会同农业行政主管部门验收。2018 年，《跨省域补充耕地国家统筹管理办法》规定，耕地后备资源严重匮乏的直辖市，占用耕地、新开垦耕地不足以补充所占耕地，或者资源环境条件严重约束、补充耕地能力严重不足的省，由于实施重大建设项目造成补充耕地缺口，经国务院批准，在耕地后备资源丰富省份落实补充耕地任务的行为。

(五) 设定耕地保护目标

1994 年，《关于贯彻实施〈中国 21 世纪议程〉的通知》提出保护耕地资源，控制建设占用耕地，2000 年耕地保有量不少于 1.22 亿公顷的目标。《全国土地利用总体规划纲要(1996—2010)》提出，耕地面积保持平衡，到 2000 年耕地总面积保持在 12 933 万公顷(19.40 亿亩)以上；到 2010 年耕地总面积保持在 12 801 万公顷(19.2 亿亩)以上。2006

年，《国民经济和社会发展第十一个五年规划纲要》明确提出，18 亿亩耕地是具有法律约束力的指标，是不可逾越的一道红线。2008 年，《关于推进农村改革发展若干重大问题的决定》进一步强调，要坚持最严格的耕地保护制度，坚持守住十八亿亩耕地红线，同时强调实现最严格的节约用地制度，严格控制城乡建设用地总规模。2022 年 1 月 4 日，《关于做好 2022 年全面推进乡村振兴重点工作的意见》中提出，落实"长牙齿"的耕地保护硬措施，实行耕地保护党政同责，严守 18 亿亩耕地红线。

总体上看，我国耕地总量下降较快，耕地保护面临严峻的挑战。《全国土地利用总体规划纲要（1996—2010）》的目标在现实中很快就被突破了——规划的 2010 年红线早在 2000 年就被突破了。2007 年国家提出耕地红线以后，耕地大量减少的势头才得到遏制。据统计，2008—2011 年，全国建设占用耕地 1 560 万亩，同期补充耕地 1 630.5 万亩，因灾损毁耕地 145.9 万亩、生态退耕 48.6 万亩、农业结构调整减少耕地 2.4 万亩，耕地总体净减少 126.4 万亩。截至 2011 年年底，全国保有耕地 18.247 6 亿亩，基本农田面积稳定在 15.6 亿亩以上。

（六）耕地地力保护政策

耕地保护面临的一个更为严重且比较容易被忽略的重要问题是耕地质量的下降。除了植被退化、水土流失等因素造成耕地质量下降之外，占优补劣进一步加剧了耕地质量的下滑。新增耕地虽然能够在数量上缓解耕地面积的减少程度，但这类新增耕地主要通过整理、复垦或开发未利用地等途径得来，一般来说，新增耕地质量较被征占的耕地低得多。被征占的耕地常是城市郊区集中、连片的优质高产良田，而新增耕地通常零散、细碎且质量普遍偏低。

我国也出台了一系列保护耕地地力的政策措施。2012 年，《关于提升耕地保护水平全面加强耕地质量建设与管理的通知》意味着我国耕地保护开始关注到耕地的质量问题。为了提高耕地的质量，2012 年，《高标准基本农田建设标准》对高标准农田建设的目标、条件、内容与技术标准等进行了明确规定，提出到 2020 年中国要确保建成 8 亿亩、力争建成 10 亿亩高标准基本农田（刘丹等，2018）。为了实现农业的可持续发展，十三五规划纲要提出，探索实行耕地轮作休耕制度试点。

思考题

一、名词解释
农业土地 农业土地政策

二、思考与论述
1. 简述中国农业土地制度的变迁历程。
2. 简述中国耕地保护政策的具体措施。

案例分析

第八章

农业补贴政策

【学习目标】

1. 掌握农业补贴政策的概念、分类和作用机制。
2. 熟悉21世纪以来农业三项补贴和支持保护补贴的主要内容。
3. 熟悉农机购置补贴政策的目标、演变历程和政策内容。
4. 了解当前农业补贴政策存在的问题及发展趋势。

第一节　农业补贴政策的含义与分类

一、农业补贴政策的含义

农业作为第一产业，其重要性不言而喻，但农业具有天然弱质性，受气候、市场、劳动力、政策等方面的影响非常大。农业补贴是政府对农业生产、流通和贸易进行的转移支付，是一种保护性政策手段，是政府最常用、最主要的政策工具之一，被用来保护和支持本国农业发展。农业补贴包含两层含义，即广义补贴和保护性补贴。

(一)广义农业补贴

广义农业补贴指基础设施方面的补贴，不会涉及农产品价格，不会显著干扰和扭曲农产品市场。一般来说，广义农业补贴的投资与扶持涉及科学、技术、灌溉和环境保护4个方面。广义农业补贴和农业支持含义相同，一般采用以下措施：①一般性农业服务，主要包括农业基础设施建设、农业科研、农产品市场促销、农业培训和农业推广等方面；②粮食安全储备补贴，即政府储备足够的粮食，当粮食市场受到不稳定的因素冲击，粮食价格出现巨大波动时，政府通过向市场投入储备粮食或者买入市场过剩的粮食以稳定粮食价格；③粮食援助补贴，政府向本国饥民或低收入人群提供基本生活保障的一种补贴，这种补贴只能是两种方式——直接提供粮食或以市场价采购滞销粮食；④与生产不挂钩的收入补贴，这类补贴最典型的特点是补贴金额与产品和总量无关；⑤收入保险计划，政府根据农户风险保障需求，建立的一种多层次保险体系，即中央与地方分工负责补贴农民的保险支付；⑥自然灾害救济补贴；⑦农业生产者退休转业补贴；⑧农业资源储备补贴；⑨农业结构调整投资补贴；⑩农业环境保护补贴。

(二)保护性农业补贴

保护性农业补贴涉及农产品价格和贸易，即政府直接干预农产品价格和贸易，会对产出结构和农产品市场造成直接明显的扭曲性影响，一般采取4种措施：

①农产品价格补贴政策。即政府对不同农产品规定最低价格，在市场价高于最低价时，农户自由贸易，政府不进行补贴，当市场价低于最低价时，政府对低于市场价的部分实施补贴，以保证农户基本利益，最典型的农产品价格补贴政策是粮食最低收购价格政策。

②农产品投入补贴。高品质的粮食质量和足够的粮食产量离不开种子、化肥、灌溉等农业生产必需品，农产品投入补贴是指政府为了保证粮食产量和质量，降低农户生产成本，保障农户生产利益而实行的农业补贴政策，其中覆盖面最广的补贴政策是良种补贴和农资综合补贴。

③农产品营销贷款补贴。该补贴对象一般是农业企业，是政府为了保障农业企业农产品流通渠道畅通，保障农业企业基本利益而推行的补贴政策。

④耕地轮作休耕补贴。以我国为例，这类补贴政策目前只在小部分地区实行，补贴对象为实际耕作者，其目的是保持土壤肥力，改善土质营养结构而鼓励农户实行轮耕和休耕，从而实现更高单位产量。

除以上4种保护性补贴外，世界贸易组织对发展中国家给予了更优惠的政策，主要包括3个方面：农业投资补贴、农业投入品补贴和为鼓励生产者不生产违禁麻醉作物而提供的国内支持。

二、农业补贴政策的分类

(一)经济合作与发展组织对农业补贴政策的分类

经济合作与发展组织按照政策的指向将农业政策措施分为3种类型，即对农业生产者的支持措施、对消费者的支持措施和对农业一般服务的支持措施，在此基础上构建了由生产者支持估计(PSE)、一般服务支持估计(GSSE)、消费者支持估计(CSE)、支持总量估计(TSE)等组成的综合评价体系，多年来用于评估和监测成员国农业政策改革效果。其农业政策支持估计结构分解如图8-1所示。

(二)世界贸易组织对农业补贴政策的分类

世界贸易组织的农业补贴主要分为两大类：出口补贴和国内支持。出口补贴是指视出口实绩而给予的补贴。2015年，《内罗毕部长宣言》提出，发展中国家必须在2018年年底前终结对农产品的直接出口支持。但并非所有成员国都必须在2018年前全面取消此类措施，一些成员国被允许放宽到2023年。根据补贴政策对农业产出结构和农产品市场扭曲作用，国内支持又分为"绿箱"政策、"黄箱"政策和"蓝箱"政策。具体而言，"绿箱"政策指对生产和贸易无扭曲作用或扭曲作用非常小的支持政策，如政府用于农业科研推广培训、基础设施建设、扶贫、生态环境建设等方面的支出；"黄箱"政策指对生产或贸易有较大扭曲作用的支持政策，包括农产品价格支持政策、对农民收入的直接补贴、对生产要素

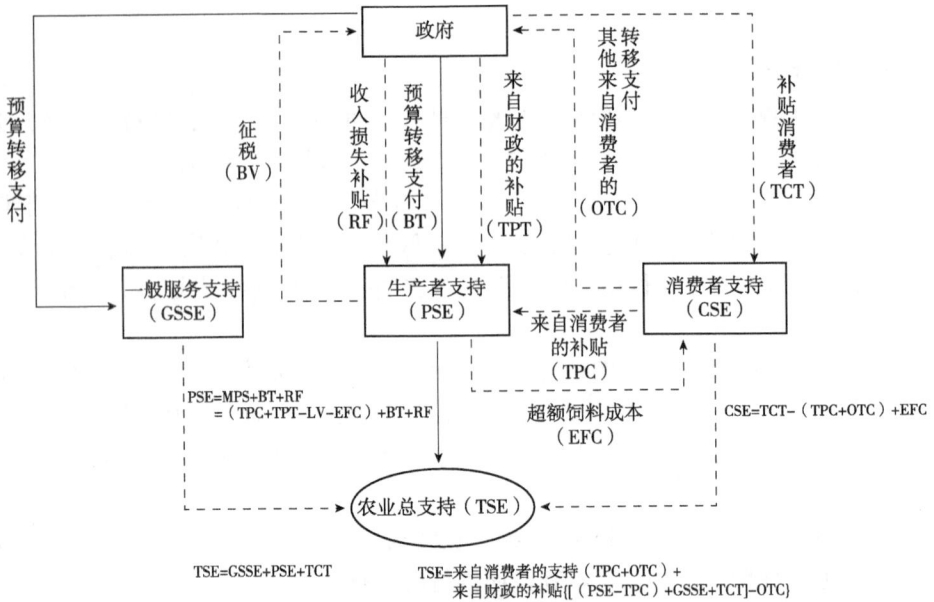

图 8-1　农业补贴政策结构分解

（实线表示明补，虚线表示暗补；OECD，2010）

的补贴；"蓝箱"政策是"黄箱"政策的一种特殊形式，通常指那些以限制生产面积和产量为条件的国内支持政策，但其对生产和贸易有较大的扭曲作用。

2001 年，我国加入世界贸易组织，政府为了能够适应国际贸易新秩序，遵守入世协议，提高国家农产品贸易竞争力，对农业补贴政策进行调整。现行农业补贴政策就是在世界贸易组织相关协议框架下不断完善的，经过二十多年发展，逐步形成了较为完善的农业补贴政策体系，对应世界贸易组织的农业补贴政策分类框架见表 8-1。

我国"绿箱"支持方式呈现多样化，其中，政府一般服务支出、区域援助补贴、对不发达农村地区的各项扶贫支出占"绿箱"支持的比重分别为 46.2%、16.8% 和 12.4%，其他还

表 8-1　世界贸易组织农业补贴政策分类

农业补贴政策	分类	含义	相应的具体政策
出口补贴	—	视出口实际而给予的补贴	农产品出口补贴政策
国内支持	"黄箱"政策	与生产直接有关、对贸易产生扭曲作用、会造成不平等竞争的支持措施	农资综合补贴、良种补贴、农机具购置补贴等
	"蓝箱"政策	在限产计划下，按照固定面积或产量给予的补贴，或在基期（1986—1988 年）产量的 85% 或以下给予的补贴，或按固定动物数量给予的补贴	粮食直补、目标价格补贴、测土配方施肥补贴、退耕还林补贴、农业综合开发、农村扶贫项目等
	"绿箱"政策	由政府提供的、其费用不转嫁给消费者，且对生产者不具有价格支持作用的政府计划	2017—2019 年实施的新疆棉花目标价格补贴、2016—2018 年实施的东北地区玉米生产者补贴

包括粮食安全公共储备、国内食物援助、自然灾害救助、资源停用补贴和环境计划等措施。对于"蓝箱"政策，如 2016 年中国调整玉米补贴政策，将"黄箱"支持措施改为限产"蓝箱"措施，支持水平为 390.4 亿元（占国内支持总量的 2.7%）。而我国"黄箱"支持水平随着国内支持增长逐渐上升，由于特定产品的"黄箱"支持受 8.5% 微量允许约束的限制，"黄箱"支持空间受限，以及对"黄箱"支持总量计算方法存在差异，导致对部分特定产品的支持在个别年份超过微量允许上限，中国随即进行了政策调整。非特定产品"黄箱"支出额缓慢增长，且全部属于微量允许范围如图 8-2 所示。

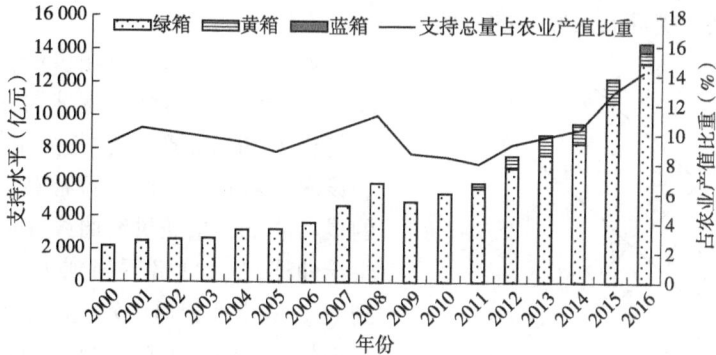

图 8-2　中国农业国内支持总体水平和结构

第二节　农业补贴政策的作用机制

一、不同类型农业补贴政策的福利效应分析

（一）收入性补贴政策的作用机制

严格意义上的收入性补贴是不与农产品产量和价格挂钩的补贴形式，是纯转移支付。政府对农业部门提供的生产性补贴 y 来源于税收收入 t，两者相等。所以，从全社会的福利效应考察，收入性补贴产生的正经济效应，恰好与税收收入相抵消。但是通过经济资源的优化配置，也有可能产生一定的福利效应。

（二）价格补贴政策的作用机制

农产品价格补贴的主要方式是对相关农产品实行支持性价格，通常有农业保护价收购补贴和最低收购价补贴等。价格补贴发挥的作用如图 8-3 所示。市场供给曲线 S，需求曲线 D，E 点为市场供给需求的均衡点，此时的均衡价格 P 和均衡产量 Q 是由市场自发决定的。假设政府对农产品实行最低收购价补贴等价格补贴政策，消费者购买农产品所支付的价格提高到 P_1，同时生产者扩大生产规模，农产品产量增加到 Q_1，农产品

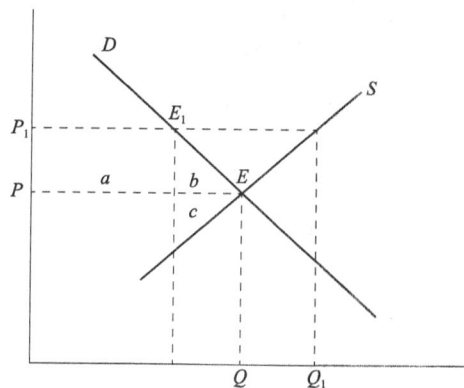

图 8-3　价格补贴的作用机制

剩余为 Q_1-Q，由政府购买。在管制价格 P_1 和需求曲线交点形成新的均衡点 E_1。可见，对农产品生产实行价格补贴，促进了农产品生产，增加了农民收入，也增加了政府财政支出。但是，从全社会福利效应的角度看，消费者剩余减少了 $a+b$，生产者剩余增加了 $a-c$，全社会经济福利减少了 $b+c$，所以价格补贴在一定条件下可能导致负的全社会福利效应。

(三) 生产性补贴的作用机制

农业生产性补贴是政府对农业生产环节(如生产资料、流通运输等方面)的补贴，主要是为了改善农业生产条件，提高投入产出水平，提高农业生产效率，降低生产成本，以达到支持农业发展，提高农民收入的目的。

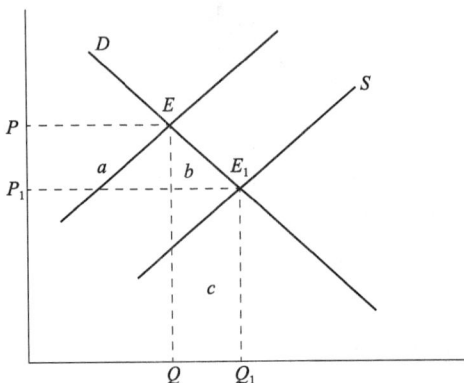

如图 8-4 所示，市场供给曲线 S，需求曲线 D，E 点为市场供给需求均衡点，此时的均衡价格 P 和均衡产量 Q 是由市场自发决定的。假设政府对农业生产进行补贴，导致农业生产的成本降低，整条供给曲线 S 向右方运动成为供给曲线 S_1，价格下降到 P_1，同时产量增加到 Q_1。从全社会福利效应的角度看，消费者剩余增加了 $a+b$，生产者剩余也增加了 $c-a$。总体来看，全社会福利所得 $b+c$，是纯福利所得，如果大于政府补贴带来的补贴性支出 g，即 $b+c-g$ 大于零，则生产性补贴对全社会的福利效应为正。其中 $c-a$ 的正负情况主要取决于需求曲线和供给曲线的弹性，通常情况下，食品等生活必需品，其需求曲线是缺乏弹性的，而对于农业生产者来说，作为理性经济人，农户决策必然决定了农产品产量对价格是相对有弹性的，所以生产者剩余也为正值。

图8-4　生产性补贴的作用机制

从上述农业补贴在全社会福利层面的效应分析可以看出，收入性补贴的福利效应并不必然为零，价格性补贴的福利效应可能为负，而生产性补贴通常存在正的福利效应。由此可见，收入性补贴和价格性补贴对全社会福利的正面影响有限。而农业生产性补贴主要着眼于改善和提高农业生产、流通等基本条件和公共服务，刺激了农业生产，也间接地起到提高农民收入的作用。所以，在合理设计和执行的情况下，农业生产性补贴不会产生社会净福利损失，社会福利效应较好。

二、农业补贴作用机制的一般均衡分析——以农机购置补贴为例

通过构建一般均衡模型，从理论层面分析农机购置补贴对农户生产和福利的影响。

(一) 农户行为

假定拥有大量同质且具有无限寿命的家庭经济体，为方便后面的推导，规定每个家庭只有 1 个个体，且不存在人口增长。家庭有一定单位的时间工作和休闲。在每个时间点上，家庭可以进行消费和投资来分配自己的收入。家庭在受到自身财富限制的基础上，追求自身消费和休闲带来的终身效用最大化，因此，家庭效用函数为：

$$\max U = \int_0^\infty \frac{(c_t l_t^v)^{1-\sigma} - 1}{1-\sigma} e^{-\rho t} dt \tag{8-1}$$

式中，c_t 为 t 时期消费；l_t 为 t 时期休闲；v 为休闲对家庭效用的影响；σ 为消费跨期替代弹性，即消费转移意愿的倒数；ρ 为主观贴现率。

家庭的预算约束方程为：

$$\dot{k}_t = (1-\tau_r)r_t k_t + (1-\tau_w)w_t(1-l_t) - (1+\tau_c)c_t + \zeta[f(k_t) - c_t] \tag{8-2}$$

式中，k_t 为 t 时期资本；r_t 为 t 时期资本收益率；w_t 为 t 时期工资率，$w_t(1-l_t)$ 为 t 时期工作收入；τ_r 为资本所得税税率；τ_w 为劳动所得税税率；τ_c 为消费税税率；ζ 为 t 时期得到的单位投资的补贴量。

下面定义现值汉密尔顿函数来求解上述优化问题：

$$H = \frac{(c_t l_t^v)^{1-\sigma} - 1}{1-\sigma} + \lambda \{ (1-\tau_r)r_t k_t + (1-\tau_w)w_t(1-l_t)$$
$$- (1+\tau_c)c_t + \zeta[f(k_t) - c_t] \} \tag{8-3}$$

式中，λ 为汉密尔顿乘子，也是资本的影子价格，表示状态变量资本财富的边际值，即 k_t 变化一单位带来最优效用改变多少单位。

$$\frac{\partial H}{\partial c} = (cl^v)^{-\sigma} l^v - \lambda(1+\tau_c) = 0 \tag{8-4}$$

$$\frac{\partial H}{\partial l} = (cl^v)^{-\sigma} cvl^{v-1} - \lambda(1+\tau_w)w = 0 \tag{8-5}$$

欧拉方程：

$$\dot{\lambda} = \rho\lambda - \frac{\partial H}{\partial k} = \rho\lambda - \lambda[(1-\tau_r)r + \zeta f'(k)] \tag{8-6}$$

横截性条件：

$$\lim_{t \to \infty} \lambda k E^{-\rho t} = 0 \tag{8-7}$$

(二)农户生产

假定不存在技术进步，不存在折旧，农户通过租赁资本、雇佣劳动进行生产活动，其生产函数如下：

$$Y = K^\alpha L^{1-\alpha} \tag{8-8}$$

令 $k = K/L$，则可以将上式简化成：

$$y = f(k) = k_t^\alpha \tag{8-9}$$

农户在既定的租赁价格 r_t 和工资价格 w_t 下，追求自身利润最大化，即

$$\max \pi_t = f(k_t) - wL_t - rk_t$$

$$\dot{k}_t = (1 + \zeta)[f(k_t) - c_t] \tag{8-10}$$

(三)政府

政府通过征收资本所得税、劳动所得税和消费税来支付对农户的耕地面积补贴，政府的预算约束方程为：

$$\tau_r r_t k_t + \tau_w w_t(1 - l_t) + \tau_c c_t = \zeta[f(k_t) - c_t] \tag{8-11}$$

(四)均衡的存在性

在完全竞争的农业市场上，竞争性均衡是指在家庭的价格(r_t, w_t)以及财政政策组合$(\tau_r, \tau_w, \tau_c, \xi)$给定的情况下，农户选择$(c, k, l, L)$以达到：在给定价格，满足预算约束方程(8-2)的情况下，农户选择(c, l)以达到自身效用最大化；在给定价格和税收补贴的前提下，农户实现自身利润最大化；政府预算约束每期平衡；劳动市场出清，农户生产对劳动的需求恰好等于农户行为劳动的供给；资本市场出清，农户生产对资本的需求恰好等于农户行为资本的供给。

(五)稳态的存在性与稳态分析

在给定$k(0) = 0$的情况下，经济的平稳增长路径是这样一个竞争性均衡：c，k，y的增长率为常数；l，L为常数。根据式(8-1)至式(8-7)可以求解出：

$$\frac{\dot{c}_t}{c_t} = \frac{(1 - \tau_r + \zeta)r - p}{\sigma} \tag{8-12}$$

$$\dot{k}_t = (1 + \zeta)[f(k_t) - c_t] \tag{8-13}$$

所以，稳态存在且唯一：

$$k^* = \left[\frac{\alpha(1 - \tau_r + \zeta)}{\rho}\right]^{\frac{1}{1-\alpha}} \tag{8-14}$$

$$y^* = \left[\frac{\alpha(1 - \tau_r + \zeta)}{\rho}\right]^{\frac{\alpha}{1-\alpha}} \tag{8-15}$$

$$c^* = f(k^*) \tag{8-16}$$

由式(8-14)至式(8-16)可以看出，当政府采用按投资量的方式进行补贴，在稳态时，补贴对资本积累k^*和产出y^*具有积极的正面影响，τ_r对资本积累k^*和产出y^*有负面影响，补贴对农户的消费没有实质的影响。

第三节　农业三项补贴与支持保护政策

一、农业三项补贴政策提出的背景与目标

2003年中央农村工作会议提出，把解决好农业、农村和农民问题作为全党工作的重中

之重。2004 年，党的十六届四中全会明确提出"两个趋向"的主要论断："综观一些工业化国家发展的历程，在工业化初始阶段，农业支持工业、为工业提供积累是带有普遍性的趋向；但在工业化达到相当程度以后，工业反哺农业、城市支持农村，实现工业与农业、城市与农村协调发展，也带有普遍性的趋向。"从 2004 年开始，每年连续出台的中央一号文件聚焦"三农"，构建了新时期的农业政策框架。《关于促进农民增加收入若干政策的意见》，即 2004 年中央一号文件，聚焦农民增收，提出了农业三项补贴政策：农作物良种补贴、种粮农民直接补贴和农资综合补贴，开启了城乡统筹，"多予 、少取、放活"的政策进程。

农业三项补贴政策的主要目标包括：一是推广良种，提高单产，增加粮食产量，促进优质高效农业发展；二是改善粮食品质，提高粮食质量，增强市场竞争能力；三是满足国内对优质粮食品种的需求。

二、农业三项补贴政策的内容与实施进展

(一)农作物良种补贴

农作物良种补贴政策是国家为引导农民选用优良农产品种子，提高农产品品质，而对选用优质农作物种子的农民给予的补贴。我国于 2002 年开始实施大豆良种补贴政策，辽宁、吉林和内蒙古是该补贴政策的重点实施区域。2003 年起，我国在小麦生产资料补助方面出台了专项扶持政策。2009 年，国家财政划拨 154.8 亿元用于专项优质生产资料补助，同比增长 2.18 倍。此后，逐步扩大农作物专项扶持范围。目前，小麦、玉米等主要农作物已全面实施专项补助，其他农作物领域也开启扶持试点，表 8-2 数据显示良种补贴在 2012 年之前呈逐年增长趋势，之后有所下降。作物良种补贴方式主要有两种：一是现金直接补贴，主要对象为水稻、玉米、油菜等；二是差价购种补贴。两种方式均适用于小麦、棉花、大豆、花生、青稞、马铃薯等。补贴标准根据农作物不同而有所差别。良种补贴政策实施过程中强调尊重农民选择，采取适当方式加以引导，鼓励农民使用高品质种子。

(二)种粮农民直接补贴

种粮农民直接补贴即粮食直补，是国家为提高粮食生产积极性，保护粮食综合生产能力，确保国家粮食安全，增加农民收入，按一定补贴标准根据粮食实际播种面积，直接给予农户的补贴。粮食直补的原则是谁种地补给谁，承包地流转要在流转协议中明确谁获得粮食直补；耕地抛荒或不用于农业生产的不予补贴；高效农业或成片粮田转为设施农业用地常年不种粮的不予补贴。补贴方式原则上按种粮农户的实际粮食播种面积予以补贴，主要针对粮食主产区如河北、山东、河南、黑龙江、吉林、辽宁、湖北、湖南、四川等地；不按照粮食播种面积而采取其他方式进行补贴的，补贴额度应尽可能做到与按粮食播种面积补贴额度接近，剔除各种不种粮因素。补贴标准根据粮食品种和所在地区而异。表 8-2 数据显示，粮食直补在 2014 年达 330.01 亿元，之后有所下降。

(三)农资综合补贴

农资综合补贴主要是针对在粮食生产中使用的生产资料进行补贴，在综合考虑农民种粮收益和成本的情况下，通过对生产中投入的农资进行综合直补，保证农民种粮收益相对

稳定，保护其粮食生产积极性，促进国家粮食安全。由于石油价格涨跌波动幅度大，影响化肥和农用柴油的价格，导致农资价格波动幅度较大，进而造成农民生产经营成本不稳定，挫伤了农民进行农业生产的积极性。为调节农民的种粮收益，2006 年开始施行农资综合补贴，补贴金额以农民耕种土地的实际面积为依据。2006 年补贴资金为 120 亿元，2007 年达到 276 亿元，由于化肥、柴油等农业生产资料价格持续上涨，2008 年继续追加补贴资金，累计金额达 482 亿元（表 8-2）。2009 年起，以柴油和化肥的价格浮动为参考施行可调控式发放政策，建立了以"价补统筹，动态调整，只增不减"为原则的补贴机制，补贴金额逐年增加，2015 年达 1 071 亿元，在四项补贴中所占份额最大，达 64.85%。近几年，农资综合补贴政策的实施标准不断变化，补贴资金向粮食生产规模涨幅大、商品化率高、优质粮食生产规模大的地区倾斜。农资综合补贴降低了农户的农业生产投入，提高了农资使用量。

表 8-2　2004—2015 年农业三项补贴金额

年份	良种补贴		粮食直补		农资综合补贴		总计
	金额(亿元)	比例(%)	金额(亿元)	比例(%)	金额(亿元)	比例(%)	金额(亿元)
2004	28.5	0.20	116	0.80	0	0.00	144.5
2005	38.7	0.23	132	0.77	0	0.00	170.7
2006	41.5	0.13	142	0.47	120	0.40	303.5
2007	66.6	0.13	151	0.31	276	0.56	493.6
2008	70.7	0.10	151	0.21	482	0.68	703.7
2009	154.8	0.15	151	0.14	756	0.71	1 061.8
2010	204	0.17	151	0.13	835	0.70	1 190
2011	220	0.18	151	0.12	860	0.70	1 231
2012	240	0.17	151	0.11	989.59	0.72	1 380.59
2013	208.63	0.14	268.93	0.18	1 014.39	0.68	1 491.95
2014	207.23	0.14	330.01	0.21	1 019.21	0.65	1 556.45
2015	203.5	0.14	140.5	0.10	1 071	0.76	1 415
总计	1 684.16	0.15	2 035.44	0.18	7 423.19	0.67	11 142.79

三、农业三项补贴政策的主要绩效与面临的问题

(一)农业三项补贴政策的主要绩效

①有效调动了农民的种植积极性。从 1998 年开始，我国粮食种植面积不断减少，农民种粮积极性不高，直接导致粮食总产量的减少，威胁国家粮食安全。在农业三项补贴政策的作用下，农民的种植积极性得到了提高，粮食种植面积从 2003 年的 9 933 万公顷增加到 2005 年的 10 427 万公顷，到 2008 年则达 10 670 万公顷，全国粮食供给紧张问题得到了缓解。由此可见，农业三项补贴政策对于农民种粮积极性的提高有良好的促进作用。

②促进新技术的推广和运用，提高了农业生产率。种子是农作物生长的根本，种子质量的高低直接关系农作物产量，良种包含了科技成分，并在政策实施过程中引导农民使用

优良品质的种子，改变了过去种子"多、乱、杂"的局面。其结果是优化了农业生产体系，提高了农业生产的科技含量，同时增加了农作物的单产，在耕地日益减少的今天，具有十分重要的战略意义。

③农业综合生产能力显著提高。在农业三项补贴政策的作用下，全国大部分地区农作物综合生产能力有了很大的提高。在耕地面积无法扩大、粮食等农作物供给较为紧张的情况下，单产量和总产量的稳步增加是关系国计民生的大问题。因此，农业三项补贴政策所带动的农业综合生产能力的提高是有关部门制定政策的重要参考因素。

④农产品市场竞争力明显增强。农作物总产量和单产量的提高无疑增强了农产品的市场竞争力，农业三项补贴政策带来的农业科技进步、新品种数量的增加，也促进了农产品市场竞争力的提高。

⑤提高了粮食作物品质。2004年，水稻良种补贴项目区优质稻面积达1.63亿亩，较上年扩大了2 700万亩，优质率从69%提高到75%；小麦良种补贴项目区优质专用小麦面积达到9 119万亩，占全国优质专用小麦总面积的73.5%，比上年增加1 338万亩，占全国优质专用小麦面积增量的89.2%；玉米良种补贴项目区272个样品检测分析结果显示：容重和粗淀粉达二级以上的分别为98.3%和34.0%，比上年增加8.7%和16.9%；大豆良种补贴项目区217个样品检测分析，平均含油率达21%，蛋白质含量为39.2%，比普通品种含油率提高1.5%。

⑥对农民的家庭经营性收入的增长起到了积极作用。1997—2003年，农村人均家庭经营性收入从1 473元增长到1 541元，其中1997—2001年，家庭经营性收入还在持续下降。2004年实施系统性的农业支持保护政策之后，当年人均家庭经营性收入从2013年的1 541元增长到1 746元，增长了13.3%。

（二）农业三项补贴政策面临的问题

随着农业农村发展形势的深刻变化，农业三项补贴政策的执行均呈现简化趋势，并未与农业生产挂钩，政策的效应递减，政策效能逐步降低，主要面临以下问题：

①补贴目标和方式存在明显问题。首先，补贴水平总体偏低。虽然补贴资金有所增长，但增长幅度赶不上农业生产资料涨价的幅度，对于一个农村家庭种粮开支来说，农民得到的补贴只是杯水车薪；其次，政策目标相对单一。该项政策有利于促进农业增产，但对改善生态环境、提高农产品质量作用甚微。当前对一些主要农产品的补贴已接近世贸组织规则承诺上限，迫切需要调整完善；最后，政策执行成本较高。财政已提前下达补贴资金，但由于基础信息不完善严重影响粮食补贴资金发放进度，根据规定，补贴资金要实名发放到农户"一卡通"，各农户需要持银行卡到银行实名认证签字之后才能领取补贴，而持卡农户有迁出的，有登记错误的，有长期外出打工联系不上的，加上经办单位和经办人的层层拖延，导致补贴延迟发放。

②补贴政策效应递减、效能降低。在多数地方，农业三项补贴已经演变为农民的收入补贴，一些农民即使不种粮或者不种地，也能得到补贴。农业三项补贴政策对调动种粮积极性、促进粮食生产的作用越来越弱。以土地流转为例，2016年全国土地流转规模为4.7亿亩，占全国承包地面积的1/3，现行农业支持保护措施等同于将财政转移支付以土地租金的形式析出给土地承包人。承包者的"设租"影响了政策的精准性。更进一步来说，由于

流转土地主要用来从事粮食等大田作物生产，在现有农业支持保护制度框架下，对水稻、小麦维持最低收购价设置了地租标杆，对整个农业竞争力产生了负面影响。2017 年，全国粮食种植面积为 1.12 亿公顷，其中水稻、小麦合计为 0.54 亿公顷，占粮食播种面的 48%，使用流转土地进行水稻、小麦生产形成的地租无疑成为地租标杆，推高了全国流转土地的价格。

③不适应转变农业发展方式的需要。对一些主要农产品的补贴已接近世界贸易组织规则承诺上限，迫切需要调整完善。农业进入高质量发展阶段，需要推进规模经营，加快培育新型经营主体，加强农业生态资源保护意识，要促进支农政策从"黄箱"改为"绿箱"。

总而言之，三项补贴对农业经营的收益保障不断弱化，对农业生产的导向作用严重滞后于市场发展，导致农业资源的错配日益增加。

四、农业支持保护补贴政策的目标与内容

针对农业三项补贴政策面临的问题，2016 年，财政部和农业部发布了《关于全面推开农业"三项补贴"改革工作的通知》，对农业三项补贴进行改革，将农业三项补贴合并为农业支持保护补贴。根据统一部署，将原农资综合补贴的 80%、加上种粮农民直接补贴和农作物良种补贴的全部合并为农业支持保护补贴，用于支持保护耕地地力。政策目标也随之调整为支持耕地地力保护和粮食适度规模经营。2015 年，财政部、农业部选择部分省，由省里选择一部分县市开展农业三项补贴改革试点工作。2016 年，农业三项补贴改革在总结试点经验、进一步完善政策措施的基础上在全国范围推开。2016 年农业支持保护补贴总额为 1 404.91 亿元，2017 年略微增长至 1 434 亿元，从 2018 年开始下降至 1 204.85 亿元，之后一直稳定维持在该水平上。

在以上两个政策目标的基础上，政府进一步对补贴对象、补贴政策范围及补贴资金分配进行了具体调整。其中补贴对象原则上应为拥有耕地承包权的种地农民。而对于享受补贴的农民，则对耕地保护负有一定的义务，确保承包的耕地不撂荒、地力不下降，要提升农业生态资源保护意识，积极主动采取措施推进秸秆还田，不露天焚烧，以保护地力。政策补贴范围明确了补贴资金原则上与耕地面积挂钩，对已作为畜牧养殖场使用的耕地、林地、成片粮田转为设施农业用地、非农业征(占)用耕地等已改变用途的耕地，以及长年抛荒地、占补平衡中"补"的面积和质量达不到耕种条件的耕地等不得给予补贴。原农垦系统补贴由其主管部门发放。补贴资金分配由各级政府根据上级下达的资金总量以及符合补贴条件的耕地面积测算确定。

耕地地力保护补贴和粮食适度规模经营补贴的政策目标和主要内容如下：

(一)耕地地力保护

补贴资金与耕地面积挂钩。对已作为畜牧养殖场使用的耕地、林地、成片粮田转为设施农业用地、非农业征(占)用耕地等已改变用途的耕地，以及长年抛荒地、占补平衡中"补"的面积和质量达不到耕种条件的耕地等不给予补贴。用于耕地地力保护的补贴对象，原则上包括所有拥有耕地承包权的种地农民，补贴资金直接补贴到农户。同时，要引导农民加强农业生态资源保护意识，主动保护地力，鼓励秸秆还田，不露天焚烧。这部分补贴资金仍然采取直接现金补贴，通过"一卡(折)通"等形式直接兑现给农户。

耕地地力保护补贴的政策目标是地力保护，农民领取补贴后，要将资金用于以下方面：一是减少农药化肥施用量，用好畜禽粪便，多施农家肥；二是鼓励有效利用农作物秸秆，通过青贮发展食草畜牧业，禁止焚烧秸秆，控制农业面源污染；三是大力发展节水农业，推广水肥一体化等农业绿色产业发展的重要技术措施，主动保护地力；四是鼓励深松整地，改善土壤耕层结构，提高蓄水保墒和抗旱能力；五是发展和巩固城乡环卫一体化成果，搞好垃圾、污水处理和厕所改造，为确保农产品质量安全创造良好的环境。

(二)粮食适度规模经营

要支持通过土地流转、土地股份合作等形式形成的土地适度规模经营的主体，通过土地托管、订单农业等形式实现规模经营，催生为生产提供规模化社会化服务的生产服务主体。支持对象为主要粮食作物的适度规模生产经营者，重点向种粮大户、家庭农场、农民合作社、农业社会化服务组织等新型经营主体倾斜。

第四节　农机购置补贴政策

一、农机购置补贴政策提出的背景与目标

2004年前农业机械结构性矛盾突出，主要表现为小农户负担不起大型生产机械购置和更新的支出；主机多，农具少；小型农机多，大中型机具少；一般技术水平的农机多，高性能农机少等情况。基于此，为改善农业设备结构，提高农机化水平，增强农业综合生产能力，发展现代农业，繁荣农村经济，国家颁布农机购置补贴政策。该政策是"三补贴"强农惠农政策体系的重要内容，也是贯彻落实中央一号文件的重要举措。这极大地助推了农业机械化的发展，提高了农业劳动生产率，促进了农业增产和农民增收，在促进就业等方面也起到了积极作用，对农业的稳定发展具有重要意义。

从政策目标来看，农机购置补贴政策是为了增加农户购买农业机械的数量，利用农业机械代替传统的人工作业，减少人工劳动力的浪费，从而间接增加农户的经济收益。利用国家提供一定的农机购买补贴金额提高农户对于农业机械的购买能力。农机购置补贴政策的推出有利于促进我国现代化农业的发展，提高农户购买农业机械的积极性，从而进一步加快农机一体化的发展进程。

二、农机购置补贴政策的内容与实施进展

农机购置补贴政策主要是围绕着"两减免，三补贴"进行推广实施的，主要用于农户响应我国提出的农机购置补贴政策在购买农机后给予补助津贴，对于补贴对象、补贴范围、补贴金额及补贴流程均有明确的规划。补贴对象为直接从事农业生产的个人和农业生产经营组织。补贴范围首先由中央公布中央财政资金全国农机购置补贴机具种类范围，然后各省根据农业生产的实际需要和补贴资金规模，选取确定本省补贴机具的具体品目，实行补贴范围内机具敞开补贴。补贴金额一部分由中央财政农机购置补贴项目实行定额补贴，剩余补贴金额由各省农机化主管部门负责确定，补贴额依据同档产品上年市场销售均价测算。补贴流程包括：①自主购机，购机者自主选机购机，鼓励非现金方式支付购机款；

②先购后补，购机者自主向当地农机化主管部门提出补贴资金申请；③县级结算，县级农机主管部门、财政部门按职责分工、时限要求对补贴相关申请资料进行审核，组织核验重点机具；④直补到卡（户），县财政部门直接将补贴资金兑付到购机户银行卡或农机服务组织的银行账户中。

农机购置补贴政策起源于1998年财政部、农业部发布的《大型拖拉机及配套农具更新补助资金使用管理暂行办法》，在该文件中中央财政明确从1998年开始每年专项安排大型拖拉机及配套农具更新补助资金，资金按"地方自筹为主，中央补助为辅"的原则，多渠道筹集。随后，农机购置补贴政策被纳入惠农政策的重点内容，2004年中央一号文件和《农业机械化促进法》，明确农业机械购置补贴政策开始实施，财政部、农业部当年安排了补贴资金0.7亿元，在66个县开始实施。随即，2004—2015年，农业购置补贴政策持续完善发展，补贴力度逐年加大，获得补贴的农机具种类不断增加，补贴实施的区域范围不断扩大，政策执行流程不断完善。从2015年开始，农机购置补贴政策一次定三年，三年调整一次。从2004年始，国家出台强农惠农的农机购置补贴政策，是《农业机械化促进法》明确规定的重要扶持措施。在实施的十余年间取得了重大成效。据农业农村部农机购置补贴官方网站数据显示，自从2004年政策出台以来，农机购置补贴支持力度不断加大，截至2020年年底，中央财政累计投入2 392亿元，扶持3 800多万农民和农业生产经营组织购置各类农机具4 800多万台。农机购置补贴规模在2016年前整体规模呈现递增趋势，尤其是2009年前增速成倍增长。但在农业三项补贴政策改革后，农机购置补贴规模趋于平缓，补贴规模开始略显递减。

而从各省分布来看，东北平原、内蒙古草原及华北平原三地由于农业基础条件优越，其农机购置补贴规模在全国具有显著优势，随后则为湖南湖北两省，两省是传统农业大省，农业基础建设较好，其农机购置补贴规模也名列前茅。

三、农机购置补贴政策的主要绩效与面临的问题

（一）农机购置补贴政策的主要绩效

在农机购置补贴政策的推动下，农机装备水平和农机作业水平快速提高，农机化新技术加快推广使用，农民购机用机积极性高涨，为实现粮食增产、农民增收提供了有力的装备技术支撑，农机购置补贴政策取得了显著成效。

①推动农机装备总量持续增长，进一步优化了农机装备结构和布局。农机购置补贴政策持续调动农民购机积极性，全国农机装备总量持续平稳较快增长，1961年，中国农机总动力为719万马力，占全球农机保有量总动力的比例仅为1.43%。2020年为14.36亿马力，占全球农机保有量总动力的比例达52.47%，与1961年相比，中国农机总动力增长了199倍。装备结构加快向大马力、多功能、高性能方向发展，2021年大中型拖拉机产量为41.20万台，较2020年增长19.35%。经济作物、畜牧水产养殖、林果业及农产品初加工机械保有量快速增加。

②促进农业机械推广使用，进一步提升了农机化作业水平。农机购置补贴持续激发农民用机积极性，农机作业面积持续增加，重要农时和薄弱环节农机化水平显著提高。2021年，我国主要粮食生产机械化率再创新高。小麦机械化率97.29%，水稻机械化率

85.59%，玉米机械化率 90.00%，大豆机械化率 87.04%，油菜机械化率 61.92%，马铃薯机械化率 50.76%，花生机械化率 65.65%，棉花 87.25%。畜牧养殖、水产养殖、农产品初加工、设施农业等产业机械化率分别达到 38.50%、33.50%、41.64%、42.05%，较上年分别提高 2.72%、1.85%、2.45%、1.51%。此外，以农机为载体，精量播种、化肥深施、高效植保、低损收获、秸秆还田等增产增效技术迅速推广，进一步挖掘了粮食增产潜力、提高了农业抗灾能力。

③农机社会化服务蓬勃发展，进一步促进了农业生产方式转变。目前，全国农机服务组织 19.34 万个，其中农机专业合作社 7.6 万个。农机户 3 947.57 万个、4 678.58 万人，其中农机作业服务专业户 415.90 万个、578 万人。农机维修厂及维修点 15.04 万个，农机维修人员 90.02 万人。全国乡村农机从业人员 4 957.36 万人。全年完成机耕、机播、机收、机电提灌、机械植保五项作业面积达 71.29 亿亩次，同比增长 1.7%。农机服务收入 4 816.21 亿元，比上年增加 34.73 亿元，其中农机作业服务收入 3 675.92 亿元，比上年增加 60.89 亿元。农机社会化服务已成为农业社会化服务体系的突出亮点，缓解了青壮年劳动力外出务工对农业生产带来的压力，促进了土地流转和规模经营，提高了农业集约化水平和组织化程度。

④激发农村有效需求，进一步推动了农机工业稳步发展。受农机购置补贴政策等多方面的拉动，我国农机市场产销两旺，带动农机工业快速发展，农机工业总产值连续十年保持两位数增长，2021 年，我国规模以上农机企业主营业务收入为 3 068 亿元，同比增长 21.1%。目前，我国农机产业集群初步形成，科技含量、产品质量和售后服务水平不断提高，主要农机产品已能满足国内市场 90% 以上的需求。

（二）农机购置补贴政策面临的问题

①农机补贴申请程序烦琐。对于购买农业机械的农户来说，后续要做的就是申请农机购置补贴资金，但是该项补贴的领取需要经过一系列复杂的申请程序才能完成，申请所要审批的部门较多，对于农户来说是一个极大的负担，在某个程序环节可能还会受到某个部门的阻碍，有个别部门对农户的补贴申请不重视，办理拖沓缓慢，导致农户需要一遍遍去相关部门催促才能完成申请，这也就导致了多数农户不愿意为了补贴去购买农业机械，严重阻碍了我国农业机械化的发展，农机补贴成功到达农户手中最快也需要几个月的时间，甚至更多。

②补贴资质单一。关于农机补贴并不是对所有购买农业机械的农户均能提供相应的补贴，对农户购买的农业机械还有资质的审批，当购买的农业机械在补贴对象当中，且需要具有农机推广鉴定证书，才能达到农机购买补贴政策要求。但是可以为农业机械提供鉴定证书的机构较少，导致农机补贴所需的鉴定证书很难发放。可以办理的机构由于需要办理的人数较多，无法更快地为农户出具相应的农机鉴定证书，从而导致了对农机购买补贴实施的阻碍。

③农机补贴政策出台较晚。通过多年来农机补贴政策的实施可以发现，在农田耕整地前一个月左右的时间，是各个地区农户购置农业机械的高峰期，由于我国对于农机购置补贴政策中的补贴对象每一年都会作出相应的整改，一般在每年的 5 月之后发布，将会使农户错过购机补贴的时间，这也就消减了农户的农机购买热情。

④农机售后服务质量不高。农机售卖厂商在农业机械被出售后提供的三包服务所能完成的质量不高，且无法提供更为专业的售后服务，导致多数农机购买用户无法顺利地解决农业机械买回后出现的各类问题。特别是在偏远地区，对于农业机械的售后维修点更是少之又少，一旦进入农忙季节，很有可能出现无法解决所有农户出现的农机问题，只能采取简单临时性的修理，以此来使农业机械完成作业。但是，这种方法会使农业机械造成更大的不可挽回的损伤，这在一定程度上会大大增加农户的经济损失。

⑤农机购置补贴标准存在差异。通过对全国各个地区关于农机购置补贴政策的调查统计可以发现，不同地区对于同一农业机械的补贴标准有所不同，这也就带来了农户的强烈反应，而且对于农业机械的购买还会加大农户的经济负担，即便购买了农业机械，想靠农机作业来收回购机成本所需的时间较长，这也是一部分农户不愿意购买农业机械的原因。

思考题

案例分析

一、名词解释

农业补贴　广义补贴　保护性补贴

二、思考与论述

1. 农业补贴可以分为哪几类？
2. 简述不同类型农业补贴政策的福利效应。
3. 农业三项补贴政策的目标和内容是什么？为什么要合并为农业支持保护补贴？
4. 简述农业支持保护补贴政策的目标和内容。
5. 简述农机购置补贴政策的目标和内容。

第九章

粮食政策

【学习目标】

1. 掌握粮食、粮食安全和粮食政策的概念。
2. 掌握粮食政策工具类型。
3. 理解中国粮食政策的演进历程与特点。
4. 了解中国粮食政策的实施效果。
5. 理解中国粮食安全的战略选择。

第一节　粮食与粮食安全

一、粮食

粮食有广义和狭义两种含义。广义的粮食是供食用的谷物、豆类和薯类的统称。其中，谷物类主要有稻类（如籼稻、粳稻、糯稻等）、麦类（如小麦、大麦、燕麦等）和粗粮类（如玉米、高粱、粟、黍等），豆类包括大豆、绿豆等，薯类包括马铃薯、番薯等。狭义的粮食专指谷物类，主要包括稻类、麦类和粗粮类，不包括豆类和薯类。

二、粮食安全

（一）粮食安全政策目标演进历程

粮食安全始终是治国理政的头等大事，依据不同时期的国情和经济发展水平，党和政府在保障粮食安全的同时不断兼顾多元政策目标，从注重数量安全，到数量安全和营养安全兼顾，再到数量安全、营养安全、生态安全、能力安全并重，形成了更加多元、综合的保障粮食安全的目标体系。

1. 注重数量安全，不断加大自主粮食供应阶段（1949—1992）

新中国成立之初，由于受农村生产关系、自然灾害频发等制约，粮食的稳定供应是国计民生的头等大事。1950年，《中华人民共和国土地改革法》提出实行农民的土地所有制，但分散的小农无法满足工业发展对农产品的需求，且存在扩大贫富差距的隐患。因此，国家逐渐推行农村集体化，1952—1956 年，组织形式由互助组逐步向初级合作社和高级合作社转变。但该体制下农民生产积极性不高、资源配置低效。再加上三年严重困难时期、重工业优先战略造成农业生产要素被过度汲取等原因，我国粮食生产进展缓慢，1958—1977年粮食总量仅增长 8 507 万吨，年均增长 448 万吨左右。粮食供给的全面短缺，是新中国粮食安全政策的逻辑起点。与此同时，在新中国成立初期，国际形势错综复杂，1949—1992年，我国主要通过加大自主粮食供应来解决粮食供需平衡问题。

2. 数量安全和营养安全并重，逐步开放的粮食安全保障阶段（1993—2012）

随着城镇化的推进及居民收入水平的提高，社会发展目标由温饱转向小康，居民对饮食的追求从"吃得饱"转向"吃得多样"。1993 年农村居民的肉蛋及水产品消费量均比 1978年增加了 1 倍多，肉蛋及水产品不仅起到了部分替代口粮的作用，也刺激了养殖业对饲料粮的需求，粮食安全面临的问题从供需之间的数量矛盾转向数量和结构两个维度的矛盾。为协调生产、消费和营养之间的关系，1993 年，《九十年代中国食物结构改革与发展纲要》的印发标志着保障粮食安全的目标从单一数量安全扩展为数量安全与营养安全并重。与此同时，中国特色社会主义市场经济体制逐步完善，并于 2001 年加入世界贸易组织，对外贸易空前活跃。1993—2012 年，我国在对内积极提高产量、调整种植结构的同时，也适当利用进口贸易满足居民改善性消费增加的需求。

3. 兼顾数量安全、营养安全、生态安全和能力安全，建立更加系统的粮食安全政策阶段（2013 至今）

在粮食数量供给得到基本保障后，粮食安全被进一步赋予能力安全的内涵，并兼顾生态保护目标。我国粮食连年丰收，但传统粮食生产显现高投入、高消耗、过度开发的弊端，引发农业资源趋紧、农业面源污染严重、农业生态系统退化等系列问题。党的十八大以来，居民消费理念逐渐转变，从"吃得多样"递进到"吃得均衡、吃得健康"，对良好生态环境的诉求越发强烈，对无污染、安全的绿色食品提出了更高要求。因此，粮食安全面临的问题已由数量不足转向资源约束下的结构性矛盾。粮食生产逐渐改变单纯追求产量的倾向，更加关注农业综合生产能力以及农产品结构、质量、效益的提高，以实现粮食生产、生态环境、绿色消费的统一协调。与此同时，我国对外以更开放的姿态促进全球粮食贸易，确立了以我为主、立足国内、确保产能、适度进口、科技支撑的国家粮食安全战略，从过去的"保全面、保所有品种"转向"保谷物、保口粮"，促进生态安全、营养安全和能力安全。

（二）新时期粮食安全五对关系的理论辨析

随着经济社会的发展，我国的粮食安全在保障范围、目标和措施上都发生了深刻的变化。从自主生产保障数量的粮食安全逐渐扩展为利用国际市场兼顾营养安全、能力安全和生态安全的粮食安全。粮食的保障范围从传统的谷薯豆等粮食安全转向更加丰富的食物安全。粮食安全的保障目标由过去强调产量的数量安全转变为强调产能的能力安全。在膳食结构转型的背景下，我国居民对营养安全提出了新的要求，同时受水土资源压力和环境污染的影响，我国对生态环境的要求也不断提高。在保障措施和手段上，为了实现多政策目标优化，对内从生产和消费两方面发力：在生产端，注重稳定产量的同时，推动落实"藏粮于地，藏粮于技"战略，以保障长期粮食安全；在消费端，促进膳食结构转型，减少食物浪费，间接提高自给率。同时，对外国际贸易和国际合作也是提高我国粮食安全保障水平的必然选择。图9-1显示了粮食安全五对关系的逻辑框架。

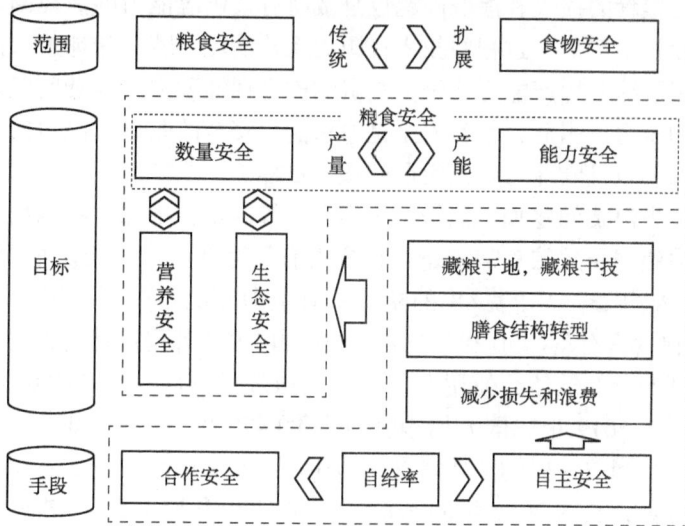

图9-1　粮食安全五对关系的逻辑框架

1. 粮食安全与食物安全

粮食安全的核心要义可以向深度与广度两个维度延伸：在深度上关注谷物安全、口粮安全、饲料粮安全；在广度上注重大食物安全观。谷物安全是狭义的粮食安全范围，包括口粮安全和饲料粮安全。"谷物基本自给、口粮绝对安全"的新粮食安全观体现的是底线思维。除了谷物安全，我国传统粮食安全范畴还涵盖豆类、薯类等作物。随着居民对食物多样化和营养均衡的需求不断增加，传统食物安全观逐渐演进为更多元的大食物观，不仅涵盖谷物、豆类、薯类等粮食作物供给，还强调蔬菜、水果、肉、蛋、奶等重要农产品的供给。

食物安全是居民消费升级过程中对粮食安全的拓展，粮食安全是保障食物安全的基础。从消费结构看，粮食安全需向食物安全扩展。我国人均年谷薯类消费量从2013年的141.2千克下降到2020年的131.2千克，而豆类、水产品、肉禽蛋奶类的消费量均呈现较为明显的增加。在2020年我国居民人均食物消费支出中，粮食类消费支出仅占17.6%，畜禽肉类消费支出占比最高，达41.7%。这说明居民的消费结构已发生转变，日益丰富的食物消费需求使粮食安全范畴向食物安全扩展。从饲料粮供给的角度看，粮食安全是食物安全的重要基础。肉蛋奶类食物的生产均需大量消耗玉米、大豆等饲料粮，饲料原粮的保障是实现食物安全的重要基础，我国未来粮食安全的主要问题是保障畜产品安全带来的饲料粮短缺问题。因此，我国将粮食安全作为实现食物安全的重要抓手，如历年中央一号文件多次提及稳定粮食播种面积，同时划定了农业生产功能区和重要农产品生产保护区以保障口粮和饲料粮的稳定供给。

2. 数量安全与能力安全

数量安全是指粮食的生产数量能够满足消费需求；能力安全是指粮食生产能力能够满

足消费需求，后者强调粮食的有效供应能力。有效供应能力不仅要考虑生产端的农业综合生产能力，即具备生产出满足消费的粮食的能力，但这并不意味着要开足马力将所有潜力发挥出来，还应考虑需求端的消费结构是否合理，如消费过多肉类等高耗粮食物会徒增供给的压力。此外，粮食的损失和浪费问题也是威胁有效供应能力的重要因素，不仅造成营养流失，还导致食物生产加工过程中投入资源的无效消耗。若一味地追求满足居民消费的数量安全，而忽视了综合生产能力建设、消费结构合理性和损失浪费问题，将给粮食安全保障增加不必要的压力。因此，数量安全是追求能力安全的基础，能力安全是实现长期数量安全的有力支撑，也是农业可持续发展的根本目标。

突出的粮食损失浪费问题加上消费结构不合理等因素，增加了我国粮食安全保障的压力。一方面，损失浪费导致粮食需求量与粮食占有量存在较大差距。根据《中国统计年鉴2020》数据计算，人均287.2千克/年的粮食占有量即可满足中国居民的消费需求，低于2019年我国人均粮食占有量（470.9千克）。考虑到国家统计局统计的人均消费量未包括在外饮食，会造成消费量的低估，使用调整后的数据进行测算，得到450.3千克/年的人均粮食需求量，仍低于2019年我国人均粮食占有量（470.9千克）。可见，理论上中国的生产能力已经可以满足当前居民的消费需求，即使根据联合国粮食及农业组织统计的中国居民人均消费数据计算，我国2019年的6.64亿吨自产粮食加1.06亿吨进口粮食也基本能满足消费需求。但较高的损失浪费率降低了粮食的有效供应能力。我国每年粮食储藏、运输、加工环节损失量超0.35亿吨，消费环节浪费的食物相当于3 000万～5 000万人一年的口粮。另一方面，不合理的饮食结构也是威胁中国粮食能力安全的重要因素。不论与《中国居民平衡膳食宝塔》的推荐量相比，还是与消费习惯类似的日本、韩国相比，我国居民的消费结构都呈现肉类摄入过多的特点。根据《中国居民平衡膳食宝塔》数据推算，满足居民合理膳食所需的人均粮食占有量范围为每年254.8～381.3千克，低于2019年人均实际粮食占有量（470.9千克），说明目前的粮食生产能力能够满足营养需求。而过多肉类摄入的不合理消费结构增加了对饲料粮的需求，对粮食供给能力产生威胁。因此，若能调整消费结构，降低损失浪费率，可间接提高粮食的自给率，也是加强粮食能力安全的重要举措。

若能解决粮食损失浪费及消费结构不合理的问题，我国现阶段的粮食生产能力便能基本满足居民的营养需求。未来要保障粮食能力安全，更应注重保障长期生产潜力，即"藏粮于地，藏粮于技"。"藏粮于地"分为两个维度：一是夯实粮食安全的物质基础，通过高标准农田建设等手段提高农业生产的综合能力，这更多属于"增粮于地"的概念；二是保持一定规模土地的潜在生产能力，以紧急时刻能够迅速恢复生产能力为目标。要真正做到"藏"，我国应更加关注第二个维度。在保障潜在生产能力的情况下，实施耕地的休耕或种植蔬菜等具有比较优势的高附加值作物，在短期能够提高土地利用的经济效率，在长期能够提高土壤质量，更有利于保障长期的粮食数量安全。即使发生粮食大幅减产或国外粮食禁运等情况，我国也可以迅速采取措施启动国内生产扩大计划，不会对粮食安全造成威胁。如果过度追求数量安全，将紧急情况下的粮食安全保障措施作为常态化管理手段，必然会以经济无效率和牺牲生态环境为代价。"藏粮于技"也分为两个维度：一是研发和推广直接增产的技术，如研发优良品种提升农产品的单产。根据农业农村部的数据，良种对粮食增产的贡献率达 45%，为我国粮食连年丰收提供了关键支撑。二是研发和推广提高粮食长期生产能力的技术，保障长期粮食安全。如使用测土配方施肥和秸秆还田技术，促进农作物产量的持续提高；完善加工储藏技术，提高粮食产后利用率，减少粮食在收获、加工、储存、运输等环节的损耗等。

3. 粮食安全与营养安全

营养安全是指居民能够获得充足的多元化食物，以满足基本营养素摄入和身体健康发展的需要。一方面营养安全要求食物的多样化，即"吃得多样"，这就要求平衡多品种之间的生产结构；另一方面关注"吃得健康"，包括"吃得放心"的食品安全以及居民健康膳食模式两方面。这不仅对供给端提出了保量保质的要求，也对居民合理饮食保障健康提出了要求。因此，粮食安全是营养安全的底线，营养安全是粮食安全的拓展。

从营养安全的角度来看，我国的粮食供需结构有待进一步完善。一方面，粮食生产无法满足居民对消费质量的更高要求，使粮食生产与消费结构失衡，出现阶段性供过于求和供给不足并存的现象。为满足居民对高质量粮食消费的需求，我国进口了大量高品质、多样化品种的稻米，这也是 2021 年我国在粮食生产总量高达 6.83 亿吨的情况下，仍需进口1.6 亿吨粮食的部分原因。另一方面，居民的食品安全意识不断提高，在注重"吃得饱"和"吃得多样"的同时，对"吃得健康"也提出了要求。若将产量作为单一目标，可能会导致过量使用农药、化肥等，威胁食品安全。因此，从营养安全的目标看，粮食安全不仅是不断增加农产品数量供给的过程，更是合理进行粮、经、饲结构布局、提升农产品品质以满足多样化、高质量需求的过程。

此外，我国食物消费结构仍不合理，在营养安全方面依然有很大的提升空间。《中国统计年鉴 2021》数据显示，2020 年，城乡居民的畜、禽、肉类消费量明显高于《中国居民平衡膳食宝塔》的推荐量，其中城市居民的畜、禽、肉类消费量已接近高限推荐量的 2 倍水平，而蛋、奶、果蔬的消费量显著少于推荐摄入量，尤其是奶类消费量不足推荐摄入量的 20%。蛋奶等食物消费不足可能会导致人体缺乏蛋白质、微量营养素，引发不适症状。同时，肉类消费存在结构性问题，我国居民仍以猪肉等红肉消费为主，禽肉消费占比不高。过量的红肉类摄入将会增加多种疾病的发生风险，加重医疗负担，威胁营养安全和居民身体健康。

4. 粮食安全与生态安全

生态安全是指粮食生产与资源环境承载力相适应的安全，包括资源和环境两个维度。一方面，粮食生产必然伴随水土资源的消耗及耕地负荷的增加，需要思考如何在有限的资源条件下进行生产；另一方面，粮食生产过程中使用不合理的化学投入品将污染环境，需要思考如何进行绿色生产。因此，生态安全与粮食安全之间存在短期权衡取舍问题，而资源环境会影响长期的粮食生产。在短期，过度强调自主生产的数量安全，将以牺牲资源环境、经济效益为代价；在长期，生态资源和环境状况很大程度上决定粮食生产可持续发展能力。

长期以来，为保障粮食供给，我国农业呈现"石油农业"的生产模式，存在不少"涸泽而渔"的做法，实际上是"要粮于地，要粮于技"，不利于保障可持续发展能力。例如，通过毁林、毁草和开荒造田扩大粮食种植面积，导致水土流失、资源退化等问题；不断提高化学投入品的使用强度等不可持续手段来提高单产，引发农业面源污染。我国单位面积施用的化肥量接近世界施用量的 4 倍，单位面积化学农药的平均用量比发达国家高 2.5 ~ 5 倍，且 2020 年水稻、玉米、小麦三大粮食作物生产的化肥利用率仅为 40.2%。

生态资源环境将直接影响我国粮食可持续供应以及农业可持续发展。首先，恶化的生态环境直接损害粮食的生产条件，增加自然灾害发生概率，造成粮食产量下降。其次，生态环境的恶化导致后备农业资源总量减少和质量下降。粮食生产必然会消耗水土资源，而恶化的资源环境质量将使耕地资源、水资源约束进一步加剧。农业农村部发布的《2019 年全国耕地质量等级情况公报》显示，一等至三等地仅占耕地总面积的 31.24%，耕地资源的障碍限制突出。最后，恶化的环境也会威胁农产品的产量与品质安全，如"镉大米"事件，间接减少可食用的粮食数量供给，而良好的生态环境将有助于提高长期的粮食供给能力，如采用休耕、免耕等耕作制度，利用测土配方施肥、秸秆还田等技术可提高土壤肥力，促进农业的可持续发展。

多维的政策目标系统具有内在的矛盾性。生态安全要求适当减少生产以实现耕地、林地、江河湖泊等过度开发资源的休养生息，减少化学物品的投放以实现绿色生产；而数量安全要求增加生产以保障高水平的粮食安全。例如，我国提出补贴休耕、退耕还林还草、在"镰刀弯"地区实施"粮改饲"等政策措施，以保护生态、降低粮食生产量，但同时又出台扩大粮食种植面积、坡耕地禁止抛荒、提高复种指数等政策，要求保证粮食生产数量。对粮食安全政策和生态安全政策进行辨析可在一定程度上解释我国粮食政策演进过程中所出现的矛盾。

5. 自主安全与合作安全

自主安全指的是依靠自主生产保障粮食安全，合作安全指的是稳定利用"两种资源，两个市场"，通过贸易合作和技术合作保障粮食安全，同时防范国际市场风险。自主安全是国家长治久安的底线，合作安全是国内自主安全的重要补充。保障粮食安全并非与绝对的自主安全等价，稳定的国内生产能力是主动利用国际资源和市场、提高安全能力的基础。

国际农产品贸易是维护营养安全和生态安全的重要途径。在营养安全的要求下，居民的食物需求是多样化的，而人多地少的农业资源特征决定了我国在土地密集型农产品生产上并不具有优势，若不依靠国际贸易难以实现粮食可持续供给。从种植面积角度换算我国进口的大豆、植物油及肉奶糖等农产品，大概占用了境外 10 亿亩以上的播种面积；从水资源角度来看，预测 2030 年我国的农产品贸易涉及的虚拟水量将达到 4 450 亿立方米，相较 2005 年增长 86%。对我国来说，以较低的价格适当进口粮食可缓解资源环境压力，满足居民食物消费多元化需求。对粮食出口大国来说，粮食出口可促进当地农业发展和农民增收。因此，从经济学角度来讲，粮食贸易是互利双赢的。合作安全还强调在合作的同时关注可能存在的风险，一定的自主生产能力是在合作过程中对冲风险的重要策略。如局地冲突发生后，农资价格暴涨、港口关闭、出口限制等多因素推动国际粮价高位运行，多国陷入粮食紧缺状态，而由于我国主要粮食作物保持一定的自给率，国际粮食危机并未对我国的粮食安全造成明显冲击。

与发达国家开展技术合作有助于提高粮食生产能力，促进农业发展。过度强调技术的自主安全，不重视国际科技创新合作，会导致国内粮食生产技术如种业技术更新速度缓慢，制约粮食生产能力的提升。以种业为例，我国多数种子企业育种能力十分低下，2020年8家种业A股上市公司年报显示，其研发投入总计6.4亿元人民币，研发投入总额占营业收入比例超过10%的只有袁隆平农业高科技股份有限公司一家(10.5%)。通过技术合作提高粮食生产能力，有利于保持长期的粮食供应能力。如中国化工集团有限公司收购了在农药、种子技术上具有全球领先优势的瑞士先正达公司，对提高农业竞争力，保障粮食安全起到积极作用。当然，在合作过程中，我国企业要树立种质资源保护意识，维护国家种质资源主权，防止种质资源的外流。

合作安全并不局限于国际合作安全，国内区域间合作也是满足农业生产资源有效配置的重要方式。例如，在充分发挥市场在资源配置中的决定性作用的基础上，通过政府引导和政策支持，鼓励粮食主产区和主销区发挥自身优势，建立多种形式的产销协作，不仅有利于提升主产区的粮食生产能力，也为主销区提供稳定可靠的粮源供给，形成稳定生产、有序流通和稳定供应的良性格局，提高国家粮食安全综合保障能力。因此，国内区域合作也是促进粮食安全的重要手段，有助于发挥各地区自身优势，有效配置资源，提高粮食生产效率。

第二节 粮食政策工具

一、粮食最低收购价

自2004年以来，国家陆续开始实施稻谷和小麦的最低收购价政策(表9-1)，该政策大体可分为3个阶段。

第一个阶段是2015年之前，主要是应对生产成本快速攀升，兼顾增产增收目标，持续提高最低收购价，能保障农民一定的利润水平，如粳稻的最低收购价由2004年的每斤0.75元上升至2014年的1.55元，十年间年均增幅为10.67%，红小麦的最低收购价也由2006年的每斤0.69元上升至2014年的1.18元。

第二个阶段是2016—2020年，根据粮食市场形势变化，适当下调价格水平，由保利润向保成本转变，如2018年粳稻下调到每斤1.30元，低于斤粮完全成本1.33元，2019年早籼稻最低收购价格下调至每斤1.20元，已明显低于斤粮成本1.27元。

第三个阶段是2020年至今，在综合考虑了粮食的生产成本、市场供求状况、国内外市场价格和产业发展状况等方面的影响的基础上，我国适度上调价格水平，使之持续发挥稳预期、稳生产的托底功能。2022年每斤早籼稻、中晚稻、粳稻、小麦最低收购价上涨至1.24元、1.29元、1.31元、1.15元。

实践证明，最低收购价政策是保证我国粮农的粮食生产收入预期、发展粮食生产最直接、最有效的政策工具，对于确保粮食安全发挥着重要作用。广大种粮农民已经把最低收购价当作了种粮的"定心丸"。

表 9-1　稻谷和小麦最低收购价　　　　　　　　　　元/斤

年份	稻谷			小麦		
	早籼稻	中晚籼稻	粳稻	白小麦	红小麦	混合麦
2004	0.70	0.72	0.75	—	—	—
2005	0.70	0.72	0.75	—	—	—
2006	0.70	0.72	0.75	0.72	0.69	0.69
2007	0.70	0.72	0.75	0.72	0.69	0.69
2008	0.77	0.79	0.82	0.77	0.72	0.72
2009	0.90	0.92	0.95	0.87	0.83	0.83
2010	0.93	0.97	1.05	0.90	0.86	0.86
2011	1.02	1.07	1.28	0.95	0.93	0.93
2012	1.20	1.25	1.40		1.02	
2013	1.32	1.35	1.50		1.12	
2014	1.35	1.38	1.55		1.18	
2015	1.35	1.38	1.55		1.18	
2016	1.33	1.38	1.55		1.18	
2017	1.30	1.36	1.50		1.18	
2018	1.20	1.26	1.30		1.15	
2019	1.20	1.26	1.30		1.12	
2020	1.21	1.27	1.30		1.12	
2021	1.22	1.28	1.30		1.13	
2022	1.24	1.29	1.31		1.15	

数据来源：国家发展和改革委。

二、粮食补贴

我国最主要的粮食补贴政策是耕地地力保护补贴政策和"市场化收购+生产者补贴"政策。我国的收入补贴政策于 2016 年开始实施，2004—2016 年主要实行的是四项补贴政策，即粮食直补、良种补贴、农资综合补贴和农机具补贴。其中，粮食直补在提高粮食产量、促进农民增收方面发挥了积极作用，良种补贴有效降低了农民的购种成本，农资综合补贴有效缓解了农资快速上涨对农民种粮积极性的消极影响。但随着时间的推移，各项政策效能逐渐呈现出下降趋势，因此在 2016 年我国将粮种直补、农资综合补贴、良种补贴"三项补贴"合并为农业支持保护补贴，也即耕地地力保护补贴政策，这一政策的目的是保障耕地的地力，推动适度的粮食生产规模，折合每亩粮食补贴约为 50 元。另一项是"市场化收购+生产者补贴"政策（简称生产者补贴政策），2016 年，东北地区玉米临储政策取消之后建立了生产者补贴政策，每亩补贴 170 元；2017 年，对东北地区大豆也进行了补贴，每亩补贴 200~300 元；2018 年，稻谷最低收购价下调之后开始在主产区实施稻谷补贴，黑龙江每亩稻谷实际到手补贴额超过 150 元。2022 年为了提升大豆产能，东北地区原则上要求在生产者补贴方面，大豆平均每亩的补贴要高于玉米 200 元左右。该政策对于弥补粮食生产成本上涨、粮价下跌损失，保持农民种粮收益基本稳定发挥着重要作用。

图 9-2 展示了我国现行粮食补贴政策框架体系。

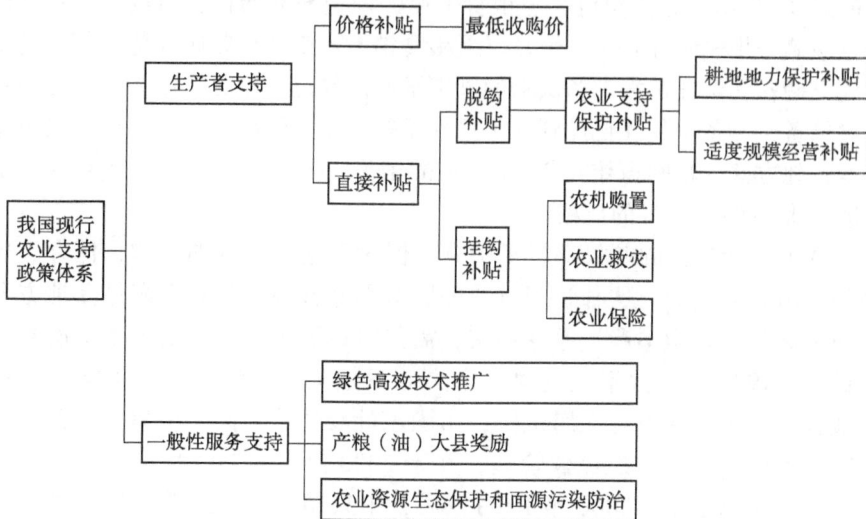

图 9-2　我国现行粮食补贴政策框架体系

（周静，2020）

三、粮食储备

粮食储备政策是指为保证非农业人口的粮食消费需求，调节粮食供求平衡、稳定粮食市场价格、应对重大自然灾害或其他突发事件而建立的一项物资储备制度。粮食储备包括中央专项储备和地方储备等。

（一）中央专项储备

从 1962 年开始，专项粮食储备制度逐步形成，到了 1965 年，约有 60% 的生产队建立了自己的粮食储备，各个地方的粮食部门代替生产队保管的粮食储备达到了 100 多万吨。同时，各级政府还鼓励社员个人储存结余下的粮食。1962—1965 年，粮食生产得到恢复，国家的粮食储备、备战粮食和社会粮食储备规模不断增加。1978 年，农村实行了家庭联产承包责任制，农业生产再次得到恢复，国家和社会的粮食储备规模迅速扩大。此时中国粮食储备主要由 3 部分组成：第一部分是甲子粮；第二部分是"506"粮；第三部分是商品库存，实际上就是周转储备。除了以上 3 部分，还有一小部分称为农村集体储备，占总储备量的 5% 左右。

1990 年 9 月，《关于建设国家专项粮食储备制度的决定》的颁布标志着我国的粮食储备进入了一个新的阶段。国家专项粮食储备制度的建立，初步形成了中央、省级、地县三级储备体系。1990 年，我国的粮食产量为 4.35 亿吨，比 1989 年增加了 2 700 万吨，再次创造了历史新高。我国的粮食周转库存和储备都有了大幅增长,一些粮食主产区甚至出现了"卖粮难"的情况。同时,国有粮食部门的经营设施尤其是仓储设施显得严重不足,各地的粮食部门相继出现了"储粮难"的情况。国家开始按照规定的价格敞开收购部分滞销的粮食,收购的这部分粮食被用于国家粮食专项储备。在建立专项粮食储备制度的过程中,中国初步形成了中央、省级、地县三级储备体系。1995年,《关于粮食部门深化改革实行两条线运行的通知》指出,为实现地区的粮食平衡,调控地区的粮食市场,粮食产区应建立地方储备且该储备规模应等同于3个月以上粮食销量;粮食销区则要建立等同于6个月粮食销量的地方储备,保证粮食市场供求的基本平衡。经过几年的实际操作,各省都建立了一定的粮食储备,储备量从几亿斤到几十亿斤不等。正常情况下,国家储备粮可维持4~5个月的销量;地方储备粮则可维持2~3个月的销量;还有不少的农民进行余粮储备,这一储备一般可维持5~6个月的口粮。

尽管3种中央储备粮的粮权都属于中央,但对于这些粮食的收购、储存、轮换、抛售等业务都是由地方负责。这种管理方式的弊端是储备粮经营管理容易受地方利益的影响,致使中央储备粮管理不严、库存不实、需要时调度不灵,一定程度上削弱了粮食储备的根本目的。1999年,国家决定建立中央储备粮垂直管理体系,将国家粮食储备局改为国家粮食局,作为国务院直属机构,由国家计委代管,同时组建中国储备粮管理总公司,专门负责中央储备粮的经营管理,并于2000年将前述3种中央政府管理的储备粮食合并成为中央储备粮。2000年10月以后,中央储备粮的经营管理业务全部由各省(自治区、直辖市)粮食局移交给中国储备粮管理总公司。中国储备粮管理总公司通过在重点地区建立地方分公司和上收直属粮库的方式建立垂直管理体系。这也就形成了以政府储备和社会储备为主体,并由国家粮食局和中央储备粮管理总公司及承储单位组成的储备粮管理体系。2018年3月,中共中央印发《深化党和国家机构改革方案》,决定组建国家粮食和物资储备局,由国家发展和改革委员会管理,不再保留国家粮食局。

2003年,国务院颁布了《中央储备粮管理条例》,该条例对中央储备粮的计划、储存和动用等各个环节都作出了全面的规定,这是我国第一部规范中央储备粮管理的行政法规,由此建立起中国现代的粮食储备制度。2000年以前,中央储备粮主要是由地方粮库代储。据统计,当时的储存库点十分分散,全国共有1.1万多个。2000年以后中央储备粮的储存采取中国储备粮管理总公司直属库专储和地方粮库代储相结合的方式,直属库的数量也大量增加。

如何才能动用这些储备粮食?根据《中央储备粮管理条例》的规定,可以动用的情况主要有:全国或者部分地区粮食明显供不应求或者市场价格异常波动;发生重大自然灾害或者其他突发事件以及国务院认为的其他情形。当出现需要动用中央储备粮的情形时,一般是由国家发展改革部门、粮食行政管理部门和财政部门提出动用方案,然后联合报国务院审核批准后,采取挂牌销售、直接供应特定对象或在批发市场公开抛售等方式缓解粮食危机。

(二) 政策性临时收储

政策性临时收储指对(部分大宗)农产品实施临时收购,以稳定农产品价格。在水稻和小麦实施最低收购价政策的背景下,玉米主产区农民也对玉米价格的支持和保护产生了期待。在 2008 年之前，东北玉米价格仅在 1.4 元/千克左右，在农业生产资料价格刚性增长的趋势下，玉米收益不高，农民生产积极性受挫。从消费用途看，虽然只有大约 10% 的玉米进入主食消费，但至少有 70% 的玉米用作饲料或其他形态的食品消费。从居民营养和消费趋势的角度看，玉米的地位绝不亚于水稻和小麦，且其消费在未来较长的时间内增长更快。东北地区同时也是大豆主产区，20 世纪 90 年代以来，其大豆种植面积一路下滑。为了保护农民种植玉米和大豆的积极性，主产区政府积极争取将玉米和大豆纳入保护价范畴，以调动农民种粮积极性。此外，受全球金融危机的冲击，全球大宗农产品价格开始下跌，对国内市场价格的冲击也日益增强。

基于以上背景，2008 年国家决定在东北三省及内蒙古自治区（东四盟）启动玉米和大豆临时收储政策。作为最低收购价政策的拓展形式，临时收储政策是为稳定粮价制定的应急性政策，故定位为"临时"，由国家发展和改革委员会根据具体的市场情况，确定当年实行一次或者多次临时收储价格和收储量，并委托国有粮食企业按照收储价格收粮。大豆临时收储价格采用统一定价原则，玉米临时收储价格采用各省份单独定价原则。政策实施以来，国家公布的临时收储价格呈现逐年递增之势。2008 年大豆临时收储价格为 3.70 元/千克，到 2013 上涨至 4.60 元/千克，涨幅为 24.32%。2008 年黑龙江省、吉林省的玉米临时收储价格分别为 1.48 元/千克和 1.50 元/千克，内蒙古自治区和辽宁省的玉米临时收储价格均为 1.52 元/千克；2013 年达历史最高值，其中，黑龙江省 2.22 元/千克，涨幅 50.0%；吉林省 2.24 元/千克，涨幅 49.33%；内蒙古自治区和辽宁省 2.26 元/千克，涨幅 48.68%。2015 年，国家下调玉米临时收储价格，但是降幅并不明显，下调后四省（自治区）玉米临时收储价格仍高达 2.00 元/千克。

2014 年以来，国家已经先后取消大豆、油菜籽和玉米临时收储政策，目前仅在新疆保留小麦临时收储政策。

四、粮食进出口调节

我国坚持粮食适度进口，充分利用国际粮食资源和粮食市场，通过进出口交换，实现国内粮食的总量和结构平衡是我国粮食宏观调控的重要措施。在我国加入世界贸易组织前后，粮食进出口贸易政策加快了改革步伐，进入系统与完善阶段（2001—2013 年）。除有关规划，该阶段共出台了 5 项粮食进出口贸易政策信息。虽然数量少于改革与探索阶段，但政策包括《粮食流通管理条例》《国家粮食应急预案》等重要纲领性文件，对我国粮食进出口贸易发展进入新阶段的指导意义重大。2001 年 3 月，国务院办公厅同意浙江省先行先试，推动粮食购销市场化改革。2004 年，《粮食流通管理条例》公布，明确粮食进出口可依据该条例实施管理。国家实施应急机制以应对重大突发事件造成的粮食市场供求异常。此后，粮食流通体制改革思路逐渐成熟。2005 年，国务院明确制定粮食应急预案，指导粮食的采购调拨与进出口贸易。2006 年，国务院提出加快制定修订粮食存储和卫生标准，保障粮食安全。2008 年和 2009 年，《粮食安全中长期规划纲要》和《粮食生产能力规划》先后公布。

2014 年至今是我国粮食进出口调节政策发展的创新与深化阶段。在该阶段，我国粮食进出口贸易政策开始尝试多元创新，在保障粮食安全的前提下，激发市场活力，积极与国际标准接轨。该阶段共发布 56 项粮食进出口政策。其中，2018 年共发布政策文件 30 项，平均每月超过 2 项，仅 11 月就达 5 项(占比 16.7%)，2019 年共公布 21 项。国家积极推进粮食进出口贸易，实施多项政策支持粮食内贸和粮食外贸充分发展，在粮食进出口贸易服务政策上有所创新，推进相关贸易信息共享互利。粮食进出口贸易在国民经济发展中的作用得以提升，粮食进出口贸易政策在数量上进入高产和平稳期，在具体内容上与国际标准接轨，以确保我国粮食供应在世界粮食市场中处于安全位置。

2014 年，《中国食物与营养发展纲要》发布，同年中央一号文件重申我国粮食安全策略，强调"以我为主"和"适度进口"。2015 年，国务院发布意见和通知支持深化粮食安全省长负责制，并发布《全国农业可持续发展规划》。2016 年，《进出境粮食检验检疫监督管理办法》《粮食行业"十三五"发展规划纲要》和《全国国土规划》依次发布。2017 年，国务院提出加强对粮食生产功能区的财政金融政策支持，加快推进农业供给侧结构性改革。2018 年，国家粮食局发布建设粮食产业科技创新联盟，提倡加强调查研究。国务院提出促进"一带一路"粮食合作计划，对全国政策性粮食库存进行清查，通报两区工作进展，将粮食制种列入中央财政农业保险费补贴目录，当年 9 月《国家乡村振兴战略规划》印发。2019 年 2 月，农业农村部落实粮食生产扶持政策，海关总署公布进境粮食指定监管场地名单，国家发展和改革委员会提出，到 2025 年，基本实现粮食产业现代化的目标，同年 9 月国家提出提高粮食标准国际化水平的目标。

第三节　中国粮食政策的演进历程

一、自由购销和统购统销体制

新中国成立之初，各方面发展严重受损，农业生产处于恢复阶段。从新中国成立至 1953 年土地改革前农民种植粮食作物、粮食销售商进行粮食买卖以及民众购买粮食是自发的，粮食价格由市场决定，随行就市。计划经济体系建立之后，实行优先发展工业化战略，并选择了农业作为工业发展的原始积累，将农业部门的剩余价值转移到工业部门，导致粮食价格一直处于低于价值的水平；同时，工业化的推进促使大量的农民涌入城镇，加快了城镇化进程和城镇居民对粮食需求的增长，造成了粮食供不应求的局面。1953 年，国家进入大规模的社会主义经济建设新时期，《关于实行粮食的计划收购与计划供应的决议》确定实行粮食计划收购和计划供应，生产粮食的农民按国家规定的收购品种、收购价格和计划收购的分配数量将余粮售给国家，粮食收购量、供应量和收购价格、供应价格等都必须由中央统一规定或经中央批准，统购统销政策正式出台。1955 年，进一步出台《农村粮食统购统销暂行办法》和《关于市镇粮食定量供应暂行办法的命令》，实行"定产、定购、定销"制度，对市镇粮食实行凭粮票定量供应。在缓解供不应求问题的情况下，为了提高种粮农民的积极性和保障他们的利益，多次提高粮食统购价，并逐步减少统购数量。

改革开放后，粮食统购价和超购加价均大幅度提高而销价未动，购销价格再次出现倒挂。粮食产量增长速度加快，在 1984 年出现严重的粮食生产过剩的局面。统购统销不再适用于当时的粮食供求状况。

二、合同定购和市场收购"双轨制"

1985 年中央一号文件提出取消统购统销任务，实行合同定购和市场收购的"双轨制"政策，正式开始了对粮食政策市场化的尝试。第一种是合同定购价和议购议销价并轨，实行"三七"比例计价收购方法，定购以外的粮食自由购销。在经历合同订购价低于原购加价、市场价高于订购价后，农民的粮食种植积极性和交售意愿下降，因此，1989 年政府出台相关政策提高合同定购价，1990 年决定建立国家专项粮食储备，以保护价收购议价粮。第二种"双轨制"是 1993 年开始施行的保护价和市场价并轨，在国家宏观调控下放开粮食价格和经营，实行"保量放价"，同年建立粮食收购保护价格制度和粮食风险基金制度，对主要粮食实施收购保护价政策以弥补生产成本并有适当利润，有利于优化品种结构。2001 年粮食价格全面放开后彻底结束了长达 16 年的"双轨制"购销制度。该时期是在确保粮食基本满足消费的前提下慢慢放松统购统销制度，部分粮食价格逐渐形成市场指导。

三、全面放开粮食购销市场和价格

进入 21 世纪后，我国正式加入世界贸易组织，全面放开国内粮食市场，20 世纪末遗留的"谷贱伤农"、卖粮难以及分散种植效率低、成本高等问题与西方农场粮食大规模低成本种植之间形成鲜明的对比，国内粮价高于国际粮价，国内大量进口国际粮食，造成国内生产的粮食无法流入市场只能以收储状态存在，且种粮面积和粮食产量大幅下降。为了保护我国粮食的主导权和提高种粮积极性，2004 年先后出台了粮食最低收购价、取消农业税、临时收储政策、目标价格政策和农民直接补贴等政策。其中最低收购价政策和目标价格政策虽然由政府主导，但其价格是由市场所决定，前者为了刺激农民持续生产粮食，后者是稳定市场走势。同一时期国家一方面提出了"多予少取"的方针，全面取消农业税。另外，增加了对种粮农民的直接补贴激励，推出农民种粮直接补贴、良种推广补贴、农资综合补贴，之后逐渐增加农机购置补贴、农业保险费补贴等多项补贴政策，并不断增加补贴范围和力度，提高补贴标准，补充针对产粮大县的奖励政策，以补贴其财政困难。真正意义上在粮食生产、流通和销售环节上降低成本，补贴地方财政和农民的经济困难。

四、"三量"齐增背景下的结构性调整

上一时期实行的粮食最低收购价格和粮食临时收储政策带动粮食产量和价格的迅速上升，稻谷和小麦的最低收购价格自 2008 年以来连续 7 年提升，于 2014 年达到了历史的最高值。为了稳定粮价，国家于 2008 年在部分地区实行玉米和大豆的临时收储政策，该政策实施以来临时收储价格呈现增长趋势。在最低收购价政策和临时收储政策的背景下，粮价不断升高甚至超过国际市场粮价，出现了"国粮入库、外粮入市"的情况，不仅削弱了国内粮食的国际竞争力，还会给农民提供错误市场信息，玉米的种植面积不断扩大，种植结构呈现不合理的状况。

《2016 年政府工作报告》提出，要引导农民适应市场需求调整种养结构，适当调减玉米种植面积；积极稳妥地推进玉米收储制度改革，保障农民合理收益。同年 4 月，《全国

种植业结构调整规划》指出，我国的农业主要矛盾已经由总量不足转为结构性矛盾，要推进农业供给侧改革，稳定稻谷、小麦等种植面积，优化结构，对非优势区玉米播种面积进一步调减。2014—2017 年，我国陆续取消粮食的临时收储政策转为目标价格政策和生产者补贴制度，引导粮食生产者进行种植结构的调整，加快推进农业供给侧结构性改革。2018年中央一号文件提出"藏粮于地，藏粮于技"的口号巩固产能，减少政策性粮食库存。时至今日，我国粮食从量变发展到质变，走上了绿色的可持续发展道路。

第四节　中国粮食政策的效果评估

一、粮食供给稳定增加，保障国家粮食安全

(一) 总产量和单产同比例增长

在粮食政策的作用下，我国粮食生产总量自新中国成立以来整体呈现增长趋势，从1949 年的粮食总产量 1 132 亿千克增长到 2021 年的 6 828 亿千克，是 1949 年的 6 倍多(图9-3)。1949—1959 年，我国经历过长期战争后，农业处于恢复阶段，尤其是经历过 1953年的土地改革后我国统购统销制度正式出台，该阶段的粮食生产总量平均增长率达4.46%，是新中国成立以来粮食产量增长最快的阶段；1960—2003 年，粮食政策从统购统销转变到"双轨制"阶段，21 世纪全面放开粮食市场，粮食生产量呈现波动式增长，平均增长率为2.33%；2004—2021 年，我国全面放开粮食市场及面向国际粮食市场，实施了各种惠农政策和补贴政策，粮食产量呈现较为平稳的增长态势，平均增长率为2.62%。

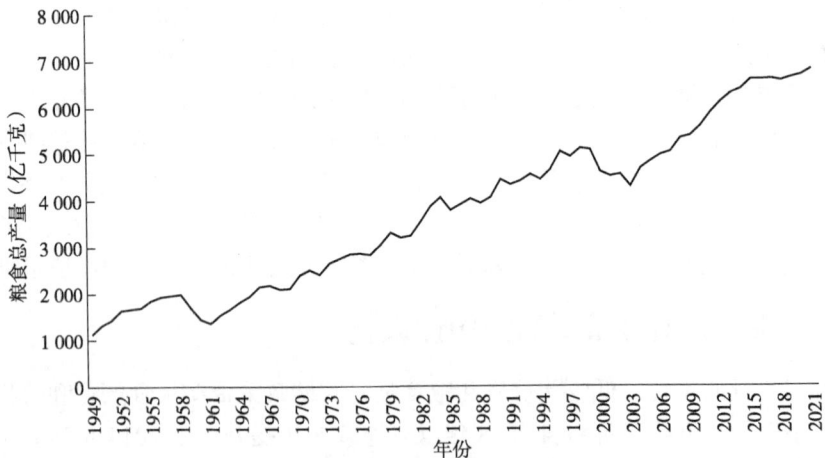

图 9-3　1949—2021 年我国粮食总产量
(国家统计局，1955—2022)

我国粮食单位面积产量增加是粮食总量增长的主要来源，一直以来我国粮食单产和粮食总产量的增长趋势非常相似。从 1949 年的 1 029 千克/公顷增长至 2021 年的 5 805千克/公顷，单产增长了 5 倍，平均增长率达 2.56%，与粮食总产平均增长率 2.70% 非常接近。

(二)播种面积维持稳定

70多年来,我国粮食播种面积呈现出先是平稳、小幅度的上升,中间时期处于小幅度下降阶段,再迅速上升的趋势。我国粮食播种面积从1949年的10 995万公顷逐渐上升到2021年的5 805万公顷。1949—1956年粮食播种面积连年增长,呈现出较为明显的增幅,平均增长率为3.13%。1957—2003年粮食播种面积大部分时期都处于负增长状态,46年内平均增长率为-0.64%。粮食播种于2004年迎来转折点,自此我国粮食播种面积呈现先是波动高速,再平稳的增长的态势,尤其是2011年的播种面积增长率达到4.08%,17年来平均增长率达1.66%。现在的播种面积已经是新中国成立之初的5倍多。

(三)人均粮食占有量增长态势向好

新中国成立以来,我国人口经历了先快速增长,再平稳缓慢增长的过程。从1949年的54 167万人增长至2021年的141 260万人,是1949年人口的2.6倍,且人口增长的幅度较为平稳;粮食总产量在2021年已经是1949年粮食总产量的5倍之多,所以人均粮食产量从1949年的208千克增长至2021年的483千克,人均产量翻了2.3倍。1949—1958年,我国的人均粮食产量高速增长,平均增长率达4.42%,是新中国成立以来人均粮食产量增长的主要贡献时期;从1959—1996年我国人均粮食产量进入缓慢且波动的增长阶段,平均增长率为1.01%;1997—2003年,我国经历了粮食连年减产的情况,所以人均粮食产量呈现-2.91%的平均负增长率。2004年后人均粮食产量重新恢复平稳且较为快速地增长。总的来说目前我国解决了人民"吃饱饭"的问题。

二、粮食生产和消费品种结构优化

新中国成立以来,我国粮食种植结构和消费结构发生了很大的变化。受当下的粮食政策和人民生活水平提高的影响,我国粮食种植结构呈现玉米赶超稻谷和小麦成为我国粮食第一大品种的情况,同时粮食消费结构出现对蔬菜类、蛋奶类和畜牧类的食物的需求越来越旺盛的情况,食物消费结构呈现多元化发展。按照我国现行粮食统计口径,粮食包括谷类、豆类、薯类,其中谷物的稻谷、小麦和玉米生产占比非常高,是我国的主要粮食作物。自1949年开始,稻谷和小麦呈现波动式增长后逐渐减少的趋势,玉米的增长态势非常明显,大豆和薯类产量保持稳定。

稻谷产量从1949年的4 864.8万吨增长到2021年的21 284.24万吨,稻谷总产量翻了4.38倍,但稻谷生产增长速度非常不稳定,其在粮食总产量中的占比从1949年的42.98%降至2021年的31.17%。小麦在新中国成立初期的产量为1 381.5万吨,是仅次于稻谷产量的粮食,小麦生产增长趋势与稻谷非常相似,分别于1963年和1995年被玉米产量赶超,但小麦占粮食总产量的比例由12.21%上升至20.06%。玉米在全部粮食中的增长速度最快,平均增长率达4.92%,远远领先于其他粮食品种的增长速度,尤其是进入21世纪以来,玉米的增长势头非常明显,在粮食总产量中接近40%的占比,2021年玉米总产量达到27 255.06万吨。

虽然豆类和薯类是重要粮食作物,但是两者的生产非常不稳定且增长速度缓慢,占粮食总产量的比例逐渐下降,其中大豆是豆类中占主导地位的粮食,大豆产量从1949年的

4.50%下降至 2021 年的 2.40%、薯类产量从 8.70%下降至 4.46%。

三、农民的收入增加

随着粮食政策的实施，农民种粮收益得到有效提高，农民收入呈现明显增加趋势。如图 9-4 所示，自新中国成立以来，农村居民人均可支配收入是稳步增长的，经历了改革开放初期的快速增长、20 世纪 90 年代的平稳增长和 21 世纪初至今的恢复高速增长，从 1978 年的 134 元上涨至 2021 年的 18 931 元。1978—1988 年，农民可支配收入呈现高增长趋势，但增长率出现逐年下降的情况，该阶段平均增长率为 12.15%。1989—2010 年，农民可支配收入稳步增长，增长率有所波动，幅度较小，农民可支配收入的增长率为 5.55%。2011 年之后，农民可支配收入恢复高速增长趋势，平均增长率达 7.99%。

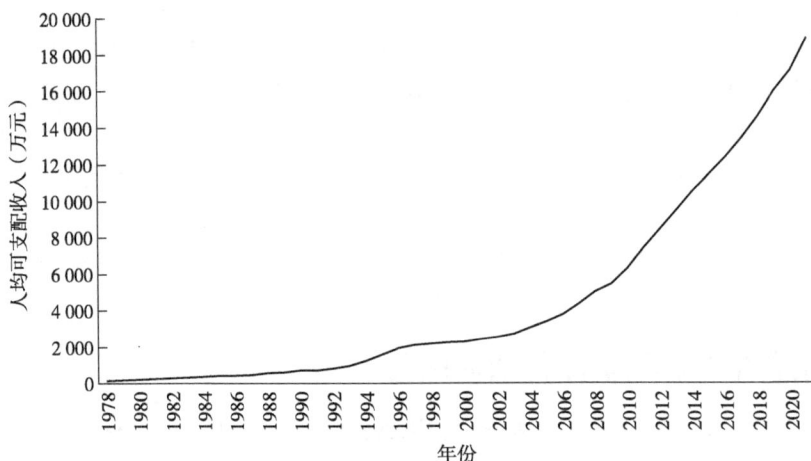

图 9-4　1978—2020 年农民人均可支配收入

第五节　中国粮食政策的战略选择

一、优化粮食安全观念，弱化短期高自给率追求，强化长期能力安全

新时期国内外环境发生了根本性变化，粮食安全已被赋予多元的目标和内涵。以往强调数量安全的传统思想不再适用于新时期的粮食安全保障，需全面转向数量安全、营养安全、生态安全和能力安全并重的粮食安全保障战略，不仅要满足城乡居民"吃得饱"，而且要保证"吃得多样、健康"，还要保证生态安全和粮食可持续供给。粮食自给水平是反映粮食安全的重要指标，在数量安全、营养安全、生态安全、能力安全多重目标下，需要调整自给率的设定原则及范围。粮食自给率的设定要将"口粮绝对安全，谷物基本自给"视为底线，将资源环境承载力作为硬约束，在"分粮施策"原则下细化保障目标。坚持"谷物基本自给，口粮绝对安全"的底线，针对广义的食物，在资源约束和需求刚性增长下，适度的进口有助于同时实现数量、营养、生态和能力的安全。总之，应根据不同阶段的粮食有效

利用率、膳食消费结构变化等，动态调整粮食自给率目标。

二、坚守耕地数量和质量红线，保障粮食生产的能力安全

保障粮食安全，首先要保障耕地的数量和质量安全。严守18亿亩耕地红线，推进高标准农田建设、黑土地保护工程，防止耕地非农化、非粮化现象蔓延，确保各省份粮食面积和产量的稳定。优化"占补平衡"政策，保障耕地占补产能平衡。一方面，将补充耕地的数量和质量纳入占补平衡项目的验收条款，对于部分达不到原有耕地等级的补充耕地，通过折算增加补充相应面积的耕地，应设定地力提升目标，坚决杜绝"占优补劣"现象发生；另一方面，重视增加土地整治和复垦，补充耕地来源，落实补充耕地的作业主体，避免新增耕地的粗放利用或撂荒。同时通过田块整治、土壤改良等措施，突破边际土地极端限制因素，适度有序地改造边际土地，为"藏粮于地"提供重要耕地资源补充。但应注意，潜在的耕地数量是有限的，不宜过度开发后备土地，以防止生态被破坏。提升耕地质量是挖掘生产潜力、保障粮食安全的关键。农田建设方面，要加大农业基础设施投入，完善田间排灌和生态防护工程。推广化肥农药减量施用、测土施肥技术，保护性耕作技术等绿色农业生产技术，稳步提升耕地质量。此外，落实粮食安全党政同责制度，严格落实责任制考核；健全耕地质量监测网络，长期跟踪监测耕地质量，准确把握粮食实际产能。

三、提升农业综合竞争力，为粮食安全插上技术的翅膀

加大农业科技投入和生产技术变革以实现"藏粮于技"，促进农业技术的推广和进步，提升农业综合生产能力和效益。加快农业科技体制转变，解决科研和生产"两张皮"问题，加强良种技术、生产技术、机械技术、信息技术等科技成果的转化和应用。推动现代种业工程建设，突破"卡脖子"核心技术，选育耐盐碱植物，促进育繁推一体化，从源头上保障国家粮食安全。协调好粮食生产和生态环境之间的关系，研发推广秸秆还田、免耕等保护性耕作技术、生物农药技术来促进地力的提升，减少农业面源污染，提高农业可持续发展能力。加大农机技术研发投资力度以提升农机装备的自主研发能力，提高农机设备对地形、区域、作物的适应性，降低粮食收获的漏粮率、损失率，促进农机与配套的农艺技术融合。同时加大农机购置补贴力度。提升粮食产业的信息化水平，依托大数据、物联网等先进技术促进粮食生产、加工、流通、储藏等全产业链转型升级。拓展食物来源，发展生物科技、生物产业，向森林、江河湖海、设施农业要食物，向植物动物微生物要热量、要蛋白。优化创新农业技术推广体系，发挥科技人才引领优势，促进科技成果转化为生产力；依靠政策宣传和国家补贴，使用市场诱导、规模化经营等手段激励农户采用绿色生产技术。

四、减少食物损失浪费，引导合理膳食结构，保障国民营养安全

高度重视中国食物的损失和浪费现象，提升粮食的有效利用率。降低粮食收获、加工、流通、储藏、消费过程中的损失率是提高粮食有效利用率的重要途径，其中减少餐桌食物浪费相对成本较低，更是成为短期内提高粮食有效利用率的关键。这就需要开展节约

粮食行动，形成社会爱惜粮食的良好风气。可将简朴务实的餐饮消费观念纳入中小学教育体系，从小树立节约粮食的正确价值观，同时采取价格调控和监管等方式减少食物浪费。此外，中国当前不均衡的膳食结构不仅导致了各种资源的浪费，还导致了慢性代谢类疾病等健康问题，要引导居民合理的膳食营养结构，促进食物消费均衡。一方面，对于摄入超量的肉类消费在商品销售环节通过征收消费税、提高消费价格等降低过量的肉类消费，引导膳食结构合理调整；对不同类别的肉类征收差异化的税率，如对耗粮系数高且威胁健康的红肉，设定更高的税率，对禽肉类征收较低的税率。另一方面，对于摄入不足的奶制品消费方面，加大对奶制品营养健康知识的公益性宣传力度，提高居民对奶类消费的意识及增加相关知识以改变其乳制品消费习惯，同时鼓励多元化的奶制品食用方式，提升奶制品的摄入，使膳食达到均衡。此外，开展"营养支持计划"，通过给低收入群体和儿童发放食物券等形式，保障全民营养安全。

五、统筹利用国内国外两种资源、两个市场，深化合作安全

在新发展格局下，保障粮食安全应树立"立足国内、全球供应"的观念，提高综合利用两个市场、两种资源的能力。保持粮食安全战略定力，集中优势资源条件，突出稻谷、小麦等主要粮食品种的地位，坚持口粮绝对安全、谷物基本自给，有助于应对国际粮食市场异动、发挥粮食安全"压舱石"作用。同时，对于不具备生产优势的大豆、粗粮等，要通过多元化进口来拓展贸易渠道，以保持进口的稳定。在城乡居民口粮消费下降，肉、蛋、奶等消费需求提升的背景下，树立大食物安全观，米袋子、菜篮子、果盘子兼顾，由市场决定进口玉米、大豆等饲料作物，还是肉蛋奶等产品。积极参与粮食贸易国际治理体系，提高话语权。加快农业"走出去"步伐，在中长期培育国际大粮商和农业企业集团；深入推进南南合作，为发展中国家完善灌溉、港口等基础设施建设，积极参与发展中国家的粮食收购和流通，以提高掌控国际供应链的能力，优化粮食安全保障和农业发展战略，提升中国在全球粮食市场上的国际地位。

六、构建粮食安全应急保障机制，防范国际市场风险

构建全球粮食风险预警机制，高质量地推进粮食安全常态保障机制与应急保障机制建设，提高保障体系之间的转换能力，以应对国际突发事件。在常态化体系正常运转时，以紧急情况下能够迅速恢复生产能力为目标，扩大农业轮作休耕补贴的品种范围、提高补贴金额，适当降低复种指数，进口相对较多的粮食来保障能力安全；在遇到威胁粮食安全的突发事件时，能够及时增加国内粮食的生产，保证"产得出、供得上"。此外，还应加强常态粮食安全保障机制与应急保障机制的有效结合，制定应急预案，以提高两个粮食安全保障机制之间快速转换的能力。

思考题

一、名词解释
粮食安全　粮食最低收购价政策　粮食储备

二、思考与论述

1. 粮食安全的内涵是什么？如何理解粮食安全和营养安全、能力安全、生态安全、合作安全之间的逻辑关系？

2. 粮食政策工具主要有哪些？

3. 简述中国粮食安全政策的演进历程与特征。

4. 你认为新时期如何保障中国的粮食安全？

案例分析

第十章

农业转基因生物技术与产品安全管理政策

【学习目标】

1. 掌握农业转基因生物技术的概念与特点。
2. 了解农业转基因生物技术的发展现状。
3. 掌握农业转基因生物技术与产品安全的经济学分析。
4. 了解中国农业转基因生物与产品安全管理政策。

第一节　农业转基因生物技术的概念与特点

一、转基因生物技术的概念

生物技术是应用自然科学与工程学原理，依靠微生物、动物、植物体作为反应器将物料进行加工以提供产品进而为社会提供服务的技术（国际经济与发展合作组织，1982）。

基因是 DNA 分子上具有遗传效应的片段，也是决定生物特性的最小功能单位，具有物质性和信息性双重属性。转基因技术又名遗传修饰技术、DNA 重组技术，是通过将体外重组后的外源基因导入受体细胞，使这个基因能在受体细胞内复制、转录和表达（焦悦等，2016）。无论在生产过程还是最终产品，转基因技术都会涉及外源基因的导入和整合。转基因食品是指利用现代分子生物技术，将某些生物的基因转移到其他物种基因中，改造生物的遗传物质，使其在外观、营养价值、消费品质等方面向人们所需要的方向转变，将其直接食用或作为原料加工生产的食品（曾庆肖等，2021）。

随着新兴学科的交叉和前沿技术的融合，生物技术不断涌现且发展势头强劲。基因组编辑技术是指对基因组进行定点修饰和改变的技术，是利用人工构建的核酸酶对生物体的基因组序列进行改造，对目标基因序列进行精确的碱基插入、替换和敲除等修饰的技术（Papaioannou et al.，2012）。部分基因组编辑技术涉及外源基因的导入。全基因组选择也称基因组选择，是指在全基因组范围内通过基因组中大量的标记信息估计出个体全基因组范围的育种值并加以选择的育种方法(张顺进等,2019)。合成生物技术采用工程学的模块化概念和系统设计理论,改造和优化现有自然生物体系,或合成具有预定功能的全新人工生物体系,不断突破生命的自然遗传法则,标志着现代生命科学已从认识生命进入设计和改造生命的新阶段(林敏,2021)。

二、农业转基因生物技术分类

转基因技术在农业上主要用于农作物、动物、微生物生产,在农业领域已商业化应用20余年,被誉为人类科技史上应用速度最快的高新技术,但同时也是当今世界存在争论最大的技术。

(一)按照基因转移的途径划分

按照基因转移途径可分为自然转基因技术和人工转基因技术。

自然转基因技术是指在生物体之间自然发生的基因转移现象。根据基因自然转移的途径不同,可分为水平基因转移与垂直基因转移。水平基因转移是相对于垂直基因转移(亲代传递给子代)而提出的,是在差异生物个体之间或单个细胞内部细胞器之间进行的遗传物质的交流。这种交流打破了亲缘关系的界限,使基因流动的可能变得更为复杂(欧剑虹等,2003)。

人工转基因是人类利用基因工程技术把生物物种的某一控制特定性状的目的基因克隆出来,通过物理、化学或生物等方法,把目的基因转移到其他物种的特定细胞中,通过基因的表达而使受体物种表现目的基因所控制的性状。

(二)按照生物种类划分

按照生物种类可分为植物转基因技术、动物转基因技术和微生物基因重组技术。3种转基因技术基本原理大致相同,但在方法上存在差异。微生物基因重组技术比较简单、容易实现转基因操作,而植物转基因技术和动物转基因技术则相对复杂和困难。目前,微生物转基因技术有固体培养基法、电转化法和原生质体法等。动物转基因技术有显微注射法、逆转录病毒法、胚胎干细胞法、体细胞核移植技术等。植物转基因技术主要有农杆菌介导法、基因枪法、电击/聚乙二醇(PEG)法、花粉管通道法等(潘华,2022)。

(三)按照转基因作用划分

按照转基因作用可分为增产型、控熟型、品质改良型、复合性状型、生产基因重组疫苗或蛋白质型转基因技术。

增产型转基因技术主要应用于农作物抗虫害、抗病害、耐除草剂、抗逆境能力的提升等领域,可以通过转移或修饰作物相关的基因达到增产效果。控熟型转基因技术是通过改变植物体内乙烯合成酶的功能从而达到延迟蔬菜瓜果成熟的目的。通过控制有关细胞壁成分降解酶的反义基因,来调控果实变软时间,延长保鲜期。品质改良型转基因技术是通过增加新的营养成分、增加现有营养成分的含量,减少或去除抗营养物质或毒素等途径将基因工程技术充分应用于作物营养品质的改良的技术。复合性状型转基因技术从农业生产应用出发,同时将多个外源基因转入农作物,使其获得多个优良性状(康升云,2022)。此外,利用分子生物学与基因工程技术可以将抗原编码基因通过构建植物表达载体导入农作物，由农作物表达具有免疫原性的基因重组疫苗或蛋白质（郝宇娉，2020）。

三、农业转基因生物技术特性

（一）反自然特性

自然选择实质上是对生物基因的选择，是没有目的的选择，而转基因技术的研发以及对生物的改造具有人为目的性。转基因技术的出现，使人们可以根据自身发展的需求主观地改造自然生物，使其具备某种特定的属性。对生命内在结构的打破是"反自然行为"的突出特征（冯虎成，2017）。

（二）私人垄断性

与依靠资本、规模等传统方式实施垄断不同，专利成为跨国农业技术公司实施垄断的新型技术力量。跨国农业生物技术公司主要以知识产权为武器，它们在世界各国大量申请农业技术专利，并以此为基础进行农业技术专利布局，谋求垄断利益（曾益康，2016）。农业生物技术公司实施技术垄断的方式多种多样，包括收取高额专利许可费，申请阻碍性专利限制他人进行技术研发，设置专利丛林等市场进入壁垒，进行专利劫持控制下游产业以及通过交叉许可等方式影响竞争等。跨国农业生物技术公司在转基因技术市场上进行垄断的危害极大（吕明瑜等，2018）。

（三）风险性与不确定性

转基因技术实现了对自然生物基因的重组和再造，为人类社会的发展提供了前所未有的机遇。但转基因技术又将人类社会带入了新的风险中。人对生物基因的认知存在局限性，基因潜在的功能更是超越了现代人的认知范畴。基因的重组和再造过程包含着多种不确定性后果。科技成果转化过程中存在生产风险、市场风险、"寻售"风险和交易风险，这些风险以不同方式作用于科技成果所有者以及科技成果的转让方和受让方（臧秀清，2000）。

转基因技术在技术层面上的不确定性、转基因农作物在自然环境中的不确定性以及转基因作物在市场推广后的不可预测性，都归为转基因技术及其应用的风险问题（冯虎成，2017）。

第二节　农业转基因生物技术的发展现状

一、全球农业转基因生物技术发展概况

（一）全球农业转基因生物技术发展历程

转基因生物技术源于 DNA 重组技术的发明。1973 年，美国科学家发明了 DNA 重组技术；1983 年，美国首例转基因植物（烟草和马铃薯）培育成功。从 1996 年开始，转基因作物在全球得到商业化应用。

通过转基因改善农作物性状和功能的研究成果不断涌现，转基因产品持续处于更新换代中：第一代农业生物技术将抗虫和抗除草特性引入玉米、棉花、大豆和油菜 4 种作物

（Geoffrey et al.，2014），旨在提高作物抵抗生物胁迫或非生物胁迫的能力，进而提高作物产量、降低投入；第二代农业生物技术以品质改良转基因作物为主，包括提高作物的维生素、赖氨酸、油酸等营养成分含量，剔除过敏原及植酸、胰蛋白酶抑制因子等抗营养因子，使转基因食品营养更丰富、更可口；第三代农业生物技术以功能型高附加值的转基因生物为主，如以生物反应器、生物制药、生物燃料、化工原料、清除污染等特殊功能的改良为主，旨在拓展新型转基因生物在健康、医药、化工、环境、能源等领域的应用（沈平等，2017）。

当前，新兴学科高度交叉，前沿技术深度融合，重大理论与技术创新不断涌现，生物育种的技术内涵不断增加，其核心技术如全基因组选择、基因编辑和合成生物等前沿新兴技术发展势头强劲，正在孕育和催生新一轮农业科技与新兴产业革命。

（二）全球农业转基因生物技术应用概况

根据国际农业生物技术应用服务组织（ISAAA）的全球转基因作物商业化种植数据显示，1996—2019 年，全球转基因作物呈现以下发展特点和态势：

1. 全球转基因作物获得了快速发展并呈现持续发展态势

1996—2019 年，全球转基因作物种植面积变化趋势如图 10-1 所示。自 1996 年转基因作物商业化以来，种植面积从最初的 0.017 亿公顷扩张到 2019 年的 1.904 亿公顷，增加了约 112 倍。24 年间全球转基因作物种植面积总体呈现快速增长态势。在全球粮食安全问题、气候变化等因素的影响下，预计未来转基因作物种植面积也将呈现持续发展态势。自 1983 年转基因作物诞生于美国，其商业化种植面积一直在发达国家处于领先地位。同时，发展中国家商业化种植面积也在逐年递增，2012 年发展中国家转基因作物商业化种植面积达到 0.885 亿公顷，占全球商业化种植面积的 52%，首次超过发达国家（0.818 亿公顷）。目前发展中国家已经成为转基因作物商业化种植的主体。

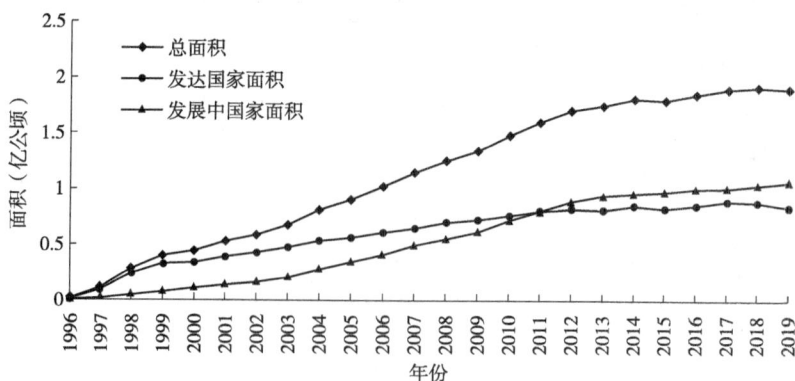

图 10-1　1996—2019 年全球转基因作物种植面积
（ISSSA，1977—2020）

2. 转基因作物和产品的被接受度越来越高，呈现势不可当的趋势

2019 年是转基因作物商业化的第 24 年，共有 71 个国家/地区应用了转基因作物技术。42 个国家/地区进口了用于养殖饲料和食品加工的转基因农产品。另有 29 个国家种植了转

基因作物，其中包括 24 个发展中国家和 5 个发达国家。美国以 7 150 万公顷的转基因作物种植面积排名第一，其次是巴西 5 280 万公顷、阿根廷 2 400 万公顷、加拿大 1 250 万公顷和印度 119 万公顷(表 10-1)。

表 10-1　2019 年全球各国转基因作物种植情况

排名	国家	种植面积(百万公顷)	转基因作物种类
1	美国	71.5	玉米、大豆、棉花、苜蓿、油菜、甜菜、马铃薯、木瓜、南瓜、苹果
2	巴西	52.8	大豆、玉米、棉花、甘蔗
3	阿根廷	24	大豆、玉米、棉花、苜蓿
4	加拿大	12.5	油菜、大豆、玉米、甜菜、苜蓿、马铃薯
5	印度	11.9	棉花
6	巴拉圭	4.1	大豆、玉米、棉花
7	中国	3.2	棉花、木瓜
8	南非	2.7	玉米、大豆、棉花
9	巴基斯坦	2.5	棉花
10	玻利维亚	1.4	大豆
11	乌拉圭	1.2	大豆、玉米
12	菲律宾	0.9	玉米
13	澳大利亚	0.6	棉花、油菜、红花
14	缅甸	0.3	棉花
15	苏丹	0.2	棉花
16	墨西哥	0.2	棉花
17	西班牙	0.1	玉米
18	哥伦比亚	0.1	玉米、棉花
19	越南	0.1	玉米
20	洪都拉斯	<0.1	玉米
21	智利	<0.1	玉米、油菜
22	马拉维	<0.1	棉花
23	葡萄牙	<0.1	玉米
24	印度尼西亚	<0.1	甘蔗
25	孟加拉国	<0.1	茄子
26	尼日利亚	<0.1	棉花
27	斯威士兰	<0.1	棉花
28	埃塞俄比亚	<0.1	棉花
29	哥斯达黎加	<0.1	棉花、凤梨
总计		190.4	

资料来源：ISAAA，2020。

目前，转基因作物已经扩展到四大作物(玉米、大豆、棉花和油菜)之外，包括苜蓿、甜菜、甘蔗、木瓜等作物，为世界上许多消费者和食品生产商提供了更多的选择。转基因作物性状从早期抗除草剂、抗虫、抗病毒、品质特性、授粉控制等单一性状发展到多种复合性状。

此外，支持转基因作物和产品的主要群体不仅来自自然技术(尤其生物技术)领域的专家，还有众多的农民。巴西在法律上允许种植转基因作物之前，转基因作物的非法种植已经非常普遍。目前日本虽不种植转基因作物，但北海道的农民已经通过日本农业科学院提交请愿书表达了他们进行转基因甜菜田间试验的意向(杨树果，2020)。

3. 全球在转基因作物的种植和应用过程中态度审慎，监管制度将日趋完善

全球总计71个国家/地区对用于人类食物、动物饲料的加工和种植用途的转基因作物签发了监管批文。自1992年以来，除了康乃馨、玫瑰和矮牵牛，监管部门已经批准了4 485项批文，涉及2种转基因作物的403个转化体的生产和销售。在这些批文中，2 115项用于食物(直接使用或加工)，1 514项用于饲料(直接使用或加工)，856项用于环境释放或种植。美国批准的转基因转化体数量最多(仅限单一性状)，其次是日本(不包括批准的复合型和叠加型转化体的中间转化体)、加拿大、巴西和韩国(表10-2)。

表10-2　用于食物、饲料、种植/环境用途的转基因作物转化体批准状况

国家/地区	批准转化体数量(个)			
	粮食	饲料	种植	合计
美国	183	178	178	539
日本	186	177	130	493
加拿大	147	138	144	429
巴西	111	111	106	328
韩国	157	148	0	305
菲律宾	116	114	14	244
墨西哥	188	29	14	231
阿根廷	77	69	75	221
欧盟	100	101	4	205
澳大利亚	118	18	39	175
其他	732	431	152	1315
合计	2115	1514	856	4485

资料来源：ISAAA，2020。

一直以来，各国对新的转基因作物品种或新的性状的田间试验从未停止过，试验频次高、试验范围广的转基因作物获准商业化的数量越来越多，商业化种植的面积越来越大，同时获准商业化种植的履行审批程序越来越严格。随着全球一体化的发展以及世界各国在各领域合作的深化，转基因作物全球协同监管将日趋完善。

二、我国农业转基因生物技术发展概况

(一)我国农业转基因生物技术发展历程

我国的农业生物技术发展经历了早期跟踪国际前沿技术(1986—2000)和近期自主创新(2001 至今)两个阶段(沈平,2017)。

1. 早期跟踪国际前沿技术阶段(1986—2000)

为应对世界高技术蓬勃发展和国际竞争日趋激烈的严峻挑战,从跟踪世界科技前沿技术和国家战略需求出发,1986 年,我国启动了国家高新技术研究发展计划("863"计划),在生物技术领域确立"优质、高产、抗逆动植物新品种"主题,重点支持水稻基因图谱、两系法杂交水稻和转基因农作物研发。1989 年,我国进行了烟草、棉花、番茄等作物的转基因田间测试;1992 年,种植了世界上第一批商用转基因烟草;1999 年,我国首次启动了以转基因研究为主的"国家转基因植物研究与产业化专项"工程,重点支持水稻、玉米、棉花、大豆等主要农作物和园艺植物的转基因研究与产业化。

早期跟踪阶段建立了主要农作物的遗传转化体系,对国际上已有的相关研究的主要功能基因进行了功能验证和大田实验,开发出了转基因抗虫棉并推广应用,使我国成为世界上第二个拥有抗虫棉研究开发整套技术的国家。

2. 近期自主创新阶段(2001 至今)

进入 21 世纪,中国更是高度重视转基因技术研究与应用,在"863"计划、国家重点基础研究发展计划("973"计划)、国家自然科学基金等相关科技计划支持下,转基因生物技术进入全面自主创新阶段,在重要功能基因发掘、转基因新品种培育及产业化应用等方面取得了一系列重大成就。特别是 2008 年,国家启动转基因生物新品种培育重大专项计划,转基因研发呈现后来居上的态势,实现了总体跨越、部分领先的目标。

2009 年,农业部颁发了抗虫转基因水稻和饲用转基因玉米的安全证书,引发了全社会对转基因安全的空前关注,"挺转"和"反转"两方在转基因食用安全、环境风险、产品标识、政策法规和生物伦理等方面展开激烈的讨论。在这种情况下,我国的转基因主粮化研究政策逐渐变得保守,政府采取了"继续研究,谨慎推广"的转基因生物安全管理模式对转基因产品观察。

尽管面临巨大争议,我国转基因重大专项技术仍然顺利实施并取得显著成效,带动我国农业生物技术实现了总体跨越,在重要农艺性状基因鉴定、克隆,以及植物基因组相关基础学科方面取得了突破性进展,水稻转基因育种等领域已处于世界领先水平。我国已成为继美国之后第二个转基因产品研发大国。转基因品种研发由专项实施之初的少数农产品扩展到粮食和重要畜产品,一批自主克隆的重要性状基因开始应用于育种,转基因品种遗传转化效率达到国际先进水平,建立了完备的转基因育种技术产业化体系和生物安全技术保障体系。

近年来,转基因相关政策措施出台,预示着我国即将有序推进农业转基因产业化进程。2020 年 12 月,中央经济工作会议决定,要尊重科学、严格监管,有序推进生物育种(含转基因育种)产业化应用;2021 年中央一号文件明确提出,要加快实施农业生物育种

重大科技项目；2022 年提出启动农业生物育种重大项目；2023 年中央一号文件首次提出加快生物育种产业化步伐，重视转基因技术带来的产业变革。

(二) 我国农业转基因(作物)生物技术应用现状

我国曾是世界上最早种植转基因作物的国家之一，是全球第四大农业转基因作物种植国，但从 2004 年后种植面积全球占比不断下滑，2019 年下滑至第 7 位。2014 年，我国转基因作物面积全球占比最高达 4.57%，2019 年仅占 1.68%(图 10-2)。

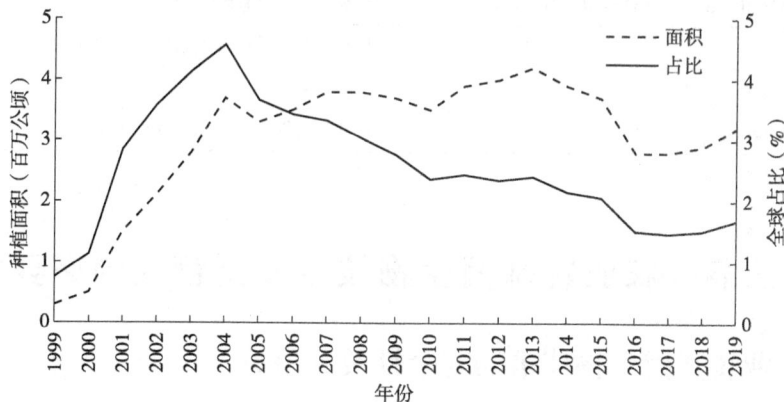

图 10-2　中国转基因作物种植面积及全球占比

(ISSSA，2000—2020)

从图 10-2 可以看出，我国转基因作物种植面积在 2003 年就接近 300 万公顷，直至 2019 年仍一直徘徊在这一水平，主要原因是一直没有放开其他主要作物的种植。截至目前，我国除抗虫转基因棉花和抗病毒木瓜外，其他转基因作物并没有实现产业化生产。可以预期，随着转基因玉米、大豆的陆续放开以及基因编辑作物的推广，中国有望在几年内成为全球第三大生物技术作物种植国，预计种植面积可达 3 000 万公顷以上(金文涌等，2022)。

截至 2019 年年底，我国有两种安全证书通过审批。一种是生产应用安全证书，获批的作物包括抗虫水稻、高植酸酶玉米、抗病甜椒等 7 种作物。另一种是进口安全证书，获批的作物有进口玉米、油菜等 5 种作物，该类作物均为加工用，不用作粮食使用(侯军岐等，2020)。2019 年开始，农业农村部接连多次发放了玉米、大豆等转基因生物安全证书。截至 2022 年 6 月 1 日，我国有 11 个抗虫、耐除草剂转基因玉米，3 个耐除草剂转基因大豆，2 个转基因水稻获得生产应用安全证书(表 10-3)。

为满足国内市场的消费需求，我国每年从国外进口大量的大豆、玉米、油菜、棉花、甜菜等作物及其产品。目前，我国进口的转基因产品主要用于饲料、食用油的生产加工，没有产业化种植和应用推广。根据海关总署发布的数据，2019 年，我国大豆进口量为 8 551万吨，为历史第二高峰。粮食进口量的日益增加，农产品贸易逆差不断扩大，在一定程度上增加了我国粮食安全风险。

表 10-3　中国获得安全证书的主要转基因作物品种

类别	品种	单位	数量
水稻	Bt 汕优 63、华恢 1 号	华中农业大学	2
玉米	瑞丰 125、浙大瑞丰 8、nCX-1	杭州瑞丰生物科技有限公司	3
玉米	DBN9936、DBN9858、DBN9501、DBN3601T	北京大北农生物技术有限公司	4
大豆	DBN9004		1
玉米	Bt11×GA21、Bt11×MIR162×GA21、GA21	中国种子集团有限公司	3
玉米	ND207	中国林木种子集团有限公司、中国农业大学	1
大豆	SHZD3201	上海交通大学	1
大豆	中黄 6106	中国农业科学院作物科学研究所	1

资料来源：金文涌等，2022。

第三节　农业转基因生物技术安全管理的必要性

一、农业转基因生物技术的安全性及其争论

近年来，随着转基因技术进入大众视野，转基因生物的安全性问题引起了社会各界的广泛关注。狭义的生物安全是指人类的生命和健康、生物的正常生存以及生态系统的正常结构和功能不受现代生物技术研发应用活动侵害和损害的状态（朱康有，2020）。转基因生物技术安全管理是为保证转基因技术应用和转基因食物的安全性和无危害性而开展的宣传、协调、监督、建设等活动的总称（钱江江等，2018）。

当前转基因安全问题突出，社会对转基因技术安全性存在较大争论。若不对转基因技术及其产品进行安全管理，生态环境、人类健康及国家安全等都将会面临巨大风险。

（一）农业转基因生物技术安全性分析

在农业领域，转基因生物技术的安全性主要体现在两个方面：一是对环境安全是否造成影响，即环境安全性；二是对人和动物的健康是否造成影响，即食用安全性。

1. 环境安全性

农业转基因生物技术的应用给环境带来生态效益的同时也存在潜在风险。具体表现为：

①引起基因扩散，即基因漂移。基因漂移是一种基因交流的自然过程，本身并不存在生态风险，但如果外源导入的基因通过基因漂移的方式释放到生态环境中，就可能导致严重的生态后果。如可能会导致出现超级杂草、非转基因种子纯度下降、野生近缘种灭绝等问题（郭利磊，2019）。

②影响生物多样性，破坏食物链。转基因作物具有的抗虫、抗草、抗逆境、抗病毒等特性，在攻击或消灭特定目标的同时，必然会挤压生物群落中传统物种的生存空间，通过食物链有可能会直接或间接地威胁非靶标有益生物的生存和繁衍，或使目标害虫出现抗性进化，从而引发生态风险问题（凌闵，2020）。

③对土壤微环境造成影响。转基因作物的培养和发展对于周围环境的安全性也会产生较为严重的影响，尤其是对土壤微生物区系的影响。转基因作物可以通过以下两种途径影响土壤微环境：一是转基因作物转入目的基因的表达蛋白或根部分泌产物直接影响土壤微环境；二是转基因作物的残体或目的基因表达蛋白的聚集与降解引起土壤微环境的变化（李荣兴等，2022）。

2. 食用安全性

联合国粮农组织及世界卫生组织一致认为，凡得到安全证书、通过安全评估的转基因食品，安全性和传统食品相同，人们都是可以放心食用的。然而转基因食品仍然可能存在以下安全风险：

①营养安全性。转基因动植物中引入的新基因，可能导致原已存在的受体基因的失活或表达变化，改变现有营养成分或者产生新的成分，并影响农产品的营养价值和人类的膳食平衡。例如，新鲜的转基因番茄可以储藏数周，但其营养价值较低（邢福国等，2015）。

②毒性。转基因农产品中含有的杀虫蛋白、蛋白酶抑制剂等，以及由于外源基因引入使某些沉默基因表达产生有毒物质，从而可能对人畜健康造成毒性伤害。

③潜在致敏性。转基因动植物中引入的新基因表达的蛋白质可能具有潜在致敏性，从而引起过敏人群的过敏反应。

（二）农业转基因生物技术争论

转基因技术争论原因错综复杂，表面看是食品安全之争，其深层次原因是多种利益的冲突，是技术发展先进国家与落后国家科技之争，是现代农业与传统农业发展之争，是垄断高科技与传统技术利益之争。叶敬忠等（2014）对转基因的争论进行了综述，认为这一争论大致可以分为转基因的安全性问题、转基因的食品商标化和标识管理3个方面的争论。罗浩轩（2021）认为，转基因争论归根到底在于人们对转基因技术是否必要以及转基因技术是否合理这两个基本问题存在分歧。

当前对转基因技术的争论探讨涉及以下3点（杨树果，2021）：

①转基因作物收益的不确定性。转基因作物在第二、三代之后产量与质量都出现下降的趋势，即便产量增加，其利润也可能被高额的农资成本所抵消，农民收入能否增加并不确定。

②转基因技术对生态环境的影响。现有研究鲜有关注转基因作物种植过程中由于农药减施对环境产生的长期负面影响，这一影响应作为成本在经济福利中扣除。由于转基因品种和非转基因品种不同程度的混杂，造成基因污染，增加了农业生产管理的难度。造成农家品种和野生近缘种的生物多样性的改变甚至丢失，破坏生物多样性。

③转基因食品的健康风险。国际上进行的26项动物喂养实验显示了转基因作物的不良反应或动物健康状况的不确定性，但并没有可靠证据表明转基因食品会对人类健康产生不利影响。在关于转基因作物安全的研究中，绝大部分认为转基因技术的安全性与传统转基因作物无明显差异。近年来，关于转基因食品安全评估的研究热点主要集中于转基因引起的分子水平的非预期效应，即插入基因的过程或目标基因本身是否会或多或少地导致作物成分发生非预期变化，以及这种变化是否会引入新的安全风险

（任振涛等，2021）。

二、不同主体对农业转基因生物技术安全管理的需求

当前，关于生物技术对人类健康、生态环境和伦理道德造成潜在风险的争论愈演愈烈，相对应的社会规制管理也被赋予更高的期望。本部分以消费者、生产者和科研机构3个主体为代表，探究利益相关主体对农业转基因技术应用安全管理的需求。

（一）消费者对农业转基因生物技术安全管理的需求

当前消费者最为关注的问题是转基因食品的安全性、转基因技术对人类健康和自然环境造成的潜在危险性。消费者对转基因食品的风险感知、社会评价和接受程度存在较大差异，因此对农业转基因生物技术安全管理的需求也较为迫切。

①在转基因食品安全性无法确定及我国尚未出台专项的转基因食品安全法的情况下，消费者希望政府通过完善立法和科学监管来消除安全忧虑，保障健康和安全。

②转基因食品本身具有的非自然属性和潜在风险使其不再是一个纯粹的科学技术问题，转基因食品的不安全性与科学技术的严谨性相冲突，转基因技术的可信性和科研人员的权威性正受到挑战和质疑。消费者希望通过科学解释和社会共治消除转基因食品的科学忧虑。

③转基因食品的商业化发展在利益分配和风险承担方面存在失衡问题。转基因技术控制者通过技术垄断实现利益最大化，而社会公众却需要面对食品安全和环境安全的风险。这种利益与风险分配的不均衡状况使转基因食品发展的商业伦理问题更为突出。消费者希望通过利益平衡及相关政策消除利益冲突实现公平发展。

④消费者作为普通公众对转基因技术缺乏基础认识和全面了解，其认知水平也难以充分理解转基因食品的特点和安全性。我国转基因食品标签粘贴制度还不完善，对"转基因食品"和"非转基因食品"的标签粘贴标准还没有明确规定。在转基因食品的安全性面对社会整体质疑的情况下，消费者对转基因技术个人认知和主观态度难免受到社会评价和新闻舆论的影响，也难免因为信息不对称而产生心理忧虑。消费者希望科学设置标签粘贴制度，来保障其知情权。

（二）生产者对农业转基因生物技术安全管理的需求

农户作为转基因生物技术社会规制的一个重要行为主体，其态度和行为在一定程度上影响着转基因生物技术的社会规制。研究表明，农户转基因作物种植意愿受到户主年龄、受教育程度、家庭收入、兼业程度、风险偏好以及对转基因作物的投入与销售情况认知的影响。其中，对政府的信任度也较大程度地影响农户对转基因作物的决策行为及种植意向（马述，2003）。农户具有生产者和消费者的双重身份，其对转基因食品的消费认知会影响其转基因农产品的种植意愿（王常伟等，2021）。通过农户对转基因作物政府监管能力依赖度的分析，不难推测农户对转基因作物社会规制的需求。

①农户是转基因技术规制的一个重要行为主体，同时政府信任度是影响农户认知的一个重要因素，希望政府构建转基因作物风险评估体系，及时准确地发布评估信息，保障政策信息的透明性，最大限度地消除农户对转基因作物风险的猜测和顾虑。

②希望政府巧用农村的教育资源最大程度地进行生物技术的培训并实施全民科普，拓宽宣传途径，引导农户正确认识转基因作物的优良性状和潜在风险，告知生物技术与传统技术的区别以及当前"挺转"和"反转"争论的核心问题，增强农户之间的信息交流，进一步提升农户对转基因作物的认知。

③保护转基因作物种植者的自行留种权和选择权，有效地协调农户利益和育种公司的专利权利利益(华静，2017)。

(三) 科研机构对农业转基因生物技术安全管理的需求

2000—2020 年，全球授权的转基因作物共计 9 569 项，专利数量呈现增长趋势。从专利来源的国家分布来看，转基因作物专利主要来自美国，占比 67.63%。中国转基因作物专利数量排名世界第二，占比 12.41%。从专利申请机构的国别来看，专利数量大于 100 项的 12 家领先专利申请机构中有 7 家来自美国，中国 2 家，德国 2 家，瑞士 1 家，来自美国的专利申请机构在相关领域具有明显的技术优势(吴晓燕，2021)。从世界范围来看，转基因技术研发的主体是跨国生物科技公司，其在该领域形成主导优势。国内的转基因技术研发则以高校和研究机构为主，在研发实力上与国外机构存在一定差距。

虽然我国转基因作物专利数量居世界前列，但是原创型和核心专利相对较少。我国在种子研发方面还是以分散研发为主，面对跨国种业公司的强势进场，我国需要扶持企业的种业研发能力。此外，我国对于植物专利权的保护还停留在表型、性状等方面上。随着基因组技术的成熟，破译转基因农作物的基因序列，通过反向工程获取优势基因片段进行重组插入，技术专利可能将通过非法手段获取(蒋帛婷，2022)。因此，科研机构希望对转基因生物技术专利权进行保护，维护其合法权益，避免转基因技术不正当利用。同时希望政府能给予政策和资金上的支持从而提高原始创新能力。相关研发企业希望政府能扩大企业参与度，加强产学研结合，支持其独立研发能力。

第四节　国外农业转基因生物与产品安全管理政策

一、农业转基因生物安全政策模式分类

不同的农业转基因生物安全政策模式会产生不同的风险和收益。转基因生物安全政策直接影响着转基因技术的发展水平和发展趋势、转基因农作物的种植规模以及生物安全局面。转基因生物安全政策模式的选择对一国转基因技术的发展有着深远影响。美国学者认为(Paarlberg，2001)，农业转基因生物安全政策模式主要有以下 4 种：鼓励式、禁止式、允许式和预警式。

(一) 鼓励式

该类政策的制定主要是为了加速转基因农作物技术在一国范围内的应用。它建立了比较低的生物安全标准或者没有生物安全标准，对转基因作物的种植不进行生物安全检查或者仅仅采取象征性地检查。一个象征性的检查程序，可能会对那些已在其他国家得到认可的生物，都给予生物安全认可的授权。

(二) 禁止式

该类政策的导向是政府可能完全阻止这种新技术在本国范围内的应用。在这种政策模式下,有时是由于可证实的风险,有时是由于尚待证实的各种不确定风险,对新的转基因农作物品种不进行生物安全检查而仅仅由于转基因农作物的新颖性就简单地拒绝其种植和进入市场。

(三) 允许式

该类应对转基因技术的生物安全政策的取向是中立的,既不打算加速也不打算放慢其在本国范围内的应用。政策制定通常涉及以下内容:①建立了比较高的生物安全标准,运用标准化的试验去进行个案分析、检测新的品种的转基因作物的风险。②对转基因作物环境风险的检测只是基于产品本身或产品的预期用途,而没有考虑产品的生产过程,即转基因农作物技术的新颖性。所以,不会由于独特的转基因特性而认为转基因作物比一般作物具有更多的、固有的、新类型的风险。③对转基因作物环境风险的认定采取"可靠科学"原则,认为在当前的科学水平下,没有发现风险就是没有风险,而没有考虑到假想的、不确定的风险。④没有单独针对转基因作物的法规和管理机构,而是把转基因作物与一般作物同样看待,用传统的方法对其加以管制。

(四) 预警式

该政策模式的制定,考虑到转基因生物安全问题,打算放慢转基因农作物和食品技术的应用,但并没有完全禁止。这种政策模式具有以下特点:①对转基因作物环境风险的检测是基于转基因过程而不是转基因产品本身,认为由于转基因过程的新颖性,转基因作物的环境风险是与众不同的,传统的检查程序可能会捕捉不到这项工程中的所有风险,所以需要制定单独的法规和规则,建立特别的管理机构,以便把转基因作物同传统作物予以区别对待。②既要考查确定的、具体可证明的环境风险,又要考查假想的、潜在的风险,这主要是考虑到转基因技术的不确定性,转基因风险的不确定性以及风险特征的特殊性。③采取预防性的行动,应对那些假想的、还未被科学证实的环境风险。

二、全球主要国家/地区转基因生物安全管理政策对比

各个国家/地区在构建本国的转基因生物安全法律体系时,往往会结合本国的地理位置、经济发展水平、基本国情等情况制定不同的转基因生物安全管理战略,因此,各个国家/地区的转基因生物安全法律体系也存在差异。本节主要介绍美国、欧盟和日本3种政策模式(表10-4)。

表10-4 美国、欧盟和日本转基因生物安全管理政策对比

政策内容	美国	欧盟	日本
监管机构	美国农业部(USDA) 美国食品药品监督管理局(FDA) 美国环境保护局(EPA)	欧洲食品安全局(ESFA) 欧洲共存局(ECOB)	中央:厚生劳动省、农林水产省、经济产业省、文部科学省、食品安全委员会 地方政府
立法原则	实质等同	风险预防+共存准则	基于生产过程

(续)

政策内容	美国	欧盟	日本
标识制度	定量标识	强制标识	自愿标识+强制标识
审批上市	自愿咨询	成员国+欧盟	安全性评估

资料来源：刘丽霞，2021。

（一）美国："宽松包容"的法律规制模式

美国采取允许式转基因生物安全管理政策模式。在立法上制度，坚持"实质等同性"原则，认为转基因食品如果与传统食品在主要成分上无显著差异，则可以认为二者在食用安全性方面具有实质等同性，不存在安全性问题。在标识制度上，美国自2020年开始由自愿标识制度转变为定量标识制度，即含转基因成分5%以上的食品必须以适当方式标注转基因信息。转基因食品在美国上市只需经过自愿咨询程序，相关机构并不主动发起安全风险评估，而是由申请者依照自愿咨询程序自行担负转基因产品安全评估责任。美国的生物技术安全管理由美国农业部(USDA)、美国食品药品监督管理局(FDA)和美国环境保护局(EPA)共同负责。3个部门对转基因食品的监管分工明确、权责清晰。

（二）欧盟："严格谨慎"的法律规制模式

欧盟采取预警式转基因生物安全管理政策模式。转基因生物安全立法始终遵循风险预防原则，对转基因研发过程实行严格监管。2010年，欧盟委员会实施了《欧盟委员会关于制定国家共存措施的指导方针以避免转基因生物在常规作物和有机作物中的意外存在的建议》(简称《共存准则(2010)》)。该准则的提出有利于避免转基因生物在其他产品中意外存在，防止转基因和非转基因作物(包括有机作物)混合造成潜在经济损失和影响。该准则成为风险预防原则的有力补充，将风险预防原则的指导思想从转基因食品监管的核心环节扩展到转基因食品生产的上下游环节，更延伸到食品原料的供给端(刘婷，2020)。

在审慎监管原则的指导下，欧盟对转基因食品作出了强制标识的要求，即无论含有转基因成分还是采取了转基因工艺，均应进行标识。同时，欧盟对转基因食品的上市流通制定了较为严格的审批制度，要求必须经过成员国与欧盟两个层次的批准才能上市流通。欧洲食品安全局(ESFA)是欧盟最具代表性的转基因食品安全监管机构，其不仅要对各种食品提供科学的评判，还要评价其潜在的危害性。同时欧洲共存局(ECoB)的设置是欧盟层面协调成员国利益的需要，其主要任务包括提供技术指导，以及通过与成员国和相关利益方的紧密协作，就作物的最佳种植方法达成共识。

（三）日本："刚柔并济"的法律规制模式

相较于美国与欧盟的鲜明监管态度，日本对于转基因食品的监管则趋向折中。受现实国情与转基因食品安全性问题的双重影响，日本从生产过程、转基因研发到上市制定了完整的法律规定。在标识制度方面，采取自愿与强制相结合的规制模式。对转基因生物技术安全管理实行中央、地方双层规制体制，以垂直监管为主，属地监管为辅。其中，文部科学省负责审查实验阶段的转基因研究工作，经济产业省负责推动生物技术在化工方面的应用，厚生劳动省负责食品和药品的安全审查，农林水产省负责转基因作物在环境释放阶段对环境安全性和作为饲料安全性的审查，食品安全委员会负责安全性评估与信息披露，地方政府负责属地范围内转基因食品的综合协调监管职责。各部门各司其职，共同保障转基因食品安全。

第五节　我国农业转基因生物与产品安全管理政策

一、我国农业转基因生物安全管理政策演变

我国转基因生物安全管理研究及立法工作是伴随着以基因工程为核心的生物技术的发展逐渐展开。以 2001 年颁布的《农业转基因生物安全管理条例》为界，把中国农业转基因生物安全的管理体制划分为两个阶段（陆群峰等，2009）。

（一）允许式的农业转基因生物安全政策（1996—2001）

1993 年，我国第一部转基因生物安全管理的专门行政规章发布，适用于在我国境内进行的一切转基因工程研究、试验、生产、释放和使用等工作。1996 年，颁布实施了《农业生物基因工程安全管理实施办法》，成立了农业转基因生物安全管理的行政机构及安全评价机构，因此，可以认为我国是从 1996 年开始正式对转基因生物安全进行管理的。这一阶段的政策模式基本上是允许式的，主要因为未认识到转基因技术的不确定性及潜在风险性，同时在这一阶段，我国对农业转基因生物的田地试验、环境释放和商业化种植的审批制度也是比较宽松的。

（二）预警式的农业转基因生物安全政策（2001 至今）

2001 年，我国颁布了《农业转基因生物安全管理条例》。该条例对转基因生物技术应用最广泛、影响最深远的农业领域进行了规范化管理，这标志着我国转基因生物安全管理立法的一大进步，也为农业转基因生物技术及其产品的健康发展奠定了坚实的基础（程军栋，2022）。2009 年，我国颁布实施了《中华人民共和国食品安全法》，其中重点提及了转基因作物的生产种植安全性规制问题，这也是我国政府对转基因作物的第一次正式权威立法。2018 年，农业农村部发布《农业转基因生物安全评价管理方法》和《农业转基因生物安全管理条例》，对转基因生物的安全监管作出更为细致的规定，同时组建了转基因生物安全委员会、全国农业转基因生物安全管理标准化技术委员会等监管机构，并设立了转基因安全检测机构点，确保转基因生物安全监管覆盖各个环节。

综上所述，从 2001 年开始，我国放慢但没有禁止农业转基因生物的发展，并着重关注转基因生物安全，针对转基因作物风险，采取了一系列有针对性的措施。在宏观政策层面上，我国已基本构建了预警式的农业转基因生物安全监管机制。

二、我国农业转基因生物安全法律法规

相比其他发达国家，我国转基因生物技术安全监管相关的立法工作起步较晚。目前，我国已颁发《基因工程安全管理办法》《新生物制品审批办法》及《农业转基因生物加工审批办法》等与转基因生物安全管理相关的专项法规文件，立法内容涵盖转基因工程安全管理、转基因食品安全管理及转基因药品安全管理等领域。我国现有的转基因生物安全法律法规体系包含了一部行政法规、数十部行政规章、若干地方性法规性文件以及

部分国际条约及法律等，已基本形成一个互为补充、内部协调的有机整体（程军栋，2022）。

此外，我国建立了部门主导、分散管理的转基因生物安全监管机制，主要负责主管机关与相关协调机关的机构设置与运作（吴珊等，2020）。法律法规明确规定由某一行业主管部门主导转基因生物安全管理机关，其他部门配合该主管部门开展转基因生物安全监管工作。

三、我国农业转基因生物安全管理具体制度

当前我国已确立了转基因标识制度、安全评价制度、进口安全管理制度、审批制度，在转基因产品研究、试验、生产、经营、加工、进出口等活动中发挥着重要的安全保障作用。

（一）标识制度

强制标识并不关乎转基因食品的安全性，只是为了保障消费者的知情权和选择权。在世界范围内，转基因标识制度可分为4类：自愿标识、定性按目录强制标识、定量按目录强制标识和定量全面强制标识等，后三者均属于强制标识的范畴（黄耀辉等，2022）。

我国是唯一采用定性按目录强制标识的国家，即对标识目录内的农业转基因生物或利用农业转基因生物制成的产品，都必须进行标识。目前已对转基因大豆、玉米、棉花、番茄等5类作物17种产品进行了强制标识。2015年修订的《中华人民共和国食品安全法》第六十九条确定了转基因食品的强制标识义务。2017年修订的《农业转基因生物安全管理条例》第八条规定，国家对农业转基因生物实行标识制度。实施标识管理的农业转基因生物目录，由国务院农业行政主管部门协同国务院有关部门制定、调整并公布。

（二）安全评价制度

我国转基因生物安全评价以"个案分析、实质等同、坚持预防"为原则，"个案分析"是生物安全评价的基本原则之一。由于生产转基因产品所采用的基因供体、转基因操作方法、用途等各不相同，在针对具体的转基因产品时，要进行个案的风险评估，最大限度降低风险，保障转基因产品的安全。"实质等同"原则最早是由经济合作与发展组织提出，认为评价转基因食品安全性的目的不是要评估该食品的绝对安全性，而是评价它与非转基因的同类食品相比较的相对安全性，这一原则的标准是生物工程的产品成分是否与传统食物的成分基本相同，这一原则也被认为是评价转基因食品生物安全的起点。"坚持预防"原则强调在转基因研发的过程中进行监管，并根据实验的进度分级进行风险评估（马宇浩等，2021）。

我国转基因生物安全评价包括报告制与审批制两种制度，分别适用于不同生物安全评价等级。生物安全评价共有4个等级，等级为Ⅰ级、Ⅱ级、Ⅲ级、Ⅳ级，分别对应尚不存在危险、具有低度危险、具有中度危险、具有高度危险4个层面。安全评价主要从分子特征、遗传稳定性、食用安全性、环境安全性4个方面进行评价。我国的转基因生物安全评价分为5个阶段：试验研究阶段、中间试验阶段、环境释放阶段、生产性试验

阶段、安全证书发放阶段。中国与美国、欧盟在转基因生物安全评价上的区别见表 10-5。

表 10-5　中国与美国、欧盟在转基因生物安全评价上的区别

政策内容	中国	美国	欧盟
监管机构	农业农村部牵头，农业、科技、卫生、商务、生态环境、海关等12 个部门组成	美国农业部（USDA）美国食品药品监督管理局（FDA）美国环境保护局（EPA）	欧盟食品安全管理局（EFSA）
评价对象	转基因研发产品+过程	转基因产品	转基因研发过程
法规情况	专门法规（农业转基因生物安全管理条例）+相关法律（种子法、农产品质量安全法、食品安全法）	不单独立法（利用现有的法律法规对转基因食品的安全进行关注），逐步完善转基因食品强制标识法案	专门立法（转基因生物的环境风险评估等）
评价原则	个案分析+实质等同+预防原则	个案分析+实质等同	个案分析+预防原则
标识制度	目录定性标识：凡列入目录的产品、凡含转基因成分或由转基因产品加工而成必须标识	自愿标识：自 2020 年 1 月 1 日起由自愿标识改为强制标识，阈值为 5%	定量全面标识：转基因含量超过阈值 0.9% 的生物制品加以标识

资料来源：马宇浩等，2021。

（三）进口安全管理制度

目前，我国进口的转基因产品主要用于饲料、食用油的生产加工行业，没有用作转基因作物产业化种植。《农业转基因生物安全管理条例》和《农业转基因生物进口安全管理办法》均对农业转基因生物进口的安全管理作出了具体规定。在转基因产品进口过程中，进口商只要向我国相关主管部门提供其进口的转基因产品在输出的国家或者地区已经允许作为相应用途并投放市场的证明文件等相关材料，就能很快地申请转基因生物安全证书，办理进口入关的相关法律文件（Grevich et al.，2005）。进口商按照现行相关规定从国外进口转基因产品的过程中，可能会有意回避针对国内转基因产品的品种审定程序，省去转基因种子生产和经营许可制度的法定流程办理手续。对于转基因产品进口审批制度的规范程序和力度远远小于我国转基因产品的法定审批流程，在审批时间，转基因产品进口审批时长更短（耿宁洁，2022）。

（四）审批制度

我国农业转基因生物技术审批制度涉及农业转基因生物的研究实验、生产加工、经营、进出口等环节。2017 年修订的《农业转基因生物安全管理条例》第九条规定，国务院农业行政主管部门应当加强农业转基因生物研究与试验的安全评价管理工作，并设立农业转基因生物安全管理委员会，负责农业转基因生物的安全评价工作；第十七条规定，转基因植物种子、种畜禽、水产苗种，利用农业转基因生物生产的或者含有农业转基因生物成分的种子、种畜禽、水产苗种、农药、兽药、肥料和添加剂等，在依照有关法律、行政法规进行审定、登记或者评价、审批前，应当依照本条例第十六条的规定取得农业转基因生物安全证书；第十九条规定，生产转基因植物种子、种畜禽、水产苗种，应当取得国务院农业行政主管部门颁发的种子、种畜禽、水产苗种生产许可证；第二十五条规定，经营转基因植物种子、种畜禽、水产苗种的单位和个人，应当取得国务院农业行政主管部门颁发的种子、种畜禽、水产苗种经营许可证。

目前，我国已经建立较为完备的农业转基因生物安全管理体系，但仍存在一些问题。例如，现有的转基因生物安全法律法规体系中只有2017年修订的《农业转基因生物安全管理条例》是行政法规，其他均为行政规章，结构较为单一，缺乏综合性法典。尽管我国农业转基因生物安全法律框架中的预防原则和强制标签要求在一定程度上涉及公众参与问题，但较发达国家而言，公众在转基因监管中的参与度较低。现阶段我国转基因生物安全管理法律法规的内容多集中于预防控制制度，对损害赔偿方面的补救制度关注不足。

思考题

一、名词解释

转基因生物技术　转基因食品　基因组编辑技术

二、思考与论述

1. 农业转基因生物技术有哪些类型？
2. 转基因生物技术有哪些特性？
3. 农业转基因生物技术的安全性问题体现在哪些方面？
4. 为何要对农业转基因生物技术进行安全管理？
5. 国外农业转基因生物与产品安全管理的模式有哪些？
6. 简述中国农业转基因生物安全管理政策的演变历程。

案例分析

下篇

中国林业政策各论

第十一章

林权制度改革

【学习目标】

1. 掌握林权的相关概念。
2. 掌握我国林权制度的演变历程。
3. 熟悉我国集体林权制度改革的起源和改革内容。
4. 了解我国集体林权制度改革取得的成效。
5. 了解我国集体林权制度改革存在的问题。
6. 了解国有林区改革的现状和历史意义。
7. 了解国有林区改革变迁历程和存在的问题。

我国的林权制度改革较为频繁，从 1949 年前的以私有制为基础的封建土地所有制，发展为集体所有制，再到当前的林农家庭承包经营制，逐渐向市场化过渡。但林权制度仍然存在权能不清、权能主体之间缺乏制度联系和机制约束、林权缺乏相应法律规范保障等问题。为此，新一轮集体林权制度改革于 2003 年启动，以福建、江西、辽宁、浙江 4 省为试点，并于 2008 年在全国范围内推开。改革从明晰产权入手，确立了林农的经营主体地位，并明确了"明晰所有权，放活经营权，落实处置权，确保收益权"的政策目标，给予了林农真正意义上的物权，取得了一定的成效，但与此同时，也存在着一些问题。本章解释了林权的概念、内容、特点和林权的主体、客体等问题，分析了新中国成立至今不同时期的林权制度的演变过程，介绍了我国集体林权改革的原则、主体改革以及配套改革的措施，并以广东集体林权改革为例，在把握我国林权制度发展历史趋势的背景下分析了当今的集体林权制度改革在实施中取得的成效及出现的问题。最后分析我国国有林区的现状、改革过程、存在的问题及阐明国有林区改革的方向，并以伊春为例，分析了国有林区改革的历程。

第一节　林权的概念及构成

一、产权的概念

产权指人们对物的使用所引发的相互关系，一般包括所有权、使用权、处置权和收益权。不同的经济学家对产权的定义并不相同。阿尔钦的定义为：产权是一种通过社会强制而实现的对某种经济物品的多种用途进行选择的权利。思拉恩·埃格特森把个人使用资源的权利叫作产权。巴泽尔认为，个人对资产的产权由消费这些资产、从这些资产中取得收入和让渡这些资产的权利构成。

产权经济学家把产权视为人们对物的使用所引起的相互关系，即一种人与人之间的基本关系，而不是人对物的关系；他们强调产权是一组行为性权利，或者说是一个权利束；他们把产权看作一种社会制度。产权是以财产所有权为基础和核心的一个权利集合（产权束），是由所有制实现形式决定的，受法律保护，反映不同利益主体对某一财产的占有、支配和收益的权利、义务和责任。产权特性包括专一性/排他性、可分解性、可交易性和安全性/可行性；产权一般包括所有权、使用权、处置权和收益权；产权具有资源配置、外部性内部化、激励和约束、收益分配、减少不确定性等功能；产权类别则可分为国有产权、共有产权、私有产权3类。

二、林业产权的概念

林业产权通常简称林权，也称山林权属。林权主体范围是广泛的，不限于集体经济组织成员并且大于土地承包经营权的主体。林权的客体是包括森林、林木、林地以及其他生态资源在内的森林资源。林权是林地、林木的合法所有者拥有在法律规定范围内独占性地支配林地和林木的财产权利，林权所有人可以依法对其所有的林地、林木行使占有、使用、收益和处分的权利。林权的具体定义如下：

①所有权。主要包括对林地、森林、林木和依托森林、林木、林地生存的野生动物、植物和微生物的所有权。

②使用权。使用林地和林木的权利(不可改变其原有形态和性质)。

③收益权。国家和集体对其所拥有的森林资源获取经济利益的权利。如果采取发包、出租等经营形式，承包人和承租方则根据合同约定享有全部或部分收益权。

④处置权。包括森林和林木采伐、出让，对林地用途进行转换、出让，对林地、森林和林木使用权的转让的权利。

根据我国有关法律规定，我国森林、林木和林地的所有权有3种形式：即国家所有权、集体所有权和个人所有权。我国森林资源产权的常见类型见表11-1。在我国，林地和林木的权属性质是有区别的。林地权属只有国有和集体所有两种公有形式，法律不承认林地的私人所有权，林地所有权是严格的自物权。林木所有权则有国有、集体和私有3种基本形式。集体林权是指集体所有制的经济组织或单位对森林、林木和林地所享有的占有、使用、收益、处分等权利的集合。国有林权是指国有经济组织或单位对森林、林木和林地所享有的占有、使用、收益、处分等权利的集合。私有林权通常是依据承包经营合同和法律直接规定而获得，私有林权是他物权，是林木所有者经营他人所有的林地而享有的权利，是林地的地上权。

表 11-1　我国森林资源产权的常见类型

产权类型	资源要素	权利主体	权利内容	权利特征
林地、森林所有权	林地、森林、林木以及其他依附性的非木质资源	国家、集体	所有、使用、处置和收益	永久完全产权
林地使用权	林地	国家、集体、个人、法人和社会组织	使用、收益	有期限、严格限制
森林使用权	森林	国家、集体、个人、法人和社会组织	使用、收益	有期限、严格限制
林地、森林承包经营权	林地、森林	集体经济组织成员	林地、森林使用，林木所有、处置，除野生动植物以外非木质资源的所有权	有期限、有条件限制
林木所有权、使用权	林木	国家、集体、个人、法人和社会组织	所有、使用、收益和处置	有条件限制
野生动植物资源所有权	野生动植物种	国家	所有、使用、收益和处置	永久、有限制
野生动植物资源使用权	野生动植物种	国家、集体、个人、法人和社会组织	使用、收益	有条件许可

第二节　我国林业产权制度的变迁

新中国成立以前，我国的山林所有制主要是以私有制为基础的封建土地所有制。当时并存的土地所有制形式有：封建地主所有制、个体农民所有制、教会所有制、寺院所有制、国家所有制等，其中主要形式是封建地主所有制。新中国成立以后，林业产权制度的演变可分为以下7个阶段：

一、土地改革时期（1949—1953）

土地改革摧毁了封建的土地所有制，建立了以农民个体所有制为主的森林所有制度。在土地改革过程中，对地主所占有的山林予以没收，对富农和林业经营者出租的山林、祠堂、庙宇等各种"社会占有"的山林予以征收；属于农民和小林业经营者所有的山林不予征收。没收和征收的山林，原则上分配给无山和少山的农民。

1950年，《中华人民共和国土地改革法》规定，大森林、大荒地、大荒山等均归国家所有，同时政府还向林农颁发了土地证，将私有山林权属同耕地一样固定下来。土地改革完成后，地主、富农拥有的山林面积占山林总面积的比重减少，贫农拥有的山林面积增加，并且山林所有者对通过山林培育改造获得的林木及产品，有完全的采伐、利用、出卖、赠送自主权。

二、初级合作社时期（1953—1956）

初级合作化是指在保护农民土地个体所有制的基础上实行的农业合作化。它的组织形式是初级合作社。农民个人仅保留自留山上的林木及房前屋后的零星树木的所有权，山权及成片林木所有权通过折价入社，经营权归合作社，所有权归林农，所有权和经营权分离，开始了"规模经营，合作造林，谁造谁有，伙造共有"的模式。

当时的林地资源产权安排主要为个人拥有林地所有权，合作社拥有林地的使用权，收益权在林地所有者和合作社之间分配，所有者获得土地分红，但这种分红必须在公积金、公益金扣除后才能兑现，处分权也受到了很大制约，所有者不能再按照自己的意志来处分土地，社员不能出租或出卖土地，但农户有退社的自由。

三、高级合作社时期（1956—1958）

从1956年开始，高级社在全国进入了大发展阶段。只用短短一年的时间就把半社会主义性质的初级合作社变为完全社会主义性质的高级合作社。

高级农业合作社时期开始废除土地私有制，除少量房前屋后零星果木仍属社员私有外，山林被完全的集体化，合作社拥有森林、林木、林地的所有权、使用权、收益权和处分权。土地由集体统一经营使用，全体社员参加集体统一劳动，取消土地分红，收益按劳动的数量和质量进行分配。

高级社否定农民生产资料的个体所有制，实现农民生产资料的全面公有化。这是对农民生产资料实行变相的剥夺，因而违背了农民的意愿，引起农民群众的普遍抵制。

四、人民公社时期（1958—1978）

1958年3月，中共中央通过了《关于小型的农业合作社适当地合并为大社的意见》，全国各地迅速开始了小社并大社的工作。8月，中共中央又通过了《关于在农村建立人民公社的决议》，各地纷纷并社组建人民公社，人民公社化运动很快在全国农村范围内广泛展开。

通过人民公社化运动，农业生产资料的公有化程度明显提高。总体上是四权统一于一体的产权安排，集体拥有所有权、使用权、收益权、处分权。在某种程度上忽视了农民的个人利益，极大地影响了农民生产的积极性。

这一时期并社并队，没收农民的自留山、自留地、自留树，将社员私有的林木作为资本主义"尾巴"统统"割"给集体所有，几乎没收私人所有的树木，国家、集体林地也大都被砍光，山林权属再次遭到严重破坏。

五、林业"三定"时期（1981—1987）

1981年我国实行了以稳定山权和林权、划定自留山、确定林业生产承包责任制为主要内容的林业"三定"改革，这是中国森林权属变化史上的分水岭。

①稳定山权和林权。是指将国家、集体所有的山林、树木或个人所有的林木和使用的

林地，以及其他部门、单位的林木，凡是权属清楚的予以承认，并由政府颁发权属证书，以明确资源所有权的法律地位。

②划定自留山。是指农村集体经济组织划给村民长期经营的荒山、荒坡或荒沙荒滩，由政府确定其使用权，所有权保留集体所有。

③确定林业生产责任制。是指国有林场和农村乡村把林业生产经营管理各环节的工作，分配给专人负责，并明确责任范围的管理制度。对于乡村集体林业可以采取承包的办法，实行合理报酬(责任山)。分山到户后，实现了按劳分配和按要素分配相结合的分配制度，农户有了一定的生产经营自主权，调动了森林经营者的积极性，大大提高了劳动效率。

1985年，《关于进一步活跃农村经济的十项政策》决定进一步放宽山区、林区政策。集体林区取消木材统购，开放木材市场，允许林农和集体的木材自由上市，实行议购议销；国营林场也可实行职工家庭承包或与附近农民联营。

然而，这次在改革过程中也暴露出了一些问题。例如，分割细碎，"一山多主、一主多山"的现象普遍存在；集体经济被削弱，产生了许多"空壳村"；配套措施不到位，导致了大规模的乱砍滥伐。基于这些原因，1987年，《关于加强南方集体林区森林资源管理坚决制止乱砍滥伐的指示》提出，要严格执行森林采伐限额制度，集体所有集中成片的用材林凡没有分到户的不得再分。一些地方出现了"两山并一山"的情况，或者将已经分包下去的山林又收归集体统一经营，造成了农民对政策认知的不稳定感。

六、市场化探索时期(20世纪90年代初至2003)

20世纪90年代，我国计划经济的最后"堡垒"——林业逐步迈向市场。林地资源流转速度加快，规模迅速扩大，成为我国农村林业规模化经营的主导力量。

在南方集体林区先后出现了以林权为对象的新一轮林业资源产权制度变革，相继出现了联户经营、折股联营、股份合作制经营、跨所有制、跨行业的联合经营等合作经营新形式以及租赁经营形式，有力地推进了林地资源、资金与管理资源的合理配置。

林业股份合作制最初是在福建三明开始试点并进行推广的，其主要特征是按"分股不分山、分利不分林"的原则，对责任山实行折股联营；宜林荒山使用权的拍卖只在西南地区和吕梁地区的部分县市进行了试点，其主要做法是通过宜林荒山和部分疏林地使用权的拍卖将林地的经营权交给林农。

七、新一轮林权制度改革时期(2003至今)

2003年6月，《关于加快林业发展的决定》要求进一步完善林业产权制度。这是调动社会各方面造林积极性，促进林业更好更快发展的重要基础。要依法严格保护林权所有者的财产权，维护其合法权益。已经划定的自留山，由农户长期无偿使用，不得强行收回。自留山上的林木，一律归农户所有。分包到户的责任山，要保持承包关系稳定。对目前仍由集体统一经营管理的山林，要区别对待，分类指导，积极探索有效的经营形式。凡群众比较满意、经营状况良好的股份合作林场、联办林场等，要继续保持经营形式的稳定，并不断完善。对其他集中连片的有林地，可采取"分股不分山、分利不分林"的形式，将产权逐步明晰到个人。

自 2003 年新一轮集体林改试点启动以来，历经了主体改革和配套改革、深化改革两个阶段的演进过程。

(一) 主体改革和配套改革阶段(2003—2012)

2003 年，党中央提出"科学发展观"，目标之一是建立资源可持续发展和环境友好型国家，森林的生态价值被赋予更大的期望，林业改革与发展工作开始进入党中央的视野。同年，《关于加快林业发展决定》明确福建、江西两省作为林改主要试点省份，分别于 2003 年、2004 年实施农村集体林改，政策主要是围绕"明晰产权，勘界确权发证"(即主体改革)来实施和落地。此后，江西、辽宁和浙江等地陆续启动新一轮集体林改工作。

在总结南方试点省份新一轮集体林改经验的基础上，2008 年颁布《关于全面推进集体林权制度改革的意见》，以"分林到户、颁发林权证"为主体内容的新一轮集体林改在全国范围内全面展开。在主体改革阶段，确定了林农对林地的使用权、经营权和林木所有权。

经过 4 年时间，到 2012 年年底，全国确权集体林地 1.80 亿公顷，占各地纳入集体林权制度改革面积的 99.05%；累计发放全国统一编号的林权证或不动产证面积 1.74 亿公顷，惠及 8 981.25 万农户，占涉及林改农户总数的 60.01%；"明晰产权、承包到户"的主体改革任务基本完成，农村集体林业产权制度在我国基本确立。

2008 年，《中共中央 国务院关于全面推进集体林权制度改革的意见》提出新一轮集体林权改革的"资源增长、农民增收、生态良好、林区和谐"四大目标，在"明晰产权、勘界发证"之后还要完成"放活经营权、落实处置权、保障收益权、落实责任"等任务，配套改革被提上议程，主要内容包括降低税费、优化森林限额采伐管理、规范林地流转及林权抵押贷款、推广森林保险、完善林业社会化服务体系等。

中央各相关部门相继出台林改配套改革政策，形成了林改系列政策群，包括《中央财政森林生态效益补偿基金管理办法》《关于做好集体林权制度改革和林业发展金融服务工作的指导意见》《关于加强集体林权制度改革档案工作的意见》等重要政策文件，为集体林业改革发展营造了良好的外部环境。

(二) 深化改革阶段(2013 至今)

主体改革及一系列配套改革基本解决了农村产权和公平问题，但集体林权保护不严格、生产经营自主权落实不到位、规模经营支持政策不完善等制约集体林业经营发展的问题依然存在，集体林缺少内生发展动力，林业经营水平和林地经营效益难以快速提升。

2012 年 11 月，党的十八大召开，"生态文明建设"纳入中国特色社会主义事业"五位一体"总体布局，在"尊重自然、顺应自然、保护自然"的生态文明理念之下集体林改迎来了深化阶段。

党的十八届三中全会决定以及 2013 年以来每年的中央一号文件中均明确提出，要深化(完善)集体林权制度改革，集体林改自此也成为中国特色社会主义生态文明制度体系的重要组成部分。

为了践行生态文明理念，巩固基础改革成果，此阶段林权改革的重点由调整人与林、人与地的关系转变为调整所有者与政府、所有者与所有者的关系，中央有关职能部门相继出台了一系列的林改深化政策，包括《关于林权抵押贷款的实施意见》《关于确定集体林业综合改革试验示范区的通知》等重要文件，探索集体林权到户后制约林业改革发展的突出矛盾和问题的破解之道。

在深化改革阶段，集体林地"三权"分置是继所有权和承包经营权"两权"分置后的重大改革举措，通过引导农民流转林地，促进林地适度规模化经营，解决林地的零散破碎与林业经营现代化间的矛盾。

2016 年 11 月，《关于完善集体林权制度的意见》针对确权后出现的新情况、新问题，围绕落实集体所有权，稳定农户承包权，放活林地经营权，推进集体林权规范有序流转，促进集体林业适度规模经营，完善扶持政策和社会化服务体系提出系列政策措施，旨在充分发挥集体林业在维护生态安全、实施精准脱贫、推动农村经济社会可持续发展中的重要作用，并明确，到 2020 年基本形成集体林业良性发展机制，实现集体林区森林资源持续增长、农民林业收入显著增加、国家生态安全得到保障的目标。

2018 年，《关于进一步放活集体林经营权的意见》再次强调，加快建立集体林地三权分置运行机制；推行集体林地所有权、承包权、经营权的三权分置运行机制；充分发挥"三权"的功能和整体效用，是深入推进集体林权制度改革的重要内容，放活林地经营权是其核心要义。

此阶段以建立集体林业良性发展机制作为深化林改的主要任务，以全面推进、落实集体林业"三权"分置为核心内容，以强化产权保护、促进产业转型、强化生态文明建设、推进适度规模经营、培育新型林业经营主体、建设社会化服务体系为关键环节，不断完善集体林业发展的公共财政投入机制，中央财政逐步建立健全造林、森林抚育、林业贴息贷款、天然林保护管理和森林生态效益补偿补助机制。

第三节　集体林权制度改革内容

集体林权制度改革的主要任务包括明晰产权、勘界发证、放活经营权、落实处置权、保障收益权、落实责任等，并完善相应的配套改革措施。作为集体林改的先行示范地区，广东模式在集体林改中具有重要的参考价值。

一、改革原则

2008 年，《关于全面推进集体林权制度改革的意见》明确提出全面推进集体林权制度改革的指导思想、总体目标和必须坚持的五大原则。这五大原则是对我国农村 30 年改革成果的系统总结，是实践和理论的结晶，内涵十分丰富，对集体林权制度改革具有很强的针对性和指导性，主要内容如下：

①坚持农村土地基本经营制度，确保农民平等享有集体林地承包经营权。集体经济组织将林地林木发包给农户承包经营时，要按照每户所有成员的数量来确定承包份额，切实做到"按户承包，按人分山"，也就是要突出一个"均"字，确保"人人有份"。

②统筹兼顾各方利益，既要确保农民得实惠、也要确保生态受保护。重点是要统筹个人、集体两方面的利益，处理好农民得实惠与生态受保护的关系，不能以资源的过量消耗

为代价，更不能以破坏生态为代价，这是改革必须坚守的底线。

③坚持尊重农民意愿，确保农民的知情权、参与权和决策权。集体林权制度改革是老百姓发明的，一定要尊重农民的创新精神，充分依靠群众，发挥群众的积极性和能动性，在坚持改革基本原则的前提下，鼓励农民积极探索、大胆创新，不断丰富和完善改革的形式和内容。

④坚持依法办事，确保改革的规范有序。集体林权制度改革要始终把依法操作作为基本准则，严格执行《农村土地承包法》《物权法》《村民委员会组织法》和《森林法》等法律规定。改革的政策、内容、方法、程序要与相关法律法规保持一致，确保改革的各项工作扎实到位，经得起实践和历史的检验。

⑤坚持分类指导，确保改革符合实际。《关于全面推进集体林权制度改革的意见》中提出的改革基本原则和总体要求，是对全国林权改革的统一要求，各地必须严格遵循。但是，我国幅员辽阔，自然条件不同，社情林情各异，所以改革必须从实际出发，进行分类指导、分区施策。

总之，要通过全面推进集体林权制度改革，基本完成"明晰产权、承包到户"的主体改革任务。在此基础上，深化改革，完善政策，健全服务，规范管理，逐步健全集体林业的良性发展机制，实现资源增长、农民增收、生态良好、林区和谐的目标，推进整个社会走上生产发展、生活富裕、生态良好的文明发展道路。

二、主体改革

(一) 明晰产权

在坚持集体林地所有权不变的前提下，依法将林地承包经营权和林木所有权，通过家庭承包方式落实到集体经济组织的农户手中，确立农民作为林地承包经营权人的主体地位。对不宜实行家庭承包经营的林地，可以依法经本集体经济组织成员同意，通过均股、均利等其他方式落实产权。村集体经济组织可保留少量的集体林地，由本集体经济组织依法实行民主经营管理。

林地的承包期为70年。承包期满，可以按照国家有关规定继续承包。已经承包到户或流转的集体林地，符合法律规定、承包或流转合同规范的要予以维护；承包或流转合同不规范的要予以完善；不符合法律规定的要依法纠正；对权属有争议的林地、林木要依法调处，纠纷解决后再落实经营主体。自留山由农户长期无偿使用，不得强行收回，不得随意调整。承包方案必须依法经本集体经济组织成员同意后方可实施。

自然保护区、森林公园、风景名胜区、河道湖泊等管理机构和国有林(农)场、垦殖场等单位经营管理的集体林地、林木，要明晰权属关系，依法维护经营管理区的稳定和权利人的合法权益。

(二) 勘界发证

明确承包关系后，要依法进行实地勘界、登记，核发全国统一式样的林权证，做到林权登记内容齐全规范，数据准确无误，图、表、册一致，人、地、证相符。各级林业主管部门应设立专门的林权管理机构，承办同级人民政府交办的林权登记造册、核发证书、档案管理、流转管理、林地承包争议仲裁、林权纠纷调处等工作。

(三) 放活经营权

主要指通过实行商品林、公益林分类经营管理来放活经营权。依法把立地条件好、采伐和经营利用不会对生态平衡和生物多样性造成危害的森林和林木区域，划定为商品林；把生态区位重要或生态脆弱区域的森林和林木，划定为公益林。对商品林，农民可依法自主决定经营方向和经营模式，生产的木材自主销售。对公益林，在不破坏生态功能的前提下，可依法合理利用林地资源，开发林下种养业，利用森林景观发展森林旅游业等产业。

(四) 落实处置权

在不改变林地用途的前提下，林地承包经营权人可依法对拥有的林地承包经营权和林木所有权进行转包、出租、转让、入股、抵押或作为出资、合作条件，对其承包的林地、林木依法开发利用。

(五) 保障收益权

农户承包经营林地的收益归农户所有。征收集体所有的林地，要依法足额支付林地补偿费、安置补助费、地上附着物和林木的补偿费等费用，安排被征林地农民的社会保障费用。经政府划定的公益林，已承包到农户的，森林生态效益补偿要落实到户；未承包到农户的，要确定管护主体，明确管护责任，森林生态效益补偿要落实到本集体经济组织的农户手中。严格禁止乱收费、乱摊派。

(六) 落实责任

承包集体林地，要签订书面承包合同，合同中要明确规定承包方、发包方的造林育林、保护管理、森林防火、病虫害防治等责任，促进森林资源可持续经营。基层林业主管部门要加强对承包合同的规范化管理。

三、配套改革

集体林权改革的配套改革包括改革林木采伐管理制度、规范林地及林木流转制度、推进林业投资及融资改革、实施林业补贴政策以及加强林业社会化服务等，具体内容如下：

(一) 改革林木采伐管理制度

实行林木采伐分类管理，逐步放活商品林采伐管理政策。改革商品林和采伐管理制度采伐限额编制，实行林木采伐审批公示制度，简化审批程序，提供便捷服务。制定工业原料林限额管理和采伐审批优惠政策，逐步落实林业经营者对商品林的采伐自主权。

(二) 规范林地及林木流转

在依法、自愿、有偿的前提下，林地承包经营权人可采取多种方式流转林地经营权和林木所有权。流转期限不得超过承包期剩余的期限，流转后不得改变林地用途。集体统一经营管理的林地经营权和林木所有权的流转，要在本集体经济组织内提前公示，依法经本集体经济组织成员同意，收益应纳入农村集体财务管理，用于本集体经济组织内部成员分配和公益事业。加快林地及林木流转制度建设，建立健全产权交易平台，加强流转管理，依法规范流转程序，保障公平交易，防止农民失山失地。加强森林资源资产评估管理，加快建立森林资源资产评估师制度等评估制度，规范评估行为，维护交易各方的合法权益。

(三)推进林业投资及融资改革

①改革投融资体系。金融机构要开发适合林业特点的信贷产品，拓宽林业融资渠道；加大林业信贷投放，完善林业贷款财政贴息政策，大力发展针对林业的小额贷款；完善林业信贷担保方式，健全林权抵押贷款制度；加快建立政策性森林保险制度，提高农户抵御自然灾害的能力；妥善处理农村林业债务。

②建立新型的林业管理体制。把工作重心转移到行政执法、公共服务上。妥善解决林业管理机构人员编制，工资和工作经费必须纳入同级财政预算。并调整收费，切实减轻林农和其他林地、林木经营者负担。取消市、县(区)、乡(镇)自行出台的林木(竹)收费项目。

③建立支持集体林业发展的公共财政制度。各级政府要建立和完善森林生态效益补偿基金制度，按照"谁开发谁保护、谁受益谁补偿"的原则，多渠道筹集公益林补偿基金，逐步提高中央和地方财政对森林生态效益的补偿标准；建立造林、抚育、保护、管理投入补贴制度，对森林防火、病虫害防治、林木良种、沼气建设给予补贴，对森林抚育、木本粮油、生物质能源林、珍贵树种及大径材培育给予扶持；改革育林基金管理办法，逐步降低育林基金征收比例，规范用途，各级政府要将林业部门行政事业经费纳入财政预算，集体林权制度改革工作经费，主要由地方财政承担，中央财政给予适当补助，对财政困难的县乡，中央和省级财政要加大转移支付力度。

(四)实施林业补贴政策

退耕还林工程实施以后，对退耕地的农户实施相应的林业补贴。2012年出台的《中央财政林业补贴资金管理办法》针对退耕还林工程，国家按照核定的退耕还林实际面积，分两期向林农提供粮食补助及现金补助，其中，生态林补助8年，经济林补助5年。标准为第一期退耕地补助160元/(亩·年)，其中粮食补助140元/(亩·年)、现金补助20元/(亩·年)；第一期补助到期后，根据验收结果，退耕地再补助90元/(亩·年)。

(五)加强林业社会化服务

扶持发展林业专业合作组织，培育一批辐射面广、带动力强的龙头企业，促进林业规模化、标准化、集约化经营。成立林业专业协会，充分发挥政策咨询、信息服务、科技推广、行业自律等作用。引导和规范森林资源资产评估、森林经营方案编制等中介服务健康发展。

四、广东集体林改

(一)广东集体林改历程

20世纪80年代初，素有"七山一水二分田"之称的广东却处处是荒山秃岭。新中国成立后，广东林业遭受了1958年、1968年、1978年三次乱砍滥伐的严重破坏：1958年，大炼钢铁，广东的森林被砍伐大半；1968年，广东森林资源破坏殆尽；1978年后，分山到户引发的乱砍滥伐。1985年全省仅余6 900万亩森林，荒山却达5 800万亩，超过了全省山地总面积的1/3；与此同时，水土流失面积达1.2万平方千米，且以每年140平方千米的速度迅速扩展。

为解决森林资源稀少、荒山秃岭随处可见、生态状况恶劣等突出问题，1985年11月，广东省委、省政府作出《关于加快造林步伐，尽快绿化全省的决定》，鲜明地提出"希望在山，潜力在山，致富在山"的口号，作出了十年绿化广东大地的决定，提出"五年种上树，十年实现绿化"的战略目标。此后五年，全省投入13亿元资金，造林5 080万亩，封山育林1 050万亩，95%的宜林山地种上了树，创造了造林绿化史上的一个传奇。

1994年，广东省委、省政府专门为绿化广东相继作出了《关于继续奋战五年确保如期绿化广东的决定》和《关于巩固绿化成果，加快林业现代化建设的决定》，省人大常委会专门作出《关于继续奋战绿化广东大地》的决议；召开了9次全省范围的山区工作会议，多次县委书记会议和7次全省造林绿化电话会议，不断解决绿化广东进程中出现的各种新情况、新问题，统一全省人民对绿化广东的认识。

通过1985年到1990年的"造林、封山、管护、节柴"综合治理，全省完成了387万公顷荒山造林任务，森林资源得以休养生息。1986年，全省森林活立木年生长量与年消耗量持平，消灭了森林资源"赤字"。从1987年起，年生长量大于年消耗量，全省森林资源开始进入良性循环。到1993年年底，全省106个有绿化达标任务的县（市、区）经验收合格，比原计划的10年提前2年实现了绿化广东的宏伟目标，全省生态环境得到了明显改善，为广东林业在新时期的大发展打下了坚实的基础。1991年3月，党中央、国务院授予广东省"全国荒山造林绿化第一省"称号。1994年1月，广东省委、省政府作出《关于巩固绿化成果，加快林业现代化建设的决定》，勇于探索林业改革之路，率先在全国实施林业分类经营改革。

1994年4月，省人大常委会通过了全国第一个地方性林业法规《广东省森林保护管理条例》。1997年8月，《广东省外商投资造林管理办法》的颁布，在全国掀开了鼓励外商造林的第一页。1998年11月，《广东省生态公益林建设管理和效益补偿办法》出台，将生态公益林的经营管理纳入公共财政预算，由政府对生态公益林经营者的经济损失给予补偿。这一改革和创新，使广东在1999年被国家林业局定为全国唯一的省级林业分类经营改革示范区。2005年，广东省委、省政府作出了《关于加快建设林业生态省的决定》，确立了以生态建设为主的林业可持续发展道路，率先在全国推进林业生态省建设。2005年至今，广东省林业产值持续居全国前列。2008年8月，《中共广东省委 广东省人民政府关于推进集体林权制度改革的意见》正式出台，标志着涉及广东1.51亿亩集体林地的产权制度改革拉开了大幕。科学发展生态林业、民生林业、文化林业、创新林业、和谐林业，率先探索生态文明发展道路，广东省的林业改革再一次踏上新的征程。

(二) 广东模式

在我国改革开放进程中，广东作为最前沿，曾经贡献了"广东经验"，但在林改中，却起步最迟。2009年，广东省委确定林改方案：以"明晰产权、减轻负担、放活经营、规范流转、配套改革"为目标，基本内容如下：

1. 明晰产权

在坚持集体林地所有权不变的前提下，经村民会议过半数或村民代表会议2/3以上代表同意后，依法将集体林地使用权和林木所有权通过均股、均利等方式，落实到农户，确立其经营主体地位。

产权明晰后，要依法进行林权勘界、登记，核发全国统一式样的林权证。对已发放的全国新林权证，经核实准确无误的，要维持不变；如发现错误、重登漏登，或者四至范围、面积精度误差较大的，或者证书遗失、损坏的，要进行纠正、更正或补办，重新予以登记、发放林权证，做到图、表、册一致，人、地、证相符。

对集体统一经营的山林，由村委会、村民小组把已确权的集体山林折合成股份，并向农户发放全省统一式样的集体山林股份权益证书。集体山林股份权益证书是农户持有集体山林股份的凭证，也是农户的林地共有经营权、林木共有权、收益分配权的凭证。集体山林总股份数由村民会议或村民代表会议确定，分为集体股份和个人股份两部分，个人股份数不得低于集体山林总股份数的70%；集体山林股份分配方案由村委会、村民小组确定，可每3~4年调整一次；集体股份部分的股份收益，作为村集体公益事业使用基金；个人股份部分以户为单位发放股份权益证书，其股份数以家庭户籍人口数进行分配登记，具体由村委会、村民小组在制订林改方案时研究确定。

①自留山。产权维持稳定不变，长期无偿使用，允许继承。对能够在1∶10 000的地形图上标示清楚的自留山，要单独发放林权证；不能标示清楚的，可通过联户方式登记、发放林权证。

②责任山。保持承包关系稳定不变，承包期为70年。承包期内，山上林木归责任山承包人所有，允许继承。面积和四至界限不清的，要在改革中界定清楚，换发林权证；原来已换发林权证的，保持不变。

③集体统一经营的山林。采取均股、均利等形式落实到农户。可将现有林地、林木折股均分给集体经济组织内部成员，实行集体股份制经营；也可在集体经济组织内采用公示形式通过公开招标、租赁、转让、拍卖等方式依法流转，盘活森林资源。对拟列入开发利用计划的园地和拟列入开发利用计划的25°以下坡地不均股、均利到农户，继续由村集体经济组织依法实行民主经营管理。

对经政府区划界定为生态公益林和已划入自然保护区、森林公园、风景名胜区的集体山林，以及农民比较满意的集体林场、联办林场，采取均股、均利的经营方式，维持其经营主体不变。珠江三角洲地区等有条件的地区可通过法定方式将自然保护区内和界定为生态公益林的集体林地逐步赎买收归国有。集体统一经营林地面积较小的村委会、村民小组，可结合农村集体股份合作制改革，将林地收益纳入农村股份分配的组成部分，实行均股、均利的分配制度。

采取均股、均利的经营收益和依法流转的集体山林所得收益70%以上分给集体经济组织内部成员，其余用于集体公益事业。生态公益林效益补偿按国家和省有关规定执行。涉林收入返利于民后年纯收入低于3万元的村委会，其"两委"干部补贴按照《中共广东省委 广东省人民政府关于推进集体林权制度改革的意见》和《中共广东省委办公厅 广东省人民政府办公厅印发〈关于建立稳定规范的农村基层组织工作经费保障制度的意见〉的通知》中的有关规定执行。

2. 减轻负担

农户经营自留山的收益归农户所有；经营承包林地的收益，除依法缴纳国家和省规定的税费(包括增值税、所得税)、政府性基金(包括育林金、森林植被恢复费)、行政事业收费(包括林权勘测费、绿化费、森林植物检疫费、野生动植物进出口管理费、陆生野生动物资源保护管理费、植物新品种保护权收费、证书工本费),以及合同约定的合法费用外,归经营者所有。取消其他一切收费,禁止乱收费、乱摊派、乱罚款。

3. 放活经营

实行商品林、生态公益林分类管理。贯彻落实《国家林业局关于改革和完善集体林采伐管理的意见》,改革和完善集体林采伐管理制度。对经营面积达到一定规模、单独编制森林经营方案并经县级以上林业主管部门审定的经营者,可凭经营方案直接向林业主管部门申请办理林木采伐许可证;其他经营者凭林权证依法直接向林业主管部门提出林木采伐申请,不需所在村组或其他组织签署意见。对符合条件的,林业主管部门应依法予以审批。对于生态公益林,为提高林分质量可进行必要的抚育或更新性质的采伐。在不破坏生态功能的前提下,可依法合理利用林地资源,开发林下种养业,利用森林景观开发森林旅游业。

4. 规范流转

认真贯彻《关于切实加强集体林权流转管理工作的意见》,依法管理和规范集体山林流转行为。在依法、自愿、有偿和不改变林地所有权的前提下,山林经营者可采取转让、转包、出租、互换、入股、抵押等方式流转林地使用权、经营权和林木所有权。采取转让方式流转的,应当经原发包的集体经济组织同意;采取其他方式流转的,应当报原发包的集体经济组织备案。流转期限不得超过承包期剩余的期限,流转后不得改变林地用途。集体统一经营的林地使用权和林木所有权的流转,应当进行森林资源资产评估,流转方案要在本集体经济组织内提前公示,并经村民会议过半数成员或村民代表会议三分之二以上成员同意。

5. 配套改革

加快林业体制改革,进一步转变政府职能,逐步建立以管理、执法、服务三大职能为主的新管理体制。实行政企、政事分开,林业行政主管部门所办企业要全部与原部门脱钩,各级林业行政机关、公益性事业单位人员工资和工作经费纳入同级财政预算。加强林业基层队伍建设,合理设置乡镇林业工作站、木材检查站,落实好人员编制,所需经费全额列入财政核拨。妥善安置改革涉及人员,按规定为职工接续各项社会保险关系,缴清相关社保费用。对拖欠的职工工资、欠缴的社会保险费以及拖欠的集资款、医疗费和挪用的职工住房公积金,原则上要一次补清。对依法解除劳动关系的人员,按照国家有关规定支付经济补偿。对改革前出现的工伤人员,其权益可按照国家和省的相关规定办理。做好退休人员社会化管理服务工作,按照国家和省的相关政策将退休人员移交属地街道(镇)社区(村委会)管理或者依托林场单位管理。

推进林业投融资改革。按照《关于做好集体林权制度改革与林业发展金融服务工作的指导意见》精神,积极做好针对集体林权制度改革与林业发展的金融服务工作。

完善林业社会化服务体系。加强林业社会化服务,建立林权管理机制,做好林权确认、转让交易、登记办证和信息发布等一站式管理服务,建设林业产权交易中心。按照

《关于促进农民林业专业合作社发展的指导意见》，鼓励、引导和规范农民林业专业合作社组织建设，开展自我服务，降低生产和流通成本，提高林业经营效益。成立林业专业协会，充分发挥其在政策咨询、信息服务、科技推广、行业自律、依法维权等方面作用。

第四节　集体林权制度改革的成效及存在的问题

集体林权制度改革取得了一系列成效：森林面积持续增长、林业经营绩效明显提升、林业规模集约化经营水平大幅提高、林业新型经营主体不断涌现、林地经营者增收、村财政收入增加等。但与此同时，也涌现出了一些问题，如山林界限存在纠纷、缺少完善的产权流转机制、公益林管理经营不够成熟、公益林补偿标准偏低，商品林采伐受限、林业专业合作组织带动农民营林致富的作用不强等。

一、改革成效

(一)森林面积持续增长

集体林权制度改革有力地推动了我国的森林保护和国土绿化工作。2014—2018 年的第九次全国森林资源清查，调查固定样地 41.5 万个，清查面积 957.67 万平方千米。结果显示，全国森林覆盖率为 22.96%，森林面积为 2.2 亿公顷，其中人工林面积 7 954 万公顷、继续保持世界首位。森林蓄积量 175.6 亿立方米。森林植被总生物量 188.02 亿吨，总碳储量 91.86 亿吨。年涵养水源量 6 289.50 亿立方米，年固土量 87.48 亿吨，年滞尘量 61.58 亿吨，年吸收大气污染物量 0.40 亿吨，年固碳量 4.34 亿吨，年释氧量 10.29 亿吨。第九次全国森林资源清查结果与第六次清查结果相比，全国森林面积从 26.24 亿亩增加到 33.07 亿亩；活立木蓄积量从 136.18 亿立方米增加到 190.07 亿立方米；森林覆盖率从 18.21% 增加到 22.96%。这说明我国森林资源总体上呈现数量持续增加、质量稳步提升、生态功能不断增强的良好发展态势，初步形成了国有林以公益林为主、集体林以商品林为主、木材供给以人工林为主的合理格局。

(二)林业经营绩效明显提升

林改激发了林权经营者的造林积极性，林业经营绩效明显提高。2022 年 8 月 12 日，深化集体林权制度改革专家座谈会在北京大学举办，专家指出，全国林业产值从 2001 年的 4 090.48 亿元，增加到 2020 年的 8.12 万亿元，形成了经济林种植与采集、林产品加工、森林旅游、林下经济四大万亿级产业。从 2011 年起，我国已连续 11 年成为世界林产品生产量、消费量和贸易量最大的国家。林改后，在一些林改比较到位的农村地区，农民的积极性被激发出来，从而营造出"山定权，树定根，人定心"的局面。

(三)林业规模集约化经营水平大幅提高

提高林业的规模集约化经营水平，是林改的主要目标之一。我国林业发展最终要走规模化、专业化、集约化经营之路。因此，林改的目标就是要在明晰林权、林农自愿和明确利益分配的基础上，以家庭联合经营、委托经营、合作林场、股份制林场等形式，创建一批新的林业经营实体，促进林业的资源、资金、技术和人才等生产要素向有能力经营的

"大户"合理流动，不断提高森林资源的科学经营水平和规模效益。

(四)林业新型经营主体不断涌现

林业新型经营主体不断涌现。集体林改监测结果显示，截至 2020 年年底，全国新型林业经营主体数量和经营面积分别为 29.43 万个和 1 366.67 万公顷。《2020 年度中国林业和草原发展报告》显示，林权抵押贷款面积约 666.67 亿公顷，贷款余额 726 亿元，实现了山林资源变成资产、资产变成资本，助力了林业改革发展。

(五)林地经营者增收

对于那些在林改中获得林地经营权的农民而言，他们成了集体山林真正的主人。2008 年林改时，全国集体森林蓄积量 46 亿立方米，经济价值达 10 万亿元，分山到户后，相当于户均拥有森林资源资产近 10 万元。林农依托森林景观发展森林旅游，把"砍树"变成"看树"，收入相当可观。集体林权制度改革还搞活了林地经营权和林木所有权，林业成为新的投资热点，林业产业、林下经济迅猛发展，"不砍树也能富"的理念深入人心。根据《2020 年度中国林业和草原发展报告》显示，全国林下经济产值约 1.08 亿元，依托森林旅游实现增收的建档立卡贫困人口达 46 万户 147.5 万人，年户均增收 5 500 多元。改革实现了农民在家门口创业和就业，集体林业带动 4 000 多万农村人口实现就业。

(六)村财收入增加

林改也使林区的村财收入增加。在实施林改过程中，村集体经济组织通过林地承包经营分成、集体林权转让、盘活森林资源资产，合理规范收取林地使用费和参与现有林地收益分成等方式，确保了村集体在林业上有持续稳定的收入来源，在一定程度上增加了村集体财政收入，为农村建设提供了财力支持。

二、存在的问题

(一)山林权属界限不清，存在纠纷隐患

林地权属方面的问题随着集体林权制度改革的实施日益凸显，其中含有很多隐患，主要属于界限问题。在以前一般是以树木间撒石灰作为界限，但石灰难以永久保存，但随着时间的推移，会导致出现界限争执，为今后出现权属问题埋下隐患。由于林地处于农村地区，林地的林权证件均在村干部手中，大部分农户并没有真正拥有林地的使用权利，引发权利纠纷。

(二)林业社会化服务缺失，发展滞后

林地流转机制不够完善。林地产权流转是一种市场行为，只有良性的流转行为才能有效激发市场活力，但目前林权流转情况不尽如人意，林地产权流转机制仍存在一定问题，首先，对于林地的评估不够完善，第三方机构市场鱼龙混杂，很多机构在评估过程中缺乏严谨性和科学性；其次，评估费用未能让村民完全接受，让村民们望而却步；最后，林业部门登记备案手续不完善，很多记录工作含糊不清，导致集体林权改革受到阻碍。林业专业合作组织发展缓慢，带动作用弱。由于缺乏政府的有力推动和合理的规划布局，启动资金投入不足，造成各地林业专业合作组织发展慢，对农户的经营组织作用不强。大多数农

户没有参加合作社的主要原因是当地没有成立林业专业合作社或者没有形成有规模、有带动作用的林业产业。林地经营处于单家独户经营、分散经营、小规模经营状态，组织化程度低。森林保险发展滞后。林业经营风险较高，林业生长周期较长，可能遭受火灾、雪灾、泥石流等自然灾害或病虫害等生物灾害，以及人为的私自砍伐、偷盗等，都有可能给林农造成严重经济损失。然而，目前政府对森林保险的支持力度不够，森林保险相关法律体系不够健全，森林保险销售渠道和方式较为单一，农户购买森林保险的意识淡薄。

（三）公益林经营管理不成熟，补偿措施不足

公益林需投入大量人力、物力进行管理与经营，而且其管理者需具有较为成熟的管理经验，才能有效发挥实质性作用。目前，我国公益林建设虽取得了一定成效，但其中不乏存在一些问题。首先，公益林大部分无主体权利，但林地建设属于个人投资行为，为实现社会经济可持续发展，林业部门将部分林地划分为公益林，但个人承包林地具有追求利益的目的，如此划让个人承受经济损失，降低了林农的积极性和主动性。其次，政府补偿费用不足以抵消林地经济效益，林农不愿将个人林地划分为公益林，这样的恶性循环是我国公益林发展的重大阻碍。要想促进公益林长远发展，则需建立完善的经营管理模式。

（四）商品林采伐受限，审批困难

农民采伐、利用商品林受到限制。相关林木采伐审批手续复杂且烦琐，中间过程耗时太长，从林农开始申请到真正得到相关审批手续要经过无数关卡。国家每年适时增加采伐指标，而地方层层加码减量，政府批的指标用不完，农民却不够用。因此，农民受约束程度较大，在一定程度上降低了农民营林的积极性。

第五节　国有林区制度改革

新中国成立初期，为加强森林资源利用，国家相继开发建设了东北及全国重点国有林区和国有林场，国有林区是我国林区的重要组成部分，具有重要的历史地位。国有林区改革主要可以分为 3 个阶段：完全的计划经济阶段、计划体制改革阶段和市场经济建立阶段。经过多年的改革，国有林区改革基本实现了政企分开、管办分离，改革任务基本完成。但目前依旧存在林区经济落后、林区社会发展缓慢、林业职工收入过低、林区基础设施不完善等问题，"三林"（即林业、林区和林农）问题突出。未来还需要进一步向市场化改革迈进。

一、我国国有林场现状

我国国有林区包括全国 9 省区 138 个国有林业局，其中 5 大森工集团下属 87 个国有林业局组成了重点国有林区。国有林场则分布于 31 个省（自治区、直辖市）1 600 多个县，总计 4 855 个。

《第八次全国森林资源清查》显示，我国国有林区森林面积 3 266.67 万公顷，蓄积 35.39 亿立方米，分别占全国总量的 15.73% 和 23.38%。国有林区是我国林业职工最多的区域，占全部林业在册职工人数的 40%，即只占国土面积 1/20 的国有林区拥有着全国森

林面积的 1/6、全国森林蓄积量的 1/4、全部林业在册职工的 2/5。

《2020 年中国国土绿化状况公报》显示，2020 年中国国有林场数量整合为 4 297 个，95.5% 的国有林场被定为公益性事业单位。国有林区改革基本实现政企分开、管办分离，改革任务基本完成。

二、国有林区的历史地位

新中国成立初期，为加强森林资源的利用，国家相继开发建设了东北及全国重点国有林区和国有林场，林业产值曾位列国民经济各部门前五名，成为国民经济恢复和发展的重要支柱产业，为维护国家生态安全、木材安全、物种安全、粮食安全，促进国家经济建设作出了重大贡献。

三、国有林区管理制度的变迁历程

国有林区改革主要可以分为 3 个阶段：完全的计划经济阶段（1949—1984）、计划体制改革阶段（1985—1994）、市场经济建立阶段（1995 至今）。改革的方向总体上从计划经济向市场经济过渡。

（一）完全的计划经济阶段

这一阶段林业的主要任务是大面积采伐遗产性资源。这一阶段国家对于国有林区的管理是以国有产权为基础，以森工企业为组织形式，政府、企业、社会权力高度集中，以国家计划为主的大一统的管理制度。该阶段的基本特征包括：一是组织单一；二是权力高度集中；三是以国民经济计划为主配置国有林区的各种资源，否定市场机制的作用（表 11-2）。

表 11-2　国有林区改革第一阶段主要事件

年份	主要事件
1954	林业管理体制是"上合下分"，即上面是营林森工合在一起统一由林业部管理，下面的基层是森工和营林两个系统
1956	经全国人大常委会决定成立林业部和森林工业部
1958	国家经济体制改革，两部合并，同时下放了森工企业管理权，扩大了地方权限，各省森工体制与营林体制合并
1962	决定成立东北总局
1963	国家第二次分设东北林业总局和各省林业厅，林业厅负责地方的林业生产经营管理，森工局负责国有林区森工企业管理
1968	将东北林业总局下放省，这一时期木材过量采伐严重，营林和森工受到巨大的损失，严重影响了林业发展进程

（二）计划体制改革阶段

这一阶段是对市场经济的认识和实践刚刚起步的过程，改革取得了很大的成就，但新的制度不是很成熟，产权制度和组织制度没有发生变革，旧的管理制度还在发挥作用，如政企分开、让权放利，使企业成为自主经营的市场主体等管理模式，没有达到预期的效果。企业长期潜在的一些深层次的矛盾逐步显现了出来，东北、内蒙古国有林区森工企业经济危困，群众生活陷入困境(表11-3)。

表 11-3　国有林区改革第二阶段主要事件

年份	主要事件
1985	《关于进一步活跃农村经济的十项政策》决定国营林场也可实行职工家庭承包或与附近农民联营。同年国家决定从南方集体林区开始取消木材统购，开放木材市场
1989	国务院同意林业部对东北四大国营林业局核发林权证。林业部颁布《东北、内蒙古国有林区森工企业试行采伐限额计划管理的决定》《关于加强林木采伐许可证管理的通知》，实行全国统一木材采伐许可证制度，用法律法规的形式加强了木材等森林资源的宏观控制
1991	国务院正式批准在东北、内蒙古国有林区组建4个企业集团
1993	林业部与国家国有资产管理局联合下发《关于加强国有森林资源产权管理的通知》；各森工集团相继成立；组建成立大型企业集团的目的在于促进林业企业组织调整，推动生产要素的合理流动，进一步增强国家宏观调控的有效性

(三)市场经济建立阶段

这一阶段，是市场经济建立并逐步完善的阶段，相关部门出台了一系列文件指导国有林区改革，指明了森林资源深化改革的发展方向，取得了一定的成效，国有林区的群众生活有所改善(表11-4)。

表 11-4　国有林区改革第三阶段主要事件

年份	主要事件
1995	国家体改委和林业部共同制定并颁布了《林业经济体制改革总体纲要》，明确指出将森林资源划分为商品林和公益林，实行分别指导，分类经营
1996	林业部发布《关于开展分类经营改革试点工作的通知》，提出实行分类经营的改革
1998	在国有林区先行试点开始实施天然林保护工程。围绕着市场经济制度的建立，森工企业内部也进行了一些颇有成效的改革。一是破产重组有了实质性的进展，通过"售、并、股"的方式改革公司直属企业，减轻了林业集团公司亏损补贴负担；二是所有制结构调整取得了整体突破，按照"卖、送、股、破、换、兼并、关停、撤销"8种方式将国有小企业全面推向市场；三是按照"布局合理、设备转让、剥离非辅、分流到位、生产竞价、管理转型"原则，全面推进了林场改革；四是加快了劳动用工和养老保险制度的改革；五是实施了林场职工的再就业工程和一次性的安置
2003	在分类经营的基础上，财政部和国家林业局开展了生态效益补偿基金的试点。同年，《关于加快林业发展的决定》对国有森林资源产权制度改革作出了部署，黑龙江伊春国有林区开展试点
2006	伊春林管局拿出8万公顷国有商品林地让职工有偿承包经营
2015	中共中央、国务院印发《国有林场改革方案》和《国有林区改革指导意见》，把国有森林资源产权制度改革推向深化
2019	中共中央、国务院印发《关于统筹推进自然资源资产产权制度改革的指导意见》，进一步指明了森林资源深化改革的发展方向

四、国有林区存在的问题

国有林区和国有林场是我国林业发展的薄弱环节，国有林区尤为严重，具体表现为：林区经济落后，林区社会发展缓慢，林业职工收入过低，林区基础设施不完善。

①林区经济落后。我国国有林区经济结构失衡，第一、二、三产业的比例严重偏移，基于资源禀赋的林业产业一直占据主导地位，而以高新技术产业和现代服务业为主体的第三产业发展明显滞后。

②林区社会发展缓慢。在 2015 年《国有林场改革方案》和《国有林区改革指导意见》印发前，各重点国有林区累计拖欠金融机构债务 209.9 亿元，其中无力偿还的金融机构债务 133.1 亿元；累计拖欠职工工资 70 亿元，拖欠退休金 13 亿元；累计拖欠养老保险费 50.2 亿元、医疗保险费 14.2 亿元。

③林业职工收入过低。2013 年，国有林场在职职工人均年收入 1.8 万元，仅为全国城镇职工收入的 35.3%。其中有 10.8 万和 14.7 万国有林场在职职工没有参加基本养老保险和基本医疗保险。此外，国有林区因停伐产生了大量的富余人员，"天然林保护工程"一期一次性安置职工 52 万人，占比约 50%，这些人员目前生活较为困难，可能因无力缴纳社会保险费而"断保"。

④林区基础设施不完善。自林区开发以来，国家对国有林区基础设施建设投入不足。学校、医院、道路等生产生活配套设施建设严重滞后。国有林区难以享受到国家的"村村通"等优惠政策，交通条件较差，80%以上都是低等级公路。林场职工居住条件也较差。

五、国有林区改革案例

(一) 国有林区改革的方向

林业是社会经济可持续发展的重要基础行业，不需要国家直接经营。森林中的非木材林产品不同于生态功能服务，是私人产品，属国家退出领域。非木林林产品生产过程内含森林生态功能服务产品生产的协调机制。林业生产的长周期性、生产用工的季节性和不连续性特点，要求林业经营组织应具有更高的灵活性。

因此，改革的基本思路是国家退出国有林场森林资源资产的直接经营性活动，把森林资源资产运营交由其他非国有主体承担。

(二) 国有林区、国有林场改革试点

伊春作为中国"林城"，是我国东北开发最早的林区，林地面积 400 万公顷，森林覆盖率 80.3%，下辖 1 市 1 县 15 个区，包括桃山、铁力、翠峦、乌马河等林业局。人口 132 万，其中林业职工 30 万。2006 年，伊春成为国有林区林权制度改革唯一试点。

1. 林情

作为我国最大的国有林区和森林工业基地，过去 50 多年里，伊春为国家提供了 2.4 亿立方米的木材。但由于过度开采，可利用的森林资源锐减。森林蓄积量已由开发初期的 4.28 亿立方米下降到 2.1 亿立方米，下降了 51%；可采成熟林蓄积量由开发初期的 3.2 亿立方米下降到 610 万立方米，下降了 98%。16 个林业局有 12 个已无成熟林可采。

以桃山林业局为例，现有有林地 17 万公顷，2005 年可采伐量 2 万立方米，当年市场价格 550 元/立方米，销售收入 1 100 万元；国家每年下拨的天然林资源保护工程财政专项资金去掉公检法教卫退之后仅剩 300 万元，总收入不到 1 500 万元，却要养活 5 万多人，财政缺口达到 2 000 多万元。

2. 改革

①改革内容。对浅山区林农交错、分散、零星的部分国有商品林，由林业职工家庭承包经营；大面积、集中连片林地，由伊春林业管理局依法加强经营管理。

②改革范围。林改仅限 8 万公顷商品林地，公益林地不纳入；承包经营林地的对象是林业局在册职工，机关干部和离退休职工暂不参与。

③改革实施方式。按一沟一系一坡的自然界限，并结合森林经营区划，按每户 5~10 公顷的标准，实行林地承包经营，经营期限不超过 50 年。

3. 改革"双刃剑"

①"离林致富"。林权制度改革后，承包职工通过发展林下经济和家庭经济，涌现出一批木耳、香菇、药材种植和狐、鹿、林蛙、野猪等特色养殖大户，实现年均增加收入 3 500 元以上，林下经济净收益预期增长达 42.18%，80%经营者靠此增收。

②国有资产流失。实践中，部分公益林也被分，更重要的是，林地并没有真正分给职工，实际上占总面积 80%的林地是分给了外人，造成国家资源和财产的大量流失。

③政企未分开。地方政府既是林场管理者同时也是林业生产单位，其双重身份(伊春市政府同时也是伊春林管局)仍然存在，政府资源管理与采伐企业的职能未能剥离。

思考题

一、名词解释

产权　林业产权　林业产权改革　集体林权改革　国有林区　林业新型主体

二、思考与论述

1. 简述林权的特征。

2. 简述我国林业产权制度的发展历程。

3. 简述集体林改主要包括哪些内容。

4. 概括我国集体林改取得的成果。

5. 分析我国集体林改现存的问题，并尝试提出解决之策。

6. 简述我国国有林区改革的历程。

7. 20 世纪 80 年代初的家庭承包制度为什么在农业和林业间引发了差异如此之大的后果？

8. 集体林权制度改革存在哪些问题？

9. 对于农民增收和林业发展来说，分山到户和均股均利两种集体林权改革模式对谁更有利？

案例分析

第十二章

全国重点林业生态工程建设政策

【学习目标】

1. 了解各重点林业生态工程建设政策的背景。
2. 掌握各重点林业重点生态建设政策的相关概念。
3. 掌握各重点林业重点生态建设政策的实施进展。
4. 了解各重点林业重点生态建设政策的实施目标。
5. 掌握各重点林业重点生态建设政策实施成效。

改革开放以来，我国相继启动了多个重点林业生态工程建设，有力地推动了国土绿化事业的发展。2001年年初，国务院批准实施的六大重点林业生态工程（"六大工程"）建设是对我国林业建设工程的系统整合，对林业生产力布局的一次战略性调整。"六大工程"建成后，我国生态面貌将有根本性改观。本章重点介绍了"六大工程"的实施背景、相关概念、实施进展以及实施成效，明确了"六大工程"规划及目标，阐明了工程实施效果。

第一节　天然林资源保护工程建设政策

天然林在森林资源中占比最大。天然林资源保护工程（简称"天保工程"）是重点林业生态工程，是1998年长江、松花江流域发生特大洪灾后，党和国家作出的一项重大战略决策，是中国林业由以木材生产为主转向以生态建设为主的重要标志。20年多来，国家为天然林资源保护工程投入资金已达3 000多亿元。我国天然林资源持续增长，天然林面积较工程启动前增加了3.23亿亩、蓄积量增加了53亿立方米。

一、天然林资源保护工程概述

天然林是指天然生长的森林和经采伐或破坏后天然更新的次生林。天然林资源是中国森林资源的主体，加强天然林资源的保护，对保护生物多样性、维护国土生态安全、促进经济社会可持续发展具有十分重要的作用。我国现有天然林面积20.8亿亩，占全国森林总面积的64%；天然林蓄积量136.7亿立方米，占全国森林蓄积量的80%，在维护自然生态平衡和国土安全中处于无可替代的主体地位。

天然林资源保护工程是中国六大重点林业生态工程之一，是我国为恢复和发展森林资源，改善生态环境，促进国民经济和社会可持续发展作出的重大战略决策。天然林资源保护工程以从根本上遏制生态环境恶化，保护生物多样性，促进社会、经济的可持续发展为宗旨，采取对天然林的重新分类和区划，调整森林资源经营方向，促进天然林资源的保护、培育和发展等措施，以实现维护和改善生态环境，满足社会和国民经济发展对林产品的需求的根本目的。

(一)天然林资源保护工程建设背景

长期以来，东北、内蒙古国有林区和长江上游、黄河上中游地区为国家建设和人民生活提供了大量木材。与此同时，也造成了该地区天然林资源锐减、国有林区森林资源危机与林区经济危困等问题，生态环境不断恶化。20世纪90年代，仅长江上游、黄河上中游地区，每年因水土流失进入长江、黄河的泥沙量超20亿吨，导致下游江河湖库日益淤积抬高，水患不断加重，严重影响了广大人民群众的生产和生活。

1998年长江流域和东北地区的特大洪灾后，党中央、国务院从中国经济社会可持续发展的战略高度，作出了试点实施天然林资源保护工程的重大决策。

该工程旨在通过天然林禁伐、大幅减少商品木材产量以及有计划分流安置林区职工等措施，解决中国天然林的休养生息和恢复发展问题。根据《关于灾后重建、整治江湖、兴修水利的若干意见》关于全面停止长江黄河流域上中游的天然林采伐，森工企业转向营林管护的精神，国家林业局编制了《长江上游、黄河上中游地区天然林资源保护工程实施方案》和《东北、内蒙古等重点国有林区天然林资源保护工程实施方案》。国务院先后两次召开总理办公会议对上述方案进行审议，2000年10月批准了实施方案，天然林资源保护工程正式启动。

1998年，天然林资源保护工程开始试点；2000年，在全国17个省份全面启动；2010年，全面完成了一期工程任务；2011—2020年，实施完成了二期工程建设任务。经过20多年的保护培育，工程建设取得显著成效，近20亿亩天然林得到全面保护，累计完成公益林建设3亿亩、后备森林资源培育1651万亩、森林抚育2.73亿亩。

(二)天然林资源保护工程建设目标

天然林资源保护工程是以可持续发展战略为指导思想，通过调整新时期林业的发展规划和森林资源的经营理念，实现林区社会经济的可持续发展，以达到改善我国生态环境，保护生物多样性，促进社会、经济可持续发展的目标。天然林资源保护工程具体目标主要分为3个阶段实施。

第一阶段：即近期目标(到2000年)，控制天然林资源消耗，加大森林管护力度。全面停止长江、黄河上中游地区划定的生态公益林区的采伐；调减东北、内蒙古国有林区天然林资源的采伐量，严格控制木材消耗，杜绝超限额采伐。

第二阶段：即中期目标(到2010年)，以生态公益林建设与保护、建设转产项目、培育后备资源、提高木材供给能力、恢复和发展经济为主要实施内容。基本实现木材生产由采伐利用天然林为主转向经营利用人工林，人口、资源、环境之间的矛盾得到基本缓解。

第三阶段：即远期目标(到2050年)，天然林资源得到根本恢复，基本实现木材生产以利用人工林为主的目标，林区建立起比较完备的林业生态体系和合理的林业产业体系，充分发挥林业在国民经济和社会可持续发展中的重要作用，见表12-1。

表 12-1　天然林资源保护工程目标规划

时间	目标	内容
1998—2000	近期目标	控制天然林资源消耗，加大森林管护力度
2001—2010	中期目标	基本实现木材生产以采伐利用天然林为主向利用人工林方向的转变
2011—2050	远期目标	天然林资源得到根本恢复，基本实现木材生产以利用人工林为主

二、天然林资源保护工程建设内容

天然林资源保护工程的主要内容包括：

①全面停止长江上游、黄河上中游地区天然林资源保护工程区内天然林的商品性采伐，停止东北、内蒙古等重点国有林区天然林资源保护工程区内禁伐区的一切采伐活动，严格控制限伐区的采伐作业方式和采伐数量。

②实行工程区内天然林森林资源管护责任制，根据工程区森林分布及地理环境特点，对不同区域和地段的林区，采取不同的方式进行森林管护。对于集体林的管护，凡是群众愿意承包管护又可以进行林下资源开发利用的，可承包给农民个人管护，国家不再投入；凡无林下资源可以开发利用、群众不愿意无偿承包的，国家给予一定数额的管护费，由群众个人承包管护或由当地村组统一组织管护。

③明确天然林资源保护工程区森林管护面积和管护费标准。

④确定企业富余人员的分流安置方式及具体的处理政策，如通过签订再就业协议进行分流或者一次性补偿安置的基本政策。

⑤将企业职工养老保险纳入所在地的社会统筹，实行省级管理，中央和地方财政对企业缴纳基本养老保险费的经费缺口给予补助，并纳入工程实施方案的资金总量中。

⑥对长江上游、黄河上中游地区工程区内宜林荒山荒地造林进行补助。对工程区的种苗基础建设、科技支撑体系等给予一定的扶持。

三、天然林资源保护工程建设进展

(一)"天保工程"一期工程

"天保一期"工程范围：长江上游地区(以三峡库区为界)包括云南、四川、贵州、重庆、湖北、西藏6省(自治区、直辖市)，黄河上中游地区(以小浪底库区为界)包括陕西、甘肃、青海、宁夏、内蒙古、河南、山西7省(自治区、直辖市)，东北、内蒙古等重点国有林区包括内蒙古、吉林、黑龙江、海南、新疆(含新疆生产建设兵团)共17个省(自治区、直辖市)，涉及724个县、160个重点企业、14个自然保护区。于1998年在12个省(自治区、直辖市)开始试点，2000年在全国17个省(自治区、直辖市)全面启动，到2010年年底按计划完成一期工程任务。

①把停伐减产作为首要任务，坚决停止长江上游、黄河上中游地区天然林商品性采伐，封存采伐器具，关闭木材加工厂，取缔木材市场，每年少生产木材1 239万立方米，

确保森林得以休养生息。

②对东北、内蒙古等重点国有林区，将木材产量由 1 853 万立方米下调到 1 094 万立方米。建立了县、场、站三级森林管护网络体系，层层落实管护责任制，建立各类管护站（点、所)4 万多个，参加管护的国有林业职工由 1998 年的 3.2 万人增加到 2009 年的 22.7 万人，16 亿多亩森林得到有效管护。

③积极开展公益林建设，累计完成营林、造林任务 2.45 亿亩，森林面积净增 1.5 亿亩，森林蓄积净增 7.25 亿立方米，森林碳汇增加 3.6 亿吨，森林覆盖率增加 3.7%。

④采取多种措施，妥善分流安置了 95.6 万职工，将 20 多万"砍树人"变成"护林人"和"种树人"。推动各项改革，增加林区发展活力，国有林业职工年平均工资由 2000 年的 5 178 元提高到 2010 年的约 1.7 万元。

(二)"天保工程"二期工程

二期工程实施范围在一期工程原有范围基础上，增加了丹江口库区的 11 个县(区、市)，其中湖北 7 个、河南 4 个。新增的 11 个县，既是国家生态重点保护区域，也是国家级重点公益林建设区，还是国家南水北调中线工程的水源地。

①取消地方配套资金，腾出资金解决其他事关发展的关键问题，改变了一期投入标准 11 年不变的静态资金预算控制，根据社会工资增长、物价变化等因素对投入标准进行动态管理，促进区域经济发展。

②大幅度提高森林管护以及基本养老统筹、基本医疗、失业、工伤、生育等五项社会保险补助标准，既解决了林业职工工资增长低于社会平均工资的问题，也解决了工程实施单位因社会平均工资连年上涨产生的参保费用缺口问题，确保企业职工全员参保。

③不再安排国有职工一次性安置，通过继续实施公益林建设、森林管护、中幼林抚育以及后备资源培育等建设任务增加就业岗位，保证工程区所有职工充分就业。仅中幼林抚育和森林培育两项任务，就新增就业岗位 24.88 万个。

④有效地兼顾长江、黄河两大流域工程区的林农收入问题，对于纳入国家级公益林的，中央财政按每年每亩 10 元给予补偿；属于地方公益林的，中央财政按每年每亩补助 3 元。在工程区范围内没有纳入上述两类公益林的，由林农依法自主经营。

随着 2020 年二期工程的完成，《全国天然林保护修复中长期规划(2021—2035 年)》编制工作开始推进，天然林保护工作将成为全国林业工作中一项常态化、制度化的工作，规划的编制是天然林保护修复工作正常化的顶层设计和行动指南。

四、天然林资源保护工程建设成效

天然林保护工程取得了巨大的生态、经济和社会效益，成为改革开放的重大成果之一。

(一)工程区森林资源得到恢复性增长

通过停伐减产和有效保护，工程区长期过量消耗森林资源的势头得到有效遏制，森林资源总量不断增加，天然林质量显著提升。20 多年来，"天保工程"累计完成公益林建设 3 亿亩，使近 20 亿亩的天然林得以休养生息。

(二) 生态环境明显改善，生态效益显著提高

中国森林植被总碳储量 91.86 亿吨，其中 80% 以上的贡献来自天然林。天然林区蓄水保土能力显著增强，生物种类日益丰富。东北林区出现了绝迹多年的野生东北虎、东北豹，西南林区大熊猫、朱鹮、金丝猴等国家级重点保护野生动物的种群数量增加。

(三) 林区经济结构调整，富余职工得到安置

积极发展非林非木产业，加快木材精深加工项目建设，大力发展以绿色食品、畜牧业和中药材开发为主的多种经营产业和以森林旅游、绿色能源、冶金建材等非林非木产业为主的其他产业，初步实现了由"独木支撑"向"多业并举"、"林业经济"向"林区经济"的转变，林区就业岗位增多，富余职工得到了妥善安置。

(四) 推动了林区企业向现代企业制度转变

积极探索适合地区经济发展特点的天然林保护与经济发展战略，当地企业逐步转变了以木材为中心的传统管理体制，建立了现代企业制度。林业企业管理经营理念与森林经营理念明显转变，科学培育森林代替了传统单纯取材的经营理念。

(五) 推动了全民生态意识的明显提高

工程实施单位充分利用广播电视、报纸杂志、互联网络等多种宣传方式，大力宣传实施天然林资源保护工程的重大意义和成效，在全国范围内营造出关注、支持、参与天然林保护的良好氛围，提高了全民对保护生态、关爱自然的重要性的认识。

第二节　退耕还林工程建设政策

长期以来，盲目毁林开垦和进行陡坡地、沙化地耕种，造成了我国严重的水土流失和风沙危害，洪涝、干旱、沙尘暴等自然灾害频频发生，人们的生产、生活受到严重影响，国家的生态安全受到严重威胁。1999 年，四川、陕西、甘肃 3 省率先开展了退耕还林试点工作，由此拉开了我国退耕还林工程的序幕。2002 年 1 月 10 日，国务院西部开发办公室召开退耕还林工作会议，确定全面启动退耕还林工程。

一、退耕还林工程概述

退耕还林工程是从保护生态环境出发，将水土流失严重的耕地，沙化、盐碱化、石漠化严重的耕地以及粮食产量低而不稳的耕地，有计划、有步骤地停止耕种，适地适树、因地制宜地植树造林，恢复森林植被的一项系统工程。退耕还林工程建设主要包括两方面内容：一是坡地退耕还林；二是宜林荒山荒地造林。

自 1999 年工程试点开展以来，已累计完成退耕地造林 906.26 万公顷，配套荒山荒地造林 1 413.72 万公顷，新封山育林 193.32 万公顷，累计粮食补助资金 1 610.46 亿元，累计生活费兑现金额 195.32 亿元。

(一) 退耕还林工程建设背景

长期以来，人口快速增长的压力以及相对粗放的生产方式，导致大量森林、草原和湿

地被改变用途，大面积毁林开荒造成土壤侵蚀量增加，水土流失加剧，土地退化严重，旱涝灾害不断，生态环境恶化。长江、黄河上中游地区因为毁林毁草开荒、坡地耕种，成为世界上水土流失最严重的地区之一，每年流入长江、黄河的泥沙总量达20多亿吨，其中2/3来自坡耕地。

1999年，朱镕基总理在延安视察时提出"退耕还林(草)、封山绿化、以粮代赈、个体承包"的方针，退耕还林工程正式拉开序幕，并于当年在四川、陕西、甘肃进行试点。2002年1月，国务院西部开发办公室召开退耕还林工作电视电话会议，确定全面启动退耕还林工程。同年4月，国务院下发《关于进一步完善退耕还林政策措施的若干意见》。

(二)退耕还林工程建设目标

①近期目标。"十五"期间(2001—2005年)退耕地还林1亿亩，其中25°以上的陡坡耕地还林5000万亩，占现有25°以上坡耕地面积的73.6%；沙化耕地退耕还林3000万亩，占现有沙化耕地面积的29.2%；完成宜林荒山荒地造林1.3亿亩。新增林草植被面积2.3亿亩，工程区林草覆被率增加2.4%；控制水土流失面积6.1亿亩，防风固沙控制面积7.3亿亩。通过退耕还林工程，脆弱的生态环境得到初步治理。

②远期目标。通过10年(2001—2010年)建设，退耕地还林共2.2亿亩。其中25°以上的陡坡耕地基本上退耕还林，沙化耕地退耕还林4000万亩，占现有沙化耕地面积的38.9%；完成宜林荒山荒地造林2.6亿亩。新增林草植被面积4.8亿亩，工程区林草覆盖率增加5%；控制水土流失面积13.0亿亩，防风固沙控制面积15.4亿亩。

二、退耕还林工程建设内容

①国家按照退耕面积向农户无偿提供5~8年期粮食(原粮)补助。长江流域及南方地区，每亩退耕地每年补助粮食(原粮)150千克；黄河流域及北方地区，每亩退耕地每年补助粮食(原粮)100千克。补贴年限为生态林8年，经济林5年，草地2年，并要求生态林和经济林的面积比例要达到4∶1。

②按照退耕面积给予农户一定的现金补助。每亩退耕地每年补助现金20元。

③国家向退耕户无偿提供种苗。退耕还林和宜林荒山荒地造林费补助，按照每亩地50元的标准直接发给农民自行选择采购种苗。退耕还林(草)所需种苗，由林业部门负责组织供应。

④实行"退一还二、还三"甚至更多的政策。农民接受1亩地补贴必须承担1亩或1亩以上宜林荒山荒地造林种草任务。

⑤实行报账制。农户按规定数量和进度进行退耕还林(草)，由林业部门对退耕还林(草)进度、质量及管护情况组织检查验收，农户凭发放的退耕任务卡和验收证明，按报账制办法领取粮食和现金补助。

⑥对前期工作和科技支撑工作给予补助。退耕还林工程的前期工作和科技支撑等方面的费用，按退耕还林工程基本建设投资的一定比例由国家给予补助，并在年度计划中适当安排。实施退耕还林的地区，要把退耕还林与扶贫开发、农业综合开发、水土保持等政策措施结合起来，对不同渠道的资金，可以统筹安排，综合使用。

⑦通过财政转移支付方式，对地方财政减收给予适当补偿。凡退耕地属于农业税计税土地，自退耕之年起，对补助粮达到原常年产量的，国家扣除农业税部分后再将补助粮发

放给农民；补助粮食标准未达到常年产量的，相应调减农业税，合理减少扣除数量（此条款已于2006年随农业税正式取消而不再适用）。

⑧农民承包的退耕地和宜林荒山荒地植树造林以后，承包期一律延长到50年。退耕地允许依法继承、转让，到期后还可以根据有关法律和法规继续承包，按照"谁造林（草）、谁管护、谁受益"的原则，将责、权、利紧密结合起来，调动农民群众退耕还林还草的积极性。

三、退耕还林工程建设进展

（一）前一轮退耕还林还草工程

1999年，退耕还林工程试点工作在陕西、甘肃和四川3省率先展开，当年的政府工作报告指出，坚决制止新的毁林开荒、围湖造田，对过度开垦、围垦的土地，有步骤地退耕还林、还草、还湖。8月5~9日，国务院总理朱镕基在陕西省考察时指出，要认真贯彻落实江泽民总书记"再造一个山川秀美的西北地区"的批示，强调黄河上中游各省区要解放思想，采取退耕还林（草）、封山绿化、个体承包、以粮代赈等措施，动员广大群众植树种草，改善生态环境，为根治黄河奠基，为子孙后代造福。

2000年3月9日，《关于长江上游、黄河上中游地区退耕还林（草）试点示范工作的通知》确定在长江上游的云南、四川、贵州、重庆、湖北和黄河上中游的陕西、甘肃、青海、宁夏、内蒙古、山西、河南、新疆等13个省（自治区、直辖市）的174个县（团、场），开展退耕还林（草）试点示范工作。6月21日增补湖南、河北、吉林和黑龙江4省共计14个县（市）为退耕还林（草）试点县。截至2001年年底，共有21个省（自治区、直辖市）和新疆生产建设兵团参与退耕还林还草试点工程，3年共完成试点任务3 455.1万亩，其中退耕地还林还草1 809.1万亩、宜林荒山荒地造林1 646万亩。

到2002年，工程正式全面展开，其范围从以西部为主的20个省（自治区）进一步扩展到全国25个省（自治区、直辖市），1 897个县。2002年4月11日，《关于进一步完善退耕还林政策措施的若干意见》明确指出，凡退耕地属于农业税计税土地的，自退耕之年起，对补助粮达到原常年产量的，国家扣除农业税部分后再将补助粮发放给农民；补助粮食标准未达到常年产量的，相应调减农业税，合理降低扣除数。

从2007年起，国家暂停安排退耕地还林还草任务，继续安排宜林荒山造林、封山育林任务。2007—2013年，有关部门逐步将人工造林补助标准从每亩50元提高到每亩300元，将封山育林补助标准从每亩50元提高到每亩70元，全国共完成宜林荒山荒地造林5 663.5万亩、封山育林2 650万亩，有力地推动了国土绿化的进程。

（二）新一轮退耕还林还草工程

2014年开始实施新一轮退耕还林还草工程。2014年8月，《关于印发新一轮退耕还林还草总体方案的通知》明确，到2020年将全国具备条件的坡耕地和严重沙化耕地约4 240万亩退耕还林还草。2017年，国务院同意核减17个省（自治区、直辖市）3 700万亩陡坡农田耕地用于扩大退耕还林还草规模。2019年，国务院又同意扩大11个省（自治区、直辖市）的贫困地区陡坡耕地、陡坡梯田、重要水源地15°~25°坡耕地、严重沙化耕地、严重污染耕地，退耕还林还草规模总计达 2 070 万亩。新一轮退耕还林还草的总规模超过 1 亿亩。截至 2020 年，22 个工程省（自治区、直辖市）和新疆生产建设兵团共实施新一轮退耕还林还草任务 7 550 万亩，其中退耕地还林还草 7 450 万亩、宜林荒山荒地造林 100 万亩。

退耕还林工程是迄今我国政策性最强、投资最大、涉及面最广、群众参与程度最高的生态建设工程，也是最大的强农惠农项目，仅中央投资就超过 4 300 多亿元，是世界上最大的生态建设工程。

四、退耕还林工程建设成效

退耕还林工程的实施改变了农民祖祖辈辈垦荒种粮的传统耕作习惯，实现了由毁林开垦向退耕还林的历史性转变，有效地改善了生态状况，促进了中西部地区"三农"问题的解决。

（一）水土流失和土地沙化治理效果显著，生态环境得到明显改善

退耕还林工程的实施，使我国造林面积由以前的每年 400 万至 500 万公顷增加到连续 3 年超过 667 万公顷，2002 年、2003 年和 2004 年 3 年退耕还林工程造林分别占全国造林总面积的 58%、68% 和 54%，西部一些省（自治区、直辖市）占 90% 以上。退耕还林调整了人与自然的关系，改变了农民广种薄收的传统种植习惯，退耕还林工程的实施大大加快了水土流失和土地沙化治理的步伐，生态状况得到明显改善。

（二）大大加快了农村产业结构调整的步伐

退耕还林给农村调整产业结构提供了一个过渡期，为农业产业结构调整提供了良好机遇。各地区合理调整土地利用和种植结构，因地制宜推行生态林草、林—果—药、林—竹—纸、林—草—畜以及林经间作等多种开发治理模式，大力发展生态产业和循环经济，促进了农业产业结构调整。

（三）保障和提高了粮食综合生产能力

退耕还林后，由于生态状况的改善、生产要素的转移和集中，农业生产方式由粗放经营向集约经营转变，工程区及中下游地区农业综合生产能力得到保障和提高。同时，退耕还林调整了土地利用结构，把不适宜种植粮食的耕地还林，有利于促进农林牧各业协调发展，退耕还林过程中还发展了大量经济林资源，培育了丰富的牧草资源，不但能增加食物的有效供给，还能调整和优化食物结构。

（四）较大幅度增加了农民收入

一是国家粮款补助直接增加了农民收入。到 2004 年年底，退耕还林工程已使 3 000 多万农户、1.2 亿农民从国家补助粮款中直接受益，农民人均获得补助 600 多元。二是退耕还林收益成为农民增收的重要来源。在一些自然条件较好的地方，农户结合工程建设，因地制宜发展林竹、林果、林茶、畜牧等生态经济产业，增加了经济收入。三是促进农村剩余劳动力向非农产业转移，降低了农民对坡耕地和沙化耕地的依赖。四是退耕还林促使农户致富增收，在新农村建设中发挥了重要作用。

(五) 增强基层干部和群众的生态意识

退耕还林工程的实施，让西部地区的基层干部认识到生态恶劣是经济发展缓慢的主要根源，改善生态是改变自身生存和生活条件的根本出路，是发展和进步的前提。同时，通过实施退耕还林政策，各级政府改善了当地的农田水利、生态移民、舍饲圈养等基础配套设施建设，引导和鼓励退耕农户发展生态经济型后续产业以及外出打工或在当地从事非农生产，农民生产、生活条件得到明显改善，当地干部和农户的生存、生活和发展的观念发生了根本性的改变。

第三节　京津风沙源治理工程建设政策

沙漠化是指在人为干扰下，沙质土地植被破坏后在风力作用下产生扬尘、沙尘暴或类似沙漠的土壤堆积等退化现象。土地沙化冲击着工农业正常生产和交通安全，影响着城乡居民的生活质量和身心健康，制约了中华民族生存与发展的空间，是我国生态建设的重点和难点，是阻碍经济社会可持续发展的一个重要因素。京津风沙源是我国土地沙化最严重的地区之一。加强风沙源治理有助于沙区经济发展和农民增收致富，保障城乡居民的生活质量和身心健康，促进经济和社会可持续发展。经过 20 多年的接续奋斗，北京市共完成营林造林约 922 万亩，京津风沙源治理工程规划目标任务已全部完成。截至 2021 年年底，首都山区森林覆盖率达 58.8%，比 2000 年增加了 19%。

一、京津风沙源治理工程概述

京津风沙源治理工程是林业六大重点林业生态工程之一，也是国家生态建设的重点工程，是为了优化京津地区的生态环境而对风沙源采取的综合治理工程。

(一) 京津风沙源治理工程建设背景

40 多年前的世界防治荒漠化和沙化会议上，北京曾被列为沙漠化边缘城市。1995 年第一次沙化普查时，北京市沙化土地面积达 87 万亩。同时，京津乃至华北地区多次遭受风沙危害，尤其是北京不仅受周边地区植被覆盖水平及气象条件等因素影响，还面临着来自西部、北部等风廊带来的输入性风沙威胁。

2000 年春季，我国北方地区连续发生 12 次较大的浮尘、扬沙和沙尘暴天气，其中有多次影响北京市。其频率之高、范围之广、强度之大，为 50 年来罕见，引起了党中央、国务院高度重视，同时也倍受社会关注。

国务院有关领导在听取了国家林业局对京津及周边地区防沙治沙工作思路的汇报后，亲临河北、内蒙古等治沙一线视察治沙工作，指示防沙止漠刻不容缓，生态屏障势在必建，决定实施京津风沙源治理工程。

京津风沙源治理工程是党中央、国务院为改善和优化京津及周边地区生态环境状况，降低风沙危害，紧急启动实施的一项具有重大战略意义的生态建设工程，是首都乃至中国的形象工程。该工程于 2002 年开始启动，涉及北京、天津、河北、山西及内蒙古等 5 省份 75 个县 (旗、市、区)。

(二) 京津风沙源治理工程保障措施

根据工程区自然气候、地形地貌特点，工程实行分类指导、分区施策、综合治理。

1. 全面封禁保护现有林草植被，杜绝一切人为破坏行为

人工种草投资 1 800 元/公顷，中央投入 900 元/公顷；飞播牧草投资 1 500 元/公顷，中央投入 750 元/公顷；围栏封育投资 1 050 元/公顷，中央投入 600 元/公顷；基本草场建设投资 7 500 元/公顷，中央投入 1 200 元/公顷；草种基地建设投资 18 000 元/公顷，中央投入 7 500 元/公顷。中央投资部分由中央基本建设资金解决。

2. 大力营造防风固沙林带，建立稳固的防风阻沙体系

在现有荒山荒地上营造乔、灌、草相结合的复合型水土保持和水源涵养林。

3. 对区域内陡坡耕地和粮食产量低而不稳的沙化耕地实行退耕还林还草

退耕还林粮食及现金补助年限按生态林计算，为期 8 年。粮食补助标准：按退耕地面积每年补助粮食(原粮)1 500 千克/公顷，每千克粮食按 1.4 元计算；现金补助标准：按退耕地每年补助现金 300 元/公顷；种苗补助标准：按照退耕地面积和宜林荒山荒地荒沙造林种草补助 750 元/公顷。退耕还林中粮食和现金补助由中央财政专项资金划拨，种苗补助由中央基本建设资金解决。

4. 加快水土流失综合防治步伐，减少入库泥沙

水源配套工程中央补助 1 万元/处；小流域综合治理工程中央补助投资 20 万元/平方千米。中央投资部分由中央基本建设资金解决。

5. 加速转变传统的农牧业生产方式，实行划区轮牧、休牧和舍饲圈养

禁牧后饲料粮补贴：标准为 0.22 千克/(天·公顷)。其中北部干旱草原沙化治理区和浑善达克沙地治理区按全年禁牧 365 天计，农牧交错带沙化土地治理区和燕山丘陵山地水源保护区按全年禁牧 180 天计；饲料粮补助期限为 5 年，饲料粮价格 0.9 元/千克，所需资金由中央财政专项资金划拨。禁牧舍饲所需的棚圈 200 元/平方米，中央投入 150 元/平方米；饲料加工机械设备 2 500 元/台(套)，中央投入 2 000 元/台(套)，中央投资部分由中央基本建设资金解决。

6. 对生态极其恶劣，不具备人居生存条件的地区，实行生态移民，促进生态自然修复

生态移民暂按 5 000 元/人计，全部由中央基本建设资金解决。科技支撑等其他费用，按林业建设、草地治理、水利工程等中央基本建设资金的 3% 提取，由中央基本建设资金解决。工程总投资 577.03 亿元。其中，中央财政投资为 275.99 亿元，基本建设投资(包括中央补助和地方配套)为 301.04 亿元。

二、京津风沙源治理工程建设内容

工程的建设区西起内蒙古的达茂旗，东至河北的平泉市，南起山西代县，北至内蒙古的东乌珠穆沁旗。范围涉及内蒙古、河北、山西及北京和天津的 75 个县(旗、市、区)，国土总面积 4 580 万公顷，工程规划预算总投资 558.6 亿元(含地方配套资金)。工程主要建设任务包括林业建设、草地治理、水利措施和生态移民 4 个方面。

（一）林业建设

①退耕还林。2001—2010 年退耕还林 262.91 万公顷。其中，退耕 134.17 万公顷，荒山荒地荒沙造林种草 128.74 万公顷。退耕还林 5 年（2002—2006 年）完成。

②荒山荒地荒沙造林。2001—2010 年总规模 494.41 万公顷，其中，人工造林 130.82 万公顷，封山育林 177.70 万公顷，飞播造林 185.89 万公顷。

③种苗基地及设施建设。2001—2010 年种苗基地建设，示范基地 0.032 万公顷；良种基地新建和改建 0.16 万公顷；采种基地新建和改建 2.97 万公顷；国有苗圃新建和改建 0.08 万公顷。2001—2010 年种苗设施建设，种子加工设施 27 套；种子常温库 16 座；种子质量监督检查站（室）新建和改建 30 处；种苗信息化建设 34 套。

（二）草地治理

2001—2010 年，草地治理总面积 1 062.78 万公顷，建设暖棚 286 万平方米，购买饲料机械 23 100 台（套）。其中，人工种草 148.23 万公顷；飞播牧草 28.53 万公顷；围栏封育 279.33 万公顷；基本草场建设 34.33 万公顷；草种基地 3.90 万公顷；禁牧 568.45 万公顷。

（三）水利措施

2001—2010 年，建立水源工程 66 059 处，节水灌溉 47 830 处，小流域综合治理 23 445 平方千米。

（四）生态移民

2001—2010 年，共完成生态移民 18 万人。

三、京津风沙源治理工程建设进展

京津风沙源治理一期工程历时 12 年，累计造林营林 708 万亩，植树 1.5 亿株，构建起了北京抵御风沙的第一道防线。

2013 年，国家批准了京津风沙源治理工程二期规划。截至 2019 年年底，二期工程完成造林营林 146.82 万亩，同时完成小流域综合治理 748 平方千米、人工种草 9 万亩。

（一）京津风沙源治理一期工程（2000—2012）

国务院决定紧急启动京津风沙源治理工程，于 2000 年 6 月启动试点。2002 年 3 月 3 日，国务院批准《京津风沙源治理工程规划》，工程全面实施。2003 年，国家林业局下发《关于进一步加强京津风沙源治理工程区宜林荒山荒地造林的若干意见》，从政策机制上支持鼓励各种社会组织和个人承包荒山荒地造林绿化，同等享受国家补助，允许各地因地制宜、科学合理地确定荒山荒地植被恢复方式。2004 年 6 月 17 日，国家林业局、全国人大环境与资源保护委员会、全国政协人口资源环境委员会在北京联合召开"加快防沙治沙步伐，促进农民增收"座谈会。2006 年，我国推行了省级人民政府防沙治沙责任制度，先后启动了 39 个全国防沙治沙示范区，实施了石漠化综合治理工程。经 2009 年第四次全国荒漠化沙化监测，沙化土地由过去扩展变成现在每年缩减 1 717 平方千米，我国土地荒漠化、沙化呈持续净减少之势。2011 年，国家林业局出台了《全国防沙治沙综合示范区建设规划

（2011—2020）》。

（二）京津风沙源治理二期工程（2013—2022）

2013 年，京津风沙源治理二期工程规划获批并接续实施。二期工程不仅提升了森林质量，更实现了固碳增汇的生态功能。据研究估算，工程区的乔木土壤碳储量达 1 500 余万吨，相当于累计吸收二氧化碳 5 500 余万吨，累计释放氧气 4 000 余万吨。工程区内乔木碳汇量 300 余万吨，20 年来碳汇量增长 378%。

京津风沙源治理二期工程是我国进一步减轻京津地区风沙危害，构筑北方生态屏障的需要，我国将实施建设期从 2013—2022 年为期 10 年的京津风沙源治理二期工程规划，总投资达 877.92 亿元。2012 年 9 月，国务院常务会议讨论通过了《京津风沙源治理二期工程规划（2013—2022 年）》，决定实施京津风沙源治理二期工程，工程区范围由北京、天津、河北、山西、内蒙古 5 个省（自治区、直辖市）的 75 个县（旗、市、区）扩大至包括陕西在内的 6 个省（自治区、直辖市）138 个县（旗、市、区）。

据 2021 年的统计数据，京津风沙源治理工程区森林覆盖率已由 2000 年的 10.59% 提高到 18.67%，综合植被盖度由 39.8% 提高到 45.5%；沙化土地明显减少，流动沙地面积减少了 10.29 万公顷，降幅达 30.68%。在生态治沙的基础上，企业在库布齐沙漠探索实践的市场化治沙为提升沙区发展质量蹚出了一条新路。

四、京津风沙源治理工程建设成效

目前，北京全市山区森林覆盖率达 58.8%，比 2000 年增加了 19%，其中京津风沙源治理工程的贡献率达 90% 以上。工程区每年可减少水土流失量 54.3 吨/公顷，山洪、泥石流灾害发生率明显降低。工程区内污水得到有效治理，治理后的水质全部达地表水Ⅲ类标准以上。

（一）沙化土地 20 年来下降近六成

工程开展 20 余年来，宜林荒山基本实现了绿化，沙化土地"应绿尽绿"，有效逆转了沙化扩展势头。据北京市第六次荒漠化和沙化土地监测报告显示，五大风沙危害区全部实现治理，全市沙化土地较京津风沙源治理工程建设初期减少了 51 万亩，降幅近 60%，荒漠化土地面积仅剩 5.5 万亩且全部属于轻度荒漠化，北京土地荒漠化和沙化程度显著降低。

（二）水源涵养能力得到明显提升

据测算，该项工程每年可减少单位面积水土流失量 54.3 吨/公顷；有效降低了泥石流等自然灾害发生率。北京地区山洪、泥石流灾害发生率由 20 世纪 90 年代的最高年发生 7 起，到目前最高年发生 1~2 起。工程区污水得到有效治理，治理后出水水质全部达地表水Ⅲ类标准以上；密云水库水质连续 10 年保持在Ⅱ类标准以上。

（三）固碳增汇

京津风沙源治理二期工程不仅提升了森林质量，更实现了固碳增汇的生态功能。据研究估算，工程区乔木和土壤碳储量达 1 500 余万吨，相当于累计吸收二氧化碳 5 500 余万吨，累计释放氧气 4 000 余万吨。工程区内乔木碳汇量约 300 万吨，20 年来碳汇量增长 378%。

(四) 生物多样性更加丰富

京津风沙源治理工程将提升森林质量作为重头戏，力求提升生物多样性，实现京郊森林从"绿起来"到"活起来"的跨越。得益于多年的人工造林与封山育林措施，野生动植物栖息地逐年恢复，生长繁殖场所逐年扩大，物种丰富度及其遗传多样性持续改善。

(五) 人均收入提高

京津风沙源治理工程的实施不仅改善了区域生态环境，也改变了农村发展理念、发展模式及生产生活方式，初步实现了从"靠山吃山"到"养山就业"的转变。工程助力绿岗就业人数达 5 万余人，人均收入由 2002 年的 2 000 余元增加到 2022 年的 20 000 余元，人均年收入增长 10 倍左右。

下一步，防沙治沙工作将把《全国重要生态系统保护和修复重大工程总体规划(2021—2035 年)》中不同区域的防沙治沙任务和措施具体化，坚定不移地贯彻"绿水青山就是金山银山"的发展理念，以保护和修复荒漠生态系统为重点，以构建生态安全屏障为目标，统筹推进山水林田湖草沙综合治理、系统治理、源头治理，加强生态保护，实施重点工程。

第四节 "三北"及长江流域重点防护林体系 建设工程建设政策

"三北"及长江流域重点防护林体系建设工程是我国涵盖面积最大、内容最丰富的防护林体系建设工程。主要解决"三北"、长江流域以及其他地区的各种生态问题。具体包括"三北"防护林工程，长江、沿海、珠江防护林工程和太行山、平原绿化工程。截至 2020 年，"三北"工程累计完成造林面积 3 014 万公顷，工程区森林覆盖率由 5.05% 提高到 13.57%；长江流域防护林工程累计完成造林 1 184 万公顷。

一、"三北"及长江流域重点防护林体系建设工程概述

(一) 工程背景

"三北"地区分布着中国的八大沙漠、四大沙地和广袤的戈壁滩，总面积达 149 万平方千米，约占全国风沙化土地面积的 85%，形成了东起黑龙江，西至新疆的万里风沙线，这一地区风蚀沙埋严重，沙尘暴频繁发生。从 20 世纪 60 年代初到 70 年代末的近 20 年间，有 669 万公顷土地沙漠化，有 1 300 多万公顷农田遭受风沙危害，粮食产量低而不稳，1 000 多万公顷草场由于沙化、盐渍化导致牧草严重退化，数以百计的水库变成沙库。

长江流域由于人口密度大，土地负载过重，人地、人粮等资源利用与环境保护的矛盾十分突出。尤其是中上游地区，过去森林资源十分丰富，但由于长期的不合理开发和乱砍滥伐，导致森林资源遭到严重破坏。1981 年 7 月四川发生的特大洪水，造成全省 119 个县市 1 500 万人受灾，数座县城被淹，仅工业直接经济损失就达 75 亿元。长江上游地区是中

国滑坡、泥石流等地质灾害最为集中、危害程度最为严重的地区之一，严峻的生态形势已危及长江流域的国土安全，制约着流域经济的平稳发展。

(二) 工程构成

防护林体系是指在一定的自然地理区域或一定范围内，依据地形条件，土地利用状况，自然灾害和人们生产活动情况，在当地生产发展总体规划的基础上，结合田边、道路、水利设施和居民点四旁植树，与速生丰产用材林、经济林、薪炭林等各林种的布局配合，合理规划配置并形成防护林的综合体。

"三北"及长江流域重点防护林体系建设工程是我国六大林业重点工程之一，包括"三北"防护林体系建设四期工程、长江中下游及淮河太湖流域防护林二期工程、沿海防护林二期工程、珠江防护林二期工程、太行山绿化二期工程和平原绿化二期工程 6 个单项工程。工程的核心是"三北"防护林体系建设四期工程和长江中下游及淮河太湖流域防护林二期工程。主要目标是解决"三北"地区的防沙治沙过程中出现的问题和其他区域相应的生态问题。

"三北"防护林是我国西北、华北和东北北部的防护林体系，建设"三北"防护林工程是改善生态环境，减少自然灾害，维护生存空间的战略需要。

长江中下游防护林体系建设工程以及太行山绿化工程是我国最早开展的林业生态建设工程之一。为保护长江一江清水，充分利用长江水利资源优势，国家决定引水入京，配套实施了长江上游防护林和生态公益林建设工程。

二、"三北"防护林工程

(一)"三北"防护林工程建设目标

在保护现有植被基础上，完善提高，加快发展，到 2020 年，森林覆盖率达 12%。到 2050 年，完成"三北"工程规划建设任务，使森林覆盖率达到并稳定在 15% 左右，风沙危害和水土流失得到有效控制，生态环境和人民群众的生产生活条件从根本上得到改善，建成比较完善的森林生态体系、比较发达的林业产业体系和比较繁荣的生态文化体系。具体目标如下：

①"三北"地区林地面积由 1977 年的 2 314 万公顷增加到 6 084 万公顷，净增 3 770 万公顷。

②工程建设区的森林覆盖率由 1977 年的 5% 扩大到 14.95%。

③木材总蓄积量由 1977 年的 7.2 亿立方米，增加到 42.7 亿立方米，增长 5 倍；使木材产量由 1977 年的 470 万立方米，增加到 2 800 万立方米，净增近 5 倍。

④经济林面积由 1977 年的 106 万公顷扩大到 300 万公顷；通过对林副产品的综合加工利用，多种经营年产值达到 107 亿元。

⑤林业年产值由 1977 年的 9 亿元增加到 240 亿元。实现林业产值翻五番的目标。

⑥平原、绿洲农田全部实现林网化，通过林网的防护作用，促进农作物产量提高 10%~15%。

⑦水土流失得到基本控制，大部分水土流失区侵蚀程度降低到轻度以下。

⑧沙漠停止前进，沙地得到治理开发，沙化面积不再扩大。

(二)"三北"防护林工程建设内容

工程旨在建立一个高生产力的自然与人工相结合的，以木本植物为主体的庞大生物群体。实行农林牧、土水林、多林种、多树种、乔灌草、带片网、林工商相结合，建设生态经济型防护林体系。实行分类指导、分区突破。

山地：通过恢复和扩大森林植被，形成"三北"防护林体系的基本骨架。

平原、绿洲：建设以营造农田防护林为主的复合农业经济系统。

黄土高原：建设以水土保持林为主的防护林体系。

草原：以发展灌木为主，营造草牧场防护林体系。

沙区：建设以防风固沙林为主的复合生态经济系统。

(三)"三北"防护林工程建设进展

1. 建设范围

"三北"工程的建设范围东起黑龙江省的宾县，西至新疆的乌孜别里山口，北抵国界线，南沿天津、汾河、渭河、洮河下游、布尔汗布达山、喀喇昆仑山，东西长4 480千米，南北宽560~1 460千米，包括陕西、甘肃、宁夏、青海、新疆、山西、河北、北京、天津、内蒙古、辽宁、吉林、黑龙江13个省(自治区、直辖市)的551个县(旗、市、区)。工程建设总面积406.9万平方千米，占全国陆地总面积的42.4%。

2. 建设期限

第一阶段：分为三期工程(1978—1985年、1986—1995年、1996—2000年)，用23年时间(1978—2000年)造林2 177.4万亩(占任务的62%)，初步建成一批区域性防护林体系。

第二阶段：分为二期工程(2001—2010年、2011—2020年)，用20年时间造林801.7万亩(占任务的23%)，总体防护林体系基本建成。

第三阶段：分为三期工程(2021—2030年、2031—2040年、2041—2050年)，用30年时间造林523.3万亩(占总任务的15%)，主要任务是促进防护林体系的巩固、完善和提高。

3. 建设内容

"三北"工程规划造林3 508.3万公顷(包括林带、林网折算面积)，其中人工造林2 637.1万公顷，占总任务的75.1%；飞播造林111.4万公顷，占3.2%；封山封沙育林759.8万公顷，占21.7%；植树52.4亿株。规划总投资为576.8亿元。预计到2050年，"三北"地区森林覆盖率将提高到15%，生态经济效益累计可达1.3万亿元，沙漠化土地得到有效治理，水土流失得到基本控制，生态环境和人民群众的生产生活条件从根本上得到改善。

(四)"三北"防护林工程建设成效

"三北"工程实施40多年来取得了巨大成就，工程区生态状况明显改善，森林生态系统服务功能价值达2.34万亿元/年，为维护国家生态安全、促进经济社会发展发挥了重要作用。

1. 生态效益显著，重点治理区风沙侵害和水土流失得到有效治理

全国荒漠化和沙化监测结果显示，2014年以来，工程区沙化土地面积连续缩减，实现

了从"沙进人退"到"绿进沙退"的历史性转变，年均沙尘暴天数从6.8天下降到2.4天，其中毛乌素、科尔沁、呼伦贝尔三大沙地得到初步治理，实现了土地沙化的逆转，沙化土地面积持续净减少。

2. 经济效益明显，促进了区域经济发展和农民增收致富

"三北"工程始终坚持走生态经济型防护林体系建设之路，找到了兴林与富民的结合点，在坚持生态优先的前提下，建设了一批用材林、经济林、薪炭林基地，促进了区域的农业产业结构调整，推动了农村经济发展，有效地增加了农民收入，实现了生态建设与经济发展"双赢"。

3. 社会效益显著，增强了全社会的生态意识

"三北"工程的实施，充分体现了中国政府改善国土生态面貌的意志，激发了广大干部群众投身建设绿色家园的积极性，涌现了许多可歌可泣的英雄事迹，造就了以石光银、牛玉琴、王有德等为代表的英雄模范人物，培育了陕西榆林、内蒙古通辽等先进典型，铸就了"艰苦奋斗、顽强拼搏，团结协作、锲而不舍，求真务实、开拓创新，以人为本、造福人类"的"三北精神"。

三、长江流域防护林工程

(一) 长江流域防护林工程概况

工程建设区域包括长江、淮河流域，涉及青海、西藏、甘肃、四川、云南、贵州、重庆、陕西、湖北、湖南、河南、安徽、江西、江苏、山东、浙江、上海等17个省（自治区、直辖市）的1 033个县（市、区），总面积21 615万公顷。其中，长江（包括钱塘江）流域涉及16个省（自治区、直辖市）的819个县（市、区），总面积18 835万公顷；淮河流域涉及4个省的220个县（市、区），总面积2 780万公顷。工程区现有林业用地9 103.32万公顷，其中，林地面积5 643.74万公顷，森林覆盖率34.4%。

(二) 长江流域防护林工程建设进展

1. 一期工程（1989—2000）

建设重点是恢复植被。1989年，一期工程在江西、湖北、湖南、四川、贵州、云南、陕西、甘肃、青海9省145个县市率先启动，1990年全面展开，到2000年，累计完成造林651万公顷，其中人工造林422.5万公顷，飞播造林7.5万公顷，封山育林221万公顷；完成幼林抚育34.5万公顷。森林覆盖率由1989年的19.9%提高到29.5%，净增9.6%。治理水土流失面积6.5万平方千米，治理区土壤侵蚀量由治理前的9.3亿吨降低到5.4亿吨，减少了42%。营建的防护林有效庇护农田666.7万公顷以上，仅此一项按减灾增益10%计算，产生的间接效益就达数十亿元。

2. 二期工程（2001—2010）

建设区域扩大到长江、淮河流域，涉及上海、江苏、浙江、安徽、江西、山东、河南、湖北、湖南、重庆、四川、贵州、云南、西藏、陕西、甘肃、青海等17个省（自治区、直辖市）的1 035个县（市、区）。累计完成造林352.3万公顷，其中人工造林162.8

万公顷，封山育林 183.5 公顷，飞播造林 6 万公顷。

3. 三期工程(2011—2020)

延续二期工程的建设范围，涉及 17 个省(自治区、直辖市)的 1 035 个县(市、区)，土地总面积 220.6 万平方千米。2013 年 4 月，国家林业局印发《长江流域防护林体系建设三期工程规划(2011—2020 年)》，同年 7 月在北京召开新闻发布会宣布正式启动三期工程。到 2020 年，长防林三期工程累计完成造林 180.8 万公顷。共完成营造林 1 218.6 万公顷，其中完成造林 1 184.1 万公顷，幼林抚育 34.5 万公顷。

(三) 长江流域防护林工程建设成效

长江流域防护林工程不仅构筑了工程地区防护林体系的基本骨架，而且有力地推动了全流域造林绿化事业的发展，促进了流域经济的发展和社会的稳定，在生态、经济、社会发展等方面取得了明显的成效。

1. 开创了中国大江大河流域治理的先河

世界生态环境建设治理的实践经验告诉我们，根治生态环境的成功模式就是实行大江大河全流域综合治理，长江流域防护林工程的实施，则探索了"上游水源涵养、中游水土保持、下游农田林网"的中国流域治理的典型，开创了中国大江大河流域治理的先河。

2. 促进了中国半壁河山的可持续发展

长江的长度为全国之最，流域面积占全国总面积的 18.8%，流域人口占全国总人口的 33.6%，耕地面积占全国的 24%，粮食产量占全国的 35.2%，国民生产总值超全国的 40%，长江流域在中国经济社会发展中具有重要的战略地位。而长江流域防护林工程建设为中国半壁河山的长江流域经济社会和生态环境可持续发展保驾护航的可靠保证。

3. 推动了山区经济快速发展

在坚持生态优先的前提下，各地创新建设理念，丰富建设内涵，挖掘工程内在经济潜能，优化林种、树种结构，选择一些既有较高生态防护功能又具备较好经济效益的树种，建设了一批用材林、经济林、薪炭林基地，依托森林资源，不仅带动了种、养殖业发展，而且促进了木材加工、森林食品、森林旅游等相关产业发展，促进了农村产业结构调整，改善山区经济发展滞后的局面。

4. 改变了当地落后的状况

长江流域防护林工程的建设，在取得明显的生态和经济效益的基础上，也取得了显著的社会效益，工程建设给当地农民和国有林场提供了大量的就业岗位和发展机会，改善了投资环境，促进了招商引资、旅游业的发展，解决了大量的农村剩余劳动力就业问题。

第五节　野生动植物保护及自然保护区
建设工程建设政策

我国的生态系统主要包括森林、草原、荒漠、农田、湿地及海洋六大生态类型。其中森林是最重要的陆地生态系统，蕴藏了大量的生物物种，是生物多样性最为丰富的生态系统类型。因此，加强野生动植物保护及自然保护区建设不仅有利于我国自然资源的保护，对全球生态环境保护也具有重要的现实意义。改革开放以来，我国通过实施濒危物种拯救工程，大熊猫、亚洲象、东北虎豹、海南长臂猿、朱鹮、珙桐等珍稀物种野生种群得以持续增加，使其逐步摆脱濒临灭绝的命运。

一、野生动植物保护及自然保护区建设工程概述

（一）我国野生动植物及保护区现状

我国约有脊椎动物 6 266 种，约占世界脊椎动物种类的 10%。据统计，我国特有陆栖脊椎动物约 476 种；植物种类有 3 万多种，50%～60% 为我国所特有，仅次于世界植物最丰富的马来西亚和巴西，居世界第三位。大熊猫、金丝猴、朱鹮、华南虎、羚牛、藏羚羊、褐马鸡、绿尾虹雉、白鳍豚、扬子鳄、水杉、银杉、珙桐、台湾杉、银杏、百山祖冷杉、香果树等均为我国特有的珍稀濒危野生动植物物种。

截至 2017 年年底，全国共建立各种类型、不同级别的自然保护区 2 750 个，其中国家级自然保护区 474 个，总面积 147.17 万平方千米，占陆域国土面积的 14.86%。

（二）自然保护区概况

1. 自然保护区概述

自然保护区分为广义和狭义两种。广义的自然保护区，是指受国家法律特殊保护的各种自然区域的总称，既包括自然保护区本身，又包括国家公园、风景名胜区、自然遗迹地等各种保护区。狭义的自然保护区，是指以保护特殊生态系统进行科学研究为主要目的而划定的自然保护区域。

自然保护区是指对有代表性的自然生态系统、珍稀濒危野生动植物物种的天然集中分布区、有特殊意义的自然遗迹等保护对象所在的陆地、陆地水体或者海域，依法划出一定面积予以特殊保护和管理的区域。

2. 自然保护区管理

中国的自然保护区大多划分成核心区、缓冲区和外围区。

①核心区。是保护区内未经或很少经人为干扰过的自然生态系统，或者是虽然遭受过破坏，但有希望逐步恢复成自然生态系统的地区。核心区内严禁一切干扰。

②缓冲区。是指环绕核心区的周围地区。只准从事科学研究观测活动进入。

③外围区。即实验区，位于缓冲区周围，是一个多用途的地区。可以进入从事科学试验、教学实习、参观考察、旅游以及驯化、繁殖珍稀、濒危野生动植物等活动，还包括一定范围的生产活动，另外还可以有少量居民点和旅游设施。

（三）工程目标

1. 总体规划目标

通过实施全国野生动植物保护及自然保护区建设工程，拯救一批国家重点保护野生动植物，扩大、完善和新建一批国家级自然保护区、禁猎区和野生动物种源基地及珍稀植物培育基地，恢复和发展珍稀物种资源。到建设期末，使我国自然保护区数量达 2 500 个

（林业自然保护区为 2 000 个），总面积 1.728 亿公顷，占国土面积的 18%（林业自然保护区面积占国土面积的 16%），形成一个以自然保护区、重要湿地为主体，布局合理，类型齐全，设施先进，管理高效，具有国际重要影响的自然保护网络。基本上实现野生动植物资源的可持续利用和发展。

2. 分期规划目标

总体规划期分为 3 个阶段：

①近期目标（2001—2010）。完善中央和省级野生动植物保护行政主管部门的体系建设，实行依法保护、管理，使我国重点地区的野生动植物管理工作在繁育、生产、运输、市场、医药和进出口等方面能够做到有效运转。重点实施 15 个野生动植物拯救工程，新建 15 个野生动物驯养繁育中心和 32 个野生动植物监测中心（站），使 90%国家重点保护野生动植物和 90%典型生态系统得到有效保护。到 2010 年，使全国自然保护区总数达到 1 800 个，其中国家级自然保护区数量达到 220 个，自然保护区面积为 1.55 亿公顷，占国土面积的 16.14%左右。初步形成较为完善的中国自然保护区网络。制定全国湿地保护和可持续利用规划，建设 94 个国家湿地保护与合理利用示范区。认真履行国际公约，有效管理全国濒危野生动植物物种的进出口。

②中期目标（2011—2030）。进一步加强中央、省级和地市级行政主管部门的能力建设，使指挥、查询、统计、监测等管理工作实现网络化，初步建立健全野生动植物保护的管理体系，完善科研体系和进出口管理体系。到 2030 年，使全国自然保护区总数达 2 000 个，其中国家级自然保护区数量达到 280 个，自然保护区总面积 1.612 亿公顷，占国土面积的 16.8%，形成完整的自然保护区保护管理体系，使 60%的国家重点保护野生动植物得到恢复和增加，95%的典型生态系统类型得到有效保护。在全国 76 个重要湿地建立资源定位监测网站，建立健全全国湿地保护和合理利用的机制，基本控制天然湿地破坏性开发，遏制天然湿地下降趋势。

③远期目标（2031—2050）。全面提高野生动植物保护管理的法治化、规范化和科学化水平，实现野生动植物资源的良性循环，新建一批野生动物禁猎区、繁育基地、野生植物培植基地，使我国 85%的国家重点保护野生动植物得到保护。到 2050 年，使全国自然保护区总数达 2 500 个左右，其中国家级自然保护区 350 个，自然保护区总面积为 1.728 亿公顷，占国土面积的 18%，形成具有中国特色的自然保护区保护、管理、建设体系，成为世界自然保护区管理的先进国家。建立比较完善的湿地保护、管理与合理利用的法律、政策和监测体系，恢复一批天然湿地，在全国完成 100 个国家湿地保护与合理利用示范区。

二、野生动植物保护及自然保护区工程建设内容

（一）建设区域

该工程根据国家重点保护野生动植物的分布特点，将野生动植物及其栖息地保护总体规划按照地域划分为东北山地平原区、蒙新高原荒漠区、华北平原黄土高原区、青藏高原高寒区、西南高山峡谷区、中南西部山地丘陵区、华东丘陵平原区和华南低山丘陵区共 8

个建设区域。

(二)财政投入

2001—2030 年建设投资总共需要 1 356.54 亿元，其中国家投资 664.38 亿元，地方投资 316.86 亿元，社会集资 375.31 亿元。

三、野生动植物保护及自然保护区建设工程成效

(一)普遍建立野生动植物保护管理机构

目前在野生动植物和湿地管理机构的设置上，除国家林业和草原局设有专门的管理机构，各省、自治区、直辖市的林业行政主管部门还成立了专门的管理机构，一些重点地区还建立了县、乡级保护管理机构，配有专人负责野生动植物的保护和管理。

(二)自然保护区建设取得重大进展

保护区建设为珍稀濒危野生动植物提供了优良的栖息地。截至 2017 年年底，全国共建立自然保护区 2 740 个，总面积 147 万平方千米，约占陆地国土面积的 14.83%，高于世界平均水平，其中，国家级自然保护区 474 个，这些自然保护区保护着我国大部分濒危和珍稀野生动植物及其栖息地。

(三)组织实施拯救工程

一些濒危物种得到恢复，改革开放以来，我国积极开展主要濒危物种的拯救繁育工作，先后建立了 14 个野生动物救护繁育中心和 400 多处珍稀植物种质种源基地，促进了一些濒危物种种群的恢复和发展。

(四)湿地保护受到重视，管理工作初见成效

我国现有湿地面积为 6 600 多万公顷，其中天然湿地 2 600 多万公顷，约占国土面积的 2.7%。全国建立湿地类型自然保护区 289 个，总面积 4 945 万公顷。为了扩大在国际湿地保护领域的作用和影响，进一步提高国内的保护管理水平，1992 年，我国加入了《湿地公约》，林业部门认真履行国务院赋予的职责，积极开展履约工作，争取了一批湿地保护国际援助项目。

(五)法律体系初步形成，执法力度不断加强

全国人大和国务院先后颁布实施了《森林法》《湿地保护法》《野生动物保护法》《野生植物保护条例》《自然保护区条例》和《森林和野生动物类型自然保护区管理办法》等一系列法律法规。各级地方人大、政府也制定了相应的配套法规和规章，全国各省已颁布野生动植物保护法律法规 40 余部，初步形成了比较完善的法律法规体系。

(六)积极开展国际合作与交流，不断扩大我国国际影响

改革开放以来，我国相继加入了《濒危野生动植物种国际贸易公约》《湿地公约》和《生物多样性公约》，并与日本、澳大利亚、美国、印度、俄罗斯等国签订了 6 项双边保护协定(议定书)，还与世界银行、联合国开发计划署和世界自然基金会等国际组织和非政府组织开展了形式多样的交流与合作。

第六节　重点地区速生丰产用材林基地
建设工程建设政策

　　重点地区速生丰产用材林基地建设工程(简称速丰林工程)是解决我国木材供需矛盾的根本途径。进入 20 世纪 90 年代后，我国木材消费进入快速增长期，进口量逐年递增。尤其是国家实施天然林保护工程后，由于限伐、禁伐，进一步加剧了国内市场供应紧张状况。因此，加快推进速丰林建设工程，对我国经济社会发展具有重要战略意义。

一、速丰林工程概述

　　《国家森林资源连续清查技术规定》对速生丰产用材林的定义是：通过使用良种壮苗和实施集约经营，森林生长指标达到相应树种速生丰产林国家行业标准的乔木林地。《速生丰产林用材林建设导则》将速生丰产用材林定义为：为缩短林木培育周期，提高单位面积木材产量，获取最佳经济效益而实施定向培育，集约经营的人工林。

　　进入 21 世纪，木材问题越来越引起世界各国的高度重视和普遍关注，木材供给问题已由一般的经济问题逐步演变为资源战略问题。随着我国人口的增长和国民经济的快速发展，木材供需矛盾不断加剧，木材对外依赖程度较高，对我国木质资源安全构成威胁。加快速丰林工程建设既是加快林业产业发展的需要，又是巩固生态建设成果、确保生态安全的重大举措；既是解决当前木材供需矛盾的迫切需要，又是增加森林资源储备、增强林业发展后劲的战略选择；既是促进农民增收的重要途径，又是实现经济社会全面进步、人与自然和谐发展的重要保障。因此，必须把速丰林工程建设作为一项重大而紧迫的战略任务。

(一)速丰林工程建设背景

　　我国森林资源总量相对不足、质量不高，森林资源保护政策在一定程度上制约着木材供给，林业产业面临供给结构性失衡的问题。从森林资源结构来看，中幼林比例高达65%，而成熟林只占19%，造成我国木材短期供给不足的问题。从森林起源看，人工林比重较低且质量低下，我国乔木林每公顷蓄积量 89.79 立方米，其中人工乔木林仅为 52.76 立方米，每公顷年均生长量只有 4.23 立方米，平均胸径只有 13.6 厘米。为解决国内木材供给不足问题，我国在 1999 年实行了原木、锯材进口零关税政策，放宽了木材进口的条件限制，致使我国木材进口量激增，木材对外依存度持续增长，从 1999 年的 13.86% 增长到 2015 年的 48.32%。2015 年木材总消费为 5.52 亿立方米，木质林产品进口量为 2.67 亿立方米，进口量占总消费的 48.32%。

　　速丰林工程是全国六大重点林业生态工程建设中唯一的产业工程，是我国林业产业体系建设的骨干工程，也是增强林业实力的"希望工程"，主要解决我国木材和林产品的供应问题，用速生丰产的人工林代替天然林，不仅为我国国民经济建设提供原材料保障，也为天然林保护工程提供保障。

(二)速丰林工程建设布局

速丰林工程布局于我国 400 毫米等降水线以东的 18 个省份的 886 个县、114 个林业局(场)。计划在 2001—2015 年分 3 期建立速生丰产用材林基地近 1 333 万公顷。工程建成后,每年能提供木材 1.3 亿立方米,约占我国当时商品材消费量的 40%,使我国木材供需基本趋于平衡。

速丰林工程的建设范围优先安排在 600 毫米等降水线以东范围内,自然条件优越、立地条件好(原则上立地指数在 14 以上)、地势较平缓、不易造成水土流失和对生态环境构成影响的热带与南亚热带的粤、桂、琼、闽地区、北亚热带的长江中下游地区、温带的黄河中下游地区(含淮河、海河流域)和寒温带的东北、内蒙古地区。

(三)速丰林工程建设目标

速丰林工程建设主要分布在黑龙江、吉林、内蒙古、河北、安徽、广西等 18 个省份的 886 个县(市、区)、114 个林业局(场)。此外,西部的一些省份部分自然条件优越、气候适宜的商品林经营区,也可适量发展速丰林基地。工程建设规划总投资为 718 亿元。所需资金主要通过银行贷款、企业和个体林农自筹等方式解决。国家适当安排一部分投资,主要用于森林防火、病虫害防治、优良种苗的开发推广等方面。

工程建设期为 2001—2015 年,共分为 3 期实施。

第一期(2001—2005):重点建设以南方为重点的工业原料产业带,建设速生丰产用材林基地 469 万公顷。基地建成后,每年可提供木材 4 905 万立方米,可支撑木浆生产能力 620 万吨、人造板生产能力 640 万立方米,提供大径级材 337 万立方米。

第二期(2006—2010):建设速生丰产用材林基地 920 万公顷。基地建成后,每年可提供木材 9 670 万立方米,可支撑木浆生产能力 1 190 万吨、人造板生产能力 1 315 万立方米,提供大径级材 732 万立方米。

第三期(2011—2015):建设速生丰产用材林基地 1 333 万公顷。全部基地建成后,每年可提供木材 13 337 万立方米,可支撑木浆生产能力 1 386 万吨、人造板生产能力 2 150 万立方米,提供大径级材 1 579 万立方米。

二、速丰林工程建设原则

(一)坚持科学规划,按项目管理

按照《全国林纸一体化工程建设"十五"及 2010 年专项规划》和《重点地区速生丰产用材林基地建设工程规划》,落实任务。坚持以规划和产业政策为导向,因地制宜,突出重点,注重实效,稳步推进;坚持实行按项目管理,通过规范的项目管理程序,分步实施,按标准验收,确保工程实现最佳效益。

(二)坚持经济效益优先,增加木材有效供给

通过实施集约化经营,缩短培育周期,提高单位面积产量,获取最佳林地使用效率和经济效益,力争以最短的周期、最少的投入达到最高品质和最大产量的目的,实现速丰林工程建设的最佳经济效益。

(三) 坚持统筹兼顾，和谐发展

把工程建设与农村经济发展相结合，将农民增收和农村经济结构调整贯穿于工程建设始终，让农民群众在工程建设中获得实实在在的利益，使工程建设获得持久的动力和活力。要把农民增收作为工程建设的重要目标之一，使工程发展保持充足后劲。在培育和利用森林资源上，要以生态无害为前提，实现可持续发展。

(四) 坚持培育与利用相结合，推进产业一体化经营

企业是速丰林基地投资和建设的主体，国家鼓励以独资、合资、参股、联营等方式投资工程建设，以市场为导向，实现资源利用和资源培育相结合。木质原料加工企业，要把速丰林工程建设作为第一车间经营管理，走林工贸一体化、产供销一条龙的产业发展道路，促进原料林基地建设与后续利用企业的一体化发展。

(五) 坚持科技先行，提高建设质量

积极引进和培育速丰林新品种、推广新技术、研究新方法，提高工程科技含量。加强生产管理，不断提高工程建设的质量效益。把科技支撑作为工程建设集约化、规模化经营的基础。

三、速丰林工程政策措施

《关于加快林业发展的决定》的颁布进一步加快了关于速生丰产林建设政策的调整与完善，极大地促进了速丰林工程建设的发展。速丰林工程政策主要涉及 3 个方面：

(一) 采伐管理政策

2002 年发布了《关于调整人工用材林采伐管理政策的通知》；2003 年出台了《关于完善人工商品林采伐管理的意见》，进一步放宽了对速生丰产用材林的采伐限制；2005 年出台了《关于加快速生丰产用材林基地工程建设的若干意见》。

(二) 投融资政策

将速生林工程建设项目纳入国家政策性贷款的范畴，放宽贷款期限和担保条件。

(三) 投入政策

规划明确国家对"速丰林"工程建设给予一定的资金扶持，主要用于森林防火，病虫害防治，优良种苗的开发和推广等。我国先后出台《关于加快速生丰产用材林基地工程建设的若干意见》和《林业产业政策要点》，并投入专项资金用于大径材培育项目试点和速生、优质种苗繁育。

四、速丰林工程建设成效

自速丰林工程实施以来，在政府的支持和推动下，全国累计营造速生丰产用材林 832 万公顷，占全国用材林面积 10%，其中利用世界银行贷款建设高标准速生丰产林 250 多万公顷，基本分布在年降水量 400 毫米等降水线以东省份。

速丰林的发展不仅改善了生态环境，也在一定程度上解决了全社会的用材需求，并带动了相关加工业的发展，取得了显著的经济效益，在林业建设乃至国民经济和社会发展中

起到了重要作用。

思考题

一、名词解释

天然林　退耕还林　防护林体系　自然保护区　速生丰产林

二、思考与论述

1. 简述天然林资源保护工程实施的原因和重要性。

2. 实施退耕还林工程产生了哪些社会经济效益？

3. 京津风沙源治理工程有哪些意义与价值？

4. 如何评价防护林体系工程的生态效益？

5. 根据自然保护区建设的目标和内容，谈一谈如何协调自然保护区保护与社区发展的关系。

6. 阐述速丰林工程建设的重要意义。

案例分析

第十三章

森林保护管理政策

【学习目标】

1. 了解林地管理政策的内容和任务。
2. 了解森林防火管理的概念、政策目标和政策成效。
3. 了解林业有害生物防治对于森林资源保护的紧迫性与重要性。
4. 熟悉森林保险的内容。

森林是陆地生态系统的主体，是生态文明和美丽中国建设的重要载体，是国家、民族生存的最大资本，是人类生存的根基，保护发展森林资源责任重大、使命光荣、任务艰巨。为了更好地进行森林保护与管理，我国出台了林地管理政策、森林资源监督管理政策、森林防火管理政策、林业有害生物防治政策和森林保险政策等一系列森林保护管理政策。本章对上述的森林保护管理政策进行介绍，具体阐述各项政策实施的目的与必要性、具体内容和取得的成效。

第一节　林地管理政策

林地是森林资源的重要组成部分，也是经济社会可持续发展的重要物质基础和保障。随着我国经济社会的快速发展，在短期利益的驱使下，擅自改变林地用途、变相侵占林地等各类违法占用、破坏林地的现象日益严重，因此加强林地管理具有重要意义。

一、林地管理概述

(一)概念

林地是指成片的天然林、次生林和人工林覆盖的土地。《森林法》将林地定义为包括郁闭度 0.2 以上的乔木林地以及竹林地、灌木林地、疏林地、采伐迹地、火烧迹地、未成造林地、苗圃地等土地。林地不包括森林沼泽、灌丛沼泽，以及城镇、村庄范围内的绿化林地，铁路、公路征地范围内的林地，河流、沟渠的护堤林地，还有果树林、经济灌木林等。

林地管理是指林业主管部门根据国家法律、法规和政策，依法对林地的保护、利用、归属等进行组织、协调、控制和监督等职能活动。

(二)我国林地资源概况

我国林地资源大部分集中于东北、内蒙古国有林区,西南国有林区和南方集体林区,这三大林区林业用地面积 1.95 亿公顷(29.25 亿亩),占全国林业用地面积的 78.5%。

(三)林地管理的必要性

林地作为一种重要的森林资源,是森林中动植物与微生物栖息、生长、发育的重要场所和生物多样性保存的重要载体。但在社会发展过程中,追求经济效益与保护生态环境间的矛盾逐渐显现,林地因各项工程建设征占现象时有发生,且我国"人多林少"的国情决定我们需要依法保护和管理林地,认真做好征占林地管理工作,完善好林地产权相关制度。加强林地管理,对于实现经济社会可持续发展,促进人与自然和谐共生,构建人类命运共同体具有重要的意义。

二、林地管理政策的主要内容

(一)林地用途管制制度

我国从建立土地用途管制制度开始,不断丰富和完善空间用途管制的类型、目标、手段,逐步构建起了覆盖全域全要素的国土空间用途管制制度(图 13-1)。多个部门相继参与到用途管制的相关工作中来,林业部门也逐步开启了对林地的管制。为进一步从整体上对空间进行有效管理,打破生态要素管制部门分割的制约,党的十九大报告提出设立国有自然资源资产管理和自然生态监管机构,统一行使所有国土空间用途管制和生态保护修复职责。2018 年 3 月,第十三届全国人民代表大会将统一行使所有国土空间用途管制职责的职

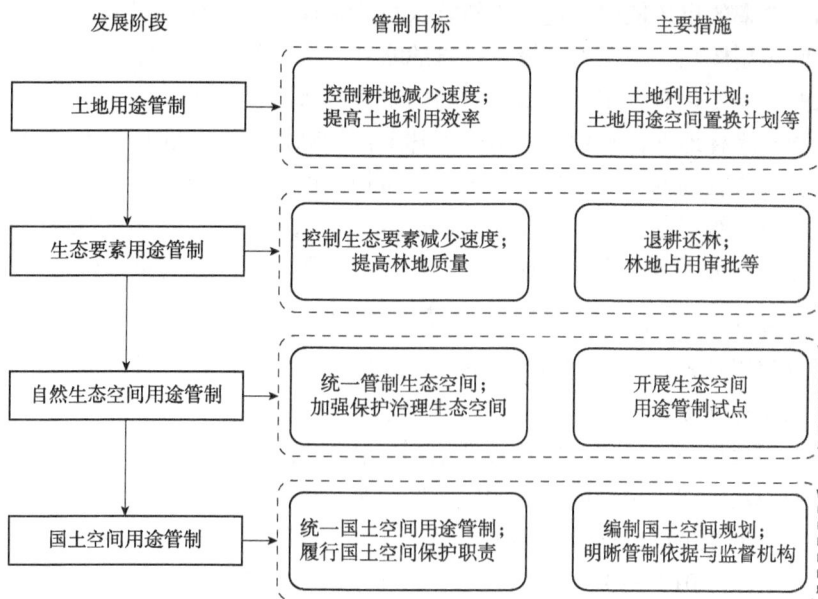

图 13-1　国土空间用途管制目标与措施演变过程

能正式授予新组建的自然资源部,标志着林地用途管制制度得到了有机整合,构建了新的管制机制。

林地用途管制是指在社会经济发展过程中,对于林地用于其他用途进行严格限制,非经依法许可不能转为他用(禁止非法改变林地用途,禁止毁林开垦和乱占林地,禁止擅自改变土地利用总体规划及林地利用规划等),如确需转用(如转为非林地及建设用地或转为其他农业用途等),须依法经有批准权的政府部门批准方可转用。具体内容包括:严格控制林地转为建设用地,严格限制林地转为其他农用地,严格保护公益林地,合理利用商品林地等。林地用途管制的重点在于控制林地转为建设用地。目前,我国实施的林地用途管制制度包括林地保护利用规划、建设项目使用林地定额管理、建设项目使用林地审核审批等制度。

1. 林地保护利用规划

林地保护利用规划是林地用途管制的依据,其可明晰林地保护利用规划的立足点,厘清相关联事物的相互关系,锚定林地保护利用的方向。它通过划定林地范围,明确林地用途规划布局、林地保护利用方向以及林地保护等级等规划内容,明确各类建设项目可使用林地的范围。

上一轮林地保护利用规划(原林保)是新中国成立以来第一次编制的独立林地保护利用规划。当时,全国正处于多规并存的局面,存在各种规划相互独立、口径不一致、内容相互重叠和地方规划不稳定等现象。2020年10月10日,国家林业和草原局下发《关于印发〈新一轮林地保护利用规划编制工作方案〉和〈新一轮林地保护利用规划编制技术方案〉的通知》,明确新一轮林地保护利用规划属于国土空间规划中的专项规划,是林地保护利用规划的政策和总纲,是明确林地管理边界、落实林地用途管制、实现林地科学管理、提高林地保护利用效率的重要依据。这表明新林保与原林保定位截然不同,新林保立足全国统一的国土空间规划体系,融入大环境,具有战略性、协调性和约束性。

新林保的主要变化有:①将规划范围与国土空间规划相衔接,构建三级林地保护利用规划体系。国家级林地保护利用规划是全国林地保护利用的政策和总纲;省级林地保护利用规划是落实上位规划的目标和战略,提出下位规划的控制与引导;县级林地保护利用规划是本级政府对上级规划要求的细化落实(图13-2)。②将林地保有量从预期性指标升级成为约束性指标,删去了重点商品林地比率指标,新增了天然林保有量指标。

2. 建设项目使用林地定额管理制度

建设项目使用林地定额管理制度用于管控全国或一定区域内林地转为建设用地的总量,目的是减少林地流失,保障森林资源发展空间的林地总量,即建设项目应当不占或者少占林地,必须使用林地的,应当符合林地保护利用规划,合理和节约集约利用林地。

依据相关规定,建设项目限制使用生态区位重要和生态脆弱地区的林地,限制使用天然林和单位面积蓄积量高的林地,限制经营性建设项目使用林地。《国务院关于全国林地保护利用规划纲要(2010—2016年)的批复》明确把占用征收林地定额作为约束性指标,作为各级人民政府的考核指标。2011年4月,国家林业局出台《占用征收林地定额管理办法》,建立占用征收林地定额管理制度,确立了"总量控制、定额管理、节约用地、合理供地、占补平衡"的基本原则。根据办法，定额实行 5 年总额控制，允许年度间调剂使用。年度定额有结余的，经国务院林业主管部门核定后可结转使用；年度定额不足的，允许提前使用下年度定额。提前使用的定额数量，不得超过本年度定额的 20%。其中，超过 10% 以内的，由省级林业主管部门核定，并报国务院林业主管部门备案；超过 10% 的，报国务院林业主管部门核定。结转或者提前使用的定额，国务院林业主管部门在下年度定额中给予相应增加或者核减。自此，我国林地实现了占用征收林地行政许可由无数量限制向定额限制的转变，林地转为建设用地管理进入了可控状态，促进了林地集约使用。

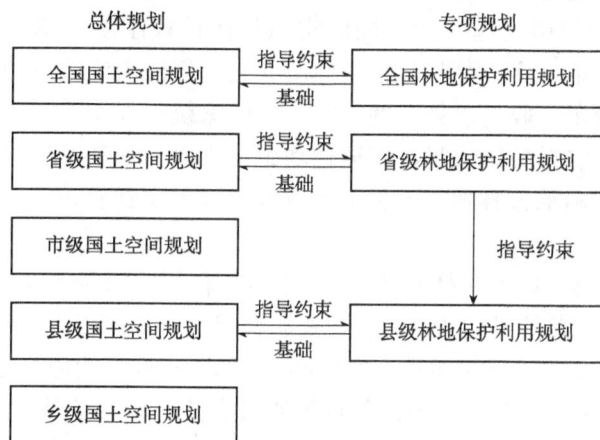

图 13-2　新林保各级规划定位关系

3. 建设项目使用林地审核审批制度

建设项目使用林地审核审批制度用于管控转为建设用地的具体区域或地块，目的是既要保护好生态区位重要、生态脆弱、生态敏感区域的林地，防止造成生态破坏，又要尽可能地支持建设项目使用林地的需求。

1988 年，《关于加强林地保护和管理的通知》规定，建设项目使用林地须征得林业主管部门的书面意见，经依法审查后，按法定审批权限报人民政府批准。从 1998 年起，国务院明确要求实施林地用途管制，同年修订的《森林法》规定对占用林地实行审批管理，确立了林业部门负责林地林权管理的行政主体地位和对占用征收林地审核审批的法定职能。建设项目使用林地审核审批制度规范了审核和审批的流程，严格保护和合理利用林地，促进生态林业和民生林业发展。2015 年修订出台的《建设项目使用林地审核审批管理办法》进一步明确依据林地保护利用规划审核审批建设项目使用林地的规定，其规定在进行勘查、开采矿藏和各类工程建设时，必须占用或者征用林地的，须经县级以上人民政府林业主管部门审核同意后，依照有关土地管理的法律、行政法规办理建设用地审批手续。未经县级以上人民政府林业主管部门审核同意，擅自改变林地用途的，由县级以上人民政府林业主管部门责令其限期恢复原状，并处非法改变用途林地每平方米 10~30 元的罚款。

(二) 林地产权管理制度

国家保护森林经营者的合法权益。森林、林木、林地的所有者和使用者的合法权益受法律保护，任何单位和个人不得侵犯其合法权益。林权包括森林、林木、林地的所有权和使用权,由县级以上人民政府确认,核发权属证明。林权管理是指各级人民政府及其林业主管部门依照有关法律、法规、规章和政策,对森林、林木、林地的所有权和使用权实施保护及管理的行为。对权属明确并已核发林权证的,维护其林权证的法律效力。

1. 登记发证制度

从新中国成立初期开始,林权作为国家林业行政管理活动中的一个行业术语,被广泛使用并延续至今。1981 年 3 月,《关于保护森林发展林业若干问题的决定》下发之后,以稳定山权林权、划定自留山和确定林业生产责任制为主要内容的林业“三定”工作在全国展开。2007 年,我国全国农村范围内实施集体林权制度改革,全面确立了农民的林权主体地位。相应地,集体林权是指集体所有制的经济组织或单位对森林、林木和林地所享有的占有、使用、收益、处分的权利。在国家统一部署下,县级以上人民政府及其林业主管部门指导农村集体经济组织通过均山、均股、均利等形式,将农民集体所有的林地的承包经营权和承包林地上的林木所有权平等落实到农户,并进行确权登记和发放林权证。

国家依法实行森林、林木和林地登记发证制度。使用国家所有林地和集体所有林地的单位和个人必须依法向相应的主管部门提出权属登记申请,由相应的部门登记造册,确认所有权,核发证书。依法登记的森林、林木和林地的所有权、使用权受法律保护,任何单位和个人不得侵犯。森林、林木和林地的权属证书式样由国务院林业主管部门规定。《林木和林地权属登记管理办法》规定,县级以上林业主管部门依法履行林权登记职责,林权登记包括初始、变更和注销登记。目前,包括森林、林地和林木在内的各类不动产登记事项由自然资源管理部门统一负责。单位之间发生的林木、林地所有权和使用权争议,由县级以上人民政府依法处理。个人之间、个人与单位之间发生的林木所有权和林地使用权争议,由当地县级或者乡级人民政府依法处理。

2. 林权流转制度

2003 年,《关于加快林业发展的决定》明确要求,国务院林业主管部门要会同有关部门抓紧制定森林、林木和林地使用权流转的具体办法,报国务院批准后实施,林权流转由此拉开序幕。2008 年,《关于全面推进集体林权制度改革的意见》要求,规范林地、林木流转,在依法、自愿、有偿的前提下,林地承包经营权人可采取多种方式流转林地经营权和林木所有权。加快林地、林木流转制度建设,建立健全产权交易平台,促进林权流转。即在明确权属的基础上,国家鼓励森林、林木和林地使用权的合理流转,各种社会主体都可通过承包、租赁、转让、拍卖、协商、划拨等形式参与流转。2009 年和 2013 年,国家林业局分别出台了《关于切实加强集体林权流转管理工作的意见》《关于进一步加强集体林权流转管理工作的通知》,这两个政策性文件进一步规范了集体林权流转程序和行业管理。

党的十八大以来,中央明确提出要逐步建立集体土地“三权”分置的新型土地权利体系,即将集体土地所有权、承包权、经营权分置并行。故原有的林地“四权”(林地所有权、林地使用权、林木所有权和使用权)在经营层面分离为林地所有权、承包权、经营权,以及林木所有权和使用权。我国的林权流转便以此为基础,以林地经营权流转为主,将林地经营权与林地所有权分离,林地经营权通过一定方式转移到非所有人手中。

(三) 林地管理相关法律法规摘录

林地作为重要的资源，我国林地管理相关法律法规较其他林业制度而言更加完善，主要体现在以下方面(表 13-1)。

表 13-1　林地管理相关法律法规摘录

法律法规	相关条款
《宪法》	第九条：矿藏、水流、森林、山岭、草原、荒地、滩涂等自然资源，都属于国家所有，即全民所有；由法律规定属于集体所有的森林和山岭、草原、荒地、滩涂除外
《刑法》	第三百四十二条：违反土地管理法规，非法占用耕地、林地等农用地，改变被占用土地用途，数量较大，造成耕地、林地等农用地大量毁坏的，处五年以下有期徒刑或者拘役，并处或者单处罚金
《民法典》	第三百三十条：农民集体所有和国家所有由农民集体使用的耕地、林地、草地以及其他用于农业的土地，依法实行土地承包经营制度； 第三百三十一条：土地承包经营权人依法对其承包经营的耕地、林地、草地等享有占有、使用和收益的权利，有权从事种植业、林业、畜牧业等农业生产； 第三百三十二条：林地的承包期为三十年至七十年。前款规定的承包期限届满，由土地承包经营权人依照农村土地承包的法律规定继续承包
《森林法》	第十九条：集体林地经营权流转应当签订书面合同。林地经营权流转合同一般包括流转双方的权利义务、流转期限、流转价款及支付方式、流转期限届满林地上的林木和固定生产设施的处置、违约责任等内容； 第三十六条：国家保护林地，严格控制林地转为非林地，实行占用林地总量控制，确保林地保有量不减少。各类建设项目占用林地不得超过本行政区域的占用林地总量控制指标
《森林法实施条例》	第四十三条：未经县级以上人民政府林业主管部门审核同意，擅自改变林地用途的，由县级以上人民政府林业主管部门责令限期恢复原状，并处非法改变用途林地每平方米 10 元至 30 元的罚款
《农村土地承包法》	第三条：农村土地承包采取农村集体经济组织内部的家庭承包方式，不宜采取家庭承包方式的荒山、荒沟、荒丘、荒滩等农村土地，可以采取招标、拍卖、公开协商等方式承包
《建设项目使用林地审核审批管理办法》	第二条：本办法所称建设项目使用林地，是指在林地上建造永久性、临时性的建筑物、构筑物，以及其他改变林地用途的建设行为，包括：(一)进行勘查、开采矿藏和各项建设工程占用林地；(二)建设项目临时占用林地；(三)森林经营单位在所经营的林地范围内修筑直接为林业生产服务的工程设施占用林地

三、林地管理政策成效

①保护了生态区位重要地区的林地。21 世纪以来，我国基本形成国家级公益林地、地方公益林地、商品林地各占 1/3 的林业格局，公益林地得到有效保护。第九次全国森林资源清查显示，我国拥有国家级公益林 18.5 亿亩，占林地面积的 43.4%，主要分布在东北三省、内蒙古、西南林区，以及西北生态区位重要、生态环境脆弱区域。森林资源总体上呈现数量持续增加、质量稳步提升、生态功能不断增强的良好发展态势，初步形成了公益林、商品林比例协调，天然林、人工林结构合理的森林生态和生产系统。

②走上了依法依规保护林地的法治轨道。自实施建设项目使用林地审核审批制度以

来，各方依法使用林地意识逐步增强。"十三五"期间，全国办理林地占用、征收和征用审核审批 704 宗，面积 808.272 5 公顷。其中永久使用林地 65 宗，面积 232.989 6 公顷；临时使用林地 35 宗，面积 43.009 2 公顷。修订出台的《建设项目使用林地审核审批管理规范》《建设项目使用林地可行性报告编制规范》《关于加强临时占用林地监督管理的通知》等规章和规范性文件，进一步规范了建设项目使用林地审核审批管理，加强监管，实现了向依据林地保护利用规划和林地"一张图"审核审批建设项目使用林地的转变。

③基本完成了明晰产权任务。截至 2017 年年底，全国发放林权证 1.01 亿本，发放林权证面积占已确权林地总面积的 97.65%，确权集体林地 27.05 亿亩，确权集体林地面积占纳入集体林改林地面积的 98.97%，77.70% 的集体林地已确权到农户。

④健全了流转制度。截至 2018 年年底，全国建立集体林权交易服务机构 1 713 家。一些省份在乡镇和行政村建立了集体林地交易信息员制度，为集体林权流转提供了有利的平台。此外，国家林业和草原局的"集体林改监测"数据显示，2016—2018 年，林地经营权流转证发放数量分别为 36.36 万本、36.03 万本和 21.71 万本。农户承包林地的经营权流转面积和集体统一经营林地的经营权流转面积分别为 183.74 万公顷和 112.34 万公顷，流转出林地经营权的农户为 306.19 万户。

第二节　森林资源监督管理政策

森林资源管理是为了建立和培育完善的森林生态系统，实现森林资源的可持续发展，对森林的培育、经营、保护和管理采取相应的措施和手段，进行有效的组织、计划、协调、调控和监督，确保森林资源总量增加、质量提高和"三大效益"协调发挥。森林资源管理是林业行政管理的重要组成部分，在整个林业建设和发展事业中具有不可替代的地位和作用。

一、森林资源监督管理概述

(一) 概念

森林资源管理是一种行政管理，指各级林业部门依据《森林法》的规定，为实现切实保护、合理利用、及时更新、科学培育、永续经营森林资源，提高森林的数量和质量，充分发挥森林多种效益的目标而采取的行政、经济、法律和工程技术的综合性措施。从广义上讲，森林资源监督管理包括对全部森林资源的管理，即对森林、林木、林地以及依托森林、林木、林地生存的野生动物、植物和微生物的管理和监督。狭义的森林资源管理是指根据"三定"方案确定的国家林业主管部门的职能范围，包括负责全国森林资源管理，起草相关法律法规、部门规章草案，拟订相关政策、规划、标准并组织实施，负责全国林木采伐管理工作，组织编制和审核全国森林采伐限额，监督林木凭证采伐、运输工作等。

森林资源监督是一种职能监督，是国家林业主管部门在职权范围内对其他部门涉及森林资源的事宜实施监督，按照《森林资源监督工作管理办法》，森林资源监督专员办事处负责实施国家林业主管部门指定范围内的森林资源监督工作，对国家林业主管部门负责。森林资源监督也是一种主管监督，是国家林业主管部门对地方各级人民政府相应的林业工作部门森林资源管理事项的监督，包括督查督办政府涉林案件、发放木材采伐证、参与政府决策等。

(二) 我国森林资源概况

《2021 中国林草资源及生态状况》的数据显示，2021 年，我国森林面积 34.6 亿亩，森林覆盖率 24.02%，森林蓄积量 194.93 亿立方米，草地面积 39.68 亿亩，草原综合植被盖度 50.32%，鲜草年总产量 5.95 亿吨，林草植被总碳储量 114.43 亿吨；我国森林、草原、湿地生态系统年涵养水源量 8 038.53 亿立方米，年固土量 117.20 亿吨，年保肥量 7.72 亿吨，年吸收大气污染物量 0.75 亿吨，年滞尘量 102.57 亿吨，年释氧量 9.34 亿吨，年植被养分固持量 0.49 亿吨；森林、草原、湿地生态空间生态产品总价值量为每年 28.58 万亿元；林草生态系统呈现健康状况向好、质量逐步提升、功能稳步增强的发展态势。

(三) 森林资源监督管理的必要性

随着环境问题逐渐被提上日程，森林资源的发展越来越与经济发展有着密不可分的联系，影响森林资源监督与管理的因素多种多样，需要从实际出发，保证森林资源长久高效的发展，促进生态经济的持久稳定发展，所以对森林资源加强监督与管理十分必要。

二、森林资源监督管理政策的主要内容

(一) 采伐限额制度

森林关系着国家生态安全，我国依法实行森林采伐限额制度，严格控制森林年采伐量。新中国成立之初，百废待兴，一方面国民经济的恢复和建设亟需大量木材，而旧中国遗留的森林资源很少，生产能力也不足，供需矛盾十分突出；另一方面行政管理基础薄弱，再加上许多地方毁林开荒，使本就不多的森林资源更加捉襟见肘。针对这种情况，我国将普遍护林作为首要任务，保护森林资源，禁止滥伐滥垦森林。1950 年 5 月，《关于全国林业工作的指示》规定，公有林应由中央政府林垦部或中央委托的各级林业机构经营采伐、统筹供应公私用材，其他任何机关、部队、学校或企业不得以任何理由为借口自行采伐；如确有需要，必须经当地专署以上人民政府或林业主管机关核准。这一政策的实施标志着林木采伐业进入强化管制的时代。此后的 30 多年间，我国实行计划经济，木竹柴炭属于计划经济的范畴，根据国家建设需要，省市县乡逐级下达木竹柴炭计划指标，乡政府(人民公社)再落实到村(大队)，由村(大队)集体负责砍伐、烧制，统一集中储存，最后由各地供销社或森工站调拨交付，国家统一分配使用。自森林采伐限额制度在 20 世纪 70 年代末期的《中华人民共和国森林法(试行)》中初具雏形至今，其具体内容一直在实践中调整优化，经历了"无管制""全面管制""分类管制"3 个阶段，体现了人们对森林资源的关注逐渐从注重经济价值转移到经济和生态价值并重上来。在发挥森林资源生态保护价值属性的基础上，更好实现林木的经济价值，是未来完善森林采伐限额制度的方向。重点林区"十四五"期间年森林采伐限额见表 13-2。

表 13-2　重点林区"十四五"期间年森林采伐限额　　　　　　　　万立方米

单位	人工林		天然林	合计
	商业性	非商业性	非商业性	
内蒙古森工集团	11.9	31.4	146.7	190.0
吉林森工集团	13.7	17.1	39.7	70.5
长白山森工集团	14.8	8.6	32.9	56.3
龙江森工集团	12.2	23.8	58.7	94.7
伊春森工集团	1.8	12.0	32.6	46.4
大兴安岭森工集团	3.4	3.2	73.2	79.8
合计	57.8	96.1	383.8	537.7

2019 年,《森林法》进行的第三次修订下放了采伐限额审批权,将有关采伐限额由省级人民政府审核后,报国务院批准的规定,修改为采伐限额经征求国务院林业主管部门意见,报省级人民政府批准后公布实施,并报国务院备案。

（二）采伐许可证制度

《森林法》第三十二条规定,在采伐林木前必须申请采伐许可证,采伐许可证所列明的内容包括了采伐人、批准机关、采伐面积、采伐量、完成更新时间等部分。在我国现行法律框架内,采伐过程必须严格按照采伐许可证所列明的规定进行,如果没有按照采伐许可证规定进行采伐,情节严重的可能会触犯《刑法》,将受到严厉的法律制裁。林木采伐许可证制度是森林采伐限额制度执行的措施与手段,目的是加强林木采伐的管理和监督,以促进林业的可持续发展,故采伐许可证制度比采伐限额制度具有更加严格的限制。对于采伐限额制度来说,其约束对象仅为用材林,但是对于采伐许可证制度来说,其约束对象为所有森林、林木,不仅包括用材林,也包括其他森林资源。在用材林部分,采伐许可证将在采伐限额内进行发放,对于其他森林的采伐,虽然没有采伐限额的限制,但也受到采伐许可证的限制。

2019 年,《森林法》进行的第三次修订对采伐许可证制度在以下 3 个方面进行了完善:

①调整了林木采伐许可证核发范围。新修订规定采伐林地上的林木(包含经济林木、灌木)必须依法申请办理《林木采伐许可证》。农村居民采伐自留地和房前屋后个人所有的零星林木则不需申请。非林地上的农田防护林、防风固沙林、护路林、护岸护堤林和城镇林木等的采伐,应当按照《公路法》《防洪法》《城市绿化条例》等规定进行管理。

②完善了采伐许可证审批程序。新修订的规定删除了采伐目的、林况等采伐申请材料要求,不再"一刀切"地要求申请人必须提交伐区调查设计材料,而是由省级以上人民政府林业主管部门规定一定的面积或者蓄积量基准,超过基准量的申请者需要提交伐区调查设计材料,没有超过的则不需提交。此外,明确了不得核发采伐许可证的具体情形。

③增加了林木采伐的特别规定。第一,规定,采挖移植林木按照采伐林木管理,具体办法由国务院林业主管部门制定,明确了采挖移植树木管理的法律依据,也为苗圃地建设等采挖移植活动留下空间。第二,为解决公益林、自然保护区内林木因林业有害生物防治、森林防火、遭受自然灾害等需要采伐的问题,有针对性地进行了特殊规定。

(三)森林资源监督机构

1989 年 5 月，为遏制东北、内蒙古国有林区森林资源过量消耗，经国务院批准、林业部下发《关于尽快落实林业部派驻东北、内蒙古国有林区重点森工企业森林资源监督人员的通知》，决定向黑龙江省森工总局、大兴安岭林业公司、吉林省林业厅、内蒙古大兴安岭林业管理局派驻森林资源监督机构和监督人员，自此第一批森林资源监督队伍诞生。2011—2013 年，北京专员办、上海专员办相继成立，最终达到 15 个专员办，实现森林资源监督(除港澳台地区)全覆盖。2018 年，中央新一轮机构改革，撤销原监督办，森林资源监督管理职能转入新组建的森林资源管理司，原监督办职工人随事走，转为公务员编制，明确 15 个专员办转为行政机构，作为国家林业和草原局的派出机构。

(四)森林资源监督管理相关法律法规摘录

我国森林资源监督管理相关法律法规随社会生产生活实践的发展而完善，主要体现在以下方面(表 13-3)。

表 13-3　森林资源监督管理相关法律法规摘录

法律法规	相关条款
《刑法》	第四百零七条：林业主管部门的工作人员违反森林法的规定，超过批准的年采伐限额发放林木采伐许可证或者违反规定滥发林木采伐许可证，情节严重，致使森林遭受严重破坏的，处三年以下有期徒刑或者拘役
《森林法》	第五十四条：国家严格控制森林年采伐量。省、自治区、直辖市人民政府林业主管部门根据消耗量低于生长量和森林分类经营管理的原则，编制本行政区域的年采伐限额，经征求国务院林业主管部门意见，报本级人民政府批准后公布实施，并报国务院备案。重点林区的年采伐限额，由国务院林业主管部门编制，报国务院批准后公布实施； 第五十六条：采伐林地上的林木应当申请采伐许可证，并按照采伐许可证的规定进行采伐；采伐自然保护区以外的竹林，不需要申请采伐许可证，但应当符合林木采伐技术规程。农村居民采伐自留地和房前屋后个人所有的零星林木，不需要申请采伐许可证
《森林法实施条例》	第二十八条：国务院批准的年森林采伐限额，每五年核定一次； 第二十九条：采伐森林、林木作为商品销售的，必须纳入国家年度木材生产计划；但是，农村居民采伐自留山上个人所有的薪炭林和自留地、房前屋后个人所有的零星林木除外
《森林采伐更新管理办法》	第八条：用材林的主伐方式为择伐、皆伐和渐伐。毛竹林采伐后每公顷应当保留的健壮母竹，不得少于 2 000 株； 第十四条：采伐林木的单位和个人，应当按照优先发展人工更新，人工更新、人工促进天然更新、天然更新相结合的原则，在采伐后的当年或者次年内必须完成更新造林任务

三、森林资源监督管理政策成效

①有力地控制和约束了超限额采伐行为。据调查统计，自监督机构成立以来，查处各类非正常消耗林木蓄积量 114.4 万立方米、非法占用林地 324.7 万亩，查处非法占用林地项目 3.2 万个，督促收回林地 54.4 万亩，督促收缴罚金、罚款和植被恢复费等 36.6 亿元以上。森林资源监督管理机构越来越受到社会的高度重视和广大基层群众的信任，影响力越来越大，社会地位明显提高。

②有效地打击了破坏森林资源的违法犯罪行为。据调查统计，自监督机构成立以来，累计处分、处罚、刑事诉讼等处理各类涉案人员 4.2 万人(次)，督查督办各类破坏森林资源案件 4.87 万件，严厉打击了乱砍滥伐、侵占林地、无证运输等违法犯罪行为，为依法管理、保障森林资源可持续增长、维护国家生态安全发挥了重要作用。

③科学地提高了森林资源的质量。森林资源监督管理政策在一定程度上能够避免采伐的盲目性，更加合理地优化调整树种结构，改善森林质量。根据《关于 2011 年度全国森林采伐限额执行情况检查结果的通报》，2012 年，国家林业局对全国 26 个省(自治区、直辖市)的 36 个县(区、市、旗)的 2011 年度森林采伐限额执行情况进行了检查。检查结果表明，林木采伐管理政策基本得到落实，36 个县年林木采伐量均控制在采伐限额以内，在检查的 1 187 个有证伐区中，有 1 083 个伐区的采伐量未超采伐证规定数量，占检查伐区总数的 91.2%，比 2010 年有了较大提升。

第三节　森林防火管理政策

森林火灾会烧死林木，破坏森林结构，同时引起树种演变，降低森林利用价值，造成林地裸露，使森林失去涵养水源和保持水土的作用，进而引发自然灾害。本节介绍我国当前的森林防火形势，阐述森林防火组织指挥体系、火险预警体系以及综合保障体系。

一、森林防火管理概述

(一)概念

森林火灾是指失去人为控制，在林地内自由蔓延和扩展，对森林、森林生态系统和人类带来一定危害和损失的林火行为，具有突发性强、破坏性大、危害范围广、处置救助难度大等特点。

森林防火是指对森林、林木和林地火灾的预防和扑救，以保护资源和人民群众生命安全为主要目的。我国森林防火实行"分级负责、属地为主"的处置原则，构建了分级响应的工作机制。

(二)我国森林火灾发生概况

2000—2021 年，我国年均发生森林火灾 6 089 次，年均森林受害面积 7.23 万公顷，年均伤亡 93 人，年均森林火灾其他损失折款 1.37 亿元，因森林火灾造成的生命财产损失和人员伤亡非常严重。

全国森林火灾次数和受害森林面积年际变化如图 13-3 所示。受气候变化影响，森林火灾具有明显的年际变化特征。2003 年和 2006 年受害森林面积分别为 451 019.9 公顷和 408 255 公顷，远超其他年份。2003 年、2004 年、2005 年及 2008 年森林火灾次数均超过 1 万次，高于其他年份。当前，森林草原防灭火工作不断取得新成效，2021 年全国发生森林火灾 616 起，火灾起数自新中国成立以来首次降到千位数以下，未发生重大级别以上火灾，实现了森林火灾起数、受害森林面积、伤亡人数"三下降"，处于历史最低位，森林火灾发生次数整体呈现下降趋势。

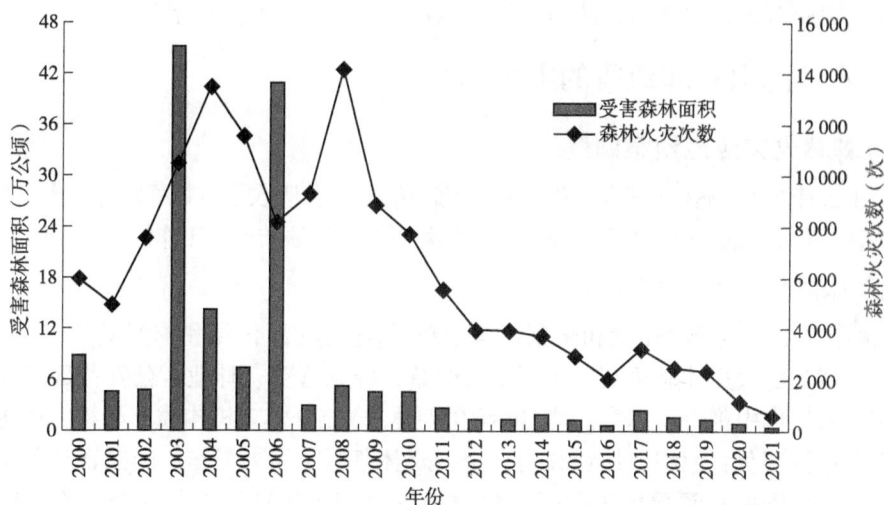

图 13-3　2000—2021 年全国森林火灾次数和受害森林面积
（中国林业和草原统计年鉴，2022）

全国森林火灾伤亡人数和其他损失折款年际变化如图 13-4 所示。其中，2000 年、2004 年和 2008 年森林火灾伤亡人数分别为 178 人、252 人和 174 人，远超平均水平。2003 年和 2014 年其他损失折款最高，达 3.70 亿元和 4.25 亿元，分别是年均森林火灾其他损失折款的 2.7 倍和 3.1 倍。

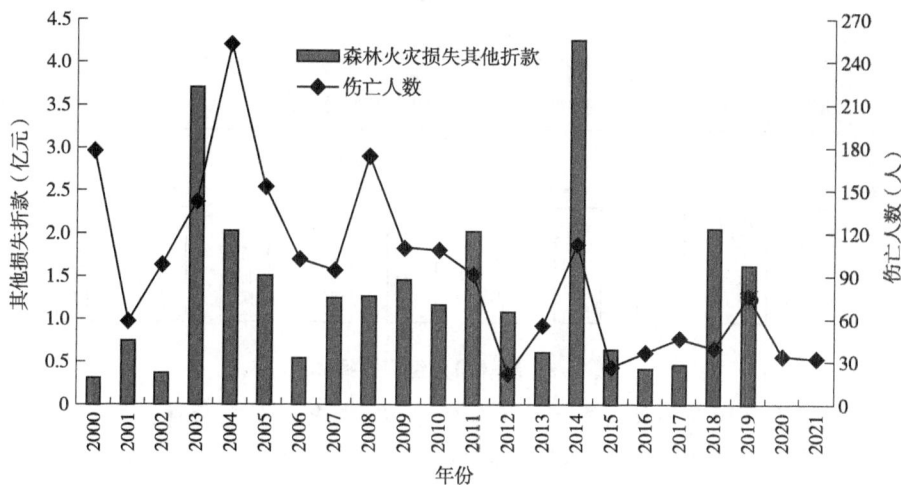

图 13-4　2000—2021 年全国森林火灾伤亡人数和其他损失折款
（中国林业和草原统计年鉴，2022）

（三）森林防火管理的必要性

森林防火是保护自然资源与生态环境的需要，是促进林业可持续的需要，是维护林区社会安定的需要。森林火灾的综合防控能力不仅关系生态文明建设的水平，而且关系林区的治安稳定，反映了我国整体治理能力的现代化水平。然而森林生态系统存在脆弱性，极易受到各类自然风险的威胁，需要从灾前预防、灾中应急和灾后保障 3 个层面防范化解，提高森林资源应对灾害的能力，从而更科学地指导林业生产和实践活动。

二、森林防火管理政策的主要内容

(一)森林火灾应急预案制度

2021年5月颁布实施《国家森林草原火灾应急预案》充分吸收了森林草原防灭火工作的新成果、新经验，及时借鉴了历史经验，回应了新形势下森林草原防灭火工作的重大关切。

1. 森林防火组织指挥体系

根据《中共中央关于深化党和国家机构改革的决定》《深化党和国家机构改革方案》等法律法规，森林防灭火体制机制发生了重大改革，应急管理、林业、公安等部门在森林火灾预防和扑救工作中都负有职责。修订后的《森林法》充分体现机构改革精神，由国家森林草原防灭火指挥部负责组织、协调和指导全国森林草原防灭火工作。国家森林草原防灭火指挥部总指挥由国务院领导同志担任，副总指挥由国务院副秘书长和公安部、应急管理部、国家林业和草原局、中央军委联合参谋部负责同志担任。指挥部办公室设在应急管理部，由应急管理部、公安部、国家林业和草原局共同派员组成，承担指挥部的日常工作。必要时，国家林业和草原局可以按程序提请以国家森林草原防灭火指挥部名义部署相关防火工作(图13-5)。

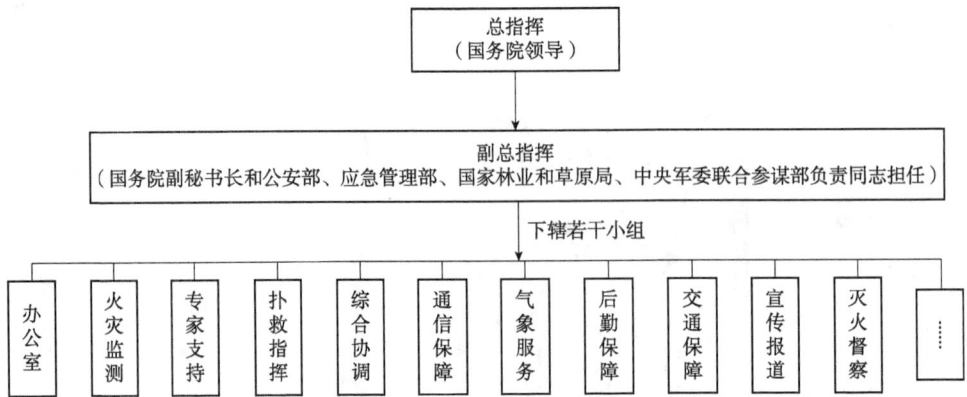

图13-5　森林防火组织指挥体系

县级以上地方人民政府按照"上下基本对应"的要求，设立森林(草原)防(灭)火指挥机构，负责组织、协调和指导本行政区域(辖区)的森林草原防灭火工作。同时明确解放军和武警部队担负森林草原火灾扑救任务，对应接受国家和地方各级森林(草原)防(灭)火指挥机构统一领导，部队行动按照军队指挥关系和指挥权限组织实施。各级森林(草原)防(灭)火指挥机构根据工作需要会同有关部门和单位成立本级专家组，对森林草原火灾预防、科学灭火组织指挥、力量调动使用、灭火措施、火灾调查评估规划等提出咨询意见。

2. 火险预警体系

根据森林草原火险指标、火险特征和可能造成的危害程度，森林草原火险预警级别从高到低依次分为4级：红色预警、橙色预警、黄色预警和蓝色预警。预警信息由应急管理部门组织，各级林草、公安和气象主管部门加强会商，联合制作，并通过预警信息发布平台和广播、电视、报刊、网络、微信公众号以及应急广播等方式向涉险区域相关部门和社会公众发布。国家森林草原防灭火指挥部办公室适时向省级森林(草原)防(灭)火指挥机构发送预警信息，提出工作要求。

当发布蓝色、黄色预警信息时，预警地区县级以上地方人民政府及其有关部门要密切关注天气情况和森林草原火险预警变化，加强森林草原防火巡护、卫星林火监测和瞭望监测，做好预警信息发布和森林草原防火宣传工作，强化火源管理，落实防火装备、防火物资等各项扑火准备，当地各级各类森林消防队伍进入待命状态。当发布橙色、红色预警信息时，预警地区县级以上地方人民政府及其有关部门在蓝色、黄色预警响应措施的基础上，进一步加强野外火源管理，开展森林草原防火检查，加大预警信息播报频次，做好物资调拨准备，地方专业防扑火队伍、国家综合性消防救援队伍视情况对力量部署进行调整，靠前驻防。各级森林(草原)防(灭)火指挥机构视情对预警地区森林草原防灭火工作进行督促和指导。

3. 综合保障体系

应急管理部、国家林业和草原局会同国家发展和改革委员会、财政部建立起"集中管理、统一调拨、平时服务、战时应急，采储结合、节约高效"的应急物资保障体系与集中生产调度机制。科学调整中央储备规模结构，合理确定灭火、防护、侦通、野外生存和大型机械等常规储备规模，适当增加高技术灭火装备、特种装备器材储备。地方森林(草原)防(灭)火指挥机构根据本地森林草原防灭火工作需要，建立本级森林草原防灭火物资储备库，储备所需的扑火机具、装备和物资。县级以上地方人民政府应当将森林草原防灭火基础设施建设纳入本级国民经济和社会发展规划，将防灭火经费纳入本级财政预算，保障森林草原防灭火所需支出。

(二)森林防火管理相关法律法规摘录

我国森林防火管理相关法律法规侧重于压实各级政府职责，明确各部门的职责范围，主要体现在以下方面(表13-4)。

表13-4　森林防火管理相关法律法规摘录

法律法规	相关条款
《森林法》	第三十四条：地方各级人民政府负责本行政区域的森林防火工作，发挥群防作用；县级以上人民政府组织领导应急管理、林业、公安等部门按照职责分工密切配合做好森林火灾的科学预防、扑救和处置工作
《森林防火条例》	第六条：森林、林木、林地的经营单位和个人，在其经营范围内承担森林防火责任； 第十四条：国务院林业主管部门应当根据全国森林火险区划等级和实际工作需要，编制全国森林防火规划，编制国家重大、特别重大森林火灾应急预案； 第三十四条：森林防火指挥机构应当按照森林火灾应急预案，统一组织和指挥森林火灾的扑救
《森林草原防火约谈暂行办法》	第四条：存在下列情形之一的，由国家林业和草原局视情进行约谈：(一)30日内，省区市发生40起、市州发生20起、县区发生5起、森工集团发生5起以上森林草原火灾(雷击火除外)的；(二)发生舆论关注度高、社会影响大或者造成多人伤亡的森林草原火灾的

三、森林防火管理政策成效

①森林火灾预防体系不断健全。截至2015年年底，我国已建成卫星林火监测中心4个，国家和省级森林火险预警中心36处、火险要素监测站3 239个、可燃物因子采集站771个，重点林区实行24小时、48小时森林火灾发生概率预报，火险预测预报精度大幅提升。约30万人的护林员队伍在森林防火重点时段和重要部位加强巡查巡护，严防死守。累计建成瞭望塔4 180座、视频监控系统3 233套、检查站7 022处，构建了卫星遥感、飞机巡航、高山瞭望、视频监控和地面巡护有机结合的立体监测网络，火情瞭望覆盖率达68.1%，初步实现火情"早发现"的目标。

②灭火设施装备配置不断加强。截至2016年年底，我国拥有森林防火公路155.92万千米，较2009年增长17.98%；建成森林防火隔离带154.5万千米较2009年增长34.16%。森林防火物资储备库2.5万个，新增1.48万个；森林防火扑火机具1 513万件，新增538.75万件；森林防火用车10.9万辆，新增5.25万台；对于新建、改扩建33.1万平方米的专业队营房，也配备了森林消防车、运兵车5 200多辆，中小型机具35.1万台（套）。

③森林防火队伍不断壮大。截至2014年年底，我国共有森林防火队伍15.6万支，366.5万人，已经覆盖我国具有防火任务县级单位的99.96%，森林防火专职管理人员达2.2万人，9个省（自治区、直辖市）配备了专职指挥员。其中，专业森林防火队3 015支，10.6万人；半专业森林防火队1.85万支，54万人；应急森林防火队4 848支，23.5万人；群众森林防火队13万支，278.4万人。

④依法治火不断完善。2009—2016年，我国修订实施了《森林防火条例》和《国家森林火灾应急预案》，各省（自治区、直辖市）制定了配套的实施办法，逐级修订了森林火灾应急预案。截至2014年，我国共发布实施省级森林防火条例和条例实施办法15条，修订实施应急预案28个，省级森林火灾综合预防相关管理办法及意见40个，与火灾扑救相关的管理办法及意见11个。此外，截至2016年，我国已颁布森林防火相关标准51项，标准内容涵盖森林防火队伍建设、基础设施建设、森林航空消防、森林火灾灾害损失评估、机具装备使用技术规范等。

第四节　林业有害生物防治管理政策

我国的林业有害生物防治形势较为严峻，需要强化森林保护，有效预防和控制林业有害生物带来的灾害，减少发生率。

一、林业有害生物防治管理概述

（一）概念界定

由于当前"森林病虫害"的概念不包括可对林业造成危害的杂草、软体动物、脊椎动物和其他植物，故在新修订的森林法中不再使用"森林病虫害"一词，统称为"林业有害生物"。林业有害生物是指危害森林、林木和林木种苗正常生长并造成经济损失的病、虫、杂草等有害生物。

(二)我国林业有害生物防治概况

新中国成立以来，先后有松材线虫病、美国白蛾、松突圆蚧、日本松干蚧、湿地松粉蚧、双钩异翅长蠹、红脂大小蠹、松针褐斑病、杨树花叶病毒病等林业有害生物传入我国。我国现有林业有害生物 8 000 余种，可造成严重危害的有 200 多种，已成为全球林业有害生物发生、危害最严重的国家之一。

进入 21 世纪，我国林业有害生物发生与防治面积如图 13-6 所示。其中，林业有害生物发生面积由 2000 年的 852 万公顷增至 2020 年的 1 278 万公顷，2007—2020 年，林业有害生物发生面积均在 1 200 万公顷左右小幅波动。林业有害生物防治面积呈增长态势，从 2000 年的 574 万公顷增加至 2020 年的 1 009 万公顷，防治率逐年增高。

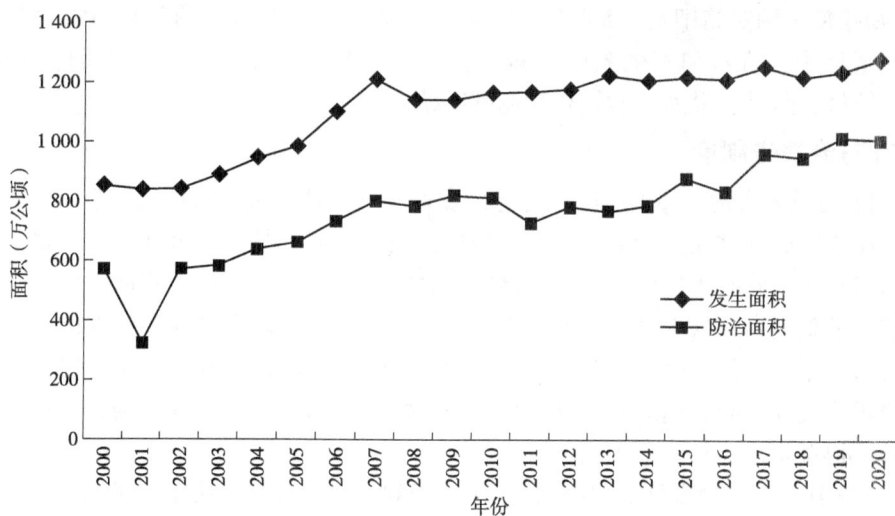

图 13-6 2000—2020 年全国林业有害生物发生与防治面积
(中国林业和草原统计年鉴，2021)

(三)林业有害生物防治管理的必要性

①加强林业有害生物防治是完成新时代林业重任的需要。党的十九大报告将建设生态文明上升到中华民族永续发展千年大计的高度，首次把美丽中国建设作为新时代中国特色社会主义强国建设的重要目标，明确要求加大生态系统保护力度，实施重要生态系统保护和修复重大工程，提升生态系统质量和稳定性。在新时代背景下，加强林业有害生物防治，保护森林健康，对于维护国家生态安全十分重要。

②加强林业有害生物防治是满足人民美好生活的需要。为满足人民日益增长的优美生态环境的需要，提供优质生态产品，就必须采取超强举措，有力遏制林业有害生物的严重危害，保护好绿水青山，让人民在绿色发展中有获得感、幸福感、安全感。

③加强林业有害生物防治是实施林业致富增收的需要。如果对林业有害生物不采取积极有效的防控措施，广大农民种植的核桃、花椒、桉树、竹子等经济林和用材林将会毁于一旦，直接影响农民增收。同时，森林康养、森林旅游等与当地群众经济发展息息相关的

新兴产业也将受到影响。只有下大力气加强林业有害生物防治，才能有效保障森林康养、森林旅游新业态的健康发展。

二、林业有害生物防治管理政策的主要内容

（一）防治检疫制度

《森林病虫害防治条例》第八条规定，各级森林病虫害防治机构应当依法对林木种苗和木材、竹材进行产地和调运检疫；发现新传入的危险性病虫害，应当及时采取严密封锁、扑灭措施，不得将危险性病虫害传出。各口岸动植物检疫机构，应当按照国家有关进出境动植物检疫的法律规定，加强进境林木种苗和木材、竹材的检疫工作，防止境外森林病虫害传入。

《植物检疫条例实施细则（林业部分）》第六条规定，应施检疫的森林植物及其产品包括：①林木种子、苗木和其他繁殖材料；②乔木、灌木、竹类、花卉和其他森林植物；③木材、竹材、药材、果品、盆景和其他林产品。

（二）防治报告制度

《森林病虫害防治条例》第十四条规定，发现严重森林病虫害的单位和个人，应当及时向当地人民政府或者林业主管部门报告。当地人民政府或者林业主管部门接到报告后，应当及时组织除治，同时报告所在省、自治区、直辖市人民政府林业主管部门。发生大面积暴发性或者危险性森林病虫害时，省、自治区、直辖市人民政府林业主管部门应当及时报告国务院林业主管部门。第十五条规定，发生暴发性或危险性的森林病虫害时，当地人民政府应当根据实际需要，组织有关部门成立森林病虫害防治临时指挥机构，负责制定紧急除治措施，协调解决工作中的重大问题。

《突发林业有害生物事件处置办法》第十二条规定，森林病虫害防治机构及其中心测报点，发现疑似突发林业有害生物事件等异常情况的，应当立即向所在地县级人民政府林业主管部门报告。公民、法人或者其他组织发现有疑似突发林业有害生物事件等异常情况的，应当向县级以上人民政府林业主管部门反映。第十三条规定，县级人民政府林业主管部门接到疑似突发林业有害生物事件等异常情况的报告或者有关情况反映的，应当及时开展调查核实；认为属于突发林业有害生物事件的，应当按照有关规定逐级上报国家林业局。突发林业有害生物事件的报告，主要包括有害生物的种类、发生地点和时间、级别、危害程度、已经采取的措施以及相关图片材料等内容。

（三）防治费用制度

《森林病虫害防治条例》第十九条规定，森林病虫害防治费用，全民所有的森林和林木，依照国家有关规定，分别从育林基金、竹木销售收入、多种经营收入和事业费中解决；集体和个人所有的森林和林木，由经营者负担，地方各级人民政府可以给予适当扶持。对暂时没有经济收入的森林、林木和长期没有经济收入的防护林、水源林、特种用途林的森林经营单位和个人，其所需的森林病虫害防治费用由地方各级人民政府给予适当扶持。发生大面积暴发性或者危险性病虫害，森林经营单位或者个人确实无力负担全部防治费用的，各级人民政府应当给予补助。

《植物检疫条例实施细则(林业部分)》第二十六条规定，森检机构收取的检疫费只能用于宣传教育、业务培训、检疫工作补助、临时工工资、购置和维修检疫实验用品、通信和仪器设备等森检事业，不得挪作他用。

(四)林业有害生物防治管理相关法律法规摘录

我国林业有害生物防治相关法律法规侧重于压实各级政府职责，明确各部门的职责范围，主要体现在以下方面(表13-5)。

表13-5　林业有害生物防治相关法律法规摘录

法律法规	相关条款
《森林法》	第三十五条：重大林业有害生物灾害防治实行地方人民政府负责制。发生暴发性、危险性等重大林业有害生物灾害时，当地人民政府应当及时组织除治。林业经营者在政府支持引导下，对其经营管理范围内的林业有害生物进行防治
《全国检疫性林业有害生物疫区管理办法》	全国检疫性林业有害生物疫情发生地应当划定为疫区。疫区一般以县级行政区为单位划定。划定后的疫区由省级以上林业主管部门公布，其中松材线虫病和美国白蛾病的县级疫区由国家林业和草原局负责公布。疫区每年至少公布一次
《森林病虫害防治条例》	第三条：森林病虫害防治实行"预防为主，综合治理"的方针； 第四条：森林病虫害防治实行"谁经营、谁防治"的责任制度。地方各级人民政府应当制定措施和制度，加强对森林病虫害防治工作的领导； 第五条：国务院林业主管部门主管全国森林病虫害防治工作。县级以上地方各级人民政府林业主管部门主管本行政区域内的森林病虫害防治工作，其所属的森林病虫害防治机构负责森林病虫害防治的具体组织工作。区、乡林业工作站负责组织本区、乡的森林病虫害防治工作

三、林业有害生物防治政策成效

①强化了重点攻坚，重大林业有害生物得到有效防治。2021年最具危险性的森林病害——松材线虫病的发生面积和病死树数量比2020年减少139.07万亩、539万株，同比下降5.12%和27.69%，首次实现松材线虫病发生面积和病死松树数量"双下降"，全年累计拔除病疫区11个，泰山风景区实现无疫情。2021年全国县级疫情发生区新增数量较上年同期和近5年平均值下降60%以上，32个县级疫区实现当年无疫情。林业鼠(兔)害治理区鼠口密度、被害株率、被害枯死率明显下降。红脂大小蠹、松毛虫、杨树天牛等得到有效治理。

②强化了监测预警，预报网络体系得到升级。国家林业和草原局构建的"天空地"一体化监测技术体系和基于大数据融合的精细化预报技术体系的监测覆盖率达到95%，测报准确率超过85%。党的十八大以来，已建成林业有害生物监测预报站点37 183个，其中国家级监测点1 000个，省、市、县级监测点36 183个，专(兼)职测报人员达84 934人，基本建成了以国家森林和草原有害生物灾害监测预报预警中心为龙头，以省(自治区、直辖市)测报站为枢纽，以国家级中心测报点为骨干，以县级测报站和各级测报(监测)点为基础的全国林业有害生物监测预报网络体系。

③加强了科技攻关，科学防治手段得到应用。目前，我国林业有害生物防治工作的无公害防治率超过90%，成灾率控制在0.85%以下，松材线虫PCR检测的检测准确率可达

100%。截至 2022 年，松材线虫病疫情卫星遥感监测技术，年均覆盖国土面积达 30 万平方千米。微胶囊缓释技术、智能喷雾技术、树干注射技术等现代防治技术使用覆盖面不断扩大。

第五节　森林保险管理制度

一直以来，森林被视为"放养式"的行业，易遭受各种气象灾害、生物灾害的侵袭，给林农带来经济损失，这种状况对森林保险提出了迫切需求。森林保险的实施能够补偿林农遭受的灾害损失，增强林业生产及森林资源抵御灾害的能力，提高林农经营森林的积极性。森林保险最早出现于瑞典、芬兰、日本和美国等国家，距今已有近百年历史，其在这些国家的发展已经较为完善。

一、森林保险概述

(一) 概念

森林保险是指森林经营者(被保险人)按照一定的标准缴纳保险费，以获得保险企业(保险人)在森林遭受灾害时提供经济补偿的行为。森林保险属于财产保险，以物质财富或利益为标准是财产保险的基础。被保险对象因发生意外灾害或者事故遭受损失时，由保险人按保险合同的规定负补偿。政策性森林保险是指在政府补贴下对林业经营者因非人为或非故意的原因造成的森林方面的经济损失提供补偿的一种保险制度。

森林保险具有重要意义：①可以增强救灾能力。一旦森林发生意外灾害或者事故而遭受损失，保险单位可提供及时而充足的经济补偿，帮助受灾林农或企业恢复生产。②可以提高林农经营森林的积极性。开展森林保险，有利于打消林农的顾虑，调动其生产积极性和投资经营林业的积极性。③可以化"不定"为"固定"。将不可估计的风险损失转化成稳定、小额的保险费支出，使森林资源再生产顺利进行。④可以深入完善森价管理制度。将林木损失以森林保险费的形式计入营林生产成本，体现在营林经济核算中。

(二) 我国森林保险发展概况

政策性森林保险始于 2009 年，该年中央一号文件明确提出了对森林保险试点工作的支持，同年印发的《关于中央财政森林保险保费补贴试点工作有关事项的通知》将福建、江西、湖南列为首批中央财政森林保险保费补贴试点省份，标志着森林保险保费中央财政补贴工作正式运行。森林保险经过 10 余年的发展，截至 2019 年，全国有 25 个省(自治区、直辖市)、4 个计划单列市和四大森工企业，共计 33 个参保地区和单位，覆盖了 77%的省级行政单位；26 家保险机构经营森林保险业务，业务涵盖了林农、家庭林场、林业合作社、林业企业、森林公园、自然保护区以及国有林场等几乎所有类型的林业生产经营主体。2020 年，我国森林保险投保总面积达 1.63 亿公顷，同比增长 1.92%，其中公益林 1.22 亿公顷，商品林 0.41 亿公顷，森林保险规模居全球第一，表现出强大的生命力。近 10 年来，森林保险覆盖面积平稳扩大，参保结构保持稳定，但从 2014 年开始我国森林保险参保面积增长放缓，2017 年甚至出现下降的情况(图 13-7)。

近10年来，森林保险金额及保费收入总体呈现平稳发展的态势，二者增幅较为同步（图13-8）。截至2020年年底，年度保费收入总额达36.41亿元。各级财政补贴32.2亿元，占总保费的89%，其中，中央财政补贴16.39亿元，林业生产经营主体自缴保费4.18亿元。全年完成理赔9 494起，赔付面积58.43万公顷，已决赔款9.59亿元，简单赔付率26.35%。森林保险的风险保障能力从2009年的973.59亿元增加到2019年的14 521.60亿元，增加了14倍，森林保险提供的风险保障占林业产业总产值的19.78%。

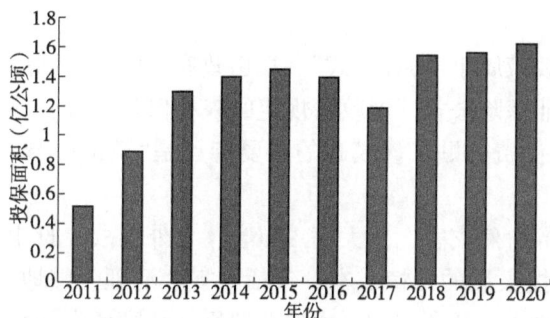

图13-7　2011—2020年全国森林保险投保面积
（中国林业发展报告，2012—2021）

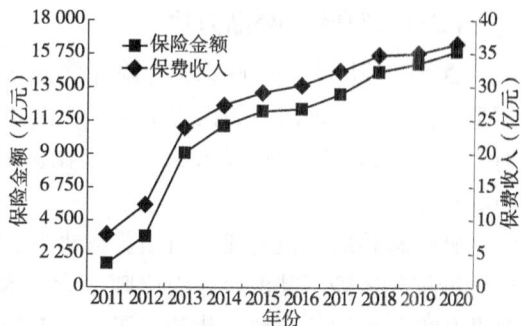

图13-8　2011—2020年全国森林保险金额及保费收入
（中国林业发展报告，2012—2021）

(三)森林保险管理的必要性

广阔复杂的地貌条件和林业漫长的生长周期特性决定了森林极易遭受各种自然灾害的侵袭和意外事故的破坏，且灾后恢复投入大、时间长。在推进林业高质量发展中，如果缺乏有效的森林保险机制，一旦发生林业灾害，经营者将遭受无法挽回的严重经济损失。因此，林业经营风险的分散和预防尤为重要。森林保险是林业风险管理中的一项重要财务手段，可以分散风险、补偿损失、帮助林农在灾后快速恢复正常生产，在一定程度上减少林业投融资风险，促进林业持续稳定发展。

二、森林保险管理政策的主要内容

(一)公益林保险运行机制

根据各级政府的保费补贴比例，我国公益林保险的运行机制可以分为部分补贴下的经营主体参保模式(简称部分补贴模式)和全额补贴下的地方林业部门参保模式(简称全额补贴模式)。

部分补贴模式下，在投保环节林业经营主体自行与保险公司签订公益林保险合约，中央和省、市(县)财政部门对公益林经营主体所缴保费进行补贴，各省份的补贴方案有所不同，一般情况下，中央财政补贴50%，省级财政补贴25%~50%，市(县)财政补贴5%~25%，林业经营主体自担0%~10%。在理赔环节，个体直接投保的保险赔偿由保险公司直接支付给林业经营主体的"一折通"或其他银行账户；集中投保的则由保险公司将保险赔偿金拨付给村集体或生产合作社，统一管理并专项用于受灾林地的灾后造林工作。目前以陕西省为代表的16个省市和地区采取自行投保的模式，在此模式下，政府无法直接监督灾后资金的使用。

全额补贴模式下，在投保环节，地方林业局代理投保，代替林农统一与保险公司签订保险合同，统一确定保额、保费以及保险责任等，保险合约仅涉及地方林业部门和保险公司双方。中央和市级财政各承担50%保费，林业经营主体无需承担保险费用。在理赔环节，当公益林受灾后，保险公司直接将保险赔付支付给相关的基层林业部门，由地方林业部门对赔付资金进行管理，将资金用于受灾林地的恢复造林和灾后抚育工作。目前以北京市为代表的18个省份采取统一投保的模式。

(二)预算管理补贴方案

目前，我国中央财政森林保险保费补贴政策属于"协保模式"，即由政府提供统一制度框架，在林业管理部门的大力配合下，由商业保险公司开展政府规定的森林保险业务，政府为购买森林保险的投保人给予一定比例的保费补贴。该模式的主要特点是"政府引导，市场运作"。

补贴险种的保险责任应当涵盖当地主要的自然灾害、重大病虫鼠害、意外事故、野生动物毁损等风险，其保险金额原则上为林木损失后的再植成本，包括灾害木清理、整地、种苗处理与施肥、挖坑、栽植、抚育管理到树木成活所需的一次性总费用。鼓励各省和承保机构根据本地农户的支付能力，适当调整保险金额。对于超出上述费用的部分，应当通过适当方式予以明确，由此产生的保费，有条件的地方可以结合实际，提供一定的补贴，或由投保人承担。

(三)森林保险管理相关法律法规摘录

我国森林保险管理相关法律法规的制定起步较晚，尚处于探索阶段，相关法律法规条款见表13-6。

表13-6　森林保险相关法律法规摘录

法律法规	相关条款
《森林法》	第六十三条：国家支持发展森林保险。县级以上人民政府依法对森林保险提供保险费补贴
《农业保险条例》	第四条：国务院保险监督管理机构对农业保险业务实施监督管理。国务院财政、农业、林业、发展改革、税务、民政等有关部门按照各自的职责，负责农业保险推进、管理的相关工作。财政、保险监督管理、自然资源、农业、林业、气象等有关部门、机构应当建立农业保险相关信息的共享机制
《中央财政农业保险保险费补贴管理办法》	第六条：省级财政平均补贴比例表示为$(25\%+a\%)$，以保费规模为权重加权平均计算。中央单位平均承担比例表示为$(10\%+b\%)$，以保费规模为权重加权平均计算； 第七条：当$a\geqslant0$时，中央财政对各省公益林补贴50%、商品林补贴30%；当$a<0$时，中央财政对各省公益林补贴$(50\%+a\%\times2)$、商品林补贴$(30\%+a\%\times1.2)$。当$b\geqslant0$时，中央财政对大兴安岭林业集团公司公益林补贴70%、商品林补贴50%；当$b<0$时，中央财政对大兴安岭林业集团公司公益林补贴$(70\%+b\%\times7)$、商品林补贴$(50\%+b\%\times5)$
《中国保险行业协会森林保险行业示范条款》	保险机构自收到被保险人赔偿请求和有关证明资料之日起六十日内，如不能确定赔款金额，应当根据已有证明和资料，对可以确定的金额先予支付。最终确定赔偿金额并达成赔偿协议后，应在十日内支付相应差额

三、森林保险政策效果

①有效保护了森林资源。在 1973 年和 1981 年的两次森林资源清查中，全国森林覆盖率下降了 0.7%。但自 1984 年我国实施森林保险后，森林面积呈现持续增长趋势。第九次全国森林资源清查期间（2014—2018），全国森林面积从 31.2 亿亩增加至 33.07 亿亩，森林覆盖率从 21.63% 提高到 22.96%，活立木蓄积量从 164.33 亿立方米增加至 190.07 亿立方米。

②积极化解了生产风险。2018 年，森林保险支付理赔款 10.4 亿元，占当年中央林业救灾资金的 96.3%。2017 年，内蒙古大兴安岭重点国有林管理局乌玛林业局伊木河林场、毕拉河林业局北大河、陈巴尔虎旗那吉林场相继发生重特大森林火灾，经勘查核定成灾面积 24.74 万亩，赔款逾 1.5 亿元，为受灾林区植被迅速恢复提供了有力的保障，林农抗风险能力明显提升。

③推动了林业防灾防损制度和措施的完善。保险机构越来越重视通过构建防灾防损机制进行林业风险管理，并取得了明显成效。中航安盟于 2014—2015 年在四川省投入林业防灾减灾资金 6 000 余万元，森林保险受灾面积由 20.83 万亩减少到 8.4 万亩，经济损失由 6 164 万元减少到 1 654 万元，森林保险成为林业风险管理的重要手段。

思考题

一、名词解释

林地管理　集体林权制度改革　采伐限额　森林火灾　有害生物　森林保险

二、思考与论述

1. 实施林地管理政策产生了哪些生态效益？

2. 实施森林资源监督管理对哪些利益主体产生了哪些影响？请分类讨论。

3. 试评析火险预警体系的建立在森林防火中的作用。

4. 试评析地方政府负责制在林业有害生物防治工作中的作用。

5. 森林保险的开展对保护林草资源有何作用？

案例分析

第十四章

林业资源利用政策

【学习目标】

1. 了解林业分类经营的内涵及相关规定。
2. 了解森林采伐管理制度与政策的概念，熟悉其政策构成。
3. 了解非木质森林资源经营利用政策分类体系及其现实意义。
4. 了解林业产业体系构成。
5. 了解林业产业政策的发展历程及政策条例。

本章通过对林业分类经营政策、森林采伐管理政策、非木质森林资源经营利用政策、林业产业政策的概念、特征、分类体系、历史沿革的介绍，以及对《森林法》中林业资源利用政策有关条例的探讨，全面分析了我国林业资源利用政策的执行情况及建设成效。

第一节　林业分类经营政策

林业分类经营是林业管理的一种手段，其最终目标是能够持续发展并为人类提供生存所需的资源。林业可持续发展是第一位的。为了实现生态效益和社会效益，生态公益林主要用于保护生态环境，商品林主要提供相应的木材产品，同时获得相应的商业利益。正是由于这种分类，不同类型的林区被加以划分，以实现林业的分类经营。

一、林业分类经营的理论依据

林业分工论是林业分类经营的理论基础。20世纪70年代，美国林业经济学家克劳森和塞乔等人提出林业分工论思想，认为应针对现代林业需求，通过专业化分工的途径，分类经营森林资源，使其中一部分森林与工业加工有机结合，形成林业现代化产业；另一部分森林主要用于保护生态环境，形成林业生态体系。同时建立与之相适应的经济管理体制和经营机制。

二、林业分类经营的概念及内涵

林业分类经营是指在社会主义市场经济体制下，根据社会对林业生态效益和经济效益的两大需求，按照对森林多种功能主导利用的不同以及森林发挥两种功能所产生的"产品"的商品属性和非商品属性的不同，相应地把森林划分为公益林和商品林，并按各自特点和规律运营的新型林业经营体制和发展模式。

分类经营是将《森林法》规定的防护林和特种用途林划分为生态公益林，将用材林、经济林、薪炭林划分为商品林，两大林种采取不同的经营手段、资金投入和采伐管理措施，把商品林的经营推向市场化，而生态公益林的建设则作为社会公益事业，采取政府为主、社会参与和受益者补偿的投入机制，由各级政府负责组织建设和管理。

公益林建设将生态防护、生物多样性保护、国土绿化作为经营目的，最大限度发挥生态效益和社会效益，遵循森林自然演替规律及自然群落结构多样性特点，采用针阔混交、多树种、多层次、异龄化与合理密度的林分结构。采取"封山育林""飞播造林""人工造林""补植"和"管理"相结合的方式，采取"封、育、乔、灌、草"相结合的方式进行建设，主要采取"封山育林"和"自然更新"相结合的方式，辅之以人工促进天然更新。

商品林是在国家产业政策指引下，为了达到最大的经济效益，根据市场的需求，对产业的产品结构进行调整，做到自主经营、自负盈亏的林地的总称。商品林可以依法进行承包、转让和抵押。在进行商品林建设时，应把向社会提供木材及林产品作为其经营的首要目标，把追求最大的经济效益作为其最终目标，广泛应用新的经营技术、培育措施和经营方式，实现高投入、高产出、高科技、高效益；进行定向培育、基地化生产、集约化规模经营；把商品林作为首要的生产基地，延长林产工业和林副产品加工业的产业链，建设"贸工林"一体化商品林业。

林业分类经营的内涵包括：其一，分类是人为的。分类经营是经营和管理森林的方法，而不是目的。其二，分类经营包括分类区划和分类管理。分类区划是分类经营的前提，分类管理是分类经营的保障。其三，分类经营的对象是森林，而不是林业。林业是国民经济的一个行业，森林经营是林业行业工作内容的一个组成部分。其四，分类的依据是森林的经营目的，而不是森林的功能。森林的功能是森林的固有基本特性，任何森林都具有多种功能，只是主导功能和提供的服务不同。森林经营的目的是森林经营者采取相应措施充分发挥森林的某种功能，为经营者提供效益。其五，森林分类必须有空间定位。没有空间定位、边界和范围的分类是不落实的，不落实的分类谈不上分类经营。总而言之，森林分类经营必须明晰基本内涵，基本内涵不明晰的分类经营，不能算是完善的森林分类经营。

三、公益林和商品林的政策区别

(一) 资金投入政策不同

1998年，《森林法》对资金投入政策进行了强化，主要是在第八条第六款中规定，国家设立森林生态效益补偿基金，用于提供生态效益的防护林和特种用途林的森林资源、林木的营造、抚育、保护和管理。将国家对公益林进行补偿的政策法定化，而商品性林业则主要通过市场取得回报和投入。

(二)森林流转政策不同

商品林的森林、林木和林地使用权可以依法转让，也可以依法作价入股或者作为合资和合作造林、经营林木的出资和合作条件，但不得将林地改为非林地。而公益林的森林、林木、林地使用权，除了国务院有特殊规定的，是不能流转的。

(三)采伐政策不同

商品林中的用材林按消耗量小于生长量的原则制定森林年采伐限额。防护林和特殊用途林中的国防林、母树林、环境保护林、风景林，只允许进行抚育和更新性质的采伐；特种用途林中的名胜古迹和革命纪念地的林木、自然保护区内的森林严禁采伐。很显然，公益林采伐分为禁伐和抚育、更新采伐两类。

(四)划定和批准的权限不同

国家重点防护林和特种用途林由国务院林业主管部门提出意见，报国务院批准公布；地方重点防护林和特种用途林由省、自治区、直辖市人民政府林业主管部门提出意见，报本级人民政府批准公布；其他的防护林、用材林、特种用途林以及经济林、薪炭林由县级人民政府林业主管部门根据国家关于林种划分的规定和本级人民政府的部署组织划定，报本级人民政府批准公布。省、自治区、直辖市行政区划内的重点防护和特种用途林面积，不得少于本行政区域森林总面积的30%。经批准公布的林种改变为其他林种的，应当报原批准公布机关批准。

四、林业分类经营的必要性

森林分类经营的实施既是国家经济社会发展的需要，也是推进现代林业建设的要求：

①森林分类经营是适应市场经济发展的必然要求。森林的特殊属性要求必须实行分类经营和管理，打破将不同性质的森林混为一谈的现象，摒弃旧的森林经营模式和管理模式，以适应市场经济发展的需要。

②森林分类经营是国家财政向公共财政方向改革的需要。实行森林的分类经营，通过森林功能区划，把生态公益林经营单独纳入各级政府的职责，由政府出资参与建设与管理，因为这是政府必须承担的公益性义务。

③森林的分类经营是不同性质的森林效益最大化的需要。生态公益林侧重追求生态公益效益，商品林追求的是经济效益最大化，没有森林的分类经营，就很难形成不同性质森林效益的最大化。

④森林分类经营有利于森林资源管理的科学化。生态公益林与商品林性质不同，所以二者的森林管理方式也是不同的。

五、林业分类经营的标准划分

我国林业系统实行公益林和商品林"两类林"分类管理政策，参照国际通用的森林主导功能类型划分标准，结合我国森林类型复杂、主导功能多样的特点对森林经营类型进行划分(表14-1)，将多功能森林经营策略与不同等级国家级公益林、地方公益林以及各类商品林进行有机衔接，有助于推进森林分类管理真正进入更为细致和精准的多功能森林经营新阶段，切实做到分类指导、因林施策、科学经营。

表14-1　林业分类经营的标准

森林主导功能划分体系				林业分类经营划分体系	
一级	二级	三级	主导功能	经营措施	林业性质
公益林	生态公益林	自然保护林区林、原始林、水土保持林	具有特殊价值森林的保护，如典型森林生态系统	禁止砍伐，保护植被；封山育林，人促更新	公益林业
商品林	林材用品林	纤维林、用材林、薪炭林	林业及生活用木材、造纸及人造板用材、木质热能原料和生活燃料	对林地实行集约经营、延长产业加工链；开发新产品实行企业化一体化经营；运用高科技手段	商品林业
	非木材用品林	果木林、油料林、化工原料林、药材林及其他	提供干鲜果品、食用品、工业与民用油加工原料、香料、调料及其他加工原料		

注：表格最左侧一列为"林业系统"（跨公益林和商品林）。

资料来源：《全国森林经营规划（2016—2050年）》。

六、林业分类经营的目标

所谓目标即一种预先想到的、需要在将来欲达到的情况或条件，是经营的方向。而林业经营的目标是以林业管理原则为指导，以林业管理为基础，以当地的经济社会发展需要为依据来制定的。当目标之间有冲突时，需要确定优先次序。

传统的森林经营目标是：以林木及其副产品的生产为主，希望能够提供充足的食物和生活材料；货币收益最大；森林纯利最大；林地纯利最大。

21世纪的森林经营目标是：保持健康和完整的森林生态系统，发挥最大的环境保护作用、森林休闲娱乐作用和社会效益。同一地区的森林，同一时间内可能多种经营目标并存；同一森林在不同时期施行不同目标的分类经营。森林经营目标可依时间、空间分为3种情形（图14-1）：

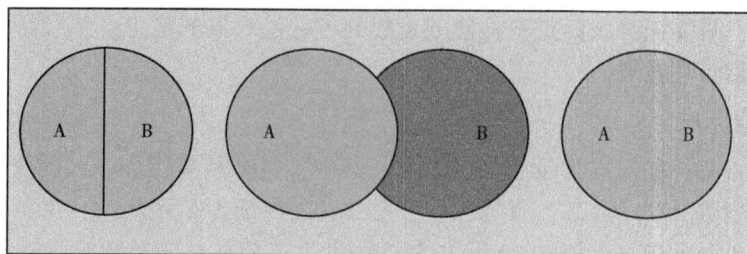

图14-1　经营目标与时间和空间的3种情形

①静态分类经营。同一时间、不同小空间的不同经营目标的镶嵌。

②动态分类经营。同一空间、不同时间有不同经营目标。

③同一空间、同时有多种经营目标。

七、生态公益林补偿制度

生态公益林补偿政策包括损失性补偿和管护管理经费两部分。其中，损失性补偿资金是指补贴给因划定为生态公益林而禁止采伐林木造成经济损失的林地经营者或林木所有者的资金。

(一) 补偿对象

①责任山、承包山是农户的，补偿对象是农户。

②未租赁或未承包的村集体林地林木，补偿对象是村或村民小组。

③依法签订了林地林木承包和租赁合同的，在合同期内，补偿对象是承包者或租赁者。

④国有、集体林场的林地林木划为生态公益林的，补偿对象是国有、集体林场或其他林地林木承包者、租赁者。

⑤执行"谁种谁有"政策但未与林地所有者签订合同的，补偿对象为经协商(协议)确定的对象。

(二) 发放流程

①补偿对象为自留山、责任山、承包山的，由补偿对象按县林业局核定的补偿面积，依据当年的补偿标准制订补偿方案，提交当地村委、镇林业站审核盖章后，报送县林业局。补偿对象为村(组)集体及成员的，由村(组)组织村民召开村民代表会议进行决议，决定补偿分配方案；补偿按政策规定，集体提留部分职能占分配方案总额的30%以下，70%以上要分配到集体成员中。村(组)制定好的补偿方案提交到当地村委、镇林业站审核盖章后，报送县林业局。补偿对象为国有单位的，由国有单位按县林业局核定的补偿面积，依据当年的补偿标准制定补偿方案，报送县林业局。

②县林业局收到补偿对象制订的补偿方案后进行审核，审核通过后，根据补偿对象的补偿方案，制定补偿请拨清单，报送县财政局审核；审核不合格的，将方案退回原补偿对象。

③县财政局收到县林业局报送的补偿请拨清单后进行审核，审核通过后，根据补偿请拨清单由县林业局委托县农商行将补偿款发放到各补偿对象的账上；审核不合格的，将补偿请拨清单退回县林业局。

(三) 补偿标准

国家级公益林补助标准为每年15元/亩，其中，直补到集体和个人的为12.75元/亩，集中统一管护费为2.00元/亩。省级国有公益林补助标准为5元/亩。

当前一根毛竹的市场价格在20元左右，一亩生态公益林的补偿标准远不如一根毛竹的价格。2017年，广东省补偿标准达28元/亩，东莞、佛山、中山分别达150元/亩、120元/亩、100元/亩。

2004 年，我国全面施行中央森林生态效益补偿基金制度，标志着长期无偿使用森林资源生态价值的历史结束，开始进入有偿使用森林资源生态价值的新阶段。

第二节　森林采伐管理政策

森林采伐管理政策是森林资源管理体系最重要的组成部分，其最终目标是保护我国的生态环境，提高森林覆盖率。这对严格控制森林资源过量消耗，保护森林资源，促进林业可持续发展具有重要的现实意义。

一、森林采伐管理政策概述

森林采伐是指在一定的森林面积上，对生长到一定阶段的人工林或天然林，依法进行抚育、改造或更新再造等活动的总称。制定并实施森林采伐管理政策旨在控制森林采伐数量，保护森林资源，合理利用森林资源，从而实现森林资源的永续利用，充分发挥森林资源的多重效益。

(一) 森林采伐管理政策的必要性

森林采伐具有外部性特点，对资源配置有着重大的影响。林业经营者通过森林采伐，在生产出木材及其他各种林产品并取得经济效益的同时，其所带来的环境破坏又由整个社会承担，从而产生负外部效应，即森林环境生态效能的丧失。

然而，木材及其他各种林产品的购买者所支付的购买价格中，并没有包括这部分丧失的生态效能的价值，这意味着消费者只支付相当于林产品生产成本部分的价格，森林的环境资源价值在市场交换中没得到应有的补偿，由此，造成的生态环境破坏及成本却转嫁到其他消费者的头上，使他们损失了相应的环境福利，造成森林资源的低效率配置。因此，对森林采伐进行管理就显得尤为重要。

(二) 森林采伐管理政策的法律依据

森林采伐政策具体的主要法律依据可见于《森林法》《森林法实施条例》《森林采伐更新管理办法》，地方各省(自治区、直辖市)也对各自行政区划内的森林采伐进行了严格的规定。同时，对违反法律法规，破坏林业发展的相关法律责任也作出了极为严格的界定。

(三) 森林采伐管理的政策意义

有利于保护并改善自然生态环境，充分发挥森林的多种效益。实行限额和凭证采伐等管理制度，不是对森林所有者或经营者合法权益的剥夺，而是为了防止一些人滥用财产所有权破坏森林，避免其对公共利益的损害。

采伐管理制度是为林木所有者、经营者提供依法管理服务的，特别是林木采伐许可证制度的确立，明确了林木经营者主体资格，可有效地保护森林、林木所有者以及经营者的合法权益。

有利于对森林资源的保护、利用和更新进行管理和监督。对不符合规定的采伐和更新作业进行及时的制止和纠正，可以及时发现并制止滥伐森林的不法行为。

能够帮助、引导森林经营者提高依法管护森林的意识，并强化科学合理利用资源的观念。

有效地控制森林资源消耗量，优化森林资源配置，实现森林资源可持续发展。与此同时，严格限制森林采伐，也会在一定程度上阻碍林业经济和森林资源的可持续发展。

二、森林采伐管理政策历史沿革

(一) 强化管制初级阶段 (1949—1957)

新中国成立初期的森林采伐规模较小，全国处于生产恢复时期，主要依靠手工伐木、畜力集材，采伐方式为择伐，伐后依靠天然更新。一些地区出台了地方性法规或文件来规范采伐活动。例如，1949 年东北林务总局颁发的《东北国有林暂行伐木条例》。

1950 年 5 月，国务院发布《关于全国林业工作的指示》。

1952 年年末，东北人民政府下发了《东北森林 1953 年采伐方案》，同年 10 月又颁发了《东北林区 1953 年皆伐作业暂行规程》。

1954 年，林业部制定了《国有林主伐试行规程(草案)》。

(二) 采伐管理失控阶段 (1958—1965)

1958 年"大跃进"时期，许多林区单纯为了获取更多的木材进行"大砍大造"。一些林区顺序皆伐面积达 50 公顷、100 公顷甚至 500 公顷，采伐时不留母树、没有保留带，更新造林质量低，远落后于采伐量，出现严重的采育失调状态，给森林资源造成巨大破坏。鉴于以上情况，林业部于 1960 年 4 月修订了《国有林主伐试行规程》，规定了四种采伐方式，但在实际工作中皆伐还是占了绝对主导地位，实践表明皆伐后的更新速度与质量非常不理想，更新无法跟得上采伐。

1963 年，国务院为了保护森林，防止滥伐，促进林业发展发布了《森林保护条例》，我国形成了第一部相对完整的森林资源保护法规。但由于国家对木材的需求量日益增加，森林采伐量逐步加大，所以这一阶段对采伐的管理时紧时松。

(三) 采伐管理严重受挫阶段 (1966—1978)

这一阶段的林业发展受到了严重的制约。各级林业机构曾经一度陷入瘫痪状态，林业专业人才大量流失；林业方针政策丧失作用、林业生产管理机构形同虚设；林权不明晰，林地所有制混乱，人民建设林业的积极性大大降低；过度采伐、乱砍滥伐的现象依然严重，森林资源损失巨大。据统计，这一阶段，全国共发生有记录的森林火灾超过11 万次，受灾的森林面积超过 1 亿亩，森林资源遭到严重破坏，生态环境恶化。面对如此严峻的形势，我国于 1973 年提出"以营林为基础，采育结合，造管并举，综合利用，多种经营"的林业建设方针。从制度和法律的层面来说，虽然该政策对林业的恢复和发展有一定程度的积极作用，但是在具体的实施过程中，并没有有效地控制住采伐管理失控的现象。

(四) 依法实施阶段 (1979—2000)

1979 年 2 月，第五届全国人民代表大会常务委员会第六次会议通过《中华人民共和国森林法(试行)》，这是改革开放以后我国制定的第一部环境资源法律，标志着我国林业建设进入了依法治理的轨道。同年 12 月召开的党的十一届三中全会，针对林业建设的拨乱反正和恢复发展作出一系列重大决策。

1984 年，《森林法》正式颁布实施，森林采伐限额、采伐许可证和伐区拨交和验收等制度陆续建立健全起来，并逐步得到完善。《森林法》规定，成熟的用材林应当根据不同情况，分别采取择伐、皆伐和渐伐方式。

1985 年起，集体林区取消木材统购，开放木材市场，允许林农和集体的木材自由上市，实行议购议销。之后陆续出台《制定年森林采伐限额暂行规定》《森林资源档案管理办法》《中华人民共和国森林法实施细则》。

1987 年，经国务院批准，颁布了《森林采伐更新管理办法》。

20 世纪 80 年代后期到 90 年代，国家林业局先后颁布了《东北、内蒙古林区林业企业采伐、营林调查设计规程》和《东北、内蒙古国有林区采伐更新调查设计规范》。随着《关于加强林木采伐许可证管理的通知》《东北、内蒙古国有林区森工企业试行采伐限额计划管理的决定》《木材运输检查监督办法》和《木材检查站管理办法》等政策的颁布，我国森林采伐法律制度逐步完备，林业采伐管理逐渐步入快速发展的时期。

1998 年开展天然林资源保护工程建设以来，国家林业局先后出台了《伐区作业质量检查验收办法》《采伐更新调查设计质量检查验收办法》，使企业木材生产走上规范、有序、合理的轨道。

(五) 森林采伐管理调整阶段(2001—2006)

进入 21 世纪，由于中国国情和林情的变化，森林采伐限额管理内容、方式等，某种程度上已经不能完全适应林业建设和发展的需要，特别是不能满足森林可持续经营的需要，也制约了森林经营者的合法权益，影响到公众从事林业生产的积极性。

2001 年，国务院批准了国家林业局提交的《关于各省、自治区、直辖市"十五"期间年森林采伐限额审核意见的报告》，强调："实行森林采伐限额管理是加强森林资源保护和管理的一项重要制度。执行年森林采伐限额是实施天然林资源保护工程的重要措施之一。"上海市和西藏自治区首次编制了森林采伐限额。在各省(自治区、直辖市)的支持下，城镇林木采伐也基本依法列入了采伐限额规定。

2002 年，国家林业局下发了《关于调整人工用材林采伐管理政策的通知》和《关于国家重点防护林和特种用途林生态效益补偿试点单位"十五"期间年采伐限额调减的批复》，使森林采伐限额执行情况有所好转，超限额采伐的势头得到了一定程度的遏制。

2003 年，中共中央、国务院发布的《关于加快林业发展的决定》，提出了林业分类经营管理的思想，将全国林业区分为公益林业和商品林业两大类，分别采取不同的管理体制、经营机制和政策措施。

2003 年，国家林业局出台了《关于严格天然林采伐管理意见》；2003 年，国家林业局出台了《关于完善人工商品林采伐管理的意见》。以上两个文件对天然林和人工商品林的采伐作出了相应的调整和规定。

2005 年，经国务院同意国家林业局发布《关于各地区"十一五"期间年森林采伐限额的审核意见》，规定全国"十一五"期间的年森林采伐限额为 24 815.5 万立方米。

2006 年，国家林业局出台《关于加强工业原料林采伐管理的通知》，对促进工业原料林的发展，提供了政策保障。

(六) 森林采伐管理改革深化阶段 (2008 至今)

2008 年, 国家林业局出台的《关于开展森林采伐管理改革试点的通知》, 对森林采伐管理进行改革, 并且采用试点的方式推进改革。

2009 年, 国家林业局发布了新的《森林采伐更新管理办法(征求意见稿)》, 自发布之日起施行。1987 年,《森林采伐更新管理办法》同时废止。

2014 年, 为进一步配合集体林权改革, 国家林业局发布了《关于进一步改革和完善集体林采伐管理的意见》, 完善了"林木采伐管理改革的内容和方式"。

三、森林采伐管理政策构成

(一) 森林限额采伐政策

森林采伐限额是森林采伐管理政策的核心, 是由主管部门依据法定程序制定的, 经国家行政主管部门批准的, 具有法律效力的特定行政区域或经营单位每年以各种方式采伐消耗的森林资源蓄积最大限额量, 是国家对森林和林木采伐限定的最大控制指标。森林采伐限额政策通过编制各采伐类型和消耗结构的森林采伐指标, 确定一定时期内(通常为 5 年)某地区或某单位采伐立木蓄积(包括毛竹)的最大限量, 同时制定相应的管理办法, 包括组织机构人员、实施细则、审批执行程序、检查监督措施等, 以确保这一政策的实行。

《森林法》规定, 按照木材消耗量必须低于其增量的原则, 政府严格控制年度森林采伐限额。全国"十三五"期间年森林采伐限额总量为 25 403.6 万立方米, 其中人工林20 453.5 万立方米、天然林4 950.1万立方米。

(二) 年度木材生产计划制度

年度木材生产计划是国家用来控制、调节年度商品材消耗林木数量的法律手段, 是保证商品材年采伐量不突破相应的采伐限额的具体措施。

年度木材生产计划的范围既包括国家统配材、商品材, 也包括地方用材及生产单位和群众的自用材, 除了农村村民自留山薪柴林的采伐外, 凡采伐全民所有制单位经营管理的森林、林木, 集体所有的森林、林木和农村村民自留山的林木, 都必须纳入国家年度生产计划。

《森林法》规定, 国家制定统一的年度木材生产计划不得超过批准的年采伐限额。国家年度木材生产计划具有法律强制效力, 各级林业主管部门只能依据上级主管部门下达的木材生产计划指标进行分解下达, 不能随意增加, 也不得擅自编制下达。采伐单位和个人对上级林业主管部门下达的木材生产计划不得突破。全国的林木采伐年度统一为每年的 1 月 1 日至 12 月 31 日, 木材生产计划指标不得跨年度使用。

(三) 采伐许可证制度

森林采伐许可制度是指林业主管机关根据行政相对人的申请, 经依法审查, 向符合法定条件的申请人发放森林采伐许可证, 赋予其采伐森林权利的一项法律制度。制定林木采伐许可证制度的主要目的, 就是要对用材林的森林采伐进行控制, 制定合理的年采伐限额, 宏观控制森林资源消耗, 以保证实现森林资源的永续利用。

《森林法》规定，采伐林木必须申请采伐许可证，按许可证的规定进行采伐。农村居民采伐自留地和房前屋后个人所有的零星林木除外。林木采伐许可证是采伐林木的单位或个人依照法律规定办理的准许采伐林木的证明文件。这是森林采伐限额制度得以落实的又一重要保障。

(四)木材运输监督检查制度

《森林法》规定，从林区运出木材，必须持有林业主管部门发给的运输证件。依法取得采伐许可证后，按照许可证的规定采伐的木材，从林区运出时，林业主管部门应当发给运输证件。加强木材运输管理，既是《森林法》赋予林业主管部门的责任，又是控制森林采伐的一项重要林业法律制度。

(五)木材经营(加工)许可证制度

《森林法实施条例》规定，在林区经营(含加工)木材，必须经县级以上人民政府林业主管部门批准；木材收购单位和个人不得收购没有林木采伐许可证或者其他合法来源证明的木材。

可见，木材加工经营管理是控制森林资源消耗的另一个重要措施，其主要内容是对木材生产、加工、销售环节的监督与管理。鉴于木材不同于一般商品，如不加强木材经营加工的管理，就有可能引起乱砍滥伐林木现象。为了保护森林资源，保障木材经营加工的健康发展，我国制定了木材经营、加工许可证制度。

(六)森林采伐限额执行情况核查制度

根据《关于加强森林采伐限额执行情况监督检查若干问题的通知》，建立了国家、省、地(林管局)、县(林业局)4级监督检查制度，实行分级负责，逐级检查。对各级采伐限额执行情况、森林资源消长状况，建立检查、考核的通报制度和监督机制。按照国家的现行规定，每年都要组织开展森林采伐利用监督和限额执行情况的核查。

第三节　非木质森林资源经营利用政策

森林资源可以分为木质森林资源和非木质森林资源，如今木质森林资源早已被人类重视利用，但非木质森林资源的开发利用却存在着很大的差距。事实上，非木质森林资源的社会经济价值是潜在的、巨大的，其在增加就业机会、提高经济收入、改善生态环境、促进林业可持续发展等方面具有非常重要的作用。

一、非木质森林资源概述

(一)非木质森林资源的概念

森林资源传统上主要是用来生产木材等林产品，但是森林中的非木质森林资源的利用也具有巨大的经济、社会和生态效益。国际上，对非木质森林资源的叫法有许多种，如非木质森林资源、林副产品、多种利用林产品等。联合国粮食及农业组织(FAO)将非木质森林资源定义为：非木质森林资源是从以森林资源为核心的生物群落中获得的能满足人类生存或生产需要的产品和服务。

(二)非木质森林资源的组成

非木质资源由林下植物资源和森林动物资源组成。林下植物资源按其用途划分，包括：①野果资源，如榛子；②芳香植物资源，如山苍子、牡荆、野玫瑰、百里香等；③油脂资源，如油茶；④菌类资源，如香菇、灵芝、茯苓等；⑤药用植物资源，如枸杞、五味子、人参等；⑥山野菜资源，如香椿、蕨菜、黄花菜等。其他非木质资源包括淀粉和酿造植物资源，如橡实；纤维和造纸植物资源，如南蛇藤；编织植物资源，如荆条；饲用植物资源以及蜜源植物资源，等等。

森林动物包括鸟类、兽类、爬行动物、两栖动物及昆虫等。按其用途可分为：①肉用动物，如野兔、野猪等；②毛皮用动物，如狐狸、貂、松鼠等；③用其器官入药的动物，如麝、鹿、虎等；④珍稀名贵动物，如大熊猫、金丝猴、虎等；⑤观赏动物，如孔雀等鸟类。

对非木质森林资源的分类，国内外的分类方式各异，本书以联合国粮食及农业组织的分类思想为基础，并与我国的非木材森林资源的实际情况相结合，提出了一套与我国特定情况相适应的非木材森林资源的分类体系。该体系包括菌类、动物及动物制产品类、植物及植物产品类、生态景观及生态服务类的4个一级类(图14-2)。

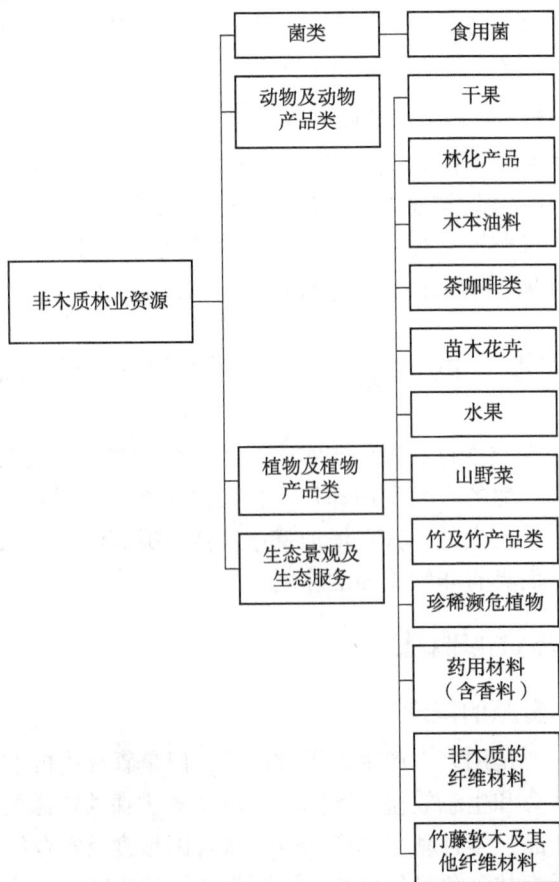

图14-2 非木质森林资源分类体系

　　参考以上非木质森林资源分类体系，结合我国当前各类非木质森林资源的实际开发利用水平，在每一类别中，选择开发利用水平较高的、市场需求较强烈几个品种，组成了我国目前非木质森林资源认证标准体系框架（图 14-3），以便进行相应认证标准的制定工作，进而对我国非木质森林资源的利用进行规范，同时为合理的市场消费提供指导。

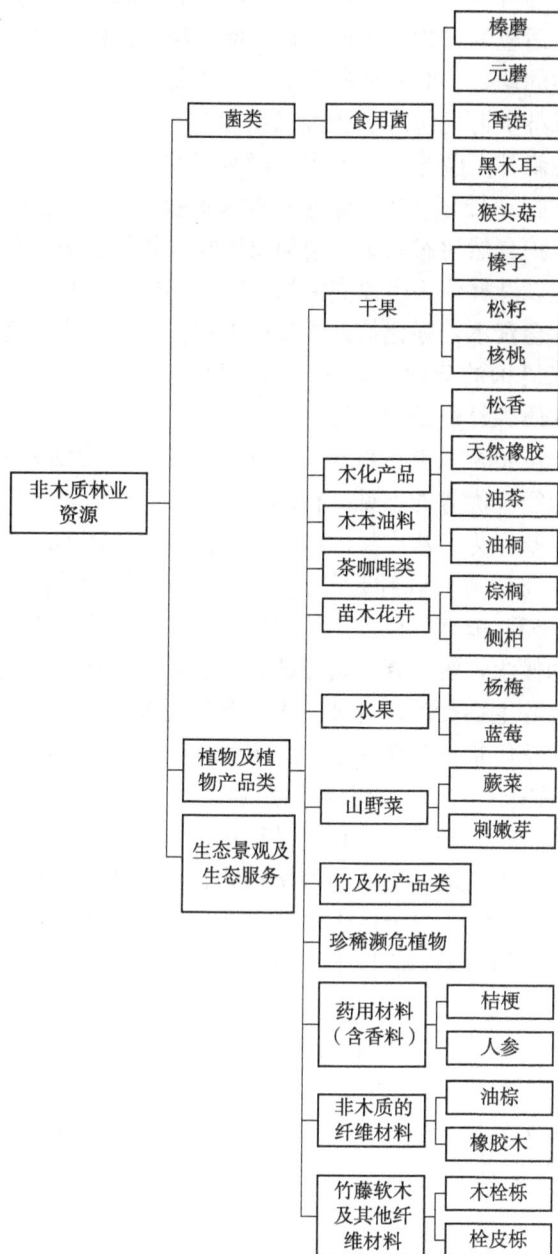

图 14-3　非木质森林资源认证标准体系框架

二、非木质森林资源相关政策

联合国环境与发展大会（UNCED）通过的《21 世纪议程》明确指出，森林和林地作为经济发展的一种重要资源，它的巨大潜力尚未得到充分认识，改善森林的管理可以增加产品的产量和服务，尤其是增加木材和非木质森林资源的产量，从而有助于增加就业和收入、增加林产品加工和贸易的价值、增加外收入、增加投资利润；森林是可再生的资源，所以应该采用与环境保护相适应的方式，实现森林可持续经营；各国政府应对非木质森林资源的开发和利用进行科学的调查，对木材和非木质森林资源的特性及其用途进行研究以更好地利用和扶持非木质森林资源的加工，提高其价值和效益，宣传和推广非木质森林资源，促进其发展。对非木质森林资源今后的发展，联合国粮食及农业组织在《关于非木质森林资源开发与利用的未来行动计划》中，阐述了非木质森林资源的短期和中长期发展方向。中长期目标是：构建保护自然生态系统，增加农民收入并创造更多就业机会，确保林区经济的可持续发展，构建以森林作为生命支持的系统，实施多样化生产力。近期目标是：提高人们的认识，吸引社会资本，强化信息的基础工作，及时提供信息，加强技术普及，提升业务能力，加强研究机构的建设，提高产品质量与产量，加强网络建设和开展国际合作，从而推动本国非木质森林资源的开发。

20 世纪 70 年代末至 80 年代初，我国提出了林业必须大力发展多种经营，把森林生态优势和资源优势转化为经济优势的意见。在此期间，人们的认识从广义和狭义两个层面对森林资源利用的概念不断深化。从广义的概念理解，森林资源的利用至少包括木材、非木质森林资源和森林的生态效益。森林是各种生物的综合体，它的生产物不仅限于木材一项，与林木相互联系、相互依存、相互制约的各种植物、动物、微生物等，均有各自的经济利用价值。从狭义的概念理解，森林资源的利用主要指木材（林木）、非木质森林资源中的植物、动物和微生物等生物资源。这类非木质森林资源中，有许多的生物资源，在我国有着悠久的开发史并广泛传播，近年来，我国开发利用非木质森林资源得到了迅猛发展，发展了许多全国性的规模化产业，如山野菜产业、竹产业、藤产业、花卉产业、水果产业、食用菌产业、酒产业、医药产业、保健品产业、饮料产业等，形成了产加销一体化的资源开发利用经济链，大大提高了对森林经济植物、动物和微生物资源的开发和利用。

2007 年国务院办公厅颁布《关于促进油料生产发展的意见》，2008 年年底国务院发布《关于促进食用植物油产业健康保障供给安全的意见》。国家发展和改革委、财政部等部门十分重视油茶的发展，将发展油茶产业的内容列入国家相关规划和政策性文件，并不断加强政策和资金的支持。2006 年国家林业局相继出台了《关于发展油茶产业的意见》等有关文件，从规划编制、资金筹措、造林准备、种苗生产、贷款贴息、宣传和科技服务等多个方面，对我国油茶产业的发展进行了全方位、多层次的推动。2009 年，国家林业局起草了《全国主要木本油料产业发展规划（2008—2020）》和《全国油茶产业发展规划（2009—2020）》，并编制了《关于加快油茶产业发展促进山区综合开发的意见》，为油茶产业的迅速发展提供了有力保障。截至 2011 年，全国共有 1 300 余家企业涉足油茶产业，带动了 200 余万农民收入和生活水平的提高，仅 2011 年，就产生了 245 亿元的油茶产业产值。2012 年，国务院下发了《关于加快林下经济发展的意见》，明确提出要加强对林下经济的政策扶持。具备发展小型微型企业资格的农民和林业专业合作社、合作林场等，可以享受国家相关扶持政策；对符合税收相关规定的农民生产林下经济产品，应依法给予相应的税收优惠政策；支持符合条件的龙头企业申请国家相关扶持资金。据统计，2011 年全国林下经济产值达 2 081.61 亿元，其中林下种植1 189.84亿元，林下养殖 597.42 亿元，森林景观利用 97.19 亿元，林下产品采集加工 197.16 亿元，参与农户达 5 770.45 万户。

　　2011 年 7 月，浙江省被国家林业局确定为全国首个非木质森林资源(即森林食品)认证的试点城市。浙江的森林食品种类主要包括食用笋类(鲜笋、笋干)、山地水果(杨梅、青梅、猕猴桃等)、干果类(板栗、山核桃等)、食用菌类(香菇)、油茶籽油、野生植物资源(木本中药材)等产品。据统计，到 2010 年，全省森林食品产业总产值已达 451 亿元。换而言之，在将来森林食品的安全检测标准将与农产品的安全检测标准同等甚至更加严格。2012 年 2 月，"湖北五峰国家非木质森林资源生物产业基地"正式启动，成为继福建三明和山东菏泽后，第三个获批成立的国家级非木质森林资源示范基地。

三、非木质森林资源利用的作用

　　非木质森林资源对于增加就业机会、提高经济收入、改善生态环境、促进林业可持续发展具有非常重要的作用。①非木质森林资源是人们生活的重要食品来源。在非木质森林资源中，野生动植物是人们重要的食品来源，不仅能够提供人类必需的营养物质，而且是我们日常生活中美味佳肴的重要来源。②非木质森林资源提供医疗保健的重要药材。药材是重要的非木质林产品之一，据联合国粮食及农业组织估计，世界25%的药物有效成分都是从植物中直接提取的。药材是人们必不可少的医疗用品，因此这是非木质森林资源最重要的价值之一。③非木质森林资源是山区农村家庭经济与就业机会的主要来源。森林中的非木质森林资源相当丰富，而森林主要分布在经济欠发达的贫困地区，开发利用非木质森林资源不仅可以满足当地人们的日常生活需要，还可以提供就业机会，增加人民收入，对许多落后地区的经济发展具有推动性作用。④促进林业可持续发展。非木质资源的开发与森林的采伐是不同的，它只是对森林里部分的资源进行开发利用，只要不是过度破坏，森林生态系统就能够自我恢复。

四、非木质森林资源经营利用的类型

(一) 经济林经营利用

1. 发展经济林概念

　　从基本定义看，经济林是以生产果品、食用油料、饮料、调料、工业原料和药材等为主要目的的林木资源，是森林资源的重要组成部分。

　　从法律定位看，经济林是《森林法》规定的五大林种之一，与防护林、用材林、薪炭林、特种用途林等林种，共同构成"五位一体"的森林资源发展布局，是我国林业建设的有机组成部分。

2. 发展经济林相关政策

　　发展经济林是促进生态保护与经济发展协同共进的重要举措(表 14-2)，国家及地方政府围绕经济林产业发展出台了一系列扶持政策，涵盖资金支持、科技赋能、生态保护及产业融合等多个维度，为经济林产业高质量发展提供了坚实保障。

表 14-2 发展经济林相关政策

年份	文件	内容
2014	《关于加快木本油料产业发展的意见》	从保障国家粮油供应安全的高度，对经济林产业发展提出目标任务，进行科学部署
	《关于加快特色经济林产业发展的意见》	通过生态工程营造林因地制宜发展经济林的要求，在此后的相关工程中逐一得到落实
2015	《关于加快推进生态文明建设的意见》	要发展特色经济林等林业产业
	《国有林区改革指导意见》	要大力发展特色经济林等绿色低碳产业，作为增加林区就业岗位和提高林区职工收入的重要接续替代产业来抓

(二)发展林下经济

1. 林下经济概念

2018 年，中国林学会颁布《林下经济术语》(T/CSF 001—2018)，林下经济是指依托森林、林地及其生态环境，遵循可持续经营原则，以开展复合经营为主要特征的生态友好型经济，包括林下种植、林下养殖、相关产品采集加工、森林景观利用等。

2. 发展林下经济相关政策

发展林下经济是促进生态保护与经济增收协同的重要途径，国家及地方政府出台了一系列政策措施(表 14-3)，涵盖资金支持、产业引导、科技服务、生态保护等多个方面，为林下经济高质量发展提供了有力保障。

表 14-3 发展林业经济相关政策

年份	政策	内容
2012	《国务院办公厅关于加快林下经济发展的意见》	提高林下经济发展水平。支持发展市场短缺品种，优化林下经济结构，切实帮助相关企业提高经营管理水平。积极促进林下经济产品深加工，提高产品质量和附加值。不断延伸产业链条，大力发展林业循环经济。开展林下经济产品生态原产地保护工作。完善林下经济产品标准和检测体系，确保产品使用和食用安全
2019	《森林法》	在符合公益林生态区位保护要求和不影响公益林生态功能的前提下，经科学论证，可以合理利用。公益林地资源和森林景观资源，适度开展林下经济、森林旅游等
2014—2020	《全国集体林地林下经济发展规划纲要(2014—2020)》	要打造一批各具特色的林下经济示范基地，实施品牌战略；重点扶持一批林下经济龙头企业，形成"龙头企业+专业合作组织+基地+农户"的生产经营格局

(三)发展森林康养产业

1. 森林康养概念

森林康养是指以森林生态环境为基础，以促进大众健康为目的，利用森林生态资源、景观资源、食药资源和文化资源并与医学、养生学有机融合，开展保健养生、康复疗养、健康养老的服务活动。

2. 森林康养的开发模式

森林康养模式是指："森林康养+旅游"模式、"森林康养+养老"模式、"森林康养+研学"模式、"森林康养+疗养"模式等。

3. 发展森林康养相关政策(表14-4)

表14-4　发展森林康养相关政策

政策	内容
《森林康养基地质量评定》	指出森林康养的目的是促进大众健康以及预防疾病，在利用森林生态环境资源的同时，充分发挥森林生态系统环境因子的康体保健作用，借此开展有助于人们放松身心、调节身体机能、促进(维持)身心健康的活动总称
《关于促进森林康养产业发展的意见》	2022年，建成基础设施基本完善、产业布局较为合理的区域性森林康养服务体系，建设国家森林康养基地300处，建立森林康养骨干人才队伍
	2035年，建成覆盖全国的森林康养服务体系，建设国家森林康养基地1 200处，建立一支高素质的森林康养专业人才队伍
	2050年，森林康养服务体系更加健全，森林康养理念深入人心，人民群众享有更加充分的森林康养服务

五、非木质森林资源开发利用现状

自古以来，我国就拥有非常丰富的非木质森林资源。目前已经开发利用了大量的非木质森林资源，其中包括食用和药用等类型的产品，对经济发展和人们的生活都起到了很大的推动作用。与此同时，非木质森林资源的生产也是一个巨大的产业。截至2010年，可食性非木材林产品的生产已经占到了全球同类生产的75%，而工业用非木材林产品的生产则达到了70%。到目前为止，我国已经开发利用的菌类、山野菜和药用植物等品种已逾百种，其中榛蘑、松茸、刺嫩芽和人参等几十种产品还大量出口，据不完全统计，仅在森林中就有超过1 900种的木本植物和11 000种的药材，占世界所有物种的87%。其中芳香植物就有340余种，可以被开发利用的芳香植物多达120种，蜜源植物达800余种，经济植物达100余种，药用植物约400种，野生动物有500多种。

近年来，中国的林产品产业迅速发展，并形成了一个复合型的工业集群，林产品的质量得到了极大的改善，并取得了较好的经济效益，实现了森林产品产值的双倍增长。在这些行业当中，非木材林业资源的发展后劲很大，竹藤产业方兴未艾，松香等传统产业继续增长，生态旅游、森林食品、森林药材等新兴产业得到了迅速的发展。非木材生物能源和森林碳汇产业也在不断崛起，我国林化工业生产原料的松香和松节油等非木质森林资源产量一直较高，而且保持着强劲的增长势头。此外，我国还非常重视非木质森林资源和森林服务的可持续发展。作为世界上竹子资源最丰富、竹子产业最发达的国家，我国在加强竹藤领域的国际合作方面，也为世界作出了表率。我国非木质森林资源绝大部分分布于各类山区，尤其是森林资源较为丰富的区域，是我国非木质森林资源开发利用的重点区域。但是，我国目前非木质森林产品资源开发利用方式较为粗放，主要为"采集—出售"模式。与日本、法国等非木质森林资源利用较发达的国家相比，我国非木森林资源的企业规模一般较小，未能整合资源优势，实现从产地到市场的"经营—管理—生产—销售"整体品牌优势。大部分非木质森林资源的加工流程较为简单，产品种类较为单一，未能通过深加工挖掘出其更深层次的价值。我国的非木质森林资源开发和利用尚有较为广阔的发展空间和较大的发展潜力。

第四节 林业产业政策

林业是国民经济中经营利用森林资源的物质生产事业和社会公益事业，林业产业对国家经济和社会发展具有独特的作用。林业产业政策是指一个国家或一个政府为推动林业发展而制定的经济政策总和，以全林业行业作为其直接目标，从而对森林经济的运作与发展产生直接的影响。

一、林业产业政策的内涵

从林业产业政策的内涵来看，它是国家对林业产业发展的战略目标、林业经济和森林资源的配置、林业产业整体结构、林业重大技术和经济政策，以及对林业产业组织和林业企业活动实行具体干预的政策总体。它既包含政府行政干预的政策，又包含财政、税收、价格、信贷以及控制进出口权等经济手段，也包含促进林业产业调控的其他各项政策，林业产业政策还包括地区性的林业产业政策，即区域政策。

由此可见，林业产业政策是国家对林业产业发展实施的宏观经济调控政策，起着引导林业产业的人、财、物合理分配和正确流向的重要作用，从而实现优化产业结构，提高产业整体素质和资源利用效率，实现宏观经济和社会效益的目的。

二、林业产业政策的类型

近年来，各国产业政策可以归纳为 4 种比较典型的类型。林业产业政策也可相应地划分为 4 种类型。

①以结构政策和组织政策为主要内容，具有明确的结构目标和企业竞争力目标的林业产业政策。这种类型的典型代表是日本，其结构政策和组织政策在协同进行。一是以产业结构为目标，并采用各种手段实现这一目标；二是采取了通过市场机制发展企业积极性的产业政策。在林业产业政策上，一方面进口大量木材以减少对国内林业产业的需材压力，维护生态环境；另一方面在国内材价格高于进口材的情况下采取措施，使国内材的消费维持在 3 000 万立方米的水平，通过推动森林组合这一产业组织政策实现规模经济，一定程度上克服了小农土地所有制带来的矛盾。

②以指令性计划为主要内容，以结构优化为主要目标的林业产业政策。这种政策类型的基本思想是运用国家的力量，实现社会资源增量的重点配置。其明显缺陷是，忽视了市场机制的基本作用，造成比例失调，竞争效益较差。改革前，我国是这种类型产业政策的实行者。例如，通过增加投资，引进人造板设备，提高林产品加工水平；发展生态工程，改善生态环境等。

③以补救性政策为主要内容，以形成产业自我调整机制为目标的林业产业政策。其基本思想是市场经济具有结构的自我调整功能。只有通过市场，通过自由竞争和价格变化，才显示出产业结构的发展方向。国家政策的任务是通过一些措施帮助弥补市场机制的缺陷。政府通过减免税收、补贴等手段帮助小林农走联合道路等就是明显的例子。

④以产业发展为目标，进行一系列结构、组织、要素调整的林业产业政策。采用这类政策的多是发展中国家。为实现产业发展目标，采取种种措施，调整产业结构，以增强适应能力，发展自己的新兴产业；调整产业组织，以取得规模利益；调整要素构成，向国外出口过剩资源，引进短缺资源。改革开放以来我国的林业产业采取的就是这种类型的政策。

三、林业产业的特征

(一)相对稳定性

无论是从土地资源开发和生态保护的角度，还是从生产的长期性来看，都要确保林业产业发展的稳定性和连续性。因此，林业产业政策需要具有相对稳定性。

(二)权变性

林业产业政策的相对稳定性，并不排除为适应环境条件的变化所进行的适时调整，只是变动不宜过于频繁，尤其针对长生产周期项目的有关政策变动不能频繁。

(三)协调性

产业政策包括的具体内容和形式是多样的，同一时期内不同的林业政策会作用于同一产业活动空间。森林资源由多种资源共同构成，林业产业也具有多样性，由多产业(有些差异很大)组成的林业产业政策，不仅要对林业与其他产业之间的关系进行协调，还要对林业产业内部各业间的关系进行协调。同时，各项政策措施之间也应互相配合。

(四)主导性

林木系列产业指通过林木资源培育、采伐运输、加工和销售等环节组成的产业系列。它与其他资源的保护、培育、收获、加工组成的非林木系列产业共同构成林业产业的两大系列。在产业发展中，林木系列产业占据主导和支配地位。因此，在林业产业政策中，林木系列产业政策占据着十分重要的位置。

(五)基础性

森林资源业在整个林业产业中居基础性地位。森林资源业是指由森林资源的培育、保护、利用为主要内容组成的产业和社会公益事业。能否制订并实施一项科学、行之有效的林业政策，是林业产业成功的关键。

四、林业产业的分类

随着林业事业的发展，人们对林业产业的理解逐步深化。林业产业是以获取经济效益为目的，以森林资源为基础，以技术和资金为手段，有效组织生产和提供各种物质和非物质产品的行业。林业产业同国民经济各行业一样，涉及林业3种产业类型(表14-5)，包括林木种植业、经济林培育业、花卉培育业、木材采运业、木竹加工业、人造板制造业、林化产品加工业、木浆造纸业、林副产品采集加工业、森林旅游业等。狭义上的林业产业应该是一个完整的产业体系，以森林或林木资源为主要对象，包括产前、产中和产后的产业链。

表14-5 林业产业体系构成

产业	亚产业	经营对象	产品形态	国际分类
林业第一产业	木材产业	用材林、薪炭林	木材、竹材	木质林产品生产业
	经济林产业	经济林、母树林	干果鲜果	非木质森林资源生产业
			药材工业	
			原料种子	
	花卉业	花卉	花卉	
	野生动植物驯养繁育业	动植物	非木制品	
	林副产品生产业	林副特产资源	林副产品	
林业第二产业	木竹加工业及竹、藤、棕、草制品业	木材、竹材	木材、锯材、木片、人造板、木制品、竹、藤、棕、草制品	木质林产品加工业
	木质、竹藤童用品及家具制造业	木质材料、竹材、藤	家具和工艺品	
	造纸及纸制品业	木材	木浆、纸及纸板	
	林产化学产品制造业	木材及其副产物	林产化学产品	
	驯养动物产品加工业	驯养动物	动物加工产品	非木质森林资源加工业
	林副产品加工业	林副产品	加工产品	
林业第三产业	生态服务业	防护林、自然保护林	生态服务	森林服务业
	森林旅游业	风景林	游憩服务	
	其他森林服务业	科学试验林、国防林、革命纪念林	科学服务和国防服务	非森林服务业
	社会服务业	非林业资源	社会服务	

林业第一产业，应包括木质林产品生产和非木质森林资源生产。木质林产品生产涉及的亚产业是木竹生产业。是以林地资源为劳动对象，以经营用材林和薪炭林为主要途径，从事木材与竹材培育、采伐、集运和贮存作业，向社会提供木材、竹材以满足生产和生活需要的一项林业产业。在现代国民经济统计中，提供非物质产品的服务性产业一般都被作为服务业的内容列入第三产业。林业生态建设提供的是生态服务，也应当作为第三产业列入林业产业统计范围。

2008年在经过3年多研究的基础上，国家林业局联合国家统计局发布了《林业及相关行业分类（试行）》。《林业及相关产业分类（试行）》根据《国民经济行业分类》中关于林业的定义，并根据我国林业经营管理的现状，将林业及相关产业定义为：以森林、湿地、沙地等资源为依托，并向社会提供（其中也有一部分是自产、自用的）林产品、湿地产品、沙地等产品服务，以及与之有关的各项活动，或与之有密切关联的各项活动。根据上述界定，将林业及相关产业分为林业生产、林业旅游与生态服务、林业管理和林业相关活动4个部分，共13个大类、37个中类和112个小类，其中小类与《国民经济行业分类》（GB/T 4754—2002）的行业小类相一致，实现了《林业及相关产业分类（试行）》与《国民经济行业分类》的衔接。

五、加快林业产业发展的意义

（一）是促进人与自然和谐的必然要求

随着我国经济社会快速发展，资源和生态环境的瓶颈约束效应日益凸显，发展循环经济，以可再生资源替代不可再生资源已成为重大战略决策。林业产业是规模较大的循环经济体，森林资源的可再生性和林产品的可降解性，为经济社会发展中可持续利用森林资源展示了光明前景。

（二）是维护国家木材安全的根本途径

木材是国际公认的四大原材料（钢材、水泥、木材、塑料）之一。当前我国对木材和林产品需求急剧增长，而维护全球生态安全、应对全球气候变暖又对保护森林资源提出了强烈要求。森林资源的稀缺性和经济社会发展对木材的刚性需求的矛盾日益尖锐。

（三）是促进农民就业增收的战略举措

加快林业产业发展，可以为农民提供最适应、最直接、最可靠的就业机会，充分释放林地、沙地、湿地资源和物种资源及劳动力资源的巨大潜力，对于增加农民收入、破解"三农"难题、建设社会主义新农村具有十分重要的作用。

（四）是全面推进现代林业建设的主要内容

林业具有巨大的生态功能、经济功能和社会功能。只有加快林业产业发展，才能充分发挥林业的经济功能，为建立完善的生态体系和繁荣的生态文化体系提供重要保障。加快林业产业发展，不仅能够产生巨大的生态、社会效益，而且将创造出巨大的物质财富，最大限度地满足经济社会发展对林业的多种需求。

六、中国林业产业发展历程

（一）计划经济体制下经济效益为主的发展阶段（1949—1980）

从新中国成立至1981年，我国实行社会主义公有制基础上高度集中的计划经济，林业发展的主要任务是满足国民经济对林产品的需求。这一时期，确立了国有国营和集体所有集体经营的林业管理体制，在林业建设方针，森林资源保护、培育和合理利用方面进行了积极探索，形成了一系列保护森林资源和发展林业的政策。

这一时期，林业产业政策存在的主要问题是产权制度不稳定，林业发展积极性时涨时落；缺乏林业长远规划、管理标准不健全、政策随政治形势起伏不定，对林业发展产生了阻碍作用，甚至导致了森林资源的破坏；以行政命令作为推动林业发展的基本手段，林业发展缺乏应有的内在动力。

(二) 经济体制转轨时期两大效益并举阶段(1981—1997)

从 1981 年开始,以《关于保护森林发展林业若干问题的决定》颁布为标志,至 1998 年陕西、四川、甘肃实行天然林禁伐制度为止,我国林业产业进入经济体制转轨两大效益并举阶段。我国的林业经济体制逐步向社会主义市场经济体制转变。同时,林业发展的目标转变为生态效益和经济效益并重。

国家通过集体林区产权制度改革,批准实施"三北"防护林工程等多项林业生态治理和建设工程,加强重点流域和重点地区的防护林体系建设,植树造林力度进一步加大,自然保护区建设明显加强。林业投资重点逐渐由森工转向营林。

突出问题是农村林业产权制度改革不到位,国有林业产权制度改革滞后,林业发展积极性仍难以保持,林业扶持政策缺乏系统性和稳定性,务林人员对林业发展的前景缺乏可靠预期,不愿进行长期投入;生态建设投入不足,建设质量难以保证。

(三) 市场经济体制下生态效益优先阶段(1998 至今)

以 1998 年长江洪灾后,中央提出"封山植树、退耕还林"等 32 字治水方针和四川、陕西、甘肃三省禁伐天然林为标志,中国林业发展进入了一个以生态建设为主的新时期。

这一阶段,我国确立了社会主义市场经济体制,实施了以生态建设为主的林业发展战略,实行了三大效益兼顾、生态效益优先的方针,启动了六大林业重点工程,植树造林形成新的高潮。

七、林业产业政策实施成效

(一) 林业产业发展的重点和领域

1. 鼓励扶持发展的方面

包括林木种质资源保护,林木良种选育和林木良种基地建设,速生丰产用材林基地建设,珍贵用材树种和珍稀树种的培育,名特优新经济林基地建设,经济林果品储运、保鲜、分选、包装、精深加工和综合利用技术及现代物流配送产业,花卉和林木种苗产业,生物质能源林定向培育与产业化,生物农药和植物生长剂生产技术及产业化,制药技术开发和产业化,竹藤基地建设及竹藤新产品生产技术研发等方面。

2. 限制发展的方面

包括以优质林木为原料的一次性木制品与木制包装的生产和使用以及木竹加工综合利用率偏低的木竹加工项目,新建单线规模在 5 万立方米/年以下的高中密度纤维板项目、单线规模在 3 万吨/年以下的木质刨花板项目,以及新建生产能力在 1 000 吨/年以下的脂松香生产项目。

3. 淘汰并禁止的方面

包括淘汰现有林业生产能力中落后的工艺、技术装备及产品等。淘汰并禁止新建的未达到国家环保标准的小型人造板企业、直火法等土法生产松香的小企业、湿法生产纤维板的小企业,以及未达到国家质量标准的林产品生产。严格禁止超过生态承载力的旅游活动和药材等林产品采集活动。禁止在严重缺水地区建设灌溉型造纸林基地。禁止砍伐天然林特别是热带雨林、季雨林营造大规模工业原料林基地。

（二）林业产业发展的主要扶持政策

《林业产业政策要点》是在市场经济条件下第一次全面、系统地明确了在财政、金融、税收等方面扶持林业产业发展的政策。

①严格执行国家已出台的各类林业税费减免优惠政策。林业产业按国家规定享受税收优惠政策。根据国家有关税收法律法规的规定，对企业从事农、林项目的所得免征、减征企业所得税。对以三剩物及次小薪材为原料生产加工的综合利用产品实行增值税即征即退。对进口种子（苗）、种畜（禽）、鱼种（苗）和种用野生动植物种源免征进口环节增值税。免征天然林资源保护工程实施企业和单位房产税以及城镇土地使用税。对于国家鼓励投资项目的进口自用设备，除《国内投资项目不予免税的进口商品目录》所列商品，免征进口关税和进口环节增值税。鼓励有条件的林业企业"走出去"，并在资金、信贷等方面给予支持。

②完善并实施国家林业重点龙头企业扶持政策。鼓励林业企业提高开拓国际市场能力，对凡符合国家中小企业国际市场开拓资金使用方向和使用条件的林业企业予以积极支持。鼓励国家林业重点龙头企业利用资本市场筹集扩大再生产资金。支持符合条件的重点龙头企业在国内资本市场上市。

③国家对用于国内建设的速生丰产用材林、珍稀树种用材林等基地建设及其森林防火、生物灾害防治和林木种质资源保存利用、林木良种选育、繁殖、推广、使用等，给予积极扶持。结合国家东北老工业基地振兴战略的实施，对东北、内蒙古国有林区森林工业产业调整和林业龙头企业发展予以政策倾斜。

④改革育林基金管理办法，合理制定育林基金的征收标准，逐步将其返还给林业生产经营者，用于发展林业生产，基层林业管理单位因此出现的经费缺口纳入财政预算，探索研究建立林业信托基金制度。

⑤政策性银行将积极提供符合林业特点的金融服务，适当延长林业贷款期限。国家开发银行对速生丰产用材林和工业原料林基地建设项目，根据南北方林木生长周期不同，贷款年限为12~20年；珍贵树种培育根据实际情况而定；经济林和其他种植业、养殖业和加工业项目，贷款年限为10~15年。中国农业发展银行对林业产业化龙头企业贷款期限一般为1~5年，最长为8年；对速生丰产用材林、工业原料林、经济林和其他种植业、养殖业和加工项目贷款一般为5年，最长为10年，具体贷款期限也可根据项目实际情况与企业协商确定。考虑到林木生产周期长，贷款宽限期可适当延长，具体由银行和企业根据实际情况而定。商业银行林业贷款具体贷款期限根据项目实际情况与企业协商确定。

⑥研究建立面向林农和林业职工个人的小额贷款和林业小企业贷款扶持机制。适当放宽贷款条件，简化贷款手续，积极开展包括林权抵押贷款在内的符合林业产业特点的多种信贷模式和融资业务。

⑦加大贴息扶持力度。中央财政对林业龙头企业的种植业、养殖业以及林产品加工业贷款项目，各类经济实体营造的工业原料林贷款项目，山区综合开发贷款项目，林场（苗圃）和森工企业多种经营贷款项目，林农和林业职工林业资源开发贷款项目按照有关规定

给予贴息。

⑧积极发挥信用担保机构作用，探索建立多种形式的林业信贷担保机制，各级政府应因地制宜支持开展林业担保工作。

⑨积极研究探索建立政府扶持的林业保险机制。会同有关部门，研究开展各级政府对林业种植业和养殖业保险实行保费补贴的试点工作，以降低林业保险成本，增强林业产业项目抗风险能力。

⑩建立森林、林木和林地使用权流转交易平台，推进森林、林木和林地使用权流转。鼓励林业贷款借款人以森林、林木和林地使用权作为抵押物向银行申请贷款，落实森林资源资产抵押登记办法。

⑪按照市场经济体制和分类经营的要求，完善森林资源采伐管理制度，对人工商品林特别是工业原料林的采伐管理进一步依法放活，其采伐限额和采伐年龄依据经营者依法编制的森林经营方案确定，以充分保障其经营自主权和林木处置权。

⑫加强产业开发的科技支撑，扶持新兴产业发展的科学研究、技术开发、成果转化和中试、推广。鼓励以生物产业为主的高新技术产业的发展，促进企业科技创新，促进产学研结合；并积极引进先进技术和生产工艺，大力推广实用技术和科技成果。

思考题

案例分析

一、名词解释

林业分类经营　公益林　森林采伐限额制度　林业产业　非木质森林资源

二、思考与论述

1. 简述公益林和商品林政策的区别。
2. 森林采伐限额制度改革的方向是什么？
3. 非木质林业资源有哪些类型？
4. 森林采伐管理政策经历了哪些历史阶段？
5. 简述林业产业的分类。
6. 我国林业产业振兴需要哪些政策扶持？

第十五章

森林资源培育政策

【学习目标】

1. 了解森林资源培育政策的主要含义。
2. 了解我国森林资源培育政策的历史沿革。
3. 掌握造林财政政策的主要内容及成效。
4. 熟悉森林抚育政策体系的构成。

森林培育政策是指根据《森林法》及相关林业政策的规定，对森林资源采取的切实保护、合理利用、及时更新、科学培育的措施，以提高森林产量和质量，充分发挥森林多种效益的各种政策的总称。目前，我国森林资源培育政策主要包含种苗生产政策、植树造林政策、森林抚育政策、育林基金政策等。国家林业部门相继出台多项政策制度，对森林资源培育工作的各项基础指标进行明确和完善，有效引导森林资源培育工作向科学化、制度化和规范化的方向发展，促进植树造林从数量向质量的提升。

第一节 种苗生产政策

种苗生产政策围绕着《中华人民共和国种子法》(简称《种子法》)展开，形成以《种子法》为主，多项地方性法规、部门规章以及地方标准为辅的种苗生产法律法规体系。依照《种子法》的规定，林木种苗是指用于林业生产和国土绿化的乔木，灌木，木质藤本，草本的籽粒、果实和根、茎、苗、芽、叶等种植材料或者繁殖材料，经过一定的技术规程，严格试验和鉴定，选育或培育的苗木。

一、种苗生产政策历史沿革

1991年6月，经农业部第三次常务会议审议通过的《中华人民共和国种子管理条例》是为加强种子工作的管理，维护种子选育者、生产者、经营者和使用者的合法权益，保证种子质量，促进农业、林业发展所制定的条例。此条例在《种子法》实施后取消。

《种子法》是为了保护和合理利用种质资源，规范品种选育、种子生产经营和管理行为，保护植物新品种权，维护种子生产经营者、使用者的合法权益，提高种子质量，推动种子产业化,发展现代种业,保障国家粮食安全,促进农业和林业的发展所制定的法律。《种子法》总共经历了四次修订(表 15-1),每次修订对于加强种业知识产权保护、推进种业自主创新、保障我国粮食安全都具有重要意义。

表 15-1 《种子法》修改历程

时间	修订历程	修订会议根据
2000 年 7 月	种子法颁布	第九届全国人民代表大会常务委员会第十六次会议通过
2004 年 8 月	第一次修订	根据第十届全国人民代表大会常务委员会第十一次会议《关于修改〈中华人民共和国种子法〉的决定》修订
2013 年 6 月	第二次修订	根据第十二届全国人民代表大会常务委员会第三次会议《关于修改〈中华人民共和国文物保护法〉等十二部法律的决定》修订
2015 年 11 月	第三次修订	根据第十二届全国人民代表大会常务委员会第十七次会议修订
2021 年 12 月	第四次修订	根据第十三届全国人民代表大会常务委员会第三十二次会议《关于修改〈中华人民共和国种子法〉的决定》修订

《种子法》实施以来,初步形成了以《种子法》为主体,地方性法规、部门规章和地方政府规章相配套的林木种苗法律法规体系(表 15-2),河北、山西等 23 个省(区、市)和大连、青岛 2 个计划单列市颁布了《种子法》实施办法或条例。国家林业局出台了《林木种苗工程管理办法》《主要林木目录(第一批)》《林木种子生产经营许可证管理办法》《林木种子生产经营许可证年检制度规定》《关于加强林木种苗质量监督管理的规定》《林木种子包装和标签管理办法》《林木种子检验管理办法》等 15 个部门规章和规范性文件,各省(区、市)林业行政主管部门结合本地实际制定出台了 200 多件配套规定和 200 多项地方标准。

表 15-2 《种子法》相关法律法规通过颁布历程

时间	政策法规	主要内容与意义
2001 年 6 月	《主要林木目录(第一批)》	贯彻落实《种子法》,规范行业管理和促进林木种苗及林木良种事业健康发展
2001 年 12 月	《林木种苗工程管理办法》	加强林木种苗工程管理,确保工程建设质量,提高投资效益
2002 年 12 月	《林木种子生产经营许可证管理办法》	规范林木种子生产经营许可证的管理
2003 年 1 月	《林木种子生产经营许可证年检制度规定》	规范林木种子生产经营许可证的管理,依法保护林木种子生产、经营者的合法权益
2006 年 10 月	《林木种子质量管理办法》	加强林木种子质量管理
2011 年 4 月	《关于加快推进现代农作物种业发展的意见》	提升我国农业科技创新水平,增强农作物种业竞争力,满足建设现代农业的需要,加快推进现代农作物种业发展
2012 年 12 月	《关于加强林木种苗工作的意见》	加强林木种苗工作,保障林产品供给,推动生态建设

（续）

时间	政策法规	主要内容与意义
2014 年 6 月	《关于加强林木种苗质量监督管理的规定》	加强林木种苗生产、流通和使用环节的质量监督管理，提高林木种苗质量水平，保障生态文明建设和林业发展用种安全
2016 年 7 月	《林木种子包装和标签管理办法》	加强林木种子包装、标签和使用说明管理，规范包装、标签和使用说明的制作、标注和使用行为，保护林木种子生产、经营和使用者的合法权益
2021 年 12 月	《全国人民代表大会常务委员会关于修改〈中华人民共和国种子法〉的决定》	围绕扩大植物新品种权的保护范围及保护环节、建立实质性派生品种制度、完善侵权处罚赔偿和行政处罚制度等展开
2022 年 1 月	《中共中央 国务院关于做好2022 年全面推进乡村振兴重点工作的意见》	明确提出"贯彻落实种子法，实行实质性派生品种制度，强化种业知识产权保护，依法严厉打击套牌侵权等违法犯罪行为"

2022 年 3 月 1 日，迎来了《种子法》第四次修订版的正式实施。在种业振兴行动全面推进的当下，"新种子法"的实施将成为促进种业创新发展的重要法治保障。

二、《种子法》关于林木种苗生产经营的有关规定

（一）国家对主要林木商品种子的生产实行许可制度

具体实施办法是通过主要林木商品种子的生产许可证制度实现的，主要林木由国家林业局和省级林业行政主管部门依照《种子法》确定并公布。国家林业局于 2001 年以第 3 号国家林业局令公布了 128 种主要林木树种，山东省林业局于 2004 年公布了山东省第一批 8 种主要林木目录。根据国家林业局发布的《林木种子生产经营许可证管理办法》的规定，乔木、灌木、木质藤本等木本植物及用于林业生产和国土绿化的草本植物的籽粒、果实和根、茎、苗、芽、叶等商品种子的生产均实行林木种子生产许可制度。主要林木的商品种子生产者在申请领取《林木种子生产许可证》后，方可进行主要林木商品林木种子的生产。

（二）《林木种子生产许可证》审核发放的主体

《林木种子生产许可证》实行两级审核发放制度：主要林木良种的种子生产许可证，由生产所在地县级人民政府林业行政主管部门审核，省、自治区、直辖市人民政府林业行政主管部门核发；其他林木种子的生产许可证，由生产所在地县上级地方人民政府林业行政主管部门核发。

（三）申请《林木种子生产许可证》需提交的材料

根据国家林业局《林木种子生产经营许可证管理办法》的规定，林木种子生产者领取《林木种子生产许可证》应当提交以下材料：①有生产者基本情况、生产品种、技术人员、设施设备情况等内容的《林木种子生产许可证申请表》；②生产用地使用证明和资金证明材料、采种林分证明及生产地点检疫证明；③林木种子检验、生产技术人员资格证明；④林木种子生产、加工、检验、贮藏设施和仪器设备的所有权或者使用权证明；⑤申请领取具

有植物新品种权的林木种子生产许可证的，除提交以上材料，还应当提供品种权人的书面同意证明或者国家林业局品种权转让公告、强制许可决定；⑥申请林木良种的林木种子生产许可证的，除提交①~④项规定的材料，还应当提供国家级或省级林木品种审定委员会颁发的林木良种证书复印件。

(四)违反《林木种子生产许可证》的法律责任

《种子法》规定，未取得《林木种子生产许可证》或者伪造、变造、买卖、租借《林木种子许可证》或者不按照林木种子生产许可证的规定进行生产的，由县级以上人民政府林业行政主管部门责令改正，没收林木种子和违法所得，并处以违法所得1倍以上3倍以下罚款；没收违法所得的，处以一千元以上三万元以下罚款；可以吊销违法行为人的《林木种子生产许可证》；构成犯罪的，依法追究刑事责任。《种子法》第七十条规定，林业行政主管部门对不具备条件的林木种子生产者核发《林木种子生产许可证》的，对直接负责的主管人员和其他直接责任人员，依法给予行政处分；构成犯罪的，依法追究刑事责任。

三、种苗生产政策成果

林以种为本，种以质为先，推进良种化进程始终是种苗工作的重中之重。"十三五"以来，国家林业和草原局成立了林木品种和草品种审定委员会，已建成国家良种基地294处和1 200多个各类良种基地，主要造林树种良种使用率从61%提高到65%。截至2014年，全国共审(认)定林木良种5 987个(其中审定4 459个)，其中国家级审(认)定良种379个。《2022年全国苗木供需分析报告》显示，"十三五"以来，全国苗木生产供应基本稳定，年育苗面积稳定在140万公顷，年可出圃苗木400亿株，但造林绿化年实际用苗量呈下降趋势。

(一)林木种苗行政管理职能逐步强化

在现行政策体制下，林木种子生产、经营许可，林木品种审定，林木种子质量监督检验，林木种质资源保护等制度依法建立。全社会法律意识和法治观念不断提高，林木种苗管理机构依法行政能力进一步增强。各级林木种苗管理机构以实施《种子法》为核心，认真落实《种子法》的各项规定，进一步强化种苗行政许可、种质资源保护、种苗基地监管、种苗执法等行政管理职能，全面推进依法行政，逐步改变了过去重微观管理、轻宏观调控、重事前审批、轻事后监管的做法。从抽查的总体情况来看，2018年全国林木种苗质量稳中有升，但仍有一些省份重视不够，种苗质量管理缺乏有针对性的措施，导致种苗质量偏低，制度落实不到位。

(二)林木种苗生产质量逐年提高

2018年林木种子样品合格率为92.4%，与2017年的86.7%相比，提高了5.7%，不合格指标主要是生活力、含水量和发芽率方面。其中，河北省、山西省、内蒙古自治区和龙江森工集团种子样品合格率为100%，湖北省和吉林森工集团种子样品合格率分别为80%和72.2%。苗圃地苗木苗批合格率为93.0%，与2017年的91.0%相比，提高了2%。其中，广东省、贵州省、甘肃省苗圃地苗木苗批合格率为100%，吉林省、黑龙江省、广西壮族自治区苗圃地苗木苗批合格率分别为 73.5%、85.7%、87.8%。造林地苗木苗批合格率为 87.9%，与 2017 年 91.0% 相比，下降 3.1%，主要不合格指标是苗高、地径、胸径和根系。其中，贵州省、青海省造林地苗木苗批合格率为 100%，吉林省、黑龙江省、甘肃省造林地苗木苗批合格率分别为 60%、76.3%、80%。

(三) 林木种苗生产供应体系不断完善

2016—2020 年，全国共生产苗木 2 800 亿株、种子 1.35 亿千克，其中林木良种 4 500 万千克，良种穗条 200 亿条(根)，组培育苗、温室大棚、育苗新技术、新机械等技术手段得到广泛应用，为推动大规模国土绿化行动提供了强有力保障。全国初步形成了以国家建设的林木种子生产基地为骨干、非基地生产为补充的林木种子生产体系，建立了以省内自主调剂与国家宏观调控相结合的林木种子供应体系；基本形成了以市场为导向，国家、集体、个人等多种所有制共同发展的苗木生产供应体系。

(四) 林木种苗社会化服务体系日益完善

我国已建立起林木种苗供需预测预报制度，陆续发布了多年度的《全国苗木供需分析报告》，引导苗农、苗企合理安排苗木生产。搭建各级各类线上线下种苗花卉交易市场近 100 个，初步形成覆盖全国的种苗交易平台体系，促进种苗生产者和使用者的有效对接。初步建立了林木种苗信息服务体系，为社会各界了解政策法规、种苗动态以及市场行情提供了查询和交易的平台。

(五) 种苗法治建设进一步加强

全国各地相继出台了《种子法》配套法规、规章和规范性文件 100 余个，形成了以《种子法》为核心的法律法规体系。加强种苗质量管理，林木种子样品和苗木苗批合格率稳定在 90% 以上。积极开展打击制售假冒伪劣种苗工作，维护了种苗市场秩序。

(六) 林木种苗工程建设迅速发展

1998 年以来，国家累计投入资金 40 多亿元，建设了一批林木种苗工程项目，包括：国家级林木种苗示范基地、省级林木种苗示范基地、林木良种繁育中心、林木良种基地、林木采种基地、国有苗圃等项目。通过林木种苗工程项目建设，大大改善了林木种苗生产条件，提升了生产管理和技术水平。林木种苗工程项目充分应用林木育种的科研成果，促进了林木种苗科技成果的转化和科技水平的提升，加快了林木良种及新技术的推广应用步伐。

四、种苗生产政策问题

目前，林木种苗生产问题主要有 4 个：一是林木种苗质量合格率偏低，与发达国家良种使用率相比仍存在一定差距；二是林木种苗质量管理情况存在地域差别，东北、华南地区还有待提高，西部地区在提高林木种子合格率上仍需开展更多的工作；三是地方林木种苗执法和质量检测能力不足，有关单位和人员对该项工作不够重视；四是造林工程用苗质量监管不到位，造林项目主管部门造林中不重视使用良种，对使用良种情况调查不够到位。

(一) 林木种苗质量合格率偏低

根据国家林业局发布的历年全国林木种苗质量抽查情况数据通报,2012—2018 年全国林木种子和苗木抽查合格率表现为一个"V"字形走势(图 15-1)。2014—2017 年种子合格率在 86.7%~88.4% 范围内波动,均低于苗木合格率,其中 2016 年种子质量合格率最低;2012—2014 年苗木合格率保持在 95% 以上,2016 年下降到了 87.6%,虽然 2017 年回升至91.0%,但至 2018 年时仍略有下降且低于林木种子质量合格率。

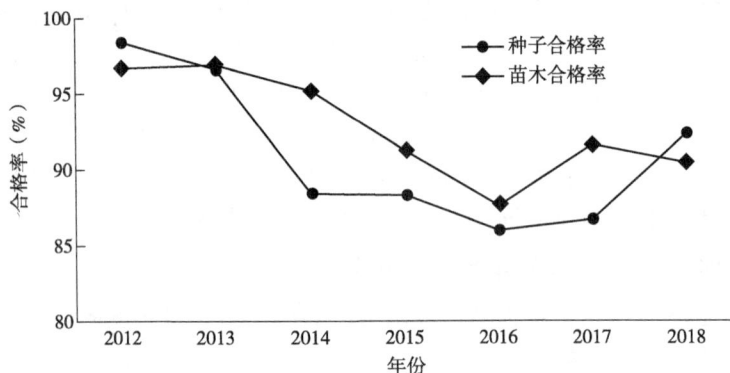

图 15-1 2012—2018 年全国林木种苗质量抽查结果

根据调查,造成近年来全国林木种苗质量呈下降趋势的原因主要有两个方面:一是部分地方林业主管部门执法力度不够。有些地区的林业主管部门对林木种苗质量管理工作仅停留在书面文件上,未开展实质性的普法宣传和监督检查,导致林木种苗生产经营者对相关法律法规缺乏了解,从而放松了对苗木质量管理的要求。二是近年来林木种苗交易行情整体相对低迷。总体上,全国林木种苗生产供应保障能力逐步增强,但同时林木种苗生产供应中也存在苗木存量大、良种产量低、市场信息闭塞等问题。市场低迷与在圃苗木过剩可能会导致林木种苗生产单位的生产积极性降低,对出圃或出库的林木种子和苗木未进行质量分级或质量检验。

(二) 林木种苗质量管理情况存在地域差别

结合 2017—2018 年全国林木种苗质量抽查工作结果,分别选取黑龙江、内蒙古、河南、广西以及重庆市作为对应东北、华北、华中、华南和西部地区的典型省份。表 15-3 为这些省份的林木种苗质量抽检情况的结果。在这 5 个省份中,黑龙江省是东北典型重点国有林区,内蒙古是北方现有飞播造林用种重点地区,河南省是华中重要的林木种苗主产区,广西是南方重要的速生丰产林产区,重庆则是西部林木种苗快速发展地区。从"十三五"确定的"南调整、北升级、东优化、西选育、中巩固"的全国种苗工作思路可以看出,我国种苗发展地域差异明显。对应抽检情况统计体现为:华北与华中地区苗批或种批质量抽查合格比例均在 90% 以上,而东北、华南地区的合格率还有待提高,西部地区在提高林木种子合格率上仍需开展更多的工作。除内蒙古和重庆档案齐全比例达到 100% 之外,其他各省份的林木种苗生产经营档案齐全比例情况基本与苗批或种批合格比例走势一致。

表 15-3　典型省份林木种苗质量抽检情况

区域	省份	抽检年份	抽查类别	抽查县数（个）	抽查单位数（个）	苗(种)批数（个）	苗(种)批合格数（个）	质量合格率（%）	档案齐全比例（%）
东北	黑龙江	2018	苗木	10	37	52	41	81.0	67.6
华北	内蒙古	2018	种子	7	7	29	29	100.0	100.0
华中	河南	2017	苗木	11	45	70	67	95.7	88.9
华南	广西	2018	苗木	9	30	75	66	88.0	66.7
西部	重庆	2017	种子	6	6	10	5	50.0	100.0

(三) 地方林木种苗执法和质量检测能力不足

根据对典型省份的苗木质量档案调查情况发现以下四种共同现象：生产经营许可证发放不规范案例普遍存在；苗木质量管理档案种类齐而内容不全；缺乏林木种苗生产相关标准；林木种苗生产经营单位或质检机构检验员业务水平不高。尽管各地林业主管部门每年组织林木种苗生产经营单位人员进行培训，学习《种子法》及相关规章制度，但在实地抽检过程中仍能发现大量上述问题，且不能从根本上解决。造成上述现象的原因是有关单位和人员不够重视该项工作，如由于发证机关的疏忽导致许可证发放不规范、为应付检查而拼凑生产经营档案资料以及林木种苗相关标准制定滞后导致种苗生产质量无标准可依，甚至省、市级林木种苗质检机构检验出现错误等。

(四) 造林工程用苗质量监管不到位

《种子法》明确规定，国家投资或者以国家投资为主的造林项目和国有林业单位造林，应当根据林业主管部门制订的计划使用林木良种。但在实际操作过程中，造林绿化种苗来源参差不齐，部分地区还存在先造林后做设计的现象。在林木种苗质量抽查中常年调查的两项造林地苗木质量指标，一为造林作业设计是否对良种提出要求，二为是否按照造林作业设计使用林木良种。这两项指标的抽查合格率都不高，说明造林项目主管部门造林中不重视使用良种，对使用良种情况调查不够到位。

第二节　植树造林政策

世界各国森林资源经营利用活动都对更新造林高度重视，出台了相关政策来引导和鼓励造林活动。我国森林资源经营利用政策的基本指针为"普通护林护山，大力造林育林，合理采伐利用"，主要造林政策由《森林法》《森林法实施条例》《森林采伐更新管理办法》《退耕还林条例》《造林技术规程》《中央财政林业补助资金管理办法》以及其他有关法律法规和规范性文件共同规定。

一、植树造林政策历史沿革

(一) 林业恢复与发展阶段(1949—1978)

由于长期的开荒、战乱、火灾破坏和乱砍滥伐,在新中国成立之前,中国已成为一个贫林国家,全国森林面积仅 8 280 万公顷,宜林荒山 28 959 万公顷,森林覆盖率仅为 8.6%。

1950 年 2 月,第一次全国林业业务会议在北京隆重召开。确定了"普遍护林,重点造林,合理采伐和合理利用"的林业建设总方针。1951 年,《关于一九五一年农林生产的决定》提出了鼓励植树造林与培育山林,并首次提出了"造林后,林权归造林者所有",为日后的谁造谁有奠定了基础。1953 年,《关于发动群众开展造林、育林、护林工作的指示》,首次提出发动群众造林,鼓励互助、合作造林,坚持"谁种谁有"的措施。

1956 年,《一九五六年到一九六七年全国农业发展纲要》进一步明确了造林绿化的主体,强调了造林规划的重要性。1957 年,《关于在全国大规模造林的指示》提出了在五年内,条件较好地区森林覆盖率达到 30%~40%,文件中极力追求造林速度与面积,造林的目的仅仅是国家木材需求与群众生活需求。1961 年,《关于确定林权、保护山林和发展林业的若干政策规定》明确须坚持"谁种谁有"原则,国造国有,社造社有,队造队有,社员个人种植的零星树木,归社员个人所有。

1971 年,《我国林业发展规划(草案)》提出,南方 9 省、自治区条件好,林木生长快,是扩大我国森林资源的重要战略基地,要充分利用,营造速生丰产林,加强用材林基地建设。与此同时,各地按照基地办林场。这一阶段的主要林业政策调整情况见表15-4。

表 15-4　1958—1971 年主要林业政策调整

年份	政策目标	政策
1958	植树造林	《关于在全国大规模造林的指示》
1961	林权划分	《关于确定林权、保护山林和发展林业的若干政策规定(试行草案)》
1964	森林保护	中央提出以营林为基础的林业建设指导思想
1967	森林保护	《关于加强山林保护管理,制止破坏山林、树木的通知》
1971	用材林基地建设	《全国林业发展规划(草案)》

(二) 林业快速发展阶段(1978—1998)

林业快速发展时期,林业政策处在一个重视森林培育的阶段,林业的多功能性开始逐渐被认识和重视,更多的政策开始寻求林业经济效益与生态效益的平衡点(表 15-5)。继1978 年国家林业总局成立之后,1979 年《森林法》的出台专设植树造林一章,1979 年全国人大决定每年 3 月 12 日为全国植树节。1978 年"三北"防护林体系建设的开展标志着重点工程在我国的推行。

1980 年 3 月,中共中央、国务院发出的《关于大力开展植树造林的指示》,被看作造林政策甚至是中国林业政策的里程碑式的文件,其内容更加为务实,其提出的各种政策一直沿用至今,并推动了城市绿化与全民义务植树造林的颁布。1981 年,中共中央、国务院

表 15-5　1979—1995 年主要林业政策调整

年份	政策目标	政策名称
1979	森林保护	《中华人民共和国森林法（试行）》
1980	植树造林	《关于大力开展植树造林的指示》
1981	林权划分	《关于保护森林发展林业若干问题的决定》
1987	森林保护	《关于加强南方集体林区森林资源管理坚决制止乱砍滥伐的指示》
1990	造林绿化	《关于 1989—2000 年全国造林绿化规划纲要》
1993	生态建设	《关于建立社会主义市场经济体制若干问题的决定》
1995	可持续发展	《中国 21 世纪议程 林业行动计划》
1995	森林经营	《林业经济体制改革总体纲要》

出台《关于保护森林发展林业若干问题的决定》，提出了大力植树造林的方针政策，极大地推动了我国人工造林面积的迅猛增长。

1982 年，《关于开展全民义务植树运动的实施办法》规定："凡是中华人民共和国公民，男 11 岁至 60 岁，女 11 岁至 55 岁，除丧失劳动能力者，均应承担义务植树任务。"该办法将植树造林正式规定为义务。1987 年，《中共中央、国务院关于加强南方集体林区森林资源管理坚决制止乱砍滥伐的指示》对预留森林资源更新费的收取进行了明确的规定。1990 年，国务院批复下发了《关于 1989—2000 年全国造林绿化规划纲要》，并提出加强宣传动员，全社会办林业，全民搞绿化，建立和完善领导干部任期绿化目标责任制的要求。

（三）林业持续发展阶段（1998 至今）

该阶段，林业处在一个由重视木材生产和林业经济效益向林业生态建设优先的转变阶段。1998 年的一场世纪大洪水，唤醒了中华民族对保护家园、加速生态建设的觉醒。党中央、国务院将对林业的重视提到了前所未有的高度，天然林保护工程、退耕还林工程相继实施表 15-6。

表 15-6　1998 年至今主要林业政策调整

年份	政策目标	政策名称
1998	森林保护	《国务院关于保护森林资源制止毁林开垦和乱占林地的通知》
1998	生态建设	《全国生态环境建设规划》
2000	生态建设	《全国生态环境保护纲要》
2002	退耕还林	《退耕还林条例》
2003	生态建设	《中共中央 国务院关于加快林业发展的决定》
2007	气候变化	《中国应对气候变化国家方案》
2008	林权明晰	《关于全面推进集体林权制度改革的意见》

1998 年修订的《森林法》在原有造林政策的基础上，对育林基金制度进行了规定。1998 年，国务院制定并下发《全国生态环境建设规划》，明确了我国生态环境建设的总体目标。2002 年，财政部、国家林业局发布《森林植被恢复费征收使用管理暂行办法》以来，

各地不断加强和规范森林植被恢复费征收使用管理，对推动植树造林、增加森林植被面积发挥了重要作用。2003 年，中共中央、国务院发布的《关于加快林业发展的决定》是中国林业改革和发展重要历史关头的一个纲领性文件，它对造林目标又提出了更高的要求，并强调了重点工程建设以及造林扶持政策的落实。

《林业产业振兴规划(2010—2012 年)》第四章对造林扶持政策进行了新的修改，加大国家对林业产业振兴资金扶持力度，对林业龙头企业的种植业进行贴息贷款，将育林基金征收标准由林木产品销售收入的 20% 降至 10% 以下，扩大林业信贷扶持政策，积极探索建立森林保险体系。2009 年召开的中央林业工作会议上提出的林业"四个定位"，标志着林业政策在推进生态文明建设和应对全球气候变暖中进入一个新的历史阶段。

2017 年，中共中央办公厅、国务院办公厅印发了《建立国家公园体制总体方案》，明确指出在总结试点经验基础上，借鉴国际有益做法，立足我国国情，加快构建国家公园体制；2019 年 6 月中共中央办公厅、国务院办公厅印发《关于建立以国家公园为主体的自然保护地体系的指导意见》，提出加快建立以国家公园为主体的自然保护地体系，提供高质量生态产品，推进美丽中国建设的意见。2019 年 8 月 19 日，习近平总书记在致第一届国家公园论坛的贺信中指出，中国实行国家公园体制，目的是保持自然生态系统的原真性和完整性，保护生物多样性，保护生态安全屏障，给子孙后代留下珍贵的自然资产。这是中国推进自然生态保护、建设美丽中国、促进人与自然和谐共生的一项重要举措。

建立国家公园体制是党的十八届三中全会提出的重点改革任务，是我国生态文明制度建设的重要内容。国家提出国家公园这一概念，是为了理顺管理体制，创新运行机制，强化监督管理，完善政策支撑，加快建立分类科学、布局合理、保护有力、管理有效的以国家公园为主体的自然保护地体系，确保重要自然生态系统、自然遗迹、自然景观和生物多样性得到系统性保护，提升生态产品供给能力，维护国家生态安全，为建设美丽中国、实现中华民族永续发展提供生态支撑。建成中国特色的以国家公园为主体的自然保护地体系，推动各类自然保护地科学设置，建立自然生态系统保护的新体制、新机制、新模式，建设健康、稳定、高效的自然生态系统，为维护国家生态安全和实现经济社会可持续发展筑牢基石，为建设富强民主文明和谐美丽的社会主义现代化强国奠定生态根基。

自然保护地体系建设规划：到 2020 年，完成国家公园体制试点，设立一批国家公园，构建统一的自然保护地分类分级管理体制；到 2025 年，健全国家公园体制，完成自然保护地整合归并优化，初步建成以国家公园为主体的自然保护地体系；到 2035 年，显著提高自然保护地管理效能和生态产品供给能力，全面建成中国特色自然保护地体系。自然保护地面积占陆域国土面积 18% 以上。

二、造林的财政政策

(一) 森林生态效益补偿基金

为规范和加强中央森林生态效益补偿基金管理，提高资金使用效益，国家林业局和财政部于 2004 年 10 月联合发布了《中央森林生态效益补偿基金管理办法》，对生态效益补偿基金的使用和管理作出了明确的规定：对重点公益林管护发生的营造、抚育、保护和管理支出给予一定补助的专项资金，由中央财政预算安排。补偿范围为国家林业局公布的重点公益林林地中的有林地，以及荒漠化和水土流失严重地区的疏林地、灌木林地、灌丛地。森林生态效益补偿是以保护森林生态系统为目的，将生态系统服务受益者和提供者之间通过费用的支付相连接的制度安排。

2007年，《中央财政森林生态效益补偿基金管理办法》再次修订，主要有5个方面的突破：一是重新明确了中央和地方的事权，督促地方政府建立森林生态效益补偿基金；二是进一步加大了中央财政的补偿范围；三是接受补偿的对象更加宽泛，补偿方式更加灵活；四是加大了对直接管护责任者的补偿力度；五是增加了对违规行为或不按要求管理的处罚条款。2009年财政部、国家林业局联合出台了新修订的《中央财政森林生态效益补偿基金管理办法》。中央财政补偿基金依据国家级公益林权属实行不同的补偿标准，国有的国家级公益林平均补助标准为每年每亩5元，其中管护补助支出4.75元，公共管护支出0.25元；集体和个人所有的国家级公益林补偿标准为每年每亩10元，其中管护补助支出9.75元，公共管护支出0.25元。

(二) 育林基金征收

为规范育林基金征收使用管理，减轻林业生产经营者负担，促进林业可持续发展，国家林业局和财政部于2009年5月联合发布了《育林基金征收使用管理办法》，对采伐林木的单位和个人从价征收育林费，专门用于造林育林。育林基金按照最高不超过林木产品销售收入的10%计征，具体征收标准由各省、自治区、直辖市考虑林业生产经营单位和个人的经济承受能力核定。具备条件的地区可以将育林基金征收标准确定为零。育林基金专项用于森林资源的培育、保护和管理。使用范围包括：种苗培育、造林、森林抚育、森林病虫害预防和救治、森林防火和扑救、森林资源监测、林业技术推广、林区道路维护以及相关基础设施建设和设备购置等。

2016年，经国务院批准，财政部发布《关于取消、停征和整合部分政府性基金项目等有关问题的通知》，明确将育林基金征收标准降为零。该基金征收标准降为零后，通过增加中央财政均衡性转移支付、中央财政林业补助资金、地方财政加大预算保障力度等，确保地方森林资源培育、保护和管理工作正常开展。

(三) 中央财政造林补贴

为激发社会造林积极性，加快造林绿化进程，财政部、国家林业局于2010年在全国20个省份率先启动了中央财政造林补贴试点工作。此次试点工作获得许多成效：激发了社会造林的积极性；催生了林业合作组织的兴起；带动了社会资本投入林业的热情。同时，试点工作的过程中发现存在部分问题：造林补贴标准低且与其他林业重点工程造林标准，投资标准不统一；补贴对象范围窄，补贴标准类型划分太细；资金计划下达晚。当年补贴造林工作的开展态势可简单总结为：造林任务落实难度加大，补贴造林规模逐渐回落；补贴标准多年没有提高，林农造林意愿逐渐走低；资金用于地方工程造林，造林补贴形式偏离方向。

为深化改革，加强规范中央财政林业补助资金使用和管理，提高资金使用效益，财政部、国家林业局联合发布了《中央财政林业补助资金管理办法》，对造林政策补贴进行了明确的规定。对国有林场、农民和林业职工(含林区人员,下同)、农民专业合作社等造林主体在宜林荒山荒地、沙荒地、迹地、低产低效林地进行人工造林、更新和改造,面积不小于 1 亩的给予适当的补贴。

造林补贴包括造林直接补贴和间接费用补贴。造林直接补贴的标准为:人工营造,乔木林和木本油料林每亩补贴 200 元,灌木林每亩补贴 120 元(内蒙古、宁夏、甘肃、新疆、青海、陕西、山西等省份灌木林每亩补贴 200 元),水果、木本药材等其他林木、竹林每亩补贴 100 元;迹地人工更新、低产低效林改造每亩补贴 100 元。间接费用补贴是指对享受造林补贴的县、局、场林业部门组织开展造林有关作业设计、技术指导所需费用的补贴,按照中央财政造林补贴总额的 5% 下达,主要用于县级试点单位组织开展政策宣传、公示公告、作业设计、技术指导、检查验收、档案管理等方面费用的支出。享受中央财政造林补贴营造的乔木林,造林后 10 年内不准主伐。

三、造林技术方面的政策规定

(一)《造林技术规程》

2016 年 6 月,国家市场监督管理总局、国家标准化管理委员会发布 2016 年第 8 号公告,批准新修订的《造林技术规程》(GB/T 15776—2016 代替 GB/T 15776—2006)。2016 版《造林技术规程》包含正文 16 部分,附录 3 个(2 个规范性附录,1 个资料性附录),规定了造林设计、造林分区、造林树种、种子和苗木、造林密度、造林作业、未成林抚育管护、四旁植树、林冠下造林、造林地生境保护、造林成效评价和造林技术档案等方面的技术要求,适用于全国范围适宜造林地段的人工造林、更新以及四旁植树。其适用范围广,指导性强,是科学推进造林工作的技术统领,也是其他造林标准制修订的基础,成为全国造林规划设计、组织实施、检查监督、成效评价、科学管理以及预算定额、核算成本、完善政策等的科学依据。

2016 版《造林技术规程》与 2006 版相比进行了较大力度的调整和创新,主要体现在造林理念、科技兴林、密度规定、分区施策、控制营造大面积纯林、引导营造混交林、生态保护、成效考核等方面:

1. 体现了造林新理念

新规程突出了遵循自然规律、生态规律、经济规律,突出了尊重、顺应、保护和利用自然,培育健康稳定的森林生态系统和更加注重造林成效等新的造林理念。

2. 引入了造林新技术

根据当前造林实际,修订并丰富造林方法、整地方法、林冠下造林、苗木处理、施肥、未成林抚育管护等各环节的适用条件和技术要求,充实了相应的林地生境保护、缓冲带管理、育苗用可降解容器等新技术、新材料的内容。

3. 调整了造林密度

从影响密度因素、密度确定方法和造林密度确定结果 3 方面进行规定。将造林地上符合培育目标的已有幼苗、幼树纳入造林密度,可大量节省用工和苗木,有利于尽快形成健康稳定的森林体系。

4. 完善了造林分区

将全国划分为热带、亚热带、暖温带、中温带、寒温带、半干旱、干旱、极干旱、高寒区等9个造林区域。对每个区域的气候特点、自然植被区系、地理概况、地带性植被、典型森林类型等进行了详细描述，有利于造林工作因地制宜，分区施策。

5. 引导营造混交林

修订了纯林概念和界定标准；为避免大规模的纯林化，增加3种情况的纯林配置量化控制要求。提高混交林界定标准，对营造混交林的适用条件作出五种情况的规定；根据不同情况，提出混交林树种配置、混交方式以及不同区域的造林小班混交树种组成数量等最低要求。

6. 注重造林地生境保护

将生境保护理念贯穿造林全过程的各个环节。从生态保护的角度规定了造林作业的环保措施与技术。增加造林地生境保护章节。对造林地实行全方位生境保护，禁止改变景观格局的造林活动。注重生物多样性保护和地力维护，提倡营造混交林。

7. 突出造林成效考核评价

按不同阶段不同造林地类型分别确定造林成效考核评价指标与标准。突破了旱区等特定区域造林成效考核评价与成林考核评价挂钩的规定。对极干旱区、干旱区、半干旱区、高寒区以及热带亚热带岩溶地区、干热（干旱）河谷地区，造林3~5年后，按有效造林标准考核造林成效。引导旱区造林向适宜的覆盖度方向科学发展，具备水分条件的湿润地区造林成效考核仍要坚持与成林挂钩。

《森林法》明确规定，采伐林木的组织和个人应当按照有关规定完成更新造林，更新造林的面积不得少于采伐的面积，更新造林应当达到相关技术规程规定的标准。根据《森林法实施条例》规定，植树造林应当遵守《造林技术规程》，实行科学造林，提高林木的成活率。县级人民政府对本行政区域内当年造林的情况应当组织检查验收，除国家特别规定的干旱、半干旱地区，成活率不足85%的，不得计入年度造林完成面积。

（二）生态公益林建设

为使我国林业生态体系建设和林业分类经营走上科学化，规范化轨道，指导全国生态公益林建设和林业生态工程建设，提高林业生态建设质量和成效，特制定《生态公益林建设》系列标准。本系列标准共分为《生态公益林建设导则》《生态公益林建设规划设计通则》《生态公益林建设技术规程》《生态公益林建设检查验收规定》《生态公益林建设效益评价方法》五个部分，适用于全国范围内的生态公益林建设。

《生态公益林建设导则》是其中的第一项标准，主要规定了生态公益林建设的指导思想、原则、对象、程序、内容及方式、类型、区划重点，提出了生态公益林建成标准、管理、利用，以及建设质量评价等指导性、原则性要求。《生态公益林建设规划设计通则》是其中的第二项标准，主要规定了生态公益林地区划、规划、设计任务、层次、内容、方法、成果整理与精度等要求。《生态公益林建设技术规程》是其中的第三项标准，主要规定了生态公益林营造、经营、林地基础设施建设，以及生态公益林建设档案管理等技术要求。《生态公益林建设检查验收规定》是其中的第四项标准，主要规定了生态公益林建设的检查验收组织、程序、方式与方法、主要内容、技术指标、评价方法等主要技术要求，适用于全国范围内生态公益林建设的检查验收，质量评价与质量技术监督。其中，较为重要和广泛使用的是《生态公益林建设技术规程》(GB/T 18337.3—2001)，提出了生态公益林建设的具体技术要求，总则如下：

①为提升生态公益林建设技术，提高建设质量和成效，维护和改善生态环境，保持生态平衡，保护生物多样性，满足人类社会的生态、社会需求和可持续发展，根据《中华人民共和国森林法》《中华人民共和国森林法实施条例》和林业分类经营的总体要求，制定本规程。

②建设措施或森林经营活动必须有利于增强森林的生态环境保护功能，维护生物多样性，提高森林生态效益与社会效益，兼顾经济效益。

③按不同区域特点、不同功能要求，分建设区域和建设类型确定生态公益林建设模式和技术指标。

④生态公益林营造要因地制宜，封山(沙)育林(草)、飞播造林(草)、人工造林(草)相结合，乔灌草相结合，多林种、多树种、多层次相结合、营造混交林，增加生物多样性。以优良乡土树种为主，充分利用外来树种，适地适树种植。禁止使用携带检疫对象的种子、苗木和其他繁殖材料。

⑤生态公益林经营按照自然规律，按特殊、重点和一般三个建设与保护等级确定经营管理制度、优化森林结构和安排经营管护活动，促进森林生态系统的稳定性和森林群落的正向演替。

⑥生态公益林利用以不影响其发挥森林主导功能为前提，以限制性综合利用和非林非木为主，有利于森林可持续经营和资源的可持续发展。

(三)《长江、珠江流域防护林体系工程建设技术规程》

《长江、珠江流域防护林体系工程建设技术规程》(LY/T 1760—2008)规定了在长江、珠江及淮河、钱塘江流域范围内进行防护林体系工程建设，所涉及的营建、改造、经营、基础设施、效益评价、档案管理及规划设计等方面的技术要求，适用于长江、珠江及淮河、钱塘江流域范围内的防护林体系工程建设。该技术规程总则如下：

1. 目的

维护长江、珠江及淮河、钱塘江流域的国土生态安全，充分发挥森林生态屏障功能，改善生态条件，提高区域内森林的整体质量和效益，保障区域社会经济的可持续发展。

2. 指导思想

以全面改善长江、珠江及淮河、钱塘江流域生态条件、促进社会经济可持续发展为目标，以现代林业理论为指导，以分类经营为基础，以科技为依托，按照国家生态建设和林业发展的战略部署，从实际情况出发，本着全面保护、重点治理的建设方针，统一规划，突出重点，全面提高森林质量和防护效益，逐步建立起结构稳定、功能完备的防护林体系。

3. 建设原则

坚持工程建设与流域国民经济建设、社会可持续发展目标相衔接、协调一致的原则；

坚持生态优先、三大效益兼顾、局部利益服从整体效益的原则；坚持政府主导、社会参与、多形式建设的原则；坚持分类经营、分类指导、分区突破、优化林地资源配置的原则；坚持统一规划、分步实施的原则；坚持依靠科技进步、提高工程科技含量和建设质量的原则；坚持因地制宜、因害设防、突出重点的原则；坚持建设与保护相结合、造林与封育相结合，乔木与灌木，草本相结合的原则；坚持调整优化林种、树种和林分结构、提高防护林体系的功效、实现可持续经营的原则。

(四)《碳汇造林技术规程》

通过碳汇造林活动增加森林碳汇是林业应对气候变化的重要手段之一。碳汇造林是以增加森林碳汇为主要目的，对造林和林木生长全过程实施碳汇计量和监测而进行的有特殊要求的造林活动。尤其在造林地选择、基线调查、碳汇计量与监测等方面都有其特殊要求，需要调查和记录项目情景和项目活动相关内容。

《碳汇造林技术规程》(LY/T 2252—2014)考虑了《联合国气候变化框架公约》关于清洁发展机制下造林，再造林项目活动要求，同时又结合我国实际，对碳汇造林地合格性判断、基线选择和基线调查，以及项目开始的基线时间的确定等给出了明确规定，为我国开展碳汇造林活动，推动造林项目参与碳交易提供了技术规范。本标准规定了碳汇造林地点选择、调查和作业设计、树种选择、造林方式、整地栽植、森林抚育、检查验收、档案管理等技术要求，适用于中国境内的碳汇造林。总则：碳汇造林应当注重当地生物多样性保护，生态保护和促进经济社会发展；碳汇造林优先发展公益林；碳汇造林坚持因地制宜，适地适树，多树种、多林种结合；碳汇造林应按规划设计，按设计施工，按项目组织管理，按技术标准进行检查验收；碳汇造林计入期20~60年。在计入期内，森林不可皆伐。

第三节 森林抚育政策

森林抚育是指在森林达到成熟龄以前的生长发育过程中所进行的促进林木生长、提高林分质量、改善环境条件，以提高森林生产率的一系列人工作业措施。森林抚育政策是指造林后至主伐前这个森林培育阶段所采取的各种营林政策措施，主要包括封山育林政策与中幼林抚育政策。

一、森林抚育政策历史沿革

(一)确立期(1949—1956)

新中国成立后，由于经济复兴，木材需求量大增，恢复森林资源成为经济工作的重点。

1950年2月召开的全国林业会议，把封山育林作为绿化祖国山河、扩大森林资源的重要途径。1950年5月，《关于全国林业工作指示》号召各地开展封山育林。1953年9月，政务院在《关于发动群众开展造林、育林、护林工作的指示》中强调"封山育林是使荒山自然成林和保持水土的最有效方法"。

1954 年和 1955 年，林业部分别发出了关于《巩固已有成绩改进封山育林工作》和《继续开展封山育林工作》的通知，明确了封山育林的方针、任务和工作重点。1956 年，《森林抚育采伐规程》规定富裕采伐包括透光伐、除伐、疏伐和生长伐四种形式。这一时期全国封山育林面积迅速增加，由 1950 年的 24.6 万公顷增加到 1954 年的 344 万公顷。

(二) 停滞期 (1957—1976)

这一时期，在许多地方封山育林等森林抚育的思想被主流思想抛弃，这一传统的扩大森林资源的方式处于停滞状态。

(三) 恢复期 (1977—1990)

改革开放后，随着经济的迅速发展，人们对木材和薪炭材的需求大大增加，培育森林资源成为当务之急。1980 年《关于大力开展植树造林的指示》指出：实行科学造林、育林，纠正植树造林只求数量，不顾质量的错误行为。1981 年《关于保护森林发展林业若干问题的决定》指出：贯彻以营林为基础的方针，切实纠正以原木生产为中心，重采轻造的错误做法，要在思想上和实际工作中把森林工业和营造抚育森林真正统一起来。

1985 年制定实施的《森林法》中明确规定，"必须封山育林的地方，由当地人民政府组织封山育林"。同年，林业部在全国封山育林经验交流会上，提出了"以封为主，封育结合"的原则，把封山育林作为发展林业的一项战略手段。

20 世纪 80 年代经济高速增长，1985 年木材市场开放，木材价格倍增，由于相应的林业管理措施没有跟上，生态环境破坏十分严重。1988 年年底，全国 26 个省份中的 1 430 个县制定了封山育林规划，在 1988 年 4 月林业部制定的《封山育林暂行办法》发布前后，湖南、福建等 8 个省（自治区、直辖市）公布了适合本地封山育林的管理办法、实施细则、检查验收标准和资金使用管理办法。

1990 年国家作出决定，把大面积封山育林项目纳入国家林业投资计划。另外，为保证封山育林的顺利进行，各级地方政府还建立了封山管护制度并开展了配套的节柴改灶、发展沼气灶，兴建小水电等工作，解决群众实际生活困难，减轻对薪炭材需求的压力。

(四) 稳定发展期 (1991 至今)

20 世纪 90 年代以后，由于森林过伐、森林火灾等原因造成森林质量下降和成熟林减少，森林中人工幼龄林比例过大，森林的多种效益不能充分发挥，直接或间接造成自然灾害的发生和扩大。政府制定了限令各地在一定时间内消灭荒山，绿化祖国的"灭荒运动"，各省（自治区、直辖市）把封山育林作为灭荒绿化的主要手段。由于林业"三定"政策的实施，大部分集体林实行了分户承包经营。

1995 年，《封山（沙）育林技术规程》出台。1998 年，《森林法》第二十八条提出新造幼林地和其他必须封山育林的地方，由当地政府组织封山育林。2004 年，修订了《封山（沙）育林技术规程》，标志着封山育林不仅作为增加森林面积的技术措施，也是改善森林结构、提高森林质量的重要手段。

2005 年，国家林业局将封山育林列入退耕还林工程建设内容，将退耕地造林、宜林荒山荒地造林和封山育林任务同步分解、同步设计、同步落实。2009 年，《森林抚育补贴试点管理办法》颁布，对森林抚育试点的管理做了具体规定。2011 年 6 月，国家林业局印发

《全国造林绿化规划纲要(2011—2020年)》，强调要将森林经营放在与植树造林同等重要的地位，坚持一手抓造林绿化，一手抓抚育经营。2011年11月5日，国家林业局组织制定了《森林抚育补贴试点检查验收管理办法(试行)》。2011年11月18日，国家林业局发布国家林业局关于印发《油茶林抚育改造技术指南》的通知，全面推进油茶林抚育改造工作。

2012年5月，国家林业局在总结近年来森林抚育补贴试点经验的基础上，对《森林抚育补贴试点检查验收管理办法(试行)》进行了修订，形成《森林抚育检查验收办法》，旨在科学规范森林抚育检查验收工作，客观评价森林抚育政策实施成效，促进森林抚育作业质量提高。

2012年8月，国家林业局在总结森林抚育作业设计管理工作的基础上，对《中幼龄林抚育补贴试点作业设计规定》进行了修订，并更名为《森林抚育作业设计规定》，旨在规范和加强森林抚育作业设计管理，提高作业设计质量，确保森林抚育成效。《森林抚育检查验收办法》和《森林抚育作业设计规定》的修订出台，有助于更好地规范森林抚育作业设计和检查验收工作，推动以森林抚育为核心的森林经营工作制度化、规范化、科学化。

2014年4月，财政部、国家林业局联合印发《中央财政林业补助资金管理办法》，明确了森林抚育补贴的对象和范围。对承担森林抚育任务的国有森工企业、国有林场、农民专业合作社以及林业职工和农民等给予适当的补贴。根据国务院批准的《长江上游、黄河上中游地区天然林资源保护工程二期实施方案》和《东北、内蒙古等重点国有林区天然林资源保护工程二期实施方案》，天然林资源保护工程二期实施范围内的国有林森林抚育补贴标准为平均每亩120元。

二、森林抚育政策体系构成

封山育林政策和中幼林抚育政策是森林抚育政策体系构成的两大组成部分，其本质是维护林地自我更新能力，恢复森林植被生命力，从而提高林地生产力。

(一)封山育林政策

该政策旨在加快荒山绿化速度，提高森林覆盖率；保护森林免遭破坏，特别是亚热带阔叶林的更新，维护自然界生态平衡；恢复荒山植被，控制水土流失。这是一种投资少、见效快的育林方式。封山育林被定义为利用森林的更新能力，在自然条件适宜的山区，实行定期封山，禁止垦荒、放牧、砍柴等人为的破坏活动，以恢复森林植被的一种育林方式。

狭义的封山育林单指在无林地(不包括未成林造林地)、灌木林地、部分非林地上育林、育灌、育草的保护措施；对人工造林(含飞播造林)、现有林分进行封禁的保护措施称为封山护林。广义的封山育林还包括封山护林，主要有：未成林林地的封山育林；有林地的封山育林；疏林地的封山育林；灌木林地的封山育林；人工造林困难的高山、陡坡、岩石裸露地及沙漠、沙地的封山育林、育灌、育草等多种形式。

1. 封山育林的条件

有培育前途的疏林地；每公顷具有天然下种能力且分布均匀的针叶母树60株以上或

阔叶母树 90 株以上的无林地；每公顷有分布较均匀的针叶幼苗、幼树 900 株以上或阔叶树幼苗、幼树 600 株以上的无林地；每公顷有分布较均匀的萌蘖能力强的乔木根株 900 个以上或灌丛 750 个以上的无林地；分布有珍贵、稀有树种，且有培育前途的地块及人工造林困难的高山陡坡、岩石裸露地，经过封育可望成林或增加林草盖度的地块。

2. 封山育林的方式

全封(死封)。在封育期间，禁止采伐、砍伐、放牧、割草和其他一切不利于植物生长繁育的人为活动。一般 3~5 年，有的可达 8~10 年。适于高山、远山、河流上游、水库附近及严重的水土流失和风沙危害地区的水源涵养林、防风固沙林和风景林等的封育。

半封(活封)。在林木主要生长季节实施封禁；其他季节，在不影响森林植被恢复，严格保护目的树种幼苗、幼树的前提下，要组织群众有计划、有组织地进行砍柴、割草等经营活动。这种方式适于封育用材林和薪炭林等。

轮封。将整个封育区划片分段，实行轮流封育。在不影响育林和水土保持的前提下，划出一定范围，供群众樵材、放牧、割草等，其余地区实行全封或半封。轮封间隔期 2~3 年或 3~5 年不等。适于培育薪炭林。

3. 封山育林政策效果

森林覆盖率提高，封山育林是消灭荒山的重要措施。通过封山育林，森林植被得到了恢复，林种结构发生了较大变化，有效地恢复和保护了天然林以及天然次生林的自然生长状态。

生态效益显著提高。封山后形成的森林是一种多树种的天然混交林。它能充分利用空间、阳光和地力，且有较强的自然调节能力，有利于减少病虫害。封山区域在短时间内形成乔、灌、草密植植物体系，既增加了截雨量，又能降低雨水对地面直接冲击力，有利于雨水缓慢渗入土壤，从而起到减缓地表径流的作用，涵养了水源，保持了水土，大大改善了生态环境。

(二) 中幼林抚育政策

1. 中幼林抚育政策背景

新中国成立初期，百废待兴，林业作为基础性产业得到重视和发展，全国绿化造林活动如火如荼地进行着。森林经营是发展现代林业的永恒主题，转变林业发展方式、加强森林抚育、提高森林质量、提升森林多种功能、满足社会多样化需求，是发展现代林业的基本要求，也是实现林业科学发展的重要体现。

2. 中幼林抚育政策目标

中幼林抚育政策目标主要是：集约经营森林，提高森林质量和林地生产力；合理利用可间伐资源，增加木材产量；搞活林区经济，实现以短养长。切实优化森林结构，不断提高林地生产力。实现 2020 年林业"双增"奋斗目标、满足经济社会发展对林业多样化的需求，实现林业发展方式的转变。2011 年 3 月，《我国国民经济和社会发展第十二个五年规划纲要》中，我国林业的现代化建设主要目标之一是森林覆盖率提高到 21.66%，森林蓄积量增加 6 亿立方米。避免年年造林不见林，要达到这个目标森林抚育的要求是必不可少的。

3. 中幼龄林抚育政策试点

为规范和加强中幼龄林抚育作业设计管理，改善森林环境，促进林木生长，培育健康稳定的森林生态系统，提高森林的生态、经济和社会效益，2010 年，国家林业局依据《森林法》等法律法规及相关技术标准，制定了《中幼龄林抚育补贴试点作业设计规定》。中央财政首次将森林经营纳入年度预算，实现了历史性突破，森林经营力度进一步加大。全年中央财政共安排 5 亿元资金在内蒙古、吉林、黑龙江等 11 个省份实施了中幼龄林抚育补贴试点。中幼龄林抚育、低产低效林改造为主要内容的森林经营工作有了资金支撑，全年完成中幼龄林抚育实际面积 955.60 万公顷，比 2008 年增长 2.95%；成林抚育面积 1 060.80 万公顷，比 2008 年增长 1.59%，其中中幼龄林抚育面积 636.26 万公顷，占成林抚育总面积的 59.98%。低产低效林改造 54.34 万公顷。

第四节　育林基金政策

所谓的育林基金是林业企业恢复和发展森林资源的专项营林基金。林业企业通过育林基金的收支来完成营林资金的循环和周转。根据国家规定，凡采伐或收购木材、竹材的单位，以及出售木材、竹材的农村集体经济组织等均须缴纳育林基金。育林基金只缴纳一次，不得重复征缴，免收范围由各省、自治区、直辖市规定。

一、育林基金政策历史沿革

(一) 动荡发展期(1949—2002)

建国初期，我国是无偿采伐利用森林资源的。林业企业为了降低生产成本，提高经济效益，对森林资源重采轻造、过度消耗、粗放经营，造成森林资源损失浪费严重，导致森林资源短缺和生态环境恶化。为了保护和发展森林资源，建立采育有机结合的森林资源会计核算体系，我国逐步建立和完善了育林基金制度。育林基金制度是在以木材生产为中心的林业经营思想指导下，在计划经济的基础上形成的。

1954 年 3 月，林业部印发了《育林基金管理办法》，建立了国有林区的育林基金制度。该办法规定，按木材销售收入的一定比例征收育林基金用于营林生产，育林基金，取之于林、用之于林是专用于发展林业的专项资金。20 世纪 50 年代，在财政极为困难的情况下，为了保证林业再生产的资金需求，我国提出的这项以林养林的政策，对培育和发展森林资源，恢复我国森林植被，改善生态环境起到了十分重要的作用。

(二) 加速发展期(2003—2015)

为加快林业发展，减轻林业税费负担，2003 年 6 月《中共中央 国务院关于加快林业发展的决定》提出，改革育林基金征收、管理和使用办法，征收的育林基金要逐步全部返还给林业生产经营者，基层林业管理单位因此出现的经费缺口由财政解决。2008 年，《中共中央 国务院关于全面推进集体林权制度改革的意见》提出，建立支持集体林业发展的公共财政制度，改革育林基金管理办法，逐步降低育林基金征收比例，规范用途，各级政府要将林业部门行政事业经费纳入财政预算。

为规范育林基金征收和使用管理，减轻林业生产经营者的负担，2009年，财政部、国家林业局印发了《育林基金征收使用管理办法》，明确了育林基金按照最高不超过林木产品销售收入的10%计征，具备条件的地区可以将育林基金征收标准确定为零。从吉林省情况看，育林基金按木材销售收入的10%征收，其中省直属和延边州直属国有森工企业按木材销售收入的2.5%征收，每年全省的征收额度在2.5亿元左右。

(三)稳定发展期(2016至今)

2016年，财政部发布《关于取消、停征和整合部分政府性基金项目等有关问题的通知》，宣布从2016年2月1日起将育林基金征收标准降为零，并要求各级财政部门做好经费保障工作，通过增加中央财政均衡性转移支付、中央财政林业补助资金、地方财政加大预算保障力度等措施，确保地方森林资源培育、保护和管理工作正常开展。

2019年12月28日，第十三届全国人民代表大会常务委员会第十五次会议对《中华人民共和国森林法》进行了修订，并于2020年7月1日实施。新修订的《中华人民共和国森林法》，对原森林法第八条征收育林费及林业基金进行了删减，对现有育林基金的核算、使用产生影响。修订后的森林法与修订前的森林法在育林基金方面的主要区别是，修订前森林法育林基金来源于企业自提自用，修订后森林法育林专项资金强调纳入财政预算，由财政安排资金。

二、育林基金在《森林法》修订前后变化

(一)修订前森林法中有关育林基金的规定

修订前国家对森林资源实行以下保护性措施：第八条第四款中征收育林费，专门用于造林育林；第五款中煤炭、造纸等部门，按照煤炭和木浆纸张等产品的产量提取一定数额的资金，专门用于营造坑木、造纸等用材林；第六款中建立林业基金制度，国家设立森林生态效益补偿基金，用于提供生态效益防护林和特种用途林的森林资源、林木的营造、抚育、保护和管理。森林生态效益补偿基金必须专款专用，不得挪作他用。第九条规定，国家和省、自治区人民政府，对民族自治、地方的林业生产建设，依照国家对民族自治、地方自治权的规定，在森林开发、木材分配和林业基金使用方面，给予比一般地区更多的自主权和经济利益。

(二)修订后森林法中有关育林基金的规定

森林法修订后国家采取财政、税收和金融等方面的措施，支持森林资源保护和发展，要求各级人民政府应当保障森林生态保护修复的投入，促进林业发展；国家建立了森林生态效益补偿制度，加大公益林保护支持力度，完善重点生态功能区转移支付政策，指导受益地区和森林生态保护地区人民政府通过协商等方式进行生态效益补偿；中央和地方财政分别安排资金，用于公益林的营造、抚育、保护、管理和非国有公益林权利人的经济补偿等，实行专款专用。具体办法由国务院财政部门会同林业主管部门制定；国家支持重点林区的转型发展和森林资源保护修复，改善生产生活条件，促进所在地区经济社会发展。重点林区按照规定享受国家重点生态功能区转移支付等政策。

三、育林基金使用和管理中存在的问题

育林基金政策发展多年，已对育林营林产生了一定的作用。但育林基金在使用和管理中仍存在着一定的问题，关乎着育林资金是否有效投入高质量森林发展中去，需要各级林业部门重视起来。

(一)育林基金专项管理不够重视

育林资金过于注重育林成本核算和管理，缺乏对其他林业财政专项资金核算管理内容的标准。在国家全面落实天然林保护工作之后，砍伐量大幅度降低，而育林资金数量也随之降低，已经无法适应当前林业发展需求，这样不但无法解决林业资金匮乏问题，同时还会加剧其他问题的出现。

(二)项目实施缺乏工作经费，推动难度大

育林基金停征后，部分市级林业单位工作经费缺口大。2016年以前，林业事业发展经费来源于育林基金征缴收入，"十三五"期间林业事业发展，大量的项目资金靠争取省级以上财政林业专项资金投入。随着项目资金投入越来越多，林业部门肩负的项目资金使用跟踪指导工作任务也随之加大，工作经费缺口也就越来越大。部分欠发达地区的市由于地方财力有限，人员经费、公用经费安排吃紧，用于项目业务指导的经费无法保障，导致项目推动实施的难度大。

(三)支出项目绩效不高

育林基金支出项目多，覆盖面广，资金投入重点不突出且移位现象严重，使育林基金使用效益低下。现实中，育林基金支出不仅包括采伐迹地更新、种苗培育、森林抚育、森林资源管护、森林资源调查规划设计、营林基础设施建设、设备购置、林区道路维护、林业科技推广、林业技术培训、营林造林支出、森林保护支出等生产性支出，还包括林业机构人员经费支出等其他非生产性支出，几乎涵盖了基层林业部门正常行政职能的全部范围。

(四)存在挤占、挪用等违规使用育林基金的现象

育林基金、维简费等虽属于林业专项资金，但不少地方政府为平衡财政收支，常以各种名义挤占、挪用育林基金。在林业部门，育林基金曾一度因被滥用而被称为"养人基金"。但不能忽视的是，在中央财政转移支付缺位之时，依靠林业资金吃饭的林业部门曾一度陷入财政困境。

(五)育林基金会计处理不当

有些林场财务对这些项目资金做账务处理时随心所欲，有的林场将收到的造林补贴收入、森林抚育补助等收入直接冲减营造林成本，造成林木资产不能反映林业造林投入资金的真实情况。也有林场将造林补贴收入、森林抚育补助列入当年收入，虚增林场当年资金结余，没有按《政府会计制度》及补充规定执行。

思考题

案例分析

一、名词解释
森林资源培育政策　种苗生产　封山育林　育林基金　森林抚育

二、思考与论述
1. 简述《种子法》历次修订的意义。
2. 封山育林分为哪些方式，各有什么含义？
3. 森林抚育采伐的益处有哪些？
4. 简述森林经营方案的主要内容和作用。
5. 简述森林资源清查的作用及种类。
6. 封山育林对森林资源有何重要影响？
7. 森林抚育带来哪些显著的社会改变？

参考文献

彼得·罗西, 马克·李普希, 霍华德·弗里德曼. 评估: 方法与技术[M]. 7版. 邱泽奇, 王旭辉, 刘月, 译. 重庆: 重庆大学出版社, 2007.

曹哲堂. 公共管理评估研究[M]. 北京: 北京大学出版社, 2014.

陈海江, 司伟, 赵启然. 粮豆轮作补贴: 规模导向与瞄准偏差——基于生态补偿瞄准性视角的分析[J]. 中国农村经济, 2019(1): 47-61.

陈庆云. 公共政策分析[M]. 2版. 北京: 北京大学出版社, 2011.

陈庆云. 公共政策分析[M]. 北京: 中国经济出版社, 1996.

陈锡文, 赵阳, 罗丹. 中国农村改革30年回顾与展望[M]. 北京: 人民出版社, 2008.

陈锡文. 乡村振兴首先要坚持农村基本经营制度[J]. 农村工作通讯, 2018(17): 48.

陈锡文. 中国农村改革: 回顾与展望[M]. 北京: 知识产权出版社, 2020.

陈祥云, 李荣耀, 赵劲松. 我国粮食安全政策: 演进轨迹、内在逻辑与战略取向[J]. 经济学家, 2020(10): 117-128.

陈向明. 质的研究方法与社会科学研究[M]. 北京: 教育科学出版社, 2000.

陈振明. 政策科学——公共政策分析导论[M]. 北京: 中国人民大学出版社, 2004.

程国强. 中国粮食调控: 目标、机制与政策[M]. 北京: 中国发展出版社, 2012.

程国强. 中国农业补贴政策制度设计与政策选择[M]. 北京: 中国发展出版社, 2011.

仇焕广, 雷馨圆, 冷淦潇, 等. 新时期中国粮食安全的理论辨析[J]. 中国农村经济, 2022(7): 2-17.

邓家琼. 转基因农业生物技术的产业化、政策与启示[J]. 西北农林科技大学学报(社会科学版), 2008, 8(5): 36-41.

杜润生. 杜润生改革论文集[M]. 北京: 中国发展出版社, 2008.

杜润生. 杜润生自述: 中国农村体制变革重大决策纪实[M]. 北京: 人民出版社, 2005.

冯丹萌. 农村集体经济"抱团发展"的浙江探索[J]. 农村经营管理, 2020(7): 20-21.

弗兰克·费希尔. 公共政策评估[M]. 北京: 中国人民大学出版社, 2003.

傅斌. 山区生态补偿标准研究[M]. 北京: 科学出版社, 2017.

高强. 农村集体经济发展的历史方位、典型模式与路径辨析[J]. 经济纵横, 2020(7): 42-51.

高雪萍, 王璐, 王保家. 粮食种植户农业政策需求优先序及其影响因素研究[J]. 农林经济管理学报, 2020, 19(4): 449-456.

郭宏宝. 中国财政农业补贴: 政策效果与机制设计[M]. 成都: 西南财经大学出版社, 2009.

郭晓鸣, 王蔷. 深化农村集体产权制度改革的创新经验及突破重点[J]. 经济纵横, 2020(7): 42-51.

郭晓鸣, 张耀文, 马少春. 农村集体经济联营制: 创新集体经济发展路径的新探索——基于四川省彭州市的试验分析[J]. 农村经济，2019(4)：1-9.

国际农业生物技术应用服务组织. 2019 年全球生物技术/转基因作物商业化发展态势[J]. 中国生物工程杂志，2021，41(1)：114-119.

国家林业和草原局，中国银行保险监督管理委员会. 2021 中国森林保险发展报告[M]. 北京：中国林业出版社，2021.

国家林业和草原局. 中国森林资源报告(2014—2018)[M]. 北京：中国林业出版社. 2019.

国家林业局. 2010—2018 年集体林权制度改革监测报告[M]. 北京：中国林业出版社，2020.

国家林业局. 全国第三次大熊猫调查报告[M]. 北京：科学出版社，2006.

国家林业局. 退耕还林工程生态效益监测国家报告[M]. 北京：中国林业出版社，2014—2017.

国家林业局经济发展研究中心. 国家林业重点工程社会经济效益监测报告[M]. 北京：中国林业出版社，2010—2018.

国务院发展研究中心农村经济研究部课题组. 稳定与完善农村基本经营制度研究[M]. 北京：中国发展出版社，2013.

韩俊. 新中国 70 年农村发展与制度变迁[M]. 北京：人民出版社，2019.

韩昕儒，张宁宁. 补贴政策是否阻碍了粮食种植规模的扩大[J]. 农业技术经济，2020(8).

何情，张腾，杨立华. 政策执行偏差及其矫正——中国北方五地荒漠化防治案例[J]. 北京理工大学学报(社会科学版)，2020，22(5)：68-75.

何文剑，张红霄，汪海燕. 林权改革、林权结构与农户采伐行为——基于南方集体林区 7 个重点林业县(市)林改政策及 415 户农户调查数据[J]. 中国农村经济，2014，355(7)：81-96.

和经纬. 中国公共政策评估研究的方法论取向：走向实证主义[J]. 中国行政管理，2008(9)：118-124.

胡冰川. 改革开放四十年农业支持保护制度：脉络与发展[J]. 江淮论坛，2019(2)：29-36.

胡小平. 我国粮食安全保障体系研究[M]. 北京：经济科学出版社，2013.

黄季焜，郜亮亮，冀县卿，等. 中国的农地制度、农地流转和农地投资[M]. 上海：格致出版社，2012.

黄少安，郭冬梅，吴江. 种粮直接补贴政策效应评估[J]. 中国农村经济，2019(1)：17-31.

蒋省三，刘守英，李青. 中国土地政策改革：政策演进与地方实施[M]. 上海：上海三联，2010.

卡尔·帕顿，大卫·沙维奇. 政策分析和规划的初步方法[M]. 2 版. 孙兰芝，胡启生，等译. 北京：华夏出版社，2001.

柯水发，纪元，黄雷. 新一轮中国集体林权制度改革：演进历程、驱动因素与融合趋势[J]. 农林经济管理学报，2022，21(4)：424-432.

柯水发，姜雪梅，田明华. 林业政策学——理论、过程与体系[M]. 北京：中国农业出版社，2014.

孔凡斌. 集体林权制度改革绩效评价理论与实证研究——基于江西省 2484 户林农收入增长的视角[J]. 林业科学，2008(10)：132-141.

孔祥智. 产权制度改革与农村集体经济发展——基于"产权清晰+制度激励"理论框架的研究[J]. 经济纵横，2020(7)：32-41.

孔祥智. 崛起与超越——中国农村改革的过程及机理分析[M]. 北京：中国人民大学出版社，2008.

李宁，付仲文，刘培磊，等. 全球主要国家转基因生物安全管理政策比对[J]. 农业科技管理，2010，29(1)：1-6.

李允杰，丘昌泰. 政策执行与评估[M]. 北京：北京大学出版社，2008.

李志军. 重大公共政策评估理论、方法与实践[M]. 北京：中国发展出版社，2013.

李周. 林权改革的评价与思考[J]. 绿色中国，2008，272(17)：9-13.

厉以宁. 土地确权要学习林权改革[J]. 农村工作通讯，2014，621(1)：44.

刘伯龙. 中国农村公共政策：政策执行的调查分析[M]. 上海：复旦大学出版社，2011.

刘璨，李周，张敏新，等. 我国集体林产权制度演化及绩效研究进展[J]. 林业经济，2015，37(2)：3-12，63.

刘璨，吕金芝，王礼权，等. 集体林产权制度分析——安排、变迁与绩效[J]. 林业经济，2006(11)：8-13.

刘璨，吕金芝. 我国集体林产权制度问题研究[J]. 制度经济学研究，2007，15(1)：80-105.

刘璨. 改革开放以来集体林权制度改革的分权演化博弈分析[J]. 中国农村经济，2020，425(5)：21-38.

刘家顺. 中国林业产业政策研究[D]. 哈尔滨：东北林业大学，2006.

陆群峰，肖显静. 中国农业转基因生物安全政策模式的选择[J]. 南京林业大学学报(人文社会科学版)，2009，9(2)：68-78.

罗必良，李尚蒲. 论农业经营制度变革及拓展方向[J]. 农业技术经济，2018(1)：4-16.

罗必良. 制度变迁：路径依赖抑或情境依赖？——兼论中国农业经营制度变革及未来趋势[J]. 社会科学战线，2020(1)：38-51.

罗必良，高岚. 集体林权制度改革——广东的实践与模式创新[M]. 北京：中国农业出版社，2013.

米运生，罗必良，曾泽莹. 农村基本经营制度改革：中心线索、重点变迁与路径取向[J]. 江海学刊，2015(2)：67-74.

尼古拉·阿克塞拉. 经济政策原理：价值与技术[M]. 郭庆旺，刘茜，译. 北京：中国人民大学出版社，2001.

倪学志. 粮食最低收购价政策改革探讨——基于耕地轮作的视角[J]. 理论探索，2020(3)：102-112.

潘彪，田志宏. 农机购置补贴政策研究综述[J]. 中国农业大学学报，2018，23(10)：161-173.

史蒂文·凯尔曼. 制定公共政策[M]. 北京：商务印书馆，1990.

四川省林业厅. 四川省第四次大熊猫调查报告[M]. 成都：四川科学技术出版社，2015.

隋丽莉，顾莉丽. 新世纪以来我国粮食价格政策成效、问题与改革方向[J]. 经济纵横，
　　2020(3)：119-128.

谭秋成. 农村政策为什么在执行中容易走样[J]. 中国农村经济，2008(4)：2-17.

唐忠. 改革开放以来我国农村基本经营制度的变迁[J]. 中国人民大学学报，2018(3)：
　　26-35.

陶然，徐志刚，徐晋涛. 退耕还林，粮食政策与可持续发展[J]. 中国社会科学，2004
　　(6)：25-38.

王洛忠，李建呈. 政策执行缘何走样？——基于 L 市大气污染防治攻坚战的案例研究[J].
　　理论探讨，2020(5)：152-159.

王小龙. 退耕还林：私人承包与政府规制[J]. 经济研究，2004，39(4)：107-116.

王学君，晋乐，朱晶. 中美农业国内支持争端：争议点分析及对今后的启示[J]. 农业经济
　　问题，2020(5)：92-103.

温铁军. 八次危机——中国的真实经验 1949—2009[M]. 北京：东方出版社，2013.

吴其元. 公共政策新论[M]. 合肥：安徽大学出版社，2009.

武舜臣，刘晨曦. 再议规模经营中的粮食安全问题：争议回应与政策启示[J]. 西北农林科
　　技大学学报(社会科学版)，2020(6)：80-87.

夏英，张瑞涛. 农村集体产权制度改革：创新逻辑、行为特征及改革效能[J]. 经济纵横，
　　2020(7)：59-66.

谢明. 公共政策导论[M]. 北京：中国人民大学出版社，2002.

谢明. 政策透视——政策分析的理论与实践[M]. 北京：中国人民大学出版社，2004.

徐更生. 美国农业政策[M]. 北京：经济管理出版社，2007.

严强. 公共政策学[M]. 北京：社会科学文献出版社，2008.

叶剑平，丰雷，蒋妍，等. 2016 年中国农村土地使用权调查研究——17 省份调查结果及
　　政策建议[J]. 管理世界，2018，34(3)：98-108.

叶兴庆. 加入 WTO 以来中国农业的发展态势与战略性调整[J]. 改革，2020(5)：5-24.

于晓华. 转基因食品争论的几个焦点[J]. 经济资料译丛，2014(3)：38-45.

詹姆斯. E. 安德森. 公共政策制定[M]. 5 版. 谢明，等，译. 北京：中国人民大学出版
　　社，2009.

詹姆斯·布坎南. 财产与自由[M]. 韩旭，译. 北京：中国社会科学出版社，2002.

张东平，刘旗，陈俊国. 农业补贴政策效应及作用机理研究[M]. 北京：中国农业出版
　　社，2011.

张国庆. 现代公共政策导论[M]. 北京：北京大学出版社，1997.

张红，周黎安，徐晋涛，等. 林权改革、基层民主与投资激励[J]. 经济学(季刊)，2016，
　　15(3)：845-868.

张红宇，赵长保. 中国农业政策的基本框架[M]. 北京：中国财政经济出版社，2009.

张建国，余建辉. 生态林业论——现代林业的基本经营模式[M]. 北京：中国林业出版

社，2002.

张建龙. 中国集体林权制度改革[M]. 北京：中国林业出版社，2017.

张蕾，黄雪丽. 深化集体林权制度改革的成效、问题与建议[J]. 西北农林科技大学学报（社会科学版），2016，16(4)：131-137.

张晓山. 在稳定的基础上创新农村基本经营制度[J]. 农村经济，2018(12)：1-3.

张义博. 新时期中国粮食安全形势与政策建议[J]. 宏观经济研究，2020(3)：57-66，81.

张颖，金笙. 公益林生态补偿[M]. 北京：中国林业出版社，2013.

钟甫宁，朱晶，曹宝明. 粮食市场的改革与全球化：中国粮食安全的另一种选择[M]. 北京：中国农业出版社，2004.

钟甫宁. 农业政策学[M]. 北京：中国农业出版社，2011.

周静. 我国粮食补贴：政策演进、体系构成及优化路径[J]. 西北农林科技大学学报（社会科学版），2020(6)：29-39.

周灵果. 陕西省第四次大熊猫调查报告[M]. 西安：陕西科学技术出版社，2017.

周振，孔祥智. 新中国 70 年农业经营体制的历史变迁与政策启示[J]. 管理世界，2019(10)：24-38.

朱晶，徐亮，王学君. WTO 框架下中国农业收入保险补贴的国际规则适应性研究[J]. 中国农村经济，2020(9)：2-20.

左婷. 农村公共政策与分析[M]. 北京：中国农业大学出版社，2009.

ELLIS F. Agricultural policies in developing countries[M]. Cambridge：Cambridge University Press，1992.

HYDE W F，YIN R. 40 Years of China's forest reforms：Summary and outlook[J]. Forest Policy and Economics，2018，98：90-95.

HYDE W F. The experience of China's forest reforms：What they mean for China and what they suggest for the world-ScienceDirect[J]. Forest Policy and Economics，2019，98：1-7.

LIU C，LIU H，WANG S. Has China's new round of collective forest reforms caused an increase in the use of productive forest inputs? [J]. Land Use Policy，2017，64：492-510.

LIU P，YIN R，LI H. China's forest tenure reform and institutional change at a crossroads[J]. Forest Policy and Economics，2016，72：92-98.

NACHMIAS D. Public policy evaluation：Approaches and methods[M]. N. Y. St. Martin's Press，1979.

PING Q，XU J. Forest land rights，tenure types，and farmers' investment incentives in China：An empirical study of Fujian Province[J]. China Agricultural Economic Review，2013，5(1)：154-170.

WOLLMANN H. Evaluation in public sector reform[M]. Chel-tenham：Edward Elgar，2003.

XIE Y，GONG P，HAN X，et al. The effect of collective forestland tenure reform in China：Does land[J]. Journal of Forest Economics，2014，20(2)：126-140.

XIE Y，WEN Y，ZHANG Y，et al. Impact of property rights reform on household forest management investment：An empirical study of southern China[J]. Forest Policy and Economics，

2013, 34: 73-78.

YIN R, YAO S, HUO X. China's forest tenure reform and institutional change in the new century: What has been implemented and what remains to be pursued? [J]. Land Use Policy, 2013, 30(1): 825-833.